中国农垦农场志丛

北　京
西郊农场志

中国农垦农场志丛编纂委员会　组编
北京西郊农场志编纂委员会　主编

中国农业出版社
北　京

图书在版编目（CIP）数据

北京西郊农场志/中国农垦农场志丛编纂委员会组
编；北京西郊农场志编纂委员会主编. —北京：中国
农业出版社，2021.12
　（中国农垦农场志丛）
　ISBN 978-7-109-29689-3

　Ⅰ．①北… Ⅱ．①中… ②北… Ⅲ．①国营农场－概
况－北京 Ⅳ．①F324.1

　中国版本图书馆CIP数据核字（2022）第120385号

出 版 人：陈邦勋
出版策划：刘爱芳
丛书统筹：王庆宁
审 稿 组：干锦春　薛　波
编 辑 组：闫保荣　王庆宁　黄　曦　李　梅　吕　睿　刘昊阳　赵世元
设 计 组：姜　欣　杜　然　关晓迪
工 艺 组：王　凯　王　宏　吴丽婷
发行宣传：毛志强　郑　静　曹建丽
技术支持：王芳芳　赵晓红　潘　樾　张　瑶

北京西郊农场志

Beijing Xijiao Nongchangzhi

中国农业出版社出版
地址：北京市朝阳区麦子店街18号楼
邮编：100125
责任编辑：王庆宁　　文字编辑：刘婉婷　肖　钰
责任校对：刘丽香　　责任印制：王　宏
印刷：北京通州皇家印刷厂
版次：2021年12月第1版
印次：2021年12月北京第1次印刷
发行：新华书店北京发行所
开本：889mm×1194mm　1/16
印张：23.5　插页：4
字数：660千字
定价：158.00元

EVERYTHING GROWING ®
生万长物

ISBN 978-7-109-29689-3
9 787109 296893 >

中日友好人民公社养鸡场

廖承志

一九八二年九月

1982年9月，中央政治局委员廖承志为中日友好人民公社养鸡场题字

二、发展历程

1957年，东北旺农场（国营农大农场）场部旧址

1958年，北京农学院水利系学生参加农场水利建设

20 世纪 80 年代初，农场养鸡业大发展

1985 年，国营西郊农场场部旧址

1985 年，西闸生产队果树种植基地

1985 年，上庄水库

1985 年，西郊农场奶牛养殖场

1990 年，上庄乡人民代表大会中心咨询站

1997 年 10 月 23 日，中荷农业部北京畜牧培训示范中心落成典礼

2004 年，北大孵化器东北旺创业中心

2012 年，北京双塔绿谷农业有限公司现代农业示范园

中国农垦农场志丛编纂委员会

主　任

张桃林

副主任

左常升　邓庆海　李尚兰　陈邦勋　彭剑良　程景民　王润雷

成　员（按垦区排序）

马　辉　张庆东　张保强　薛志省　赵永华　李德海　麦　朝

王守聪　许如庆　胡兆辉　孙飞翔　王良贵　李岱一　赖金生

于永德　陈金剑　李胜强　唐道明　支光南　张安明　张志坚

陈孟坤　田李文　步　涛　余　繁　林　木　王　韬　魏国斌

巩爱岐　段志强　聂　新　高　宁　周云江　朱云生　常　芳

中国农垦农场志丛编纂委员会办公室

主　任

王润雷

副主任

陈忠毅　刘爱芳　武新宇　明　星

成　员

胡从九　李红梅　刘琢琬　闫保荣　王庆宁

— 1 —

中国农垦农场志

北京西郊农场志编纂委员会

主　任　管建国

副主任　张振民　杨淑凤（执行）

委　员　王昭亮　王洪斌　张增京　黄肖东　张英楠

北京西郊农场志审定组

主　审　管建国

副主审　张振民　杨淑凤　茅为立

北京西郊农场志编辑部

主　编　杨淑凤

副主编　乔　昕　吴海燕

总执笔人　潘云起

编辑校对　乔　昕　吴海燕

史料收集　万　伟　于寅珊　王　阳　王宏刚　王璟钰　刘宏印

　　　　　刘宏宇　刘　新　许　茜　刘　健　刘梓萌　李天懿

　　　　　李　红　杨　阳　张灵通　汪　珏　张艺轩　李德跃

　　　　　周钧钧　周维维　禹文雅　钮莉花　赵彩芸　高永佳

　　　　　秦　勤　曹进忠　蔡　爽

出版统筹　李　楷

— 3 —

中国农垦农场志

总　序

中国农垦农场志丛自 2017 年开始酝酿，历经几度春秋寒暑，终于在建党 100 周年之际，陆续面世。在此，谨向所有为修此志作出贡献、付出心血的同志表示诚挚的敬意和由衷的感谢！

中国共产党领导开创的农垦事业，为中华人民共和国的诞生和发展立下汗马功劳。八十余年来，农垦事业的发展与共和国的命运紧密相连，在使命履行中，农场成长为国有农业经济的骨干和代表，成为国家在关键时刻抓得住、用得上的重要力量。

如果将农垦比作大厦，那么农场就是砖瓦，是基本单位。在全国 31 个省（自治区、直辖市，港澳台除外），分布着 1800 多个农垦农场。这些星罗棋布的农场如一颗颗玉珠，明暗随农垦的历史进程而起伏；当其融汇在一起，则又映射出农垦事业波澜壮阔的历史画卷，绽放着"艰苦奋斗、勇于开拓"的精神光芒。

（一）

"农垦"概念源于历史悠久的"屯田"。早在秦汉时期就有了移民垦荒，至汉武帝时创立军屯，用于保障军粮供应。之后，历代沿袭屯田这一做法，充实国库，供养军队。

　　中国共产党借鉴历代屯田经验，发动群众垦荒造田。1933 年 2 月，中华苏维埃共和国临时中央政府颁布《开垦荒地荒田办法》，规定"县区土地部、乡政府要马上调查统计本地所有荒田荒地，切实计划、发动群众去开荒"。到抗日战争时期，中国共产党大规模地发动军人进行农垦实践，肩负起支援抗战的特殊使命，农垦事业正式登上了历史舞台。

　　20 世纪 30 年代末至 40 年代初，抗日战争进入相持阶段，在日军扫荡和国民党军事包围、经济封锁等多重压力下，陕甘宁边区生活日益困难。"我们曾经弄到几乎没有衣穿，没有油吃，没有纸、没有菜，战士没有鞋袜，工作人员在冬天没有被盖。"毛泽东同志曾这样讲道。

　　面对艰难处境，中共中央决定开展"自己动手，丰衣足食"的生产自救。1939 年 2 月 2 日，毛泽东同志在延安生产动员大会上发出"自己动手"的号召。1940 年 2 月 10 日，中共中央、中央军委发出《关于开展生产运动的指示》，要求各部队"一面战斗、一面生产、一面学习"。于是，陕甘宁边区掀起了一场轰轰烈烈的大生产运动。

　　这个时期，抗日根据地的第一个农场——光华农场诞生了。1939 年冬，根据中共中央的决定，光华农场在延安筹办，生产牛奶、蔬菜等食物。同时，进行农业科学实验、技术推广，示范带动周边群众。这不同于古代屯田，开创了农垦示范带动的历史先河。

　　在大生产运动中，还有一面"旗帜"高高飘扬，让人肃然起敬，它就是举世闻名的南泥湾大生产运动。

　　1940 年 6—7 月，为了解陕甘宁边区自然状况、促进边区建设事业发展，在中共中央财政经济部的支持下，边区政府建设厅的农林科学家乐天宇等一行 6 人，历时 47 天，全面考察了边区的森林自然状况，并完成了《陕甘宁边区森林考察团报告书》，报告建议垦殖南泥洼（即南泥湾）。之后，朱德总司令亲自前往南泥洼考察，谋划南泥洼的开发建设。

　　1941 年春天，受中共中央的委托，王震将军率领三五九旅进驻南泥湾。那时，南泥湾俗称"烂泥湾","方圆百里山连山",战士们"只见梢林不见天",身边做伴的是满山窜的狼豹黄羊。在这种艰苦处境中,战士们攻坚克难,一手拿枪,一手拿镐,练兵开荒两不误,把"烂泥湾"变成了陕北的"好江南"。从 1941 年到 1944 年,仅仅几年时间,三五九旅的粮食产量由 0.12 万石猛增到 3.7 万石,上缴公粮 1 万石,达到了耕一余一。与此同时,工业、商业、运输业、畜牧业和建筑业也得到了迅速发展。

南泥湾大生产运动,作为中国共产党第一次大规模的军垦,被视为农垦事业的开端,南泥湾也成为农垦事业和农垦精神的发祥地。

进入解放战争时期,建立巩固的东北根据地成为中共中央全方位战略的重要组成部分。毛泽东同志在 1945 年 12 月 28 日为中共中央起草的《建立巩固的东北根据地》中,明确指出"我党现时在东北的任务,是建立根据地,是在东满、北满、西满建立巩固的军事政治的根据地",要求"除集中行动负有重大作战任务的野战兵团外,一切部队和机关,必须在战斗和工作之暇从事生产"。

紧接着,1947 年,公营农场兴起的大幕拉开了。

这一年春天,中共中央东北局财经委员会召开会议,主持财经工作的陈云、李富春同志在分析时势后指出:东北行政委员会和各省都要"试办公营农场,进行机械化农业实验,以迎接解放后的农村建设"。

这一年夏天,在松江省政府的指导下,松江省省营第一农场(今宁安农场)创建。省政府主任秘书李在人为场长,他带领着一支 18 人的队伍,在今尚志市一面坡太平沟开犁生产,一身泥、一身汗地拉开了"北大荒第一犁"。

这一年冬天,原辽北军区司令部作训科科长周亚光带领人马,冒着严寒风雪,到通北县赵光区实地踏查,以日伪开拓团训练学校旧址为基础,建成了我国第一个公营机械化农场——通北机械农场。

之后,花园、永安、平阳等一批公营农场纷纷在战火的硝烟中诞生。与此同时,一部分身残志坚的荣誉军人和被解放的国民党军人,向东北荒原宣战,艰苦拓荒、艰辛创业,创建了一批荣军农场和解放团农场。

再将视线转向华北。这一时期，在河北省衡水湖的前身"千顷洼"所在地，华北人民政府农业部利用一批来自联合国善后救济总署的农业机械，建成了华北解放区第一个机械化公营农场——冀衡农场。

除了机械化农场，在那个主要靠人力耕种的年代，一些拖拉机站和机务人员培训班诞生在东北、华北大地上，推广农业机械化技术，成为新中国农机事业人才培养的"摇篮"。新中国的第一位女拖拉机手梁军正是优秀代表之一。

（二）

中华人民共和国成立后农垦事业步入了发展的"快车道"。

1949年10月1日，新中国成立了，百废待兴。新的历史阶段提出了新课题、新任务：恢复和发展生产，医治战争创伤，安置转业官兵，巩固国防，稳定新生的人民政权。

这没有硝烟的"新战场"，更需要垦荒生产的支持。

1949年12月5日，中央人民政府人民革命军事委员会发布《关于1950年军队参加生产建设工作的指示》，号召全军"除继续作战和服勤务者而外，应当负担一部分生产任务，使我人民解放军不仅是一支国防军，而且是一支生产军"。

1952年2月1日，毛泽东主席发布《人民革命军事委员会命令》："你们现在可以把战斗的武器保存起来，拿起生产建设的武器。"批准中国人民解放军31个师转为建设师，其中有15个师参加农业生产建设。

垦荒战鼓已擂响，刚跨进和平年代的解放军官兵们，又背起行囊，扑向荒原，将"作战地图变成生产地图"，把"炮兵的瞄准仪变成建设者的水平仪"，让"战马变成耕马"，在戈壁荒漠、三江平原、南国边疆安营扎寨，攻坚克难，辛苦耕耘，创造了农垦事业的一个又一个奇迹。

1. 将戈壁荒漠变成绿洲

1950年1月，王震将军向驻疆部队发布开展大生产运动的命令，动员11万余名官兵就地屯垦，创建军垦农场。

垦荒之战有多难，这些有着南泥湾精神的农垦战士就有多拼。

没有房子住，就搭草棚子、住地窝子；粮食不够吃，就用盐水煮麦粒；没有拖拉机和畜力，就多人拉犁开荒种地……

然而，戈壁滩缺水，缺"农业的命根子"，这是痛中之痛！

没有水，战士们就自己修渠，自伐木料，自制筐担，自搓绳索，自开块石。修渠中涌现了很多动人故事，据原新疆兵团农二师师长王德昌回忆，1951年冬天，一名来自湖南的女战士，面对磨断的绳子，情急之下，割下心爱的辫子，接上绳子背起了石头。

在战士们全力以赴的努力下，十八团渠、红星渠、和平渠、八一胜利渠等一条条大地的"新动脉"，奔涌在戈壁滩上。

1954年10月，经中共中央批准，新疆生产建设兵团成立，陶峙岳被任命为司令员，新疆维吾尔自治区党委书记王恩茂兼任第一政委，张仲瀚任第二政委。努力开荒生产的驻疆屯垦官兵终于有了正式的新身份，工作中心由武装斗争转为经济建设，新疆地区的屯垦进入了新的阶段。

之后，新疆生产建设兵团重点开发了北疆的准噶尔盆地、南疆的塔里木河流域及伊犁、博乐、塔城等边远地区。战士们鼓足干劲，兴修水利、垦荒造田、种粮种棉、修路架桥，一座座城市拔地而起，荒漠变绿洲。

2. 将荒原沼泽变成粮仓

在新疆屯垦热火朝天之时，北大荒也进入了波澜壮阔的开发阶段，三江平原成为"主战场"。

1954年8月，中共中央农村工作部同意并批转了农业部党组《关于开发东北荒地的农建二师移垦东北问题的报告》，同时上报中央军委批准。9月，第一批集体转业的"移民大军"——农建二师由山东开赴北大荒。这支8000多人的齐鲁官兵队伍以荒原为家，创建了二九〇、二九一和十一农场。

同年，王震将军视察黑龙江汤原后，萌发了开发北大荒的设想。领命的是第五师副师长余友清，他打头阵，率一支先遣队到密山、虎林一带踏查荒原，于1955年元旦，在虎林县（今虎林市）西岗创建了铁道兵第一个农场，以部队番号命名为"八五〇部农场"。

1955年，经中共中央同意，铁道兵9个师近两万人挺进北大荒，在密山、虎林、饶河一带开荒建场，拉开了向三江平原发起总攻的序幕，在八五〇部农场周围建起了一批八字头的农场。

1958年1月，中央军委发出《关于动员十万干部转业复员参加生产建设的指示》，要求全军复员转业官兵去开发北大荒。命令一下，十万转业官兵及家属，浩浩荡荡进军三江平原，支边青年、知识青年也前赴后继地进攻这片古老的荒原。

垦荒大军不惧苦、不畏难，鏖战多年，荒原变良田。1964年盛夏，国家副主席董必武来到北大荒视察，面对麦香千里即兴赋诗："斩棘披荆忆老兵，大荒已变大粮屯。"

3. 将荒郊野岭变成胶园

如果说农垦大军在戈壁滩、北大荒打赢了漂亮的要粮要棉战役，那么，在南国边疆，则打赢了一场在世界看来不可能胜利的翻身仗。

1950年，朝鲜战争爆发后，帝国主义对我国实行经济封锁，重要战略物资天然橡胶被禁运，我国国防和经济建设面临严重威胁。

当时世界公认天然橡胶的种植地域不能超过北纬17°，我国被国际上许多专家划为"植胶禁区"。

但命运应该掌握在自己手中，中共中央作出"一定要建立自己的橡胶基地"的战略决策。1951年8月，政务院通过《关于扩大培植橡胶树的决定》，由副总理兼财政经济委员会主任陈云亲自主持这项工作。同年11月，华南垦殖局成立，中共中央华南分局第一书记叶剑英兼任局长，开始探索橡胶种植。

1952年3月，两万名中国人民解放军临危受命，组建成林业工程第一师、第二师和一个独立团，开赴海南、湛江、合浦等地，住茅棚、战台风、斗猛兽，白手起家垦殖橡胶。

大规模垦殖橡胶，急需胶籽。"一粒胶籽，一两黄金"成为战斗口号，战士们不惜一切代价收集胶籽。有一位叫陈金照的小战士，运送胶籽时遇到山洪，被战友们找到时已没有了呼吸，而背上箩筐里的胶籽却一粒没丢……

正是有了千千万万个把橡胶看得重于生命的陈金照们，1957 年春天，华南垦殖局种植的第一批橡胶树，流出了第一滴胶乳。

1960 年以后，大批转业官兵加入海南岛植胶队伍，建成第一个橡胶生产基地，还大面积种植了剑麻、香茅、咖啡等多种热带作物。同时，又有数万名转业官兵和湖南移民汇聚云南边疆，用血汗浇灌出了我国第二个橡胶生产基地。

在新疆、东北和华南三大军垦战役打响之时，其他省份也开始试办农场。1952 年，在政务院关于"各县在可能范围内尽量地办起和办好一两个国营农场"的要求下，全国各地农场如雨后春笋般发展起来。1956 年，农垦部成立，王震将军被任命为部长，统一管理全国的军垦农场和地方农场。

随着农垦管理走向规范化，农垦事业也蓬勃发展起来。江西建成多个综合垦殖场，发展茶、果、桑、林等多种生产；北京市郊、天津市郊、上海崇明岛等地建起了主要为城市提供副食品的国营农场；陕西、安徽、河南、西藏等省区建立发展了农牧场群……

到 1966 年，全国建成国营农场 1958 个，拥有职工 292.77 万人，拥有耕地面积 345457 公顷，农垦成为我国农业战线一支引人瞩目的生力军。

（三）

前进的道路并不总是平坦的。"文化大革命"持续十年，使党、国家和各族人民遭到新中国成立以来时间最长、范围最广、损失最大的挫折，农垦系统也不能幸免。农场平均主义盛行，从 1967 年至 1978 年，农垦系统连续亏损 12 年。

"没有一个冬天不可逾越，没有一个春天不会来临。"1978 年，党的十一届三中全会召开，如同一声春雷，唤醒了沉睡的中华大地。手握改革开放这一法宝，全党全社会朝着社会主义现代化建设方向大步前进。

在这种大形势下，农垦人深知，国营农场作为社会主义全民所有制企业，应当而且有条件走在农业现代化的前列，继续发挥带头和示范作用。

于是，农垦人自觉承担起推进实现农业现代化的重大使命，乘着改革开放的春风，开始进行一系列的上下求索。

1978年9月，国务院召开了人民公社、国营农场试办农工商联合企业座谈会，决定在我国试办农工商联合企业，农垦系统积极响应。作为现代化大农业的尝试，机械化水平较高且具有一定工商业经验的农垦企业，在农工商综合经营改革中如鱼得水，打破了单一种粮的局面，开启了农垦一二三产业全面发展的大门。

农工商综合经营只是农垦改革的一部分，农垦改革的关键在于打破平均主义，调动生产积极性。

为调动企业积极性，1979年2月，国务院批转了财政部、国家农垦总局《关于农垦企业实行财务包干的暂行规定》。自此，农垦开始实行财务大包干，突破了"千家花钱，一家（中央）平衡"的统收统支方式，解决了农垦企业吃国家"大锅饭"的问题。

为调动企业职工的积极性，从1979年根据财务包干的要求恢复"包、定、奖"生产责任制，到1980年后一些农场实行以"大包干"到户为主要形式的家庭联产承包责任制，再到1983年借鉴农村改革经验，全面兴办家庭农场，逐渐建立大农场套小农场的双层经营体制，形成"家家有场长，户户搞核算"的蓬勃发展气象。

为调动企业经营者的积极性，1984年下半年，农垦系统在全国选择100多个企业试点推行场（厂）长、经理负责制，1988年全国农垦有60%以上的企业实行了这项改革，继而又借鉴城市国有企业改革经验，全面推行多种形式承包经营责任制，进一步明确主管部门与企业的权责利关系。

以上这些改革主要是在企业层面，以单项改革为主，虽然触及了国家、企业和职工的最直接、最根本的利益关系，但还没有完全解决传统体制下影响农垦经济发展的深层次矛盾和困难。

"历史总是在不断解决问题中前进的。"1992年，继邓小平南方谈话之后，党的十四大明确提出，要建立社会主义市场经济体制。市场经济为农垦改革进一步指明了方向，但农垦如何改革才能步入这个轨道，真正成为现代化农业的引领者？

关于国营大中型企业如何走向市场，早在1991年9月中共中央就召开工作会议，强调要转换企业经营机制。1992年7月，国务院发布《全民所有制工业企业转换经营机制条例》，明确提出企业转换经营机制的目标是："使企业适应市场的要求，成为依法自主经营、自负盈亏、自我发展、自我约束的商品生产和经营单位，成为独立享有民事权利和承担民事义务的企业法人。"

为转换农垦企业的经营机制，针对在干部制度上的"铁交椅"、用工制度上的"铁饭碗"和分配制度上的"大锅饭"问题，农垦实施了干部聘任制、全员劳动合同制以及劳动报酬与工效挂钩的三项制度改革，为农垦企业建立在用人、用工和收入分配上的竞争机制起到了重要促进作用。

1993年，十四届三中全会再次擂响战鼓，指出要进一步转换国有企业经营机制，建立适应市场经济要求、产权清晰、权责明确、政企分开、管理科学的现代企业制度。

农业部积极响应，1994年决定实施"三百工程"，即在全国农垦选择百家国有农场进行现代企业制度试点、组建发展百家企业集团、建设和做强百家良种企业，标志着农垦企业的改革开始深入到企业制度本身。

同年，针对有些农场仍为职工家庭农场，承包户垫付生产、生活费用这一问题，根据当年1月召开的全国农业工作会议要求，全国农垦系统开始实行"四到户"和"两自理"，即土地、核算、盈亏、风险到户，生产费、生活费由职工自理。这一举措彻底打破了"大锅饭"，开启了国有农场农业双层经营体制改革的新发展阶段。

然而，在推进市场经济进程中，以行政管理手段为主的垦区传统管理体制，逐渐成为束缚企业改革的桎梏。

垦区管理体制改革迫在眉睫。1995年，农业部在湖北省武汉市召开全国农垦经济体制改革工作会议，在总结各垦区实践的基础上，确立了农垦管理体制的改革思路：逐步弱化行政职能，加快实体化进程，积极向集团化、公司化过渡。以此会议为标志，垦区管理体制改革全面启动。北京、天津、黑龙江等 17 个垦区按照集团化方向推进。此时，出于实际需要，大部分垦区在推进集团化改革中仍保留了农垦管理部门牌子和部分行政管理职能。

"前途是光明的，道路是曲折的。"由于农垦自身存在的政企不分、产权不清、社会负担过重等深层次矛盾逐渐暴露，加之农产品价格低迷、激烈的市场竞争等外部因素叠加，从 1997 年开始，农垦企业开始步入长达 5 年的亏损徘徊期。

然而，农垦人不放弃、不妥协，终于在 2002 年"守得云开见月明"。这一年，中共十六大召开，农垦也在不断调整和改革中，告别"五连亏"，盈利 13 亿。

2002 年后，集团化垦区按照"产业化、集团化、股份化"的要求，加快了对集团母公司、产业化专业公司的公司制改造和资源整合，逐步将国有优质资产集中到主导产业，进一步建立健全现代企业制度，形成了一批大公司、大集团，提升了农垦企业的核心竞争力。

与此同时，国有农场也在企业化、公司化改造方面进行了积极探索，综合考虑是否具备企业经营条件、能否剥离办社会职能等因素，因地制宜、分类指导。一是办社会职能可以移交的农场，按公司制等企业组织形式进行改革；办社会职能剥离需要过渡期的农场，逐步向公司制企业过渡。如广东、云南、上海、宁夏等集团化垦区，结合农场体制改革，打破传统农场界限，组建产业化专业公司，并以此为纽带，进一步将垦区内产业关联农场由子公司改为产业公司的生产基地（或基地分公司），建立了集团与加工企业、农场生产基地间新的运行体制。二是不具备企业经营条件的农场，改为乡、镇或行政区，向政权组织过渡。如 2003 年前后，一些垦区的部分农场连年严重亏损，有的甚至濒临破产。湖南、湖北、河北等垦区经省委、省政府批准，对农场管理体制进行革新，把农场管理权下放到市县，实行属地管理，一些农场建立农场管理区，赋予必要的政府职能，给予财税优惠政策。

这些改革离不开农垦职工的默默支持，农垦的改革也不会忽视职工的生活保障。1986 年，根据《中共中央、国务院批转农牧渔业部〈关于农垦经济体制改革问题的报告〉的通知》要求，农垦系统突破职工住房由国家分配的制度，实行住房商品化，调动职工自己动手、改善住房的积极性。1992年，农垦系统根据国务院关于企业职工养老保险制度改革的精神，开始改变职工养老保险金由企业独自承担的局面，此后逐步建立并完善国家、企业、职工三方共同承担的社会保障制度，减轻农场养老负担的同时，也减少了农场职工的后顾之忧，保障了农场改革的顺利推进。

从1986年至十八大前夕，从努力打破传统高度集中封闭管理的计划经济体制，到坚定社会主义市场经济体制方向；从在企业层面改革，以单项改革和放权让利为主，到深入管理体制，以制度建设为核心、多项改革综合配套协调推进为主：农垦企业一步一个脚印，走上符合自身实际的改革道路，管理体制更加适应市场经济，企业经营机制更加灵活高效。

这一阶段，农垦系统一手抓改革，一手抓开放，积极跳出"封闭"死胡同，走向开放的康庄大道。从利用外资在经营等领域涉足并深入合作，大力发展"三资"企业和"三来一补"项目；到注重"引进来"，引进资金、技术设备和管理理念等；再到积极实施"走出去"战略，与中东、东盟、日本等地区和国家进行经贸合作出口商品，甚至扎根境外建基地、办企业、搞加工、拓市场：农垦改革开放风生水起逐浪高，逐步形成"两个市场、两种资源"的对外开放格局。

（四）

党的十八大以来，以习近平同志为核心的党中央迎难而上，作出全面深化改革的决定，农垦改革也进入全面深化和进一步完善阶段。

2015年11月，中共中央、国务院印发《关于进一步推进农垦改革发展的意见》（简称《意见》），吹响了新一轮农垦改革发展的号角。《意见》明确要求，新时期农垦改革发展要以推进垦区集团化、农场企业化改革为主线，努力把农垦建设成为保障国家粮食安全和重要农产品有效供给的国家队、中国特色新型农业现代化的示范区、农业对外合作的排头兵、安边固疆的稳定器。

2016年5月25日，习近平总书记在黑龙江省考察时指出，要深化国有农垦体制改革，以垦区集团化、农场企业化为主线，推动资源资产整合、产业优化升级，建设现代农业大基地、大企业、大产业，努力形成农业领域的航母。

2018年9月25日，习近平总书记再次来到黑龙江省进行考察，他强调，要深化农垦体制改革，全面增强农垦内生动力、发展活力、整体实力，更好发挥农垦在现代农业建设中的骨干作用。

农垦从来没有像今天这样更接近中华民族伟大复兴的梦想！农垦人更加振奋了，以壮士断腕的勇气、背水一战的决心继续农垦改革发展攻坚战。

1. 取得了累累硕果

——坚持集团化改革主导方向，形成和壮大了一批具有较强竞争力的现代农业企业集团。黑龙江北大荒去行政化改革、江苏农垦农业板块上市、北京首农食品资源整合……农垦深化体制机制改革多点开花、逐步深入。以资本为纽带的母子公司管理体制不断完善，现代公司治理体系进一步健全。市县管理农场的省份区域集团化改革稳步推进，已组建区域集团和产业公司超过300家，一大批农场注册成为公司制企业，成为真正的市场主体。

——创新和完善农垦农业双层经营体制，强化大农场的统一经营服务能力，提高适度规模经营水平。截至2020年，据不完全统计，全国农垦规模化经营土地面积5500多万亩，约占农垦耕地面积的70.5%，现代农业之路越走越宽。

——改革国有农场办社会职能，让农垦企业政企分开、社企分开，彻底甩掉历史包袱。截至2020年，全国农垦有改革任务的1500多个农场完成办社会职能改革，松绑后的步伐更加矫健有力。

——推动农垦国有土地使用权确权登记发证，唤醒沉睡已久的农垦土地资源。截至2020年，土地确权登记发证率达到96.3%，使土地也能变成金子注入农垦企业，为推进农垦土地资源资产化、资本化打下坚实基础。

——积极推进对外开放，农垦农业对外合作先行者和排头兵的地位更加突出。合作领域从粮食、天然橡胶行业扩展到油料、糖业、果菜等多种产业，从单个环节向全产业链延伸，对外合作范围不断拓展。截至 2020 年，全国共有 15 个垦区在 45 个国家和地区投资设立了 84 家农业企业，累计投资超过 370 亿元。

2. 在发展中改革，在改革中发展

农垦企业不仅有改革的硕果，更以改革创新为动力，在扶贫开发、产业发展、打造农业领域航母方面交出了漂亮的成绩单。

——聚力农垦扶贫开发，打赢农垦脱贫攻坚战。从 20 世纪 90 年代起，农垦系统开始扶贫开发。"十三五"时期，农垦系统针对 304 个重点贫困农场，绘制扶贫作战图，逐个建立扶贫档案，坚持"一场一卡一评价"。坚持产业扶贫，组织开展技术培训、现场观摩、产销对接，增强贫困农场自我"造血"能力。甘肃农垦永昌农场建成高原夏菜示范园区，江西宜丰黄冈山垦殖场大力发展旅游产业，广东农垦新华农场打造绿色生态茶园……贫困农场产业发展蒸蒸日上，全部如期脱贫摘帽，相对落后农场、边境农场和生态脆弱区农场等农垦"三场"踏上全面振兴之路。

——推动产业高质量发展，现代农业产业体系、生产体系、经营体系不断完善。初步建成一批稳定可靠的大型生产基地，保障粮食、天然橡胶、牛奶、肉类等重要农产品的供给；推广一批环境友好型种养新技术、种养循环新模式，提升产品质量的同时促进节本增效；制定发布一系列生鲜乳、稻米等农产品的团体标准，守护"舌尖上的安全"；相继成立种业、乳业、节水农业等产业技术联盟，形成共商共建共享的合力；逐渐形成"以中国农垦公共品牌为核心、农垦系统品牌联合舰队为依托"的品牌矩阵，品牌美誉度、影响力进一步扩大。

——打造形成农业领域航母，向培育具有国际竞争力的现代农业企业集团迈出坚实步伐。黑龙江北大荒、北京首农、上海光明三个集团资产和营收双超千亿元，在发展中乘风破浪：黑龙江北大荒农垦集团实现机械化全覆盖，连续多年粮食产量稳定在 400 亿斤以上，推动产业高端化、智能化、绿色化，全力打造"北大荒绿色智慧厨房"；北京首农集团坚持科技和品牌双轮驱动，不断提升完善"从田间到餐桌"的全产业链条；上海光明食品集团坚持品牌化经营、国际化发展道路，加快农业

"走出去"步伐，进行国际化供应链、产业链建设，海外营收占集团总营收20%左右，极大地增强了对全世界优质资源的获取能力和配置能力。

千淘万漉虽辛苦，吹尽狂沙始到金。迈入"十四五"，农垦改革目标基本完成，正式开启了高质量发展的新篇章，正在加快建设现代农业的大基地、大企业、大产业，全力打造农业领域航母。

（五）

八十多年来，从人畜拉犁到无人机械作业，从一产独大到三产融合，从单项经营到全产业链，从垦区"小社会"到农业"集团军"，农垦发生了翻天覆地的变化。然而，无论农垦怎样变，变中都有不变。

——不变的是一路始终听党话、跟党走的绝对忠诚。从抗战和解放战争时期垦荒供应军粮，到新中国成立初期发展生产、巩固国防，再到改革开放后逐步成为现代农业建设的"排头兵"，农垦始终坚持全面贯彻党的领导。而农垦从孕育诞生到发展壮大，更离不开党的坚强领导。毫不动摇地坚持贯彻党对农垦的领导，是农垦人奋力前行的坚强保障。

——不变的是服务国家核心利益的初心和使命。肩负历史赋予的保障供给、屯垦戍边、示范引领的使命，农垦系统始终站在讲政治的高度，把完成国家战略任务放在首位。在三年困难时期、"非典"肆虐、汶川大地震、新冠肺炎疫情突发等关键时刻，农垦系统都能"调得动、顶得上、应得急"，为国家大局稳定作出突出贡献。

——不变的是"艰苦奋斗、勇于开拓"的农垦精神。从抗日战争时一手拿枪、一手拿镐的南泥湾大生产，到新中国成立后新疆、东北和华南的三大军垦战役，再到改革开放后艰难但从未退缩的改革创新、坚定且铿锵有力的发展步伐，"艰苦奋斗、勇于开拓"始终是农垦人不变的本色，始终是农垦人攻坚克难的"传家宝"。

农垦精神和文化生于农垦沃土，在红色文化、军旅文化、知青文化等文化中孕育，也在一代代人的传承下，不断被注入新的时代内涵，成为农垦事业发展的不竭动力。

"大力弘扬'艰苦奋斗、勇于开拓'的农垦精神，推进农垦文化建设，汇聚起推动农垦改革发展的强大精神力量。"中央农垦改革发展文件这样要求。在新时代、新征程中，记录、传承农垦精神，弘扬农垦文化是农垦人的职责所在。

(六)

随着垦区集团化、农场企业化改革的深入，农垦的企业属性越来越突出，加之有些农场的历史资料、文献文物不同程度遗失和损坏，不少老一辈农垦人也已年至期颐，农垦历史、人文、社会、文化等方面的保护传承需求也越来越迫切。

传承农垦历史文化，志书是十分重要的载体。然而，目前只有少数农场编写出版过农场史志类书籍。因此，为弘扬农垦精神和文化，完整记录展示农场发展改革历程，保存农垦系统重要历史资料，在农业农村部党组的坚强领导下，农垦局主动作为，牵头组织开展中国农垦农场志丛编纂工作。

工欲善其事，必先利其器。2019年，借全国第二轮修志工作结束、第三轮修志工作启动的契机，农业农村部启动中国农垦农场志丛编纂工作，广泛收集地方志相关文献资料，实地走访调研、拜访专家、咨询座谈、征求意见等。在充足的前期准备工作基础上，制定了中国农垦农场志丛编纂工作方案，拟按照前期探索、总结经验、逐步推进的整体安排，统筹推进中国农垦农场志丛编纂工作，这一方案得到了农业农村部领导的高度认可和充分肯定。

编纂工作启动后，层层落实责任。农业农村部专门成立了中国农垦农场志丛编纂委员会，研究解决农场志编纂、出版工作中的重大事项；编纂委员会下设办公室，负责志书编纂的具体组织协调工作；各省级农垦管理部门成立农场志编纂工作机构，负责协调本区域农场志的组织编纂、质量审查等工作；参与编纂的农场成立了农场志编纂工作小组，明确专职人员，落实工作经费，建立配套机制，保证了编纂工作的顺利进行。

质量是志书的生命和价值所在。为保证志书质量，我们组织专家编写了《农场志编纂技术手册》，举办农场志编纂工作培训班，召开农场志编纂工作推进会和研讨会，到农场实地调研督导，尽全力把好志书编纂的史实关、政治关、体例关、文字关和出版关。我们本着"时间服从质量"的原则，将精品意识贯穿编纂工作始终。坚持分步实施、稳步推进，成熟一本出版一本，成熟一批出版一批。

中国农垦农场志丛是我国第一次较为系统地记录展示农场形成发展脉络、改革发展历程的志书。它是一扇窗口，让读者了解农场，理解农垦；它是一条纽带，让农垦人牢记历史，让农垦精神代代传承；它是一本教科书，为今后农垦继续深化改革开放、引领现代农业建设、服务乡村振兴战略指引道路。

修志为用。希望此志能够"尽其用"，对读者有所裨益。希望广大农垦人能够从此志汲取营养，不忘初心、牢记使命，一茬接着一茬干、一棒接着一棒跑，在新时代继续发挥农垦精神，续写农垦改革发展新辉煌，为实现中华民族伟大复兴的中国梦不懈努力！

中国农垦农场志丛编纂委员会

2021 年 7 月

北京西郊农场志

BEIJING XIJIAO NONGCHANGZHI

志者，一域之重典；修志，一方之盛事。《北京西郊农场志》几经寒暑，现付梓问世，为尘封的历史注入时代活力，作为在农场的老同志，尤感欣慰，谨附浅见，是为序。

北京市西郊农场有限公司隶属于北京首农食品集团有限公司，是由原集团公司所属的北京市西郊农场、北京市东北旺农场、北京市巨山农场和北京三元农业有限公司四个所属二级企业重组合并而成。从1949年到2018年，农场已经走过了69年的光辉历程，在党中央、国务院亲切关怀下，在北京市委、市政府正确指导下，在首农食品集团的直接领导下，农场不断成长、发展、壮大。在社会发展的不同历史阶段，一代代淳朴的西郊人艰苦奋斗、百折不挠，用勤劳的双手和智慧的头脑，谱写了一曲曲农垦精神的颂歌，为农场的发展、社会的进步奠定了精神上、物质上的强大基础，为丰富北京市人民生活作出了积极贡献。

20世纪50年代，根据"国营农场对农村起示范作用，建立副食品生产基地，为北京市服务"的建场方针，广大干部职工艰苦奋斗、忘我奉献，治水改土、科学规划，把满目贫瘠、沟壑纵横、偏坡乱岗的土地改造成田成方、树成行、旱能灌、涝能排，稳产高产的肥沃良田。

60至70年代，农场加快农牧业的发展，

同时大力创办工业企业，有不少企业后来发展成为农场的骨干企业。在此期间，村办企业也如雨后春笋，初显生机，这些企业为农场的稳定和职工、群众的富裕作出了巨大贡献。

党的十一届三中全会以后，农场进入了快速稳定的发展阶段，形成了以农牧业为基础，农、林、牧、副、渔、工、商、运、建、服十业并举，工商综合经营的产业格局。在生产建设和社会发展中硕果累累，当时有不少项目领先于国内先进水平。原东北旺农场全国玉米育种专家赵垂达培育的'京杂6号'仅在1978至1987年，全国累计种植面积就达4 500万亩[①]，增收粮食15.5亿斤[②]。'京杂6号'在1982年也获得国家科委、国家农委颁发的科技推广奖。农场原内燃机配件厂把产品质量的提高作为企业生存发展的关键，生产的气门出厂合格率达到百分之百，被用户誉为信得过的免检产品，1982年12月至1986年，本厂生产的492型进排气门，分别获得北京市、农牧渔业部、机械工业部优质产品奖，同时，给大连柴油机械厂生产的6100型气门，荣获北京市优质产品奖，为农场赢得了荣誉。

随着改革开放和中日友好人民公社的建立，农场形成了新的对外开放窗口，中外合资企业迅速成长，农场经济得到了较快发展。20世纪80年代，农场由实行联产承包责任制逐步向适度规模经营方向发展，建设成为重要的首都副食品生产基地。农场经济由过去的单一形式向多种经营方式方向发展。畜牧业生产实现了自动化，乡镇企业发展成为农场经济的重要组成部分。国营企业实行了场长负责制、集体承包制。生产由过去的计划型逐渐向市场调节型转变，技术改造为国营企业注入了新的活力，农场经济效益和社会效益得到了全面的提升。

20世纪90年代，农场以市场为导向，进行产业结构调整，突出发展第三产业，加强第二产业，优化第一产业。1998年场乡体制改革政企分开之后，农场专业化公司的崛起，新兴产业的确立，开启了转型发展之路。加快了房地产项目开发，形成了"以房地产为龙头产业，以物业、物流为跟进产业，参股相关企业，投融资于高科技及相关产业孵化，进行实业和资本综合经营"的国有企业，真正成为

---

① 亩为非法定计量单位，1亩≈667平方米。——编者注
② 斤为非法定计量单位，1斤＝0.5千克。——编者注

集团公司产业结构中"第四板块"的主力军。

进入 21 世纪，经北京市委、市政府批准，2017 年 12 月北京首都农业集团有限公司、北京粮食集团有限责任公司、北京二商集团有限公司三家企业联合重组成立北京首农食品集团有限公司（简称首农食品集团）。首农食品集团聚焦首都食品安全、城市生活保障，积极履行政治责任、经济责任、社会责任，坚持以"食安天下、惠泽万家"为使命。西郊农场作为首农食品集团下属二级企业，紧紧围绕首农食品集团建设首都标志性的都市型现代农业产业集团的目标和"一体两翼"的发展新思路，加快推进农场从传统的产品生产经营型经济向以城市需求提供和生产生活服务为导向的服务型经济转型，着力打造以三大板块企业为核心的三大产业经济，依托较好的区位和资源优势，确定了以房地产开发为龙头，物产物流和物业管理为补充，都市农业为基础的产业发展布局。房地产是农场的龙头产业，已开发建设的项目涵盖各类保障性住房和普通商品房，目前正在积极拓展科技园区、创新产业园建设。物流物业管理为农场产业补充，初步实现了规模经营和地区性品牌经营，一批专业化企业正在健康成长。都市农业为农场基础产业，农场致力于建设代表首都先进水平且为首农标志性的现代都市农业产业园，以服务都市需求的绿色有机农产品供应和城市生态休闲两大主线的示范都市农业为发展方向，不断推进新经济自媒体发展，在努力创新中与时俱进。

69 年的峥嵘岁月换来了农场今日的辉煌成就。69 年波澜壮阔的农场历史，是在党的路线方针政策指引下，全场数代干部、职工通过艰苦探索，艰苦实践和艰苦创新创造的。有了农场前辈们的艰苦奋斗，才有了农场今天的繁荣发展，回顾农场的历史，让我们感动、让我们欣喜、让我们自豪。

《北京西郊农场志》讲述了农场 69 年与国家命运密切相关的发展历程，弘扬了农场艰苦创业、实事求是的精神，再现了早期创业者和当代创业者的奋斗业绩，记录了西郊农垦的优秀文化，传承了京郊企业的农垦精神。《北京西郊农场志》的出版是农场文化自信的具体实践，是农场发展的力量源泉。

为了让读者对农场发展的历史有深刻的了解，以史为鉴，激励后人，我们有责任为农场事业的接班人留下系统的、全面的、翔实的农场史料，从而为现在乃至将来农场的发展提供借鉴参考，这也是我们出版此书的目的。

温故而知新，以前辈为榜样。让我们踏着农垦前辈的足迹，不忘初心，牢记使命，承前启后，继往开来，开创农场转型发展的新征途，拥抱农场更加美好的未来。

北京首农食品集团有限公司
党委副书记、董事、总经理

2021 年 3 月

凡例

一、《北京西郊农场志》由《北京西郊农场志》《北京东北旺农场志》两部分组成。

二、本志坚持实事求是的原则，坚持历史唯物主义和辩证唯物主义相结合的观点，突出时代特色、地方特色、历史文化特色和农场专业特色，力求全面、准确、真实、客观。

三、本志使用公元纪年。《北京西郊农场志》记载上限起于1949年11月17日北京市人民政府郊区工作委员会管理成立的国营北京市彰化农场，下限止于2018年12月31日北京首农食品集团有限公司所属北京市西郊农场有限公司。《北京东北旺农场志》记载上限起于1957年1月1日隶属农垦部和北京农业大学双重领导的国营农大农场，下限止于2008年4月7日北京首都农业集团有限公司所属北京市东北旺农场。为保持北京市西郊农场各下属单位或个别事项的记述完整性，上限追溯至其事业之发端及建置之始。

四、本志记载的范围是：凡在2018年12月31日时点归属西郊农场的所有企业单位；虽在2018年12月31日时点已被注销或划出，但此之前曾经归属过（或重组合并）北京市西郊农场或其前身的企事业单位及农村（社队）。

五、北京市西郊农场、北京市东北旺农场名称历史上多次变更，为叙述方便，正文中统称为西郊农场、东北旺农场。2008年4月7日西郊农场、东北旺农场合并后至2010年12月31日期间，曾对外称为北京市东北旺农场，2011年1月1日起仍称其为北京市西郊农场。

六、全志采用述、记、图、表、录等体裁。横排门类，纵写史实，各篇以时为经，以事为纬，横不缺项，纵不断线。

七、本志采用第三人称。凡记述国家、机构、单位等名称，在文中第一次出现时使用全称，之后使用简称。

八、本志采用规范的现代语体文记述，使用词语以《现代汉语词典》、新编《辞海》为标准；使用文字以国家语言文字工作委员会1986年10月10日重新公布的《简化字总表》为标准。数字的表述，执行2012年11月12日公布的《中华人民共和国国家标准（GB/T 15835—2011）〈出版物上数字用法〉》；计量单位名称、符号的使用，执行国务院1984年2月27日公布的《中华人民共和国法定计量单位》；标点符号使用，执行1995年12月13日公布的《中华人民共和国国家标准（GB/T 15843—1995）〈标点符号用法〉》。

九、本志中的实物量指标和经济技术数据来自农场部门统计和农场内部史书记载，财务数据以财务部的数据为准，职工数据来自人力资源部提供的报表。

十、本志资料来源于北京市数字方志馆、海淀区档案馆、首农集团档案馆、西郊农场档案室、《北京国营农场志》（2000年11月精简本）、《北京国营农场史》（1949—1989）、《东北旺农场史》（1957—1990）、《北京市东北旺农场创业五十周年》（1957—2007）、《北京市国营西郊农场史》（1949—1988）及所属各单位编写的史料、文献、专著、网站。

中国农垦农场志

目 录

第二篇　北京东北旺农场志

中国农垦农场志

大 事 记

● **1949 年**   11 月 17 日　北京市十三区委派赵彪接收彰化村地主于茂亭的 26.66 公顷土地，为建立国营彰化农场做准备。12 月，国营北京市彰化农场正式成立，归北京市人民政府郊区工作委员会管理，场部设在彰化村，赵彪任场长。

● **1950 年**   9 月 10 日　京郊国营农场管理局由中央人民政府农业部移交市郊委领导，彰化农场由市郊委下属的京郊国营农场管理局领导。

12 月　彰化农场正式投入生产，并接收巨山农业资本家的土地、温泉中法大学试验场及官僚的土地，耕地面积扩大到 125.07 公顷，分散在彰化、温泉、巨山三个地方，并设温泉、巨山两个分场。

本年　赵彪任彰化农场党支部书记。

● **1951 年**   7 月 10 日　京郊国营农场管理局决定：彰化农场主要经营蔬菜，巨山分场种植果树，温泉分场种植葡萄、藕、果木，饲养蜂、羊等项目。

本年　巨山分场开始生产龙口粉丝，该项产品是北京市首创的粉丝产品。

● **1952 年**   3 月 14 日　彰化农场接收苇塘，同年先后接收佟家坟、八里庄、市立一中、圆明园、清华大学部分耕地和西山果园、裕民果园、复兴果园，农场耕地共计 151.33 公顷。

8 月 1 日　市郊委以〔52〕郊办 1163 号文通知：从 8 月 1 日起撤销京郊国营农场管理局，彰化农场改由市郊委直接领导。

9 月 3 日　北京市人民政府颁发〔52〕府秘张字第 531 号、柴字 532 号令：撤销市郊委，另行组建北京市农林局。彰化农场归市农林局管理。

12 月 30 日　彰化农场在全国农业爱国丰产竞赛中被列入第一批丰产奖励名单，获农业部颁发的爱国丰产奖旗一面和奖金 500 万元（旧币）。

● **1953 年**   1 月　彰化农场接收广安门外莲花池八一家禽场和琅山果园，交出温泉分场 70.53 公顷土地。

9 月　八一家禽场由彰化农场分出，成立八一鸭场，专门生产"北京鸭"。

— 1 —

本年　西北农业大学、北京农业大学、山东农学院、河北农学院、四川大学等学生到彰化农场实习；朝鲜、越南、印度等国家相关人员到农场学习蔬菜种植、养鸭先进技术。全年近 1400 余人到彰化农场参观学习。

1954 年　1 月　成府牛场、厚生果园从北京市供销合作总社划入彰化农场，其中果园 43.8 公顷，菜地 40.73 公顷，粮田 66.67 公顷，初步形成农牧结合的副食品基地。

4 月 1 日　彰化农场更名为国营北京市西郊农场。

8 月　《农业科学通讯》1954 年第 8 期刊登《国营彰化农场 1953 年白菜栽培经验》的文章。

10 月 25 日　市农林局决定将八一家禽场、南苑畜牧场西苑分场合并到西郊农场。

12 月　肖英任西郊农场党总支书记。

1955 年　2 月 18 日　北京市农林局改名为北京市农林水利局。国营北京市西郊农场归市农林水利局管理。

2 月 25 日—26 日　北京市召开 1954 年度农业劳动模范及先进集体代表大会，西郊农场被北京市人民委员会授予 1954 年度"北京市农业生产模范单位"称号。

4 月　国营北京市香山农场将松堂部分土地移交西郊农场。

11 月　《机械化农业》1955 年第 13 期介绍西郊农场"运用技术定额测定法制定劳动定额及其成效"的做法及经验。

同月　袁平书任西郊农场场长。

12 月　西郊农场参加北京农业展览会，介绍生产管理、犊牛饲养管理、蔬菜生产的经验，农场生产的优良农产品参加展示。

本年　全国进口纯荷兰奶牛 100 头，其中 50 头由巨山分场饲养。

本年　市农林水利局白家疃果树指导站划归西郊农场经营管理，并成立白家疃果树队；接收一些苇地和稻田，交出复兴果园。至年底，西郊农场实有耕地 195.17 公顷。

1956 年　2 月　中国共产党北京市委员会、市人委决定组建公私合营北郊畜牧场。市农林水利局决定将国营北京市西郊农场畜牧场划归北郊畜牧场。

3 月 17 日　吕振君、肖文兰被评为北京市农业劳动模范。

4 月 17 日—25 日　西郊农场安福海作为北京市国营农场代表之一，出席国务院召开的全国农业水利先进生产者代表会议，并被表彰为先进生产者。

4月30日—5月10日　西郊农场修造厂张万义被评为全国先进生产者。出席中共中央 国务院召开全国先进生产者代表会议，受到毛泽东、刘少奇、周恩来、朱德等党和国家领导人接见。

本年　全国人大代表刘裴、王克俊、冯志、杨纯及全国政协委员王树常到西郊农场视察。

本年　西郊农场形成一个以园艺、畜牧为主的综合性农场，土地总面积358.27公顷，奶牛353头，猪205头。

● **1957年**　1月1日　国营农大农场正式挂牌成立。隶属于农垦部和北农大领导。场长沈其益，党委书记曹旭。

1月　《机械化农业》1957年第1期介绍国营北京市西郊农场自1954年以后，已向国内外推广北京鸭的种蛋共17681枚和小鸭9634羽，苏维埃社会主义共和国联盟、保加利亚共和国、罗马尼亚人民共和国等从西郊农场引进了北京鸭。

2月28日　市农林水利局把军委总参三部原计划建飞机场的大牛坊土地233.33公顷和原计划建电台的白水洼土地240公顷划拨给西郊农场。西郊农场建立巨山分场、大牛坊分场、圆明园分场。

3月24日　北京市农业劳动模范代表大会召开。西郊农场职工张忠臣、时之瑶、安国瑞、孙秀有、赵文玉、李顺义、安福海被评为1956年度北京市农业劳动模范。

3月　马哮任西郊农场场长。

7月4日　市农林水利局决定将西郊农场莲花池养鸭生产队拨给公私合营家禽孵化场经营。

7月8日　苏联专家克鲁奇柯夫到西郊农场视察。

7月　西郊农场接收五路居、马家堡的奶牛612头。

10月　西郊农场接收松堂子、圆明园、五路居等单位转来的奶牛220头，建立畜牧一队。

11月　北郊畜牧场以173头奶牛和羊换购农大农场耕地124.3公顷。

下半年　西郊农场组织下放干部和全体职工修筑公路5.5千米，于1958年完工。

本年　西郊农场抽调部分技术干部、技术工人建立南口农场。

本年　西郊农场建立大牛坊分场和圆明园分场，调整经营范围，决定巨山分场以经营果树、奶牛为主，圆明园分场以经营水稻、奶牛为主，大牛坊分场以大田生产为主。

● **1958 年**　2 月　北京市召开 1957 年度劳动模范及先进集体代表会议。市人委授予农大农场"北京市模范生产单位"称号。国营北京市西郊农场职工何永良、郭树元、张忠诚、闫振昆、于秀英被评为北京市劳动模范。

同月　中共北京市委、市人委决定，由北京市粮食局党组书记宋新波、市粮食局油脂公司经理王锡田带领财贸系统下放干部 2000 余人，兴建南口农场，初期作为西郊农场的分场。

3 月　西郊农场巨山养牛队在农垦部召开的全国国营农牧场社会主义建设积极分子会议上获畜牧集体奖。

春季　市人委决定将归属西郊农场的巨山分场划给香山农场。

5 月 3 日　西郊农场在巨山召开第一次职工代表大会。

同日　西郊农场场部由彰化村迁到上庄村南，彰化村的数百亩菜田移交给北京市农业科学院。

8 月　农大农场与西北旺乡合并成立万寿山人民公社，接收唐家岭、土井、西北旺、韩家川 4 个行政村。土地总面积达 1466.67 公顷。

9 月 22 日　中国农业科学院蔬菜研究所（前身是华北农业科学研究所园艺系蔬菜研究室）经国务院规划委员会科字第 278 号文批复，农业部党组和市人委批准正式成立。成立时的蔬菜所，以蔬菜研究室和市农林局所属西郊农场为基础，受中国农科院和市农科院双重领导。所址设在海淀区彰化村，对市农林局所属农场提高蔬菜生产水平起到促进作用。1962 年 8 月该所从彰化村迁回中国农科院院内。

10 月 9 日　由西郊农场、东北旺、白水洼、永丰屯、苏家坨、北安河、温泉村组成永丰人民公社，划归海淀区领导。西郊农场成为永丰人民公社畜牧站，即西郊农场工作站；万寿山人民公社成为永丰人民公社的一个大队。

10 月　东马坊、西马坊、常乐、上庄、皂甲屯、南玉河、北玉河、永泰庄等村划归西郊农场。

12 月　市农林水利局决定把西郊农场所属的巨山、西山、琅山、佟家坟、一中、彰化、松堂子及厚生果园划给香山农场。

本年　农大农场接收北郊畜牧场部分奶牛，调入昌平实验分场部分奶牛，成立东北旺奶牛场。

本年　农大农场相继建立起不同规模的畜牧饲养场，以养牛养猪为主。至 1962 年，累计养牛 1145 头，产奶 178 万千克，头日产达 9.67 千克；养猪 6572 头，引进优良种猪 2000 头。

本年　西郊农场建立了家禽队，总投资 130 万元。1987 年改成肉鸡种鸡场。

● 1959 年　2 月 20 日—23 日　中共北京市委召开农业社会主义建设先进单位代表会议，农大农场土井作业站、西北旺作业站、幼儿园被市人委授予 1958 年度"北京市农业社会主义建设先进单位"称号。

2 月 20 日—25 日　农垦部召开北京、上海、天津三市农牧场 1958 年生产竞赛评议会，北京市参加 1958 年生产竞赛的有国营北京市双桥农场、国营北京市南郊农场、西郊农场和公私合营东郊畜牧场、北郊畜牧场。评比结果北京市总成绩第一，获得农垦部颁发的优胜奖旗。

2—4 月　先后有东小营、梅所屯、白水洼、双塔、前章村、后章村、八家、河北村、辛力屯等村划归西郊农场。

4 月　西郊农场从永丰人民公社划出，直属海淀区领导。

7 月 12 日　市人委〔59〕市厅秘字第 140 号函通知：成立北京市农垦局，市农垦局成立后，即从市农林水利局分出。西郊农场归市农垦局管理。

同月　高凤歧任西郊农场党委书记、永丰人民公社第二书记。

10 月　西郊农场重新归属永丰人民公社，西郊农场为上庄大队。

11 月　永丰人民公社抽调劳动力兴建上庄水库，于 1960 年 6 月 29 日竣工交付使用。水库流域全长 6.5 千米，可灌溉 666.67 公顷土地，灌溉用水 720 万立方米，容水量 220 万立方米。解决了上庄、苏家坨、北安河、西山四个地区的汛期排洪问题。

12 月下旬　农大农场由北农大移交给市农垦局。

本年　农大农场成立唐家岭牛场。

本年　农大农场成功扩大繁殖了巨峰葡萄，后推广至东北三省、广东、海南等地。

本年　西郊农场建立了畜牧二队。

● **1960 年** 1月20日—25日 中共北京市委、市人委召开北京市农业社会主义先进单位和积极分子代表大会，农大农场被评为"北京市养猪先进单位"；于秀英被评为北京市农业社会主义建设积极分子。会上提出"一人一猪，一亩一猪"的发展要求。

3月 胡定淮任国营北京市西郊农场（永丰人民公社上庄大队）党总支书记。曹德库任西郊农场（永丰人民公社上庄大队）大队长、党总支副书记。

4月 永丰人民公社解体分为6个公社，西郊农场为上庄公社，农大农场属东北旺公社。实行场社合一、政企合一的领导体制。

7月 农大农场种植的160公顷小麦，平均每公顷产2925千克，居全市第一。

8月10日 市人委第十九次办公会议决定，将市农垦局撤销，其主管的业务并入市农林局管理。西郊农场归市农林局管理。

本年 农大农场以耕作区为单位用机械平整土地，平均每公顷投资375元，建成适合机械化作业的样板田。

● **1961 年** 3月 农大农场正式更名为国营北京市东北旺农场，由市农林局和海淀区双重领导。

5月 李旭明任国营北京市西郊农场（上庄公社）党委书记；马哗任西郊农场场长、党委副书记。

7月12日 西郊农场召开中国共产党第一次党员代表大会。

7月13日 西郊农场召开第一次社员代表大会。

本年 西郊农场建立畜牧三队。

● **1962 年** 4月1日 东北旺农场（公社）召开第一次社员代表大会。

4月18日 东北旺农场（公社）召开中国共产党第一次党员代表大会。

7月 东北旺农场166.07公顷小麦平均每公顷产3562.5千克，居全市第一。

本年 国营北京市西郊农场建立双塔果树队。

本年 东北旺农场建成工具厂、造纸厂，成立科技站。

● **1963 年** 3月 国营北京市西郊农场建立畜牧五队。

4月2日 北京市召开1962年度农业社会主义建设先进单位及劳动模范表彰大会，刘福堂、刘树本、郭均沛被评为北京市农业劳动模范。

同月　西郊农场为简政放权成立了四个国营分场，1998年场乡体制改革后撤销。

11月5日　全国人大常委会委员长朱德等到国营北京市东北旺农场视察工作。

12月　柳绍栋任西郊农场党委书记。

本年　西郊农场为解决牛场饲料和果树专业生产，先后有上庄三队、李家坟、前章村三队改为低薪队，分别经营饲料和果树生产。延续到1968年，恢复原体制的农村生产队。

● **1964年**　1月　国营北京市东北旺农场改变双重领导体制，直归市农林局管理。

2月6日　市人委决定将原由市农林水利局负责的国营农场管理工作，移交给北京市国营农场管理局接管。市农林局农场处撤销。国营北京市西郊农场和东北旺农场归市农场局管理。

6月　市农林局、市农场局联合通知，按市人委指示，将西郊农场所属的彰化农场划归市农林局领导。彰化农场改为农业试验站。

同月　市农场局系统国营农场普遍与中国农科院、北农大建立协作关系，在科研单位的指导下，采用"边繁殖、边试验、边推广"的办法，直接由科研单位引入新品种，取得了良好的效果。特别是东北旺农场早在四年前推广生产农大183的同时，就在北农大的协助下，着手繁殖农大311、北京6号等耐肥、抗锈的良种，在当年前期连续阴雨、后期锈病流行的情况下，东北旺农场213.33公顷的小麦农大311，平均每公顷产量仍达3037.5千克。

8月　国务院副总理兼国家科学技术委员会主任聂荣臻到东北旺农场视察工作。

10月1日　东北旺农场大型粮食生产彩车通过天安门广场。

10月　王凤池代理西郊农场场长职务。

本年　东北旺农场向本市13个区县和山西、陕西、河北等地推广良种69.5万千克。

本年　东北旺农场创办业余农业技术学校。

● **1965年**　9月　国营北京市东北旺农场"大四清"运动开始。

10月　西郊农场动员2000人，修建二干（主渠）由京密引水渠八分口水闸为起点，途径辛力屯、双塔、白水洼、后章村、畜牧五队，终点为白水洼扬水干渠，全长 3.4 千米，灌溉土地 466.67 公顷。

12 月 20 日　农垦部召开全国农垦科学技术和高产经验交流会，东北旺农场因小麦高产被农垦部授予样板农场。会议期间，与会代表受到周恩来、朱德、邓小平、李富春、陆定一、谭震林等党和国家领导人的接见。

本年　冶金部 60 头牛调入西郊农场畜牧二队饲养管理。

1966 年　7 月　国营北京市东北旺农场采用 24 行播种机种植的 376.07 公顷小麦，平均每公顷产 4470 千克，创全国小麦每公顷产量最高纪录。

1967 年　7 月 1 日　东北旺农场土霉素厂（制药厂）生产出第一批产品——畜用土霉素添加剂。

本年　西郊农场第四次改建白水洼扬水干渠，途径白水洼中学、三大队鱼池、畜牧五队，千亩连片，流域全长 4.1 千米，可灌溉土地 693.33 公顷。

本年　西郊农场修筑上庄村至沙阳路的公路，1968 年修筑沙阳路至白水洼的公路。

1968 年　1 月　国营北京市西郊农场在昌平地界修建总灌溉水利工程，完成土方 25000 立方米，由京密运河到八口分水闸，全长 1.1 千米。

1969 年　4 月 3 日　北京市农业局革命领导小组〔67〕京农革办字第 15 号通知：经北京市革命委员会批准，原市农林、农场、农机、水利气象四个局已正式合并为农业局，农场及畜牧兽医工作均列入农业组管理。国营北京市西郊农场和东北旺农场由市农业局管理。

9 月　柳绍栋任西郊农场革委会主任、党委书记。

本年　西郊农场在史家桥修建拦河闸，投资 20 万元。

本年　西郊农场组织 400 余人修建八口拦河闸。

1970 年　1 月　冯增贵任国营北京市东北旺农场党委书记。

同月　西郊农场修建白家疃果树队蓄水池 2224 平方米，容水量 2800 吨。

本年　东北旺农场派唐家岭牛场技术工人韩树田等人赴西北、华北、东北等地，进行"奶牛人工直肠把握输精技术"的推广。

本年　东北旺农场接受北京市下达的小麦育种任务，增设小麦育种组，并培育出抗病直产性强的"京旺 1 号""京旺 2 号""京旺 3 号"。

本年　西郊农场修建上庄二中，于 1971 年全部完工并交付使用。

本年　西郊农场组织劳动力兴建卫生院，占地 0.67 公顷，建房 2300 平方米，1971 年 9 月投入使用。

1971 年　10 月　国营北京市西郊农场组织 600 人到东南郊区参加潮白河水利工程建设。

1972 年　1 月　刘正奎任国营北京市东北旺农场革委会主任。

7 月 1 日　市农业局革命领导小组第二十五次会议决定：按市革委会要求，市农业局撤销，原合并于大农业局的各局分成农林、水利、农机三局，农场工作归属市农林局农场组主管，结束了自 1968 年 11 月以来农场下放区县管理的历史。国营北京市西郊农场和东北旺农场归市农林局管理。

8 月　国营北京市西郊农场兴建一二〇地面卫星站，占地 4 公顷，于 1973 年 7 月投入使用。

9 月　东北旺农场分别成立了实验站党总支部，畜牧大队圆明园分场党支部，土霉素厂党支部。

1973 年　1 月　无线电电信局占用国营北京市西郊农场土地 4 公顷，兴建八〇一地面卫星站。

3 月　刘正奎任国营北京市东北旺农场革委会主任、党委书记。

9 月　曾富任西郊农场革委会主任、党委书记。

本年　东北旺农场推出科技人员赵垂达精心培育的"京黄 113"玉米品种。

本年　303 路公共汽车正式通车。

本年　西郊农场（公社）兴建上庄一中，1974 年投入使用。

1974 年　3 月　国营北京市西郊农场成立砖厂。后因土源缺乏于 1985 年 1 月转产选洗毛生产，更名为兴风选洗毛厂。

同月　西郊农场成立木器厂。

10 月　西郊农场组织修建后河排水工程，完成土方 10 万立方米，全长 1.8 千米，容水量为 16 万立方米。

本年　西郊农场成立磷肥厂，1976 年移交给海淀区管辖，后称海淀区第二毛条厂。

本年　西郊农场成立物资站，于 1984 年改建供销公司。

本年　国营北京市东北旺农场将低洼易涝地改种水稻，扩大水稻种植面 133.33 公顷。

本年　东北旺农场科技站育成中晚熟优良玉米单交种"京杂 6 号"，此品种在华北地区得到大面积推广。

1975 年 12 月下旬　国营北京市西郊农场全场范围内大搞农田基本建设，1975 年平整土地 92.67 公顷，以后两年分别完成平整土地 218 公顷、113.33 公顷。

本年　西郊农场开始发展规模化养鸡事业，1977 年号召集体饲养，1980 年 39 个生产队办起小型散养鸡场，1987 年饲养蛋鸡 25.14 万只，年产蛋量 208 万千克。

1976 年 1 月　屈洪玉任国营北京市东北旺农场革委会主任。

5 月　陈志增任国营北京市西郊农场革委会主任、党委书记。

同月　西郊农场兴建内燃机配件厂，1978 年正式投入生产，生产的 492 型进排气门，荣获北京市和农牧渔业部及机械工业部优质产品；生产的 6100 型气门，荣获北京市优质产品，并被定为信得过的免检产品。

本年　东北旺农场粮食平均每公顷产量破 7500 千克大关。

1977 年 12 月　国营北京市东北旺农场成立科技委员会。

同月　东北旺农场新建半机械化养猪场。

本年　东北旺农场建成"农业学大寨"农场。

1978 年 3 月 18 日—31 日　中共中央　国务院召开全国科学大会。国营北京市东北旺农场科研站完成的"京杂 6 号、京白 10 号、京黄 113 号玉米和芒白 4 号小麦选育"荣获全国科学大会优秀科技成果奖。

4 月　国营北京市西郊农场畜牧三队"奶牛非手术受精卵移植技术研究"获市农业科研成果三等奖。

10 月 23 日　经中央批准，中日友好人民公社成立。全国人大常委会副委员长谭震林、国务院副总理陈永贵、日中农业农民交流协会会长八佰板正等 200 多人参加了"中日友好人民公社"命名大会。房威任中日友好人民公社主任。

10 月　东北旺农场与温泉公社冷泉大队、永丰人民公社合并成立中日友好人民公社。

同月　中日和平友好条约签订后，中日友好协会会长廖承志为即将成立的"中日友好人民公社"题写牌匾，并写下"中日友好，松柏长青"题词。

本年　西郊农场兴建白家疃、双塔果树队冷库 3000 平方米，可容纳果量 900 吨。

本年　西郊农场从东北农学院引进星布罗（加拿大）祖代肉鸡，其商品性明显提高，对京郊养鸡生产起到促进作用。

● **1979 年**　2 月 9 日　中日友好人民公社与日中农业农民交流协会签订了第一份中日农业交流协议书。

2 月　永丰人民公社从中日友好人民公社划出。

7 月　国营北京市西郊农场、东北旺农场同时挂人民公社牌子，实行"场乡合一，以场带乡"体制。

9 月 19 日　北京市计划委员会〔1979〕京计基字第 581 号文批准在中日友好人民公社（东北旺农场）建设现代化养鸡场，规模为饲养产蛋鸡 12 万只，总建筑面积控制在 16100 平方米左右，土建及配套投资控制在 250 万元以内。该项目由日方援建，日本公明党委员长竹入义胜为此项目赠予饲养 12 万只蛋鸡的全套设备。

11 月　中国黑白花奶牛育种科研协作组（北方组），在西郊农场举行第一次奶牛繁殖技术交流会。

● **1980 年**　4 月 7 日　从日本进口"红富士"苹果矮砧（M26）晚熟良种苗木 150 株，交国营北京市西郊农场白家疃果树队试种。

5 月　东北旺农场原企业大队和畜牧大队改建为北京市东北旺农场企业分场和北京市东北旺畜牧分场。

9 月 23 日　日本公明党委员长竹入义胜第九次访华，并以个人名义应允援建中日友好人民公社鸡场，由日本三井矿山、三井物产、岩岛养鸡场组成三井小组具体实施。

本年　东北旺农场水稻引用仿日式盘育秧、机插秧技术取得成功，并逐步在全场推广。

本年　西郊农场建立知青鸡场。

● **1981 年**　3 月 15 日—21 日　以日本三井矿山株式会社为主的代表团来北京，商谈日本援建的中日友好人民公社鸡场工程施工问题。

3 月　东北旺农场先后成立物资站党支部、卫生院党支部、冰棍厂党支部和棒球手套厂党支部。

同月　东北旺农场开始进行水稻工厂化育苗和机械插秧技术试验与示范，随后扩展到国营北京市西郊、双桥、北郊等农场。

秋季　东北旺农场向日本福岛市赠送两头燕山驴。

10月23日　东北旺农场举办了"中日友好人民公社命名三周年"纪念活动，邀请日本福岛市农户到北京做客。

同月　全国人大常委会副委员长廖承志先后到中日奶牛场、中日养鸡场、中日棒球手套厂视察，再次为中日友好人民公社题词"春华秋实，花果满园"。

本年　西郊农场兴建第一栋居民住宅楼，分别于1982年、1984年兴建第二栋、第三栋居民楼。总建筑面积6540平方米，解决108名职工住房。

● 1982年　3月16日—20日　全国农垦系统第四次科技工作会议在北京召开，会议评选出70项农业科研成果，并颁发奖状和奖金。由市农场局总农艺师宋秉彝主持，与国营北京市东北旺农场合作完成的"北京地区小麦栽培指标化研究"获农垦部科技成果奖一等奖；北京长城农工商奶牛研究所和国营北京市北郊、南郊、西郊、东风、长阳、东北旺农场合作完成的"北京黑白花奶牛主要数量性状遗传参数的估测"，获农垦部科技成果奖三等奖。4月10日《光明日报》报道了会议及获奖成果。

3月23日　市政府召开北京市1981年优秀科技成果授奖大会，向获奖的单位和个人颁发荣誉证书。市农场局和东北旺农场合作完成的"北京地区小麦栽培指标化研究"荣获市科技成果奖二等奖，北农大园艺系、市农科院林研所、国营北京市西郊农场合作完成的"西维因、苯乙酸对金冠和红星等苹果疏除效应的研究"荣获市科技成果奖三等奖。

4月3日　国家农业委员会、国家科委在北京召开农业科技推广奖授奖大会，东北旺农场科技站赵垂达等人完成的"推广京杂6号玉米良种"项目获国家农业科技推广奖二等奖。

5月　东北旺农场建立职工学校。

9月1日　东北旺农场召开第一届职工（工会会员）代表大会。

10月23日　纪念中日友好人民公社成立4周年和日本援建的中日友好人民公社养鸡场投产剪彩，中共中央政治局委员王震、中国人民对外友好协会会长王炳南、中日友好协会副会长孙平化和日本公明党访华团成员、日中技术交流访华团人员、日本驻华公使渡边幸治等参加了剪彩仪式和纪念活动。市长焦若愚和日本公明党委员长竹入义胜剪彩。

12月　刘诗宝任西郊农场场长、党委书记。

本年　东北旺农场完成的"BD-1型篷布防水剂"获得农牧渔业部技术改进二等奖。

● **1983 年**　4月　日本公明党赠送中日友好人民公社养鸡场12万羽商品雏鸡全部输入；增赠海赛克斯品系种雏6000羽，分两次于1983年秋和1984年输入。

8月　东北旺农场成立农业技术服务公司和建筑分公司。

9月9日　全国人大常务委员会副委员长邓颖超到东北旺农场视察工作。

10月　日本国福岛市日中农业技术交流协会会长阿部浩一为祝贺中日友好人民公社成立5周年，赠送价值500多万日元的小型农机具及配件。

11月　国营北京市西郊农场成立畜禽公司。隶属单位有双塔鸡场、知青鸡场、家禽队、白水洼种鸡场、畜牧四队、农科队鸡场。

本年　西郊农场先后兴建浴池、理发馆和物资站商业楼，总建筑面积2300平方米，于1984年开始营业。

本年　从1981年开始，总公司大力兴办各类知青集体企业，总公司和西郊等7个农场成立劳动服务公司。

● **1984 年**　1月13日　国营北京市东北旺农场（公社）召开第七届人代会第三次会议，恢复东北旺乡人民政府建制。

1月14日　国营北京市西郊农场（公社）召开人民代表大会，产生上庄乡政府，建立乡政权。取消人民公社管理体制。

同月　西郊农场表壳厂停产，转产调味品生产，并兼营糕点生产，更名为调味品厂。

3月20日　市政府召开北京市科学技术工作会议，北京儿科研究所、东北旺农场唐家岭分场合作完成的"犊牛流行性腹泻病原及用ORS治疗的研究"获得北京市科技成果三等奖。

同月　西郊农场建立冷饮厂，5月正式投入生产。

4月　乐虹、徐智慧、赵文玉、赵垂达被评为北京市劳动模范。

5月　东北旺农场成立工业公司。

7月　东北旺农场成立乡镇企业公司。

8月28日　东北旺农场建立老干部活动站。

同月　蔡惟迁任西郊农场场长、党委副书记。

10月　上庄水库由人工提闸改建电动提闸工程，并扩宽河道，清淤3万多土方，总投资 150 万元。

12 月　东北旺工具厂东字牌两用扳手、双头呆扳手、梅花扳手获北京市 1984 年优质产品证书。

● **1985 年**　2 月 28 日　华洪志被评为北京市劳动模范。

3 月　国营北京市西郊农场奶牛果树公司建立种禽一场，总建筑面积 1520 平方米。

4 月 30 日　在庆祝"五一"和纪念中华全国总工会成立 60 周年的大会上，东北旺农场农科所副所长赵垂达获得"全国五一劳动奖章"。

6 月 22 日　东北旺造纸厂试行的"白水回收工程"通过了北京市环境保护局、北京市财政局、市计委等部门的鉴定，并于同年获市农场局颁发的三等奖。

8 月　西郊农场畜禽公司建立新西鸡场，新西鸡场是与新华社联营的第一个单位。

10 月 25 日　日本北海道汤浅牧场场主汤浅忠夫赠送我国一批奶牛，其中 35 头奶牛在中日友好人民公社的奶牛场饲养，该牛场被命名为中日友好奶牛场。中央政治局委员王震等领导参加了中日友好奶牛场的剪彩仪式，并题词"促进中日友好，发展奶牛事业"。中日友好协会会长廖承志题写了"中日奶牛场"牌匾。

10 月 29 日　西郊农场参与奶牛研究所主持开展的"高产奶牛饲养技术规范的研究和推广"项目。

本年　西郊农场推行联产承包责任制，有 26 个生产队实行承包到户，15 个生产队实行集体承包。

本年　东北旺农场率先在全国成立"无公害、低残留"蔬菜监测站。

本年　东北旺农场篷布厂并入手套厂。

● **1986 年**　2 月 24 日　北京市东北旺工具厂东字牌双兴呆扳手、东字牌呆梅两用扳手、东字牌梅花扳手荣获 1985 年农牧渔业部优质产品奖。

同日　经北京市城市规划管理局批准空军第六研究所和中国人民解放军国防科学技术工业委员会分别征用西郊农场土地 1.11 公顷、3.13 公顷，用于兴建卫星站。

8 月 13 日　市农场局工会工组字〔86〕第 4 号文同意：西郊农场工会第六次代表大会选举朱宏为工会主席。

10 月 23 日　在中日友好人民公社命名 8 周年之际,东北旺农场与日本星火产业合资的"北京田园庄饭店"举行竣工剪彩仪式,中共中央总书记胡耀邦为饭店题名,中日友好协会名誉会长王震和会长宇都宫德马出席典礼并剪彩。

11 月 22 日　市政府京政地字〔1986〕183 号文同意国防科委征用西郊农场永泰庄村粮田 3.132 公顷。

●1987 年　8 月 6 日　经市规划局批准交通部征用西郊农场土地 1.45 公顷,兴建卫星站。

9 月 16 日　应农业部农垦局外事处邀请,美国加州大学两名农业研修生到东北旺农场马连洼果园、农机站、中日奶牛场、东北旺大队学习。

10 月 29 日　总公司党委组织部〔1987〕京农场组干字第 16 号文同意康志茂任西郊农场工会主席。

12 月 7 日　经北京市房屋土地管理局批准,无线电电信局征用西郊农场土地 3 公顷。

本年　东北旺农场与中国农业科学院植保所、北京农业大学合作建立检测中心,试验田间生物监测技术。

●1988 年　1 月 28 日　总公司〔1988〕京农管计字第 10 号文批准西郊农场将 5 个小型蛋鸡场合并、新建一座 10 万只蛋鸡场项目。

3 月 10 日　在北京市蔬菜生产工作会议上,国营北京市东北旺农场获得"北京市蔬菜工作先进单位"奖状。

3 月　西郊农场畜禽公司畜牧四队兴建山鸡种鸡舍 1400 平方米、山鸡育雏车间 1700 平方米、肉鸽饲养车间 700 平方米。总建筑面积 3800 平方米,饲养种山鸡 1500 只,肉鸽 1500 对。

4 月 15 日　中国共产党北京市顾问委员会主任王宪由总公司经理邢春华陪同参观西郊农场特禽场。

4 月　西郊农场组成以杨顺澄为主编的农场大事记写作组,于年底完成编写任务,记载了西郊农场 1949 至 1988 年发展历程。

5 月 24 日　总公司〔1988〕京农管人干字第 10 号文决定关铁城任西郊农场副场长。

5 月　西郊农场奶牛果树公司双塔果树队兴建肉鸡场,占地 2.67 公顷,分两期建设,总建筑面积 6968 平方米。

同月　西郊农场奶牛果树公司建立双塔种猪场。兴建 23 间单立式猪舍和 32 间双立式猪舍。

6 月　西郊农场奶牛果树公司修建饲料加工厂。

同月　西郊农场内燃机配件厂扩建，占地 1.7 公顷，兴建两个主体车间 2300 平方米。

同月　西郊农场畜禽公司兴建鹌鹑场，四栋车间建筑面积 1352 平方米，当年投入生产。

8 月 26 日　北京市人民代表大会常务委员会委员李丽、杜清润等一行到西郊农场视察工作。

9 月 20 日　西郊农场办公楼（老场部）正式投入使用，该楼于 1987 年 10 月动工，建筑面积 3457.35 平方米。

9 月 28 日　在全国首届最佳畜禽养殖企业评选揭晓大会上，东北旺农场被农业部授予"全国优秀畜禽养殖业"称号。

10 月 11 日　总公司〔1988〕京农管人干字第 10 号文决定薛广文任西郊农场副场长。

本年　东北旺农场党委制定并实施"加速乡镇企业发展的优惠政策"，全年共建联合企业 16 个，其他企业 14 个。

本年　东北旺农场完成的"蔬菜无污染检测技术研究"获农业部科学技术进步奖三等奖。

本年　东北旺农场 166.67 公顷小麦全部实行了免耕覆盖栽培技术。

1989 年　4 月 14 日　北京市召开科技大会，会上北农大、总公司、东北旺农场、南郊农场、北郊农场、永乐店农场合作完成的"夏玉米免耕覆盖精播机械化配套技术与国产第一代精播机的研制"项目被市政府评为 1988 年度北京市科学技术进步奖二等奖。

4 月 27 日　西郊农场白水洼鸡场饲养员范秀荣被评为北京市劳动模范。

9 月 21 日　国营北京市西郊农场党委书记刘诗宝、场长蔡惟迁、乡长朱宏等领导代表西郊农场全体职工慰问遭受雹灾的西山农场，送去人民币 2 万元。

本年　东北旺农场在东北旺村建立蔬菜育苗中心。

1990 年　4 月 15 日　总公司、东北旺农工商、美国"中国第一商业公司"签署合资合同和公司章程，成立中美合资发喜冰激凌公司。

7月2日　市外经贸委〔1990〕京经贸〔资〕字第 224 号文批复同意东北旺农工商与美国"中国第一商业公司"合资经营发喜冰激凌公司签订的合同、章程及董事会成员组成。16 日，正式成立并更名"北京发喜冰激凌有限公司"筹建处。

7月10日　西郊农场工会召开第七次工会会员代表大会和第三次职工代表大会，选举康志茂为工会主席。

8月13日　农业部农垦司在人民大会堂召开绿色食品新闻发布会，公布首批绿色食品名单，国营北京市东北旺农场三大类 20 多种蔬菜获得农业部首批"绿色食品证书"。

9月9日　东北旺农场 6 种蔬菜参加了农业部在亚运村举办的首批"绿色食品"展销会。

9月10日　美国"中国第一商业公司"正式注册冰激凌产品 BUD'S 品牌商标。

10月5日　东北旺农场开发的马连洼梅园小区 14 栋楼及配套工程开工建设，建筑规模 86379 平方米，其中住宅 59989 平方米，于 1995 年 2 月全部竣工。

10月13日　赵桂栋任西郊农场党委副书记、场长，免去蔡惟迁西郊农场党委副书记、场长职务。

10月　发喜冰激凌公司生产的 BUD'S 牌冰激凌试机成功；次年 1 月，BUD'S 牌冰激凌正式投产。

本年　东北旺农场建成第二批喷灌田。

● **1991 年**　1月3日　国营北京市西郊农场撤销农机科，成立农机管理服务站。

1月23日　国营北京市东北旺农场成立工业委员会、畜牧委员会和农业委员会。

3月19日　西郊农场成立果林公司。

3月25日　西郊农场成立饲料管理服务站。

11月1日　东北旺农场开发的马连洼东馨园小区 1～10 号楼及配套工程陆续开工建设，建筑规模 91673 平方米，其中住宅 40735 平方米，1995 年 10 月全部竣工。

本年　总公司果林处、十三陵、南郊、长阳、东北旺、永乐店农场合作完成的"多效唑在果树上的应用推广"项目获北京市农业技术推广奖二等奖。

本年　东北旺农场被北京市科学技术协会授予"科普先进单位"称号。

● **1992 年**　3 月 18 日　北京市科技工作会议召开。市政府授予西郊农场果林公司和总公司果林处合作完成的"苹果新品种引进与选优"为 1991 年度北京市科技进步奖二等奖。

5 月　陈欣成任东北旺农场党委书记。

6 月　东北旺农场上地村土地全部被国家征用，建设上地信息产业基地，上地撤村。

7 月 28 日　东北旺农场以 4300 万元总价将田园庄饭店转让给中国高级律师、高级公证师培训中心。

8 月 10 日　北京市东北旺农工商联合总公司更名为北京市上地农工商联合总公司。

11 月　农业部中国绿色食品发展中心在田园庄饭店召开新闻发布会，东北旺农场京西御膳米厂生产的"京西御膳米"、水果（苹果、桃）、发喜冰激凌等 6 个品种获得农业部颁发的"绿色食品证书"；东北旺农场被命名为首家"绿色食品综合生产基地"。

12 月　东北旺农场成立上地综合开发建设总公司。

本年　总公司畜牧处与西郊农场畜禽公司、南郊农场畜禽公司、北京市京联奶牛公司鸡场合作完成的"优良蛋鸡品种及关键技术的推广"获北京市星火科技三等奖。

● **1993 年**　1 月 9 日　总公司党委〔93〕京农场组字第 6 号文决定李凤元任国营北京市西郊农场场长，尹跃进任副场长（常务）。

1 月 19 日　国营北京市东北旺农场造纸厂以 2800 万元转让给 621 厂。

6 月 5 日　西郊农场成立北京升达房地产发展有限公司，刘诗宝任董事长。

6 月　东北旺农场成立北京市海淀区西二旗房地产开发公司和东北旺住房合作社。

同月　东北旺农场组建北京上地金属制品总公司，该公司包括以下 6 个企业：北京市东北旺工具厂、北京上地汽车配件厂、北京上地硬质合金工具厂、北京东华抗磨材料厂、北京市网架厂、北京特种金属门窗厂。

8 月 30 日　全国人大常务委员会副委员长阿沛·阿旺晋美等委员到西郊农场视察。

10月20日　发喜冰激凌公司出品的八喜牌冰激凌、圣蒂牌冰激凌经中国绿色食品发展中心审验通过，获得农业部颁发的"绿色食品"证书，这是全国最早且唯一申请通过冰激凌绿色食品的生产企业。

12月8日　市外经贸委批准北京丘比食品有限公司合同、公司章程及董事会组成。该合资公司由总公司、东北旺农工商和日本丘比株式会社共同设立，注册资本68500万日元，总公司持股10%、东北旺农工商持股25%，日本丘比株式会社持股65%。首任董事长周诗平。

12月11日　市农场局绿色食品办公室更名为北京农垦绿色食品办公室。

12月31日　西郊农场工会推选市级标兵六人：赵玉清、桂海泉、周玉武、贾伟、鲁广清、张向东。市级先进班组：奶牛二场成牛二班。

本年　东北旺农场被中国绿色食品发展中心确定为我国第一个"绿色食品综合生产基地"。

● **1994年**　1月　国营北京市东北旺农场生产的"百旺牌"京西御膳米被中国保护消费者基金会认定为"可信产品"。

同月　新落成的东北旺医院门诊楼投入使用。

2月　东北旺农场成立上地绿色食品总公司。

同月　由东北旺农场开发的马连洼竹园小区12栋楼及配套工程陆续开工建设，建筑规模59634平方米，其中住宅52466平方米。于1996年8月全部竣工。

4月　东北旺农场科技站新培育的玉米品种"京黄127"获北京市农业技术推广二等奖。

同月　国营北京市西郊农场在北京地区首次引进水稻钵盘育苗抛秧技术。

6月　农业部组织全国各省市农业厅、局长到西郊农场参加现场会，该项技术受到一致好评。

4月28日　北京上地硬质合金工具厂召开股东大会，东北旺农场第一个股份合作制企业宣告成立，同时也是市农场局第一批股份合作制企业之一。

5月　北京丘比公司食品有限公司正式成立。

6月　北京丘比公司沙拉酱开始销售。

同月　东北旺农场与台商合资成立银泰绿色饮品有限公司。

11月　中日养鸡场主营产品鸡蛋获中国绿色食品发展中心颁发的"绿色食品"证书。

12月10日　东北旺农场机关迁址，搬进东北旺村南新办公大楼。

本年　东北旺农场投资威海项目100万元。

本年　东北旺农场的免淘米被中国消费者协会评为"向消费者推荐产品"。

● 1995年　3月17日　应农业部邀请，驻京外交使团的40名外交官参观国营北京市东北旺农场。

3月21日　北京奶牛中心、国营北京市西郊农场、北郊奶业食品总公司、南郊农场和双桥农场畜牧分场合作完成的"奶牛细管冷冻精液人工授精配套技术推广"获得1994年度北京市农业技术推广奖一等奖；总公司果林处和北京市南口、十三陵、西山、长阳、西郊、东北旺农场合作完成的"苹果适采成熟度淀粉碘测模式技术推广"获三等奖。

3月下旬　东北旺农场获首批百家"中国特色之乡"命名宣传活动组委会授予的"中国御膳米之乡"称号。

3月31日　北京市上地农工商联合总公司更名为北京市东北旺农工商联合总公司。

4月3日　东北旺农场撤销北京田园庄饭店建制，成立北京市东北旺综合服务公司。

4月22日　陈欣成、陈建兴、赵万清被评为北京市劳动模范。

8月4日　东北旺养鸡场、唐家岭种鸡场、土井养鸡场和马连洼种鸡场合并为"东北旺农场养鸡场"。

8月14日　农业部下发《关于公布全国农垦系统"三百工程"首批试点企业名单的通知》（农垦发〔1995〕10号），批准东北旺农场（玉米、小麦）、西郊农场畜禽公司（鸡）为全国农垦系统良种试点企业。

8月31日　海淀区委组织部和总公司党委通知决定：免去刘诗宝西郊农场党委书记职务；李凤元任党委书记，免去其场长职务；刘双贵任场长、党委副书记。

9月1日　东北旺农场接待联合国第四次世界妇女大会参观团8批共110人次。

9月4日　东北旺农场组建第二物业管理站，同时成立热力供应站，负责马连洼集中供热。

10月26日—11月4日 在中国农业展览馆召开的第二届中国农业博览会上，东北旺农场科技站新培育的玉米品种"京黄127"获得金奖，发喜冰激凌公司的冰激凌获得银奖。

10月27日 北京市技术监督局向社会推荐1995年度"北京市好产品"和首批外地"在京销售好产品"评选活动，发喜冰激凌公司的八喜牌冰激凌荣获"北京市好产品"称号。

11月8日 西郊农场成立北京绿叶农牧商有限责任公司。

11月18日 华威公司由总公司独资改制成由总公司、东风农场、东北旺农场三家投资的深圳华威实业有限公司，注册资金由317万元增至2000万元，总公司持有40%，东风农场、东北旺农场各持有30%。

12月13日 北京市常务副市长张百发、海淀区区长许树迎在总公司经理邢春华、副经理包宗业陪同下考察东北旺农场。参观东北旺农场开发建设的梅园、竹园、菊园小区和乡中心宿舍小区以及北京市海淀区西二旗房地产开发公司建设工程成就展览馆。

12月30日 国家建设部部长侯捷、农业部副部长刘成果视察东北旺农场房地产开发工作。

12月 东北旺农场将东北旺制药厂出售给北京华颖实业集团有限公司。

● **1996年** 2月1日 总公司、北京市奶业协会、奶牛中心、国营北京市西郊农场和永乐店农场合作完成的"北京黑白花奶牛良种选育高产配套技术应用推广"项目，被市政府授予北京市星火奖一等奖；西郊农场的"水稻综合节水技术示范推广"获二等奖。

7月22日 北京市经济委员会、市农办〔96〕京经调字第280号文批准北京华颖实业集团兼并东北旺农场制药厂。

9月25日 张鹗任东北旺农场党委书记；总公司党委京农场组〔1996〕第60号文决定，免去白洁元东北旺农场党委副书记、副场长职务。

同日 总公司党委京农场组〔1996〕第60号文通知决定，白洁元任西郊农场场长、党委副书记。

同日 东北旺农场在马连洼车站举行328路公共汽车通车剪彩仪式。

10月 西郊农场成立翔利达公司。

12月2日 西郊农场召开第十一次党代会，选举李凤元为党委书记，选举蔡士学为纪委书记。

12月　东北旺农场开发的西二旗铭科苑小区开工建设，总用地面积72000平方米，总建筑规模151301.47平方米，2002年6月全部竣工。

本年　东北旺农场投资澳洲悉尼项目573万元，投资西客站项目1457万元。

● **1997 年**　3月　国营北京市东北旺农场、国营北京市西郊农场名称分别变更为北京市东北旺农场、北京市西郊农场。

同月　奶牛中心、中国农科院作物育种栽培研究所、西郊农场奶牛公司、北郊农场奶业食品总公司合作完成的"奶牛青贮小黑麦新品种中饲1890选育及应用"获北京市科学技术进步奖三等奖。

同月　总公司生产处、西郊农场、东郊农场、东北旺农场等合作完成的"北京农场系统水稻钵盘育苗抛秧技术的应用与推广"获1996年度北京市农业技术推广奖二等奖。

5月　中央农业电影制片厂在西郊农场百亩水稻育苗中心拍摄了《旱育稀植抛秧技术》专题影片；并在此进行了"移栽灵加甲霜灵锰锌本田土不调酸"育苗试验，该实验被列入市级星火计划。

6月2日　经市外经贸委批准，发喜冰激凌公司外方股东美国"中国第一商业公司"将其全部股权转让给荷兰联合道迈克零售（欧洲）有限公司，公司更名为北京艾莱发喜食品有限公司；经营年限变更为57年；注册资本由原168万美元增至476万余美元；股东股权比例为总公司占10%、东北旺农工商占30%、荷兰联合道迈克零售（欧洲）有限公司占60%。

7月18日　西郊农场职工文化娱乐活动中心和职工消费合作社成立并开业。

9月20日　东北旺农场代表总公司参加北京市首届全民健身节，获职工第八套广播体操比赛一等奖。

11月25日　日本福岛市日中友好协会会长边见正治一行参观东北旺农场。

11月　东北旺全场实施有线电视联网工程，总投资430万元，入户4000余户。

12月26日　总公司党委京农场组通字〔1997〕第21号文通报，李凤元兼任北京市西郊农场场长；许树坡任常务副场长。

本年　东北旺农场在上地信息产业基地西侧建立加油站，由商贸公司组建。

● **1998 年** 　7 月 18 日　北京市西郊农场上庄翠湖水乡旅游度假区开业典礼，副市长张茅，市政协副主席李荻生，中共海淀区委员会书记朱善璐，总公司党委副书记、纪委书记张福平等领导参加。

7 月 27 日　总公司京农管字〔1998〕第 28 号文决定将北京市东北旺农场科技站自 6 月起划归北京农垦缘种子中心管理。

7 月　根据首都规划建设委员会的批复，西二旗安宁西里小区经济适用房项目批准为北京市第一批 19 个经济适用房项目之一。

11 月　按照市委办公厅京办发〔1998〕26 号文件，海淀区政府与总公司签署北京市西郊农场土地权属划分方案的协议和人事机构及相关资产改革方案的协议。全乡版图面积 3788 公顷，西郊农场占 476.71 公顷。将党委、政府和农业管理的 16 个相关科室及人员 64 人划归海淀区上庄乡。企业管理系统有关科室及人员 59 人划归北京市西郊农场。场乡体制改革后西郊农场资产总额 27439.41 万元，净资产 4939.8 万元。

12 月 7 日　场乡体制改革后，张鹗任北京市东北旺农场党委委员、书记；李元海任党委委员、副书记，场长；赵福山任党委委员、副书记、纪委书记，副场长；姜文生任党委委员、工会主席；刘焕茂任党委委员，副场长。

同日　总公司京农场组字〔1998〕第 64 号文决定，场乡体制改革后，李杰锋任北京市西郊农场党委委员、书记；李山任党委委员、副书记，场长；孙毅任党委委员、副书记、纪委书记；康志茂任党委委员、工会主席。

12 月 15 日　东北旺农场场长李元海当选海淀区第十二届人大代表。

12 月　东北旺农场国有资产划归总公司，9 个村及集体资产划归海淀区。

● **1999 年** 　1 月　北京市西郊农场双塔果树队归属奶牛公司。

4 月　东北旺农场开发的西二旗智学苑项目开工，用地面积 121028 平方米，建筑规模 303483 平方米，住宅面积 261071 平方米，项目于 2005 年 3 月竣工。

同月　西郊农场成立北京兴建物业管理中心。

5 月　共青团西郊农场委员会成立。

6 月 8 日　西郊农场创建《西郊农场报》。

同月　西郊农场白家疃秀山职工住宅小区开工。

7月26日　总公司将西郊农场下属企业双北鸡场土地8.06公顷及地上物、中荷畜牧培训中心土地11.86公顷有偿转让给北京养猪育种中心。

7月31日　西郊农场以1866.216万元总价款将面积为14.14公顷土地使用权转让给湖南舒琳实业有限公司，用以办学。

7月　西郊农场与中国人民大学附属中学签订协议，建立北京仁达中学。

8月　西郊农场双塔肉鸡场转让给北京养猪育种中心。

9月13日　总公司党委京农场组通字〔1999〕第4号文通报，西郊农场领导体制由党委集体领导下的分工负责制改为场长负责制。孙毅任党委书记兼任常务副场长；付鹏任党委委员、副书记、纪委书记。

10月30日　东北旺农场以2700万元总价款将东北旺工具厂全部资产转让给世纪兴业投资有限公司。

● **2000年**　2月23日　北京市西郊农场召开第九次职工（会员）代表大会，选举产生第九届工会委员会委员，付鹏当选为工会主席。

3月2日　西郊农场成立绿豪公司。

3月31日　东居物业管理中心被首都精神文明建设委员会评为1999年度"首都精神文明建设先进单位"。

4月27日　王学军被中共北京市委、市政府评为北京市劳动模范。

5月16日　西郊农场召开第一届青年代表大会，选举产生西郊农场第一届青年工作委员会，主任付鹏。

5月　艾莱发喜公司、北京丘比公司进入北京食品工业百强企业榜。

8月　西郊农场机关办公地点搬迁至上庄水库北岸的上庄培训中心。

10月17日　西郊农场成立腾飞房地产开发公司。

12月12日　总公司将东北旺第一加油站、第二加油站、西郊加油站并入中石化北京三元燕庆石油有限责任公司，北京市东北旺农场将下属东水出租汽车公司的经营管理权移交给北京三元出租汽车有限公司。

本年　总公司将东北旺农场、西郊农场下属建筑公司经营管理权移交给北京三元建设集团有限公司。其中：东北旺农场以净资产537.4万元出资，占股份4.96％；西郊农场以货币500万元、净资产750.76万元出资，占股份11.54％。

● **2001年**　5月25日　北京市西郊农场召开中共北京市西郊农场第十二次党员代表

大会，选举产生中共西郊农场第十二届委员会、纪律检查委员会。孙毅为西郊农场党委书记，李山、付鹏为党委副书记，王胜才、吴树森为党委委员；选举付鹏为纪委书记。

同月　东北旺农场开发的菊花盛苑住宅楼 A、B、C 栋开工建设，用地面积 0.79 公顷，建筑规模 22913 平方米，于 2002 年 10 月 28 日竣工。

8 月　东北旺农场、西郊农场领导班子开展以"讲学习讲政治讲正气"为主要内容的"三讲"党风教育活动。

同月　集团总公司将西郊农场下属企业奶牛公司划转给北京三元绿荷奶牛养殖中心。

9 月 2 日　由西郊农场与湖南舒琳实业有限公司、中国人民大学附属中学合作创建的北京仁达中学举行落成典礼。中共北京市委副书记龙新民和集团总公司经理包宗业为新校落成剪彩。

● **2002 年**　1 月　北京市东北旺农场、北京市西郊农场各投资 150 万元入股北京三元创业投资有限公司，各占股份 13.6%。

3 月 11 日　吴树森任西郊农场党委副书记、纪委书记。

3 月　西郊农场召开第九届四次工会委员会会议，增补吴树森为工会委员，并担任工会主席。

4 月 20 日　北京一号卫星通信地面站征用西郊农场土地 1.62 公顷。

10 月 30 日　三元集团对北京市东北旺农场所属上地仓储公司、上地运输车队、东居物业管理中心、东北旺商贸公司、东北旺园艺场、上地装饰公司、上地伟华汽车修理厂、商贸服务总公司下属市场服务管理中心、北京东上长建物资供销公司 9 家企业重组改制方案给予批复。

11 月 13 日　东北旺农场改制的三个公司取得新的营业执照：北京东居物业管理有限公司，注册资本 1481.54 万元，国有股份占 41.26%；北京市东北旺仓储有限公司，注册资本 879.21 万元，国有股份占 72.1%；北京上地东科源农副产品市场有限公司，注册资本 97.25 万元，国有股份占 39.7%。

● **2003 年**　2 月　兴建物业管理中心被首都绿化委员会办公室评为"首都绿化美化花园式单位"。

4 月 6 日—10 日　第七届中国东西部合作投资贸易洽谈会在陕西西安举行，三元农业公司、奶牛中心和北京金星鸭业中心组成三元集团参展团受到北京市副市长范伯元的表扬。

11月7日 三元集团京三元集团组字〔2003〕第35号文、36号文决定孙毅兼任纪委书记；杨淑凤任党委委员，建议杨淑凤为工会主席人选。

11月12日 三元建设召开第四次股东会，决定永乐店农场、北京市长阳农工商公司和史立乡自然人不再是股东；之后即刻召开第五次股东会，决定南郊农场为新股东，三元集团、北京市双桥农工商公司、西郊农场增加出资，调整后的股东为：三元集团、东北旺农场、东风农工商、双桥农工商、西郊农场、巨山农场、南郊农场和安书敬等自然人，其中三元集团出资5518.68万元，占注册资本10836.58万元的50.93%。

● 2004年 2月19日 集团公司将三元建设下属的六家建筑公司划转所在地的农场管理。北京三元安达建筑有限公司重归东北旺农场，北京长建西郊建筑有限公司归北京市西郊农场。

2月25日 北京三元博雅科技孵化器有限公司成立，东北旺农场入资100万元，占股权50%，北京北大创业园有限公司入资100万元，占股权50%。

3月1日 三元农业公司申报的"全国农作物种子经营许可"通过专家组的审查，获得《农作物种子经营许可证》。

3月2日 北京市质量技术监督局授予三元农业公司2003年度"北京市农业标准化先进单位"称号。

6月17日 三元集团批复三元建设，同意永乐店农场、长阳农工商和史立乡三个股东退出公司；同意南郊农场入股公司386.93万元；同意集团公司追加出资1941.98万元、西郊农场和双桥农工商公司各追加出资500万元。

6月23日 北京三元长城建筑有限责任公司成立。注册资本2100万元，西郊农场出资530万元，占注册资本金的25.24%。

11月 东北旺农场开发建设的清河商住楼项目开工，建筑规模为16751平方米，用地面积为3664平方米。项目于2006年10月竣工。

● 2005年 2月6日 北京市东北旺农场以3450万元收购北京澳柯玛中嘉房地产开发有限公司。其中，安达房地产公司出资1900万元，占股份60%；北京昊达房地产开发有限责任公司出资1550万元，占股份40%。

2月23日 三元集团党委会研究决定，艾莱发喜公司隶属关系变更为集团公司二级企业，党组织关系隶属集团公司机关党委。

5月　西郊农场所属绿豪公司被北京市食品农产品安全生产体系建设办公室认证为北京市食用农产品安全生产单位，并颁发了《北京市食用农产品安全认证书》。

6月30日　李元海任东北旺农场党委书记；贾先保任场长、党委副书记。

7月　由西郊农场、北京嘉德兴业投资集团有限责任公司、国泰土地整理有限公司共同出资成立北京三元嘉业房地产开发有限公司，注册资本2000万元。

8月　东北旺农场、西郊农场正式启动"保持共产党员先进性教育活动"，11月结束，历时3个月。

12月2日　总投资4500万元、坐落在怀柔区雁栖开发区的北京最大的生产沙拉酱等调味品的北京丘比公司新厂投产。次年5月北京丘比公司海淀工厂停产。

12月29日　东北旺农场召开第七次工会会员代表大会，选举第七届工会委员会和工会经费审查委员会，姜文生任工会主席。

● 2006年　3月21日　三元集团京三元集团组字〔2006〕13号文通知，三元集团持有的北京三元农业有限公司的股权委托给西郊农场管理；建议李山任三元农业公司董事长；三元农业公司党委与西郊农场党委合并，孙毅主持党委工作。

3月　北京市东北旺农场开发建设的北清家园项目（园墅）正式开工，项目整体竣工时间为2013年9月25日，总开发面积113790平方米，总投资额89554万元。

6月22日　"北京三元都市现代农业示范区"项目论证会在西郊农场召开。北京市人民政府农村工作委员会副主任张贵忠、高华，科技处处长寇文杰、种养殖业处处长高云峰，市科委农村处负责人出席会议并讲话。三元集团总经理张福平、副总经理王力刚、高圣永，中国农业大学四名教授及南郊、南口、延庆农场领导参加。

8月　安达房地产公司通过竞标，取得昌平"润杰风景"项目（邑上苑）开发权。

同月　东北旺农场投资北京三元环都物流有限公司500万元，出资比例 16.67％。

10 月 31 日　日本福岛市市长濑户孝则一行 8 人访问东北旺农场。

12 月 5 日　长城建筑公司承建国家游泳中心（水立方）热力站工程开工，2007 年 10 月 24 日竣工。

12 月 14 日　北京迪康医疗设备有限公司成立，注册资金 500 万元。东北旺农场投资 170 万元，占股份 34％；三元博雅公司投资 30 万元，占股份 6％；其他股东为自然人和专利技术持有者。

12 月 28 日　北京市总工会授予东北旺农场工会"北京市模范职工之家"称号。

● **2007 年**　1 月 4 日　北京市东北旺农场对三元博雅公司增资扩股。增加投资 800 万元，使农场股份达至 96％。该公司另一股东北京北大创业园有限公司更换为北京北大科技园有限公司。

1 月 23 日　由南口农场盛斯通生态科技有限责任公司、三元农业公司西郊基地等单位合作完成的"百合周年生产栽培技术试验示范"获得 2006 年度北京市农业技术推广奖三等奖。

3 月 15 日　北京三元百旺房地产开发有限责任公司成立，该公司由南口农场、东北旺农场和安达房地产公司三方各出资 1000 万元。

4 月 11 日　集团公司同意李山兼任北京农垦绿色食品办公室主任，付以彬不再兼任北京农垦绿色食品办公室主任。

4 月 20 日　北京东泰仓储有限公司成立，注册资金 150 万元，由东北旺农场、北京上地物流有限公司、东居物业公司各出资 50 万元。

4 月　三元集团将东北旺农场所持有的北京三元环都物流有限公司 16.67％的股权无偿调拨到集团公司总部。

6 月 7 日　三元集团董事会决定：将持有三元出租车公司不足 10％股权的 5 家二级企业（东风农工商、南郊农场、双桥农工商、北郊农场、东北旺农场）的股权划转到三元集团名下。

6 月 29 日　在中日两国恢复邦交正常化三十五周年之际，东北旺农场组团访问日本福岛、山梨等地。

8 月 3 日　西郊农场、北京千禧百旺商贸有限公司和山西紫晨醋爽有限公司共同组建北京三元生物科技发展有限公司。

10 月 22 日　东北旺农场领导体制改革和领导班子进行调整，实行董事会制度。东北旺农场领导机构由党委会、董事会、经营班子组成。贾先保任董事长、党委委员、书记；周秀生任党委委员、副书记，场长；郭君君任党委委员、副书记、纪委书记。

12月29日　北京市国有资产监督管理委员会京国资产权字〔2007〕149号文同意三元集团将中以示范农场的全部股权和三元农业公司90.31%的国有股权转让给西郊农场。

2008年　3月　北京丘比公司成为北京奥运会食品供应商。

4月7日　三元集团京三元集团组字〔2008〕11号文件决定，在北京市东北旺农场现行管理体制下，对东北旺农场和北京市西郊农场进行重组、实行统一管理，原西郊农场领导班子成员职务自然免去，任命东北旺农场新的领导班子：贾先保、周秀生、郭君君、王洪斌、杨淑凤为董事会董事；贾先保任董事长、党委书记；周秀生任党委副书记，场长；郭君君任党委委员、副书记、纪委书记；杨淑凤任党委委员、工会主席；付以彬为总农艺师。

6月12日　日本福岛市政府国际交流协会事务局、福岛市政府总务部企划政策课都市间交流推进室室长荒井政章先生一行三人到东北旺农场参观访问。

9月20日　中共北京市委、市政府和北京第29届奥林匹克运动会组委会表彰北京丘比公司为北京第29届夏季奥运会和第13届残奥会所做的贡献，并颁发"北京奥运会残奥会先进集体奖"荣誉证书。

10月13日　中日友好农场成立三十周年，以日本福岛市教育委员会教育长佐藤俊市郎为团长的41人访华团对农场进行了友好访问。

11月25日　北京农垦绿色食品办公室委托东北旺农场管理，贾先保兼任办公室主任。

11月26日　三元嘉业公司开发的"上庄三嘉信苑保障性住房项目"举行开工典礼。该项目占地7.22公顷，建筑面积112778.7平方米，拟建保障性住房1537套，其中经济适用房1330套、廉租房207套。该项目是北京市政府保障性住房重点项目，项目于2011年7月竣工。

12月30日　东北旺农场召开第八次工会会员代表大会，选举第八届工会委员和经费审查委员会。杨淑凤当选为工会主席。

2009年　3月19日　北京市东北旺农场正式启动深入学习实践科学发展观活动。

4月 北京丘比公司"沙拉充填班"荣获市总工会颁发的"北京市工人先锋号"称号。

6月15日 首农集团〔2009〕23号文决定将北京市西郊农场所属的中以示范农场全部资产无偿划转给三元绿荷中心,并办理中以示范农场的注销手续。

7月21日 首农集团京首农集团组字〔2009〕01号文决定,东北旺农场不再试行董事会管理体制,实行场长负责制。马建梅为东北旺农场场长、党委副书记,法定代表人;贾全乐为党委书记。

8月31日 安达房地产公司取得西二旗公共租赁住房项目开发建设权。

9月21日 马建梅兼任北京农垦绿色食品办公室主任。

10月1日 东北旺农场职工在天安门广场参加庆祝中华人民共和国成立60周年演出。

● **2010年** 1月 北京丘比公司的"丘比"商标被国家工商行政管理总局商标局认定为"中国驰名商标"。

3月17日 首农集团京首农集团组字〔2010〕17号文决定,免去周秀生东北旺农场党委委员、副场长职务。

3月18日 由三元农业公司等单位承担的北京市科学技术委员会研发攻关项目"反季节果树新品种高效栽培技术体系研究与示范"课题通过验收。该课题填补了北京市设施樱桃栽培技术体系空白。

同日 北京丘比公司沙拉填充班被评为北京市模范集体。

同日 根据京首农发〔2010〕97号《关于北京三元嘉业房地产开发有限公司增资扩股的批复》,三元嘉业公司注册资本由2000万元增至5000万元,持股比例不变。其中:西郊农场出资2500万元,占50%;北京国信嘉业房地产开发有限公司和北京嘉德兴业投资集团有限责任公司各出资1250万元,分别占25%。

4月28日 首农集团同意西郊农场收购北京绿远信息技术有限公司所持三元农业公司1.17%的股份,收购自然人所持三元农业公司2.68%的股份,收购后西郊农场共持有三元农业公司94.16%的股份。

5月 东北旺农场被评为北京市和谐劳动关系单位。

7月15日 北京丘比公司被北京市经济和信息化委员会授予2009年"保增长突出贡献企业"称号,并获得北京市工业企业奖励资金。

8月31日　由东北旺农场全资子公司安达房地产公司开发的本市第一个集中建设的公租房项目——海淀区西二旗公共租赁住房项目破土动工。项目由六栋9层板楼组成，规划建筑面积52000余平方米，于2012年底竣工并交付使用。首农集团董事、副总经理王力刚出席开工仪式。

10月8日　以日本福岛市总务部次长福田光为团长，福岛市二十二所中学的32名中学生及相关工作人员组成的交流团对东北旺农场进行了友好访问。

11月18日　首农集团党委下发京首农集团组字〔2010〕42号文，决定将东北旺农场资产整体划转至西郊农场，合并后的西郊农场为首农集团二级单位，实行场长负责制。马建梅任党委委员、副书记、场长，贾全乐任党委委员、书记，郭君君任党委委员、副书记、纪委书记，付以彬任总农艺师，杨淑凤任党委委员、工会主席。

2011年　1月　"丘比"商标被中国国家商标注册机关认定为"中国驰名商标"。

2月　安达房地产公司以16240.5万元的价格竞标取得顺义后沙峪镇居住项目，项目用地面积12656平方米，建设规模25102平方米，于2012年5月开工，2014年9月竣工。

4月13日　艾莱发喜公司董事会决议决定，股东东北旺农场持有公司30％股权无偿转让给西郊农场。

4月18日　西郊农场获市总工会颁发的"首都劳动奖状"。

10月2日　三元嘉业公司开发建设的C-14限价商品住房（馨瑞嘉园项目）正式开工，建筑规模310432平方米，项目于2013年11月竣工。

10月8日　日本福岛市市长濑户孝则率福岛市的中学生访华团访问中日友好农场。

11月8日　西郊农场场长马建梅当选为海淀区人大代表，副场长王洪斌当选为上庄镇人大代表。

11月22日　在首农集团董事长张福平的陪同下，市财政局、市国资委对西郊农场与北京国有资本经营管理中心的合作项目进行调研。国管中心决定与西郊农场共同出资，成立新的农业公司。

2012年　2月15日　北京双塔绿谷农业有限公司成立，注册资本14700万元。其中北京国有资本经营管理中心出资7300万元，占49.66％，北京市西郊农场出资7400万元，占50.34％。马建梅任董事长，李锁林任总经理。

3月2日　首农集团京首农集团组字〔2012〕07号文决定，管建国任西郊农场党委委员、副书记、场长。

同日　北京丘比公司"沙拉充填班"被北京市妇联、市总工会、北京市人力资源和社会保障局授予"三八红旗集体"荣誉称号。

4月10日　管建国兼任北京农垦绿色食品办公室主任。

5月3日　西郊农场工会荣获全国总工会授予的"全国模范职工之家"称号，工会主席杨淑凤荣获集团公司"优秀工会工作者"称号。

7月11日　首农集团京首农集团组字〔2012〕24号文决定，苗金环任北京市西郊农场总会计师。

8月17日　艾莱发喜公司董事会决议，同意原股东首农集团、西郊农场、京泰农工商、北京艾莱宏达商贸有限公司与新股东北京股权投资发展中心二期、北京京国管二期股权投资管理中心签署增资协议、中外合资经营企业合同和章程。此次共增资424.2222万美元，其中：北京股权投资发展中心二期增资360.5889万美元、北京京国管二期股权投资管理中心增资63.6333万美元。增资后，注册资本由636.3333万美元增至1060.5555万美元。股东及持股比例调整为：首农集团持股6％、西郊农场持股18％、京泰农工商持股21％、北京艾莱宏达商贸有限公司持股15％、北京股权投资发展中心二期持股34％、北京京国管二期股权投资管理中心持股6％。

10月11日　市政府副秘书长张玉平由首农集团董事长张福平、副总经理马建梅陪同到西郊农场考察。

10月16日　首农集团京首农集团组字〔2012〕30号文决定，孔凡任西郊农场党委委员、书记。

11月6日　海淀区行政服务中心暨蓝海中心一号楼项目举行开工奠基仪式。海淀区副区长徐永全和首农集团总经理薛刚、副总经理马建梅等领导出席。蓝海中心项目为西郊农场科研楼改扩建项目，委托西郊农场所属企业澳柯玛中嘉公司负责开发。项目总建筑面积约6万平方米，共分为4栋楼，2、3、4号楼已于9月底竣工交付使用。1号楼是蓝海中心建筑规模最大的建筑单体，规划总建筑面积32704平方米，地上7层、地下2层。海淀区政府与西郊农场于上年11月29日签署1号楼购买协议，用作海淀区行政服务中心办公大楼。

11月27日　西郊农场与北京悦居盛景房地产开发有限公司共同出资成立北京西郊悦居房地产开发有限责任公司，注册资本金5000万元，其中西郊农场出资2550万元，占股51％；悦居盛景公司出资2450万元，占股49％。管建国任董事长，白建勋任总经理。

12月14日　西郊农场场长管建国当选海淀区第十五届人大代表。

12月18日　西郊农场与三元嘉业公司、北京西山产业投资有限公司共同出资成立北京创意西山投资有限公司。公司注册资本金5000万元，其中，西郊农场出资1000万元，占股20％；三元嘉业公司出资3000万元，占股60％；北京西山产业投资有限公司出资1000万元，占股20％。公司董事长、法定代表人马建梅。2014年9月16日，其中一方股东由北京市西郊农场变更为北京市巨山农场。

2013年　1月10日　首农集团〔2013〕13号文批复同意北京市西郊农场控股的三元嘉业公司收购北京华冠乳制品有限责任公司全部股权，将标的公司的土地作为三元嘉业公司未来开发储备用地。

8月6日　西郊农场党的群众路线教育实践活动正式启动。

11月6日　西郊农场召开第十三次党员代表大会，选举产生了农场新一届党委会委员、书记、副书记和纪律检查委员会委员、书记、副书记。孔凡任党委书记；郭君君任党委委员、副书记、纪委书记。

11月　三元嘉业公司开发的上庄镇中心区B10项目被列入北京市首批自住型商品房项目。

12月　三元农业公司生产的樱桃、番茄、黄瓜经中国绿色食品发展中心审核，符合绿色食品A级标准，被认定为绿色食品A级产品，许可使用绿色食品标志。

2014年　2月10日　首农集团京首农集团组字〔2014〕04号文决定，杨淑凤任西郊农场党委副书记、纪委书记。

4月20日　安达房地产公司崔伟获得北京市总工会颁发的"首都劳动奖章"。

4月26日　首农集团在西郊农场召开打击违法建设专项行动现场会，现场拆除违法建筑1000平方米。市国资委副主任尹义省和市规委、海淀区和首农集团总经理薛刚、副总经理马建梅及有关单位领导参加。

5月18日　三元梅园第五届第二次股东会决议，注册资本增至4092.80万元，首农食品中心无偿受让西郊农场所持三元梅园 16.57％的股权。

6月27日 首农集团〔2014〕163号文批复西郊农场，同意三元嘉业公司以现金 42925.04 万元收购北京西山产业投资有限公司持有的北京首农信息产业投资有限公司 100％的股权，标的公司注册资本 10000 万元。

7月3日 西郊农场工会被全国总工会授予"全国模范职工之家"荣誉称号。中国农林水利工会副主席王君伟、集团公司工会主席郑立明、副主席聂志芳等人到西郊农场授牌。

7月9日 三元嘉业公司与北京西山产业投资有限公司签署股权转让协议，三元嘉业公司收购北京西山产业投资有限公司持有的北京首农信息产业投资有限公司 100％的股份。首农信息公司注册资金 10000 万元，法定代表人管建国。

9月16日 北京创意西山投资有限公司原股东西郊农场变更为巨山农场。

10月1日 由三元嘉业公司开发建设的上庄镇中心区 B10 地块自住型商品房项目正式开工，建设用地面积 8.32 公顷，总建筑规模 258233 平方米。

10月31日 安达房地产公司开发建设的顺义后沙峪商品房项目竣工交付。

11月26日 首农集团〔2014〕292号文通知，首农集团、东风农工商、西郊农场、北京市牛奶公司持有北京匹比包装制品有限公司共计 62.13％国有产权划转至北京市东郊农工商联合公司。

11月 北京丘比公司通过 FSSC 22000 食品安全管理体系认证。

2015 年 4月16日 艾莱发喜公司董事会一致通过原股东同比例以资本公积金转增注册资本的决议，注册资本由原 1083 万美元增至 2000 万美元。增资后，首农集团持有 160.6482 万美元，占 8.03％；西郊农场持有 352.2163 万美元，占 17.61％；香港京泰百鑫有限公司持有 410.9191 万美元，占 20.55％；北京艾莱宏达商贸有限公司持有 293.5135 万美元，占 14.68％；北京股权投资发展中心二期（有限合伙）持有 665.2975 万美元，占 33.26％；北京京国管二期股权投资管理中心（有限合伙）持有 117.4054 万美元，占 5.87％。首农集团直接持有艾莱发喜公司 8.03％

的股权，通过西郊农场间接持有艾莱发喜公司 17.61% 的股权，通过京泰百鑫间接持有艾莱发喜公司 20.55% 的股权，合计控制艾莱发喜公司 46.19% 的股权，为艾莱发喜公司实际控制人。

4 月 西郊农场获得全国"安康杯"竞赛优胜单位。

5 月 28 日 财政部农业司副司长柯凤与农业部农垦局副局长叶长江一行到双塔绿谷公司调研，首农集团财务总监王涛陪同。

6 月 10 日 西郊农场召开"三严三实"专题教育启动部署会。党委书记孔凡作了题为《"严"字当头，真抓"实"干，以"三严三实"优良作风推动农场实现新发展》的党课报告。

7 月 18 日 三元农业公司参加北京市第一届农园节，受到市农委的嘉奖。

8 月 20 日 三元嘉业公司取得房地产一级资质。

10 月 15 日 市人大常务委员会副主任牛有成由市国资委副书记赵林华、首农集团董事长张福平和党委常委高富陪同，到西郊农场视察调研，并参观了首农庄园绿色生态休闲种植温室、蔬果生产节能日光温室。

11 月 25—27 日 在由中国调味品协会举办的 2015 中国（国际）调味品及食品配料博览会上，北京丘比公司获得"中国调味品行业二十年调味酱产业十强品牌企业"称号。

12 月 18 日 首农集团第一届董事会第 62 次会议审议通过将国管中心代持的双塔绿谷公司的 49.66% 股权转由首农集团代持。

同日 西郊农场召开第九次会员代表大会。杨淑凤当选第九届工会主席。

本年 西郊农场被北京市交通安全委员会评为北京市 2015 年度交通安全先进单位。

● **2016 年**

1 月 8 日 根据首农集团战略规划，西郊农场、首农集团、北京股权投资发展中心二期、北京京国管二期股权投资管理中心、京泰百鑫、北京艾莱宏达商贸有限公司与北京三元食品有限公司签署《重大资产购买协议》，北京三元食品有限公司收购西郊农场及上述其他各方合计持有的北京艾莱发喜食品有限公司的 90% 股权，其中西郊农场转让股权比例 17.61%；5 月 6 日各方签署《重大资产购买协议的补充协议》；9 月 22 日签署重大资产重组交割确认书。

3 月 16 日 北京丘比公司荣获中国质量检验协会"全国产品和服务质量

诚信示范企业"荣誉称号。

3月24日　西郊农场与安达房地产公司签署转让协议，西郊农场以无偿划转的方式转让所持有的北京市西郊腾飞房地产开发有限责任公司75%股权；9月24日完成工商变更手续。

5月9日　西郊农场召开"学党章党规、学系列讲话，做合格党员"学习教育工作会，"两学一做"学习教育全面启动。

5月13日　全国总工会中国农林水利工会主席盛明富一行7人到首农庄园调研指导。集团公司工会主席郑立明、副主席聂志芳及西郊农场主要领导陪同。

5月23日　北京澳柯玛中嘉房地产开发有限公司、北京三元百旺房地产开发有限责任公司按股权出资关系并入北京市安达房地产开发有限公司经营管理。

6月2日　北京市服务总工会主席王丽明到三元农业公司调研，集团公司工会副主席聂志芳陪同。

6月5日　西郊农场为推进建筑公司整合，根据首农集团外聘审计机构提出的个人入股整改要求，西郊农场收购程洪仁、曹进忠分别持有的北京长建西郊建筑有限公司3.94%、0.79%股权，长建西郊建筑公司自然人股权退出。9月30日完成工商变更。

7月　三元农业公司被北京市科委、北京市科协授予2016—2018年度"北京市科普基地"。

8月10日　三元嘉业公司海淀·嘉郡自住型商品住房项目（建筑物核准名称：上庄馨怡嘉园）完成项目竣工验收；11月5日完成房屋集中交付。

10月19日　北京海融达投资建设有限公司与北京市西郊农场签署友谊渠路占地土地补偿协议书。友谊渠路规划红线范围内拆迁农场所属总建筑面积512.38平方米，土地面积1024.87平方米。

11月9日　海淀区委常委、常务副区长孟景伟到西郊农场调研。

11月18日　北京海融达投资建设有限公司与西郊农场签署上庄路（黑龙潭路—上庄镇南一街）土地补偿预付款协议书。根据北京市规划委员会建设项目选址意见书等文件，按照土地初步勘界情况，上庄路道路征地需永久占用西郊农场国有农用地约6.2公顷。

11月21日　海淀区选举委员会和上庄镇选举委员会公告，西郊农场场长管建国当选为海淀区十六届人民代表大会代表，副场长王洪斌当选为上庄镇第四届人民代表大会代表。

12月14日　根据首农集团《关于调整集团公司畜牧养殖业使用国有土地管理方式相关工作的意见》，西郊农场与北京三元种业科技股份有限公司、北京南牧兴资产管理中心、北京首农畜牧发展有限公司（合称甲方）签署《土地使用管理权及地上物资产交接书》《西郊牛场资产收购协议》。西郊农场接收甲方前章村奶牛二场等土地79.812公顷，并收购地上物资产。

12月21日　北京市海淀区教育委员会与北京市西郊农场签署土地征用意向书。海淀教委新建北京航天城学校，征用西郊农场邓庄子鸡场土地面积0.527公顷。待海淀教委取得北京市发展和改革委员会立项批复后，双方正式签订征地补偿协议。

12月22日　西郊农场召开中国共产党北京市西郊农场第十四次代表大会。集团公司人力资源部副部长高凤清和来自农场场部、基层企业党员代表共75人参加会议。会议审议通过了党委、纪委工作报告，选举产生新一届党委会委员、书记、副书记和纪律检查委员会委员、书记、副书记。孔凡当选为党委书记，杨淑凤当选为纪委书记。

12月　西郊农场企业团支部、北京丘比公司团支部被共青团北京市委员会、市人力社保局评为"2016年度北京市五四红旗团支部"。

2017年　3月20日　经市政府和市国资委批准，国管中心以减少注册资本方式退出持有的双塔绿谷公司49.66%股权项目。9月30日，双塔绿谷公司完成减资的工商变更登记，减少注册资本7300万元，减资后注册资本变更为7400万元，由西郊农场独立出资。12月18日，双塔绿谷公司、国管中心和西郊农场共同签署《北京双塔绿谷农业有限公司减资协议》。

3月27日　西郊农场蓝海中心项目1号楼与海淀区政府交接，完成规划验收和竣工备案，取得不动产登记证。

3月28日　三元嘉业公司上地·元中心项目举行工程奠基仪式，西郊农场场长管建国及股东单位领导为项目培土奠基。

4月20日　三元嘉业公司创意西山产业园项目控规调整方案通过北京市规划国土委审核，项目建筑规模为自住房21.82万平方米、园区产业20万平方米，同步组织规划公示。

4—10月 为贯彻落实北京市"疏解整治促提升"专项行动，西郊农场共拆除违章建筑 3010 平方米，整治清理 7574 平方米，清退租户 125 个，疏解人口 600 余人。

5月12日 为加快产业转型，应对仓储物流产业在海淀区（中关村、上地）创新核心区建设中疏解腾退的挑战，经海淀区工商行政管理局审核批准，北京上地物流有限公司更名为北京上地伟业科技服务有限公司，经营范围增加技术开发、技术咨询、应用软件服务、物业管理等。

5月 由三元嘉业公司为建设主体的海淀北部地区 1 片区西郊农场东部局部地块（北区）棚户区改造定向安置房项目破土动工，项目总占地 17.42 公顷，总建筑面积 36.83 万平方米。

6月13日 兴建物业管理中心开展上庄镇政府临街门面房拆除工作，共计拆除面积 2500 平方米，清理商户 12 户。9月，进行门面房的重建工程。

6月27日 安达房地产公司与北京市海淀区住房和城乡建设委员会签订《北京市政策性住房代购合同》，上庄家园 N28、N34 地块定向安置房项目由海淀区住建委代购。12月 26 日，该项目取得竣工备案手续。12月 27 日，办理入住手续。

同月 西郊悦居公司 N35、N46 定向安置房项目取得审批手续，破土动工，项目总占地 20 公顷，总建筑面积 34.12 万平方米，计划于 2019 年年底竣工。

8月24日 经首农集团第一届董事会第八十二次会议研究决议，同意注销北京西郊奶牛公司，由首农畜牧公司落实相关工作。

9月29日 北京丘比公司被中国质量检验协会评选为"全国质量诚信标杆典型企业"。

9月 为贯彻落实北京市关于大气污染防治和清洁空气行动的决策部署，实现北京冬季采暖无煤化、改善空气质量，西郊农场启动居民平房取暖清洁能源改造工程，改造上庄家园小区 219 户，白家疃秀山小区 54 户，奶牛二场 17 户，于 2017 年 11 月 1 日竣工。

同月 北京丘比公司被第十三届全国运动会组织委员会指定为第十三届全运会餐饮供应商，为全运村运动员餐厅提供沙拉酱、沙拉汁和果酱产品。

11月20日　海淀区委书记于军、海淀区长戴彬彬在西北旺镇党委书记赵小云、镇长马光耀、西郊农场场长管建国、党委书记孔凡等领导的陪同下，分别到中国管理软件学院和上地伟业公司检查工作，了解疏解腾退工作的完成情况，并对下一步企业转型提升作出重要指示。

11月　三元农业公司与中国农大农学院签署战略合作协议，中国农大农学院乡村振兴人才培养基地正式挂牌。

12月11日　首农集团党委京首农集团组字〔2017〕40号文，决定中共北京市西郊农场委员会更名为中共北京市西郊农场有限公司委员会，领导人员职务名称相应进行变更，管建国为法定代表人、党委副书记、执行董事、经理，孔凡为党委书记，杨淑凤为党委副书记、纪委书记、工会主席、监事，苗金环为总会计师。

12月12日　为贯彻落实市国资委《市属国有企业公司制改制工作实施方案》精神，根据集团公司《全民所有制企业公司制改革实施方案》的要求，西郊农场召开专项工作会议，落实西郊农场及其所属全民所有制企业北京市东北旺农场、安达房地产公司、兴建物业管理中心四家企业整体改制为国有一人有限责任公司。

12月21日　经集团公司第一届董事会第八十五次会议研究决议，同意将安达房地产公司持有的安达建筑公司29%股权无偿划转给西郊农场公司后，由安达建筑公司吸收合并北京长建西郊建筑有限公司，存续安达建筑公司，注销长建西郊建筑公司。同日完成北京市西郊农场有限公司工商变更。

12月27日　完成北京市东北旺农场有限公司、北京市安达房地产开发有限公司工商变更。

2018年　1月5日　完成北京兴建物业管理中心有限公司工商变更，注册资本由60万元增加至62万元。

1月31日　北京翠湖农业科技有限公司注册成立。该公司将利用接收的前章村奶牛二场13.33公顷畜牧用地及3.33公顷农业用地建设翠湖双创农业生态园，以"平台＋"模式运营。

1月　西郊腾飞公司开发建设的海淀区上庄家园N28、N34地块定向安置房项目顺利完成竣工入住，项目命名为"明信家园"，总建筑面积

10.33万平方米，住宅1041套。

4月　北京丘比公司沙拉充填班获全国总工会"全国工人先锋号"荣誉称号。

5月10日　三元农业公司开发的汇集农产品购买、市民农园租赁和农耕文化活动于一体的"三元YOHO"软件取得中华人民共和国国家版权局颁发的计算机软件著作权登记证书。

6月10日　双塔绿谷公司首农庄园首次参加由市委宣传部、首都精神文明建设委员会办公室、市国资委、北京市教工委、北京市旅游委、国务院国资委新闻中心、市总工会、共青团北京市委和北京市妇联9家单位联合主办的第三届"首都国企开放日"活动，活动当天共计接待游客500余人。

7月3日　古巴共产党政治局委员、国务院委员会成员、工人中央工会总书记乌利塞斯·吉拉特一行在中国农林水利气象工会农业部部长王秀生、集团公司工会主席郑立明、副主席聂志芳等的陪同下到双塔绿谷公司首农庄园参观交流。

8月23日　海淀区委常委、常务副区长孟景伟到上地伟业公司百旺弘祥文化科技产业园参观考察，西郊农场总经理管建国、副总经理王洪斌陪同。

8月　三元嘉业公司开发建设的海淀·上郡，即海淀北部地区1片区西郊农场东部局部地块棚改安置房项目完成全部楼栋结构封顶。

11月13日　北京大学科技园与东北旺农场签署用地补偿协议书，征占东北旺农场国有土地93333.33平方米。北京大学科技园总裁陈庚、西郊农场总经理管建国、东居物业公司经理李铁军分别代表各方签署协议。

11月23日　西郊农场与北京中育种猪有限责任公司签订"种猪资源场土地使用管理权及地上物资产交接书"，中育种猪公司以评估值人民币1022.62万元将种猪资源场转让给西郊农场。

11月28日　首农食品集团、西郊农场、日本丘比株式会社、丘比（中国）有限公司共同签署《有关持股比例均衡等的总体框架的协议书》，调整完成后丘比在华生产企业包括北京丘比食品有限公司、杭州丘比食品有限公司、广州丘比食品有限公司、南通丘比食品有限公司，四家公司均衡双方股比日方占股72％，中方占股28％。

12月3日 海淀区人民政府授权安达房地产公司作为两园之间棚改安置房项目二期开发建设主体，负责安置房二期、三期所属用房的拆迁腾退和二期安置房及配套项目（含学校、敬老院）开发建设工作。

12月28日 西郊农场与北京实创高科技发展有限责任公司签订上地锅炉房改造项目国有土地使用权转让补偿协议。

12月 西郊悦居公司开发建设的海淀区上庄N35～N46地块定向安置房项目完成全部楼栋主体结构封顶。

同月 三元农业公司党支部《加强党支部规范化 实现党建工作创新调研报告》获得北京市国企党建研究会2018年度课题研究优秀奖。

中国农垦农场志

第一篇

北京西郊农场志

中国农垦农场志丛

第一章 西郊农场概述（1949—2019）

第一节 自然与人文地理

北京市西郊农场隶属于北京首农食品集团有限公司，随着中华人民共和国的成立，1949年12月成立于北京市西郊彰化村，至1954年3月称为彰化农场，1954年4月1日更名为国营北京市西郊农场。

地理位置：西郊农场地处海淀区北部上庄乡、南和东南与永丰乡相接、西南邻苏家坨乡、北接昌平区马池口乡。所有地域处于北京市城市功能拓展区、中关村国家自主创新示范区的发展区，属于海淀北部的城乡接合部，是海淀新区规划发展的最前沿，也是海淀新城中部的核心区域，就发展趋势看，地理位置开放，区位优势明显（图1-1-1）。

图1-1-1 西郊农场场部在上庄镇的地理位置图

地势与气候：农场地势西高东低，海拔在45米左右，年平均气温在10～12℃，全年无霜期约190天，平均降水量600多毫米，属平原地区，南部为褐色土壤，北部为沙质土壤。南沙河、北沙河自西向东横贯场域南北，南沙河源于海淀西北部山区的上方寺，流域面积 210 平方公里，是山后地区的主要排洪河道，南沙河上的上庄水库有水面 1800 亩[*]，蓄水量 180 万立方米。农场的北侧是北沙河，古称温余水，元代称"双塔河"。起源于昌平四家庄，两条河流担负大部分耕地的灌溉及全部耕地的排涝。农场地处北京市第二道绿化隔离带，林木覆盖率达 35% 以上，拥有"城市氧吧"之称的翠湖国家级城市湿地公园，上庄地域河道水域面积达 7000 余亩。

地域经济：上庄地域历史上迄至明初一直是北京城通向北方的交通要道，是传统的农业地区。20 世纪 50 年代末起，乡域内兴修水利，进行农田基本建设，1960 年建成上庄水库。20 世纪 60 年代后期起，改以水稻种植为主，所产京西稻 1992 年被认定为绿色食品。20 世纪 80 年代以后陆续引种丝苗米、紫香糯、黑香糯、乌金稻、红香粳米等名优品种，并率先采用推广水稻抛秧技术，地下管道灌溉技术。农场畜牧业发达，奶牛、肉鸡、蛋鸡饲养在全区名列前茅。经济以发展都市型现代农业为主。地区特色农产品有京西贡米、食用菌、冬枣、草莓、樱桃、油桃、糯玉米等。

人文环境：上庄地域是一个充满了文化底蕴的地方，坐落于上庄水库北岸东侧李家坟村的曹氏风筝工艺坊，现场展示、制作和出售传承了曹雪芹风筝制作技艺的国家级非物质文化遗产——"曹氏风筝"（图 1-1-2），可以在工艺坊里近距离地观看中国传统风筝"扎、糊、绘、放"的精湛工艺。沿上庄路一直往北至沙阳路东行 500 米，有一个名叫永泰庄的村庄，在村庄的中心保留着一座有着 500 年以上历史的古庙——东岳庙（图 1-1-3），虽然庙宇的很多地方都已残破不堪、杂草丛生，但前殿、正殿、后殿的主体结构依然保存完整，威武肃穆的气势、沧桑古朴的柱梁、精雕细琢的石刻，都默默见证着五百年来的风风雨雨。

图 1-1-2　曹氏风筝

图 1-1-3　永泰庄村北东岳庙

---

[*] 亩为非法定计量单位，1 亩≈667 平方米。——编者注

更为特殊的是它曾于康熙年间被纳兰明珠及其家人重修，并供奉了纳兰牌位，而被人们称为纳兰家祠。东岳庙的南面还有一座戏台，这是北京民间现存的最大的清代戏台。还有西马王村原有清康熙之弟恭亲王常宁墓，双塔村曾出土辽金时期的铁铸牛，白水洼村存古银杏树一株。

第二节　农场各阶段发展

1949—2019 年，西郊农场的发展历程大致经历了六个阶段：1949—1957 年为农场初建阶段；1958—1965 年为农场发展定型阶段；1966—1976 年是"文革"冲击经济受挫阶段；1977—1998 年为改革发展阶段；1999—2010 年为农场改制调整发展阶段；2011—2019 年为农场转型快速发展阶段。

一、第一阶段（1949—1957）

建场初期，生产条件十分简陋，生产资料简单，物质条件很差，农场干部职工同甘共苦，依靠工人办好农场。1950 年初，农场正式投入了生产。1950 年底，农场有土地 1876 亩。1951 年，农场成立了"彰化农场管理委员会"参与农场管理，决策农场大事，密切了干群关系，激发了工人的积极性，超额完成了国家计划。1952 年，在全国开展农业爱国丰产竞赛中，农场生产的蔬菜、棉花产量较高，成绩显著，被农业部评为第一批获奖者。至 1954 年年底，农场有土地 2566 亩，果园 675 亩，菜地 611 亩，粮田 1000 亩，奶牛 157 头以及北京鸭 600 多只，每年可向首都提供蔬菜 500 多万公斤，水果 10 万多公斤，牛奶 25 万公斤，填鸭 1 万多只，粮食 17 万多公斤，初步形成了农牧结合的副食品基地。

20 世纪 50 年代，农场生产的北京鸭中外驰名，肉嫩味美。生产的填鸭直接供应北京全聚德烤鸭店、北京国际饭店、北京饭店及和平饭店。从 1950 年 1 月至 1957 年 12 月，农场粮食总产量从 1950 年的 11 万公斤提高到 1957 年的 71 万公斤，增长了五倍多；蔬菜年总产量从 1950 年的 80 万公斤提高到 1957 年的 459 万公斤，增产近五倍；水果总产量从 1950 年的 0.45 万公斤提高到 1957 年总产达 14 万多公斤，增产三十多倍；牛奶从 1954 年总产奶 25 万公斤提高到 1957 年的 82.5 万多公斤，增产两倍多；农场完成利润从 1950 年的 0.72 万元，提高到 1957 年 15.22 万元。

到 1956 年 8 月，农场有职工 459 人，土地面积 7200 亩，其中粮田面积为 6443.7 亩，菜田 59.5 亩，果树 596.8 亩，饲料田 100 亩左右，饲养奶牛 788 头，产值 434797 元。农场建成了以园艺、畜牧为主的综合性农场。从 1950 年到 1956 年 6 月，农场上缴国家利润 472849 元。

1956 年，职工张万义被授予"全国先进生产者"称号，1957 年职工张忠臣被授予"北京市劳动模范"称号。

二、第二阶段（1958—1965）

从 1958 年到 1965 年的 8 年，是农场建场规模扩大、发展变化最大的阶段，农场由分散趋向集中，经营范围走向定型。在这段时间里经历了"公社化""大跃进"的运动，受到三年困难时期的挫折，经历了"四清"运动，农场经济发展受到了干扰，但仍在干扰中前进。

1958—1959 年，先后有 21 个自然村、4 个高级农业生产合作社并入农场，农场规模得到了扩展。1959 年 9 月，由西郊农场、农大农场、永丰屯公社、温泉公社，苏家屯公社和北安河公社，合并成立永丰人民公社，试办全民性质的人民公社。1959 年底，根据《农村人民公社工作条例（草案）》的政策精神，又将永丰人民公社划小，以原西郊农场的规模成立上庄人民公社，并恢复国营西郊农场的名称，原则上采取全民加集体所有制的多种经营管理办法。

1960 年，中央提出国民经济贯彻"调整、巩固、充实、提高"的八字方针，从 1961 年下半年，《农村人民公社工作条例》得到全面贯彻，解散了农村食堂，把自留地分给农民，允许农民养猪、养鸡，农村的生产和农民的生活逐步获得恢复。

1961 年以后，农场由分散趋向集中，经营范围走向定型。到 1962 年，农场有农户 3282 户，农业人口 13912 人。土地面积为 41000 亩，比 1957 年扩大了 455.56％。其中粮田 20787 亩，比 1957 年扩大了 22.47％；菜田 4422 亩，比 1957 年扩大了 733.2％；果树 1300 亩，比 1957 年扩大了 117.83％；饲料田为 10650 亩，比 1957 年扩大了 1065％；饲养奶牛 2273 头，比 1957 年增加了 188.45％，1962 年产值 11231610 元，比 1957 年增长 2483.12％。1962 年农场有职工社员 14728 人，其中劳动力 6483 人。从 1958 年到 1962 年，国家对农场基本建设投资达 404.2 万元，其中用于畜牧方面的投资达 202.6 万元，用于农业方面的投资达 201.6 万元。

截至 1965 年年底，农场粮食总产 518.49 万公斤，比 1957 年增长 6 倍，蔬菜总产 999.95 万公斤，比 1957 年增长 1 倍，水果总产 39.26 万公斤，牛奶总产 519.7 万公斤，比 1957 年增长 5 倍。

1963 年职工刘锦堂、刘树奉被授予"北京市劳动模范"。

三、第三阶段（1966—1976）

1966 年"文化大革命"的影响波及西郊农场，从 1967 年到 1976 年的十年，农场共亏损 156.72 万元，是农场经济效益较差的一个时期。但农场努力克服干扰，先后兴建了砖厂、木器厂、磷肥厂（后移交海淀区）和内燃机配件厂，平整了土地 6000 多亩，修建了排水渠，建成中型扬水站 5 个，打机井 90 眼，使农场经济有了一定增长（表 1-1-1）。

表 1-1-1　1966—1976 年主要生产指标对比表

项目	1966 年（万公斤）	1976 年（万公斤）
牛奶总产量	372.36	480
粮食总产量	603.70	776
水果总产量	55.50	270

四、第四阶段（1977—1998）

党的十一届三中全会以后，农场工作重点转移，农场养殖业、工业、种植业等生产都得到较快的发展。改革开放后，农场在经济上和体制上进行了初步改革，农场经济获得了新的活力，这一阶段是农场经济发展最快的时期。

农场高度重视科技人才的培养，大力支持与农场主业相关的学术研究工作。农场职工王成新撰写的《孵化率的影响因素及提高措施》一文在《禽业科技》杂志上刊登，职工周玉云、戴淑英撰写的《超声检诊奶牛妊娠是理想实用的好方法》在《中国兽医科技》杂志上发表，职工王运亨撰写的《奶牛饲养与奶业发展》和《苜宿在奶牛饲养中的应用》分别在《农场养殖技术》和《中国奶牛》杂志上发表，职工丁振刚、刘崇立、朱兴华、桂海泉等大量的学术研究成果应用于农场生产的方方面面，极大地推动了农场农业和畜牧业的科学发展（图 1-1-4）。

经济的改革发展带动了农场政治体制的改革。自 1982 年下半年起，农场实行了党委领导下的场长负责制和职工代表大会制度，1983 年全面推开。1985 年，农村推行联产承包责任制，有 26 个生产队实行承包到户，15 个生产队实行集体承包。农场分场 37 个生产队兴办起养鸡事业，其中白水洼种鸡场年人均创利达 1 万元。农场养鸡生产也从种鸡、孵化、肉鸡、屠宰到向市场推广种蛋、种鸭形成系列化生产。

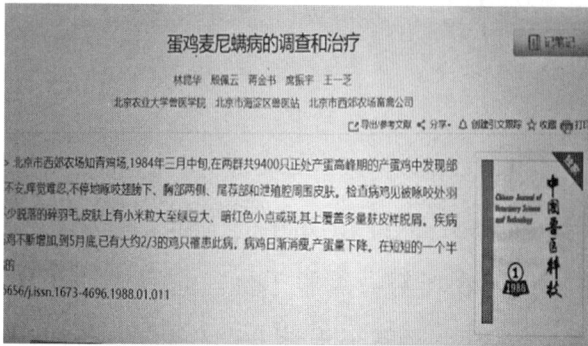

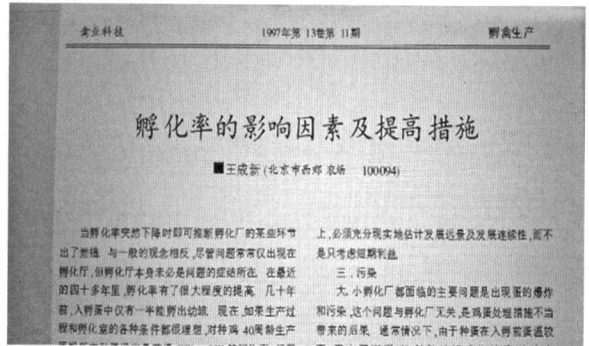

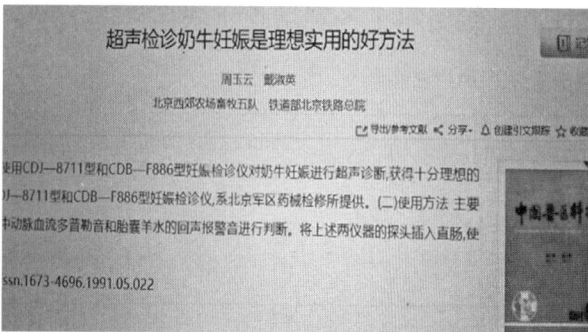

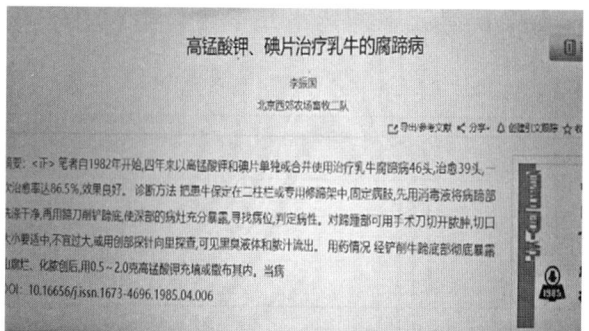

图 1-1-4 研究工作系列成果

1984 年，乐虹、徐志惠被授予北京市劳动模范，曹厚生、徐志惠、卞淑筹、王钢峰、卢春风、刘诗宝被评为高级农艺师，师厚超、乐虹、王运亨被评为高级畜牧师，张鸣、吴孟威被评为高级工程师（图 1-1-5）。

图 1-1-5 北京市劳动模范乐虹（右一）

图 1-1-6 奶牛养殖场

1987 年，奶牛存栏达 2930 头，成乳牛达 1644 头，牛奶总产量达 1071.6 万公斤（图 1-1-6）。果树品种不断更新，建立了果树品种苗圃 20 亩，栽植了 100 多个品种，其中富士、顶红苹果、玫瑰香葡萄被选为 1990 年亚运会指定产品，1080 亩鱼池捕捞量达 22.7 万公斤，3 万多亩耕田全部实现机械化。

相继建起调味品厂、选洗毛厂、机械厂、木器厂等企业 22 个，总产值达 422.7 万元，生产队兴办了运输队、乳牛场、建了蔬菜大棚，实现了多种经营。

1988 年底，农场下设奶果、乡镇企业、畜禽 3 个公司，另有直属供销公司、基建公司和 4 个农村分场。全场有 36 个基层企业，41 个农村生产队，33 个队办企业，5 个事业单位。全场共有 20548 人，职工 3058 人（其中社员工 1659 人），其中农村有 16404 人，5077 户，6751 个劳动力。农场有土地 55000 亩，可耕地 34485 亩，其中稻地 21000 亩，菜地 3214 亩，饲料地 6847 亩，果园 3803 亩。汽车 176 辆，地拉机 58 台。全场固定资产 3796 万元，工农业总产值 5099 万元，主要产品有牛奶、水果、蔬菜、肉鸡、鸡蛋、水稻、珍禽等，基本形成以生产副食品为主的农、林、牧、副、渔、工商、建筑等行业的综合性国营农场，是京郊重要的副食品基地之一。

农场在"八五"期间，奶牛存栏 2600 多头，年产鲜奶 1064.7 万公斤，鸡 42.1 万只，其中种鸡 20 万只，年产鲜蛋 421.7 万公斤。合格种蛋 2880 枚，成为市农工商联合总公司种蛋基地。还从美国、荷兰引进了"海塞""双 A"等优良种鸡、野鸭品种。全场有鱼池 40 个，养殖水面 1056 亩，年捕捞量 54.2 万公斤，还有甲鱼饲养场。蔬菜 5483 亩，年产商品菜 1672.5 万公斤，果树 3000 亩，年产水果 164.4 万公斤，粮食生产以优质京西稻为主，播种面积 20000 亩。年产大米 1 万吨。

1992 年，农场工业向市场经济和外向型经济转变，二分场与香港繁荣有限公司联合兴建的北京昌盛油墨制品有限公司，年产各色油墨 1000 吨。饲料加工已使用微机控制配料，年加工饲料 15000 吨，饲料品种达 20 余种。拥有国营、乡办、队办三级企业 50 多家，职工 1700 多人。建筑业有北京市长城建筑工程公司西郊公司。全场共有商业网点 300 个，经营日用百货、食品加工、干洗、客运、化工、修理、仓储等。位于沙阳公路北侧的海发交易市场占地 18000 平方米，设有摊位 500 个。农场还有综合商店、粮油副食店、饭店、浴室、理发店、照相馆等。与香港升河有限公司联合兴建的翠湖花园别墅位于上庄水库北侧，占地 888 亩。水库风景旅游开发区项目占地面积 4000 亩。可开发水上植物园，进行休闲垂钓或水上运动，同时为各界人士度假提供食宿和娱乐服务设施。农场建有别墅区、住宅区和"上庄翠湖水乡"度假区。

1994 年，农场有职工学校 1 所、中学 2 所、小学 15 所，中小学教师 320 余人，适龄儿童入学率百分之百。农场有中级以上技术人员 90 名，其中高级职称 10 名。另设有文化站、敬老院和老年活动中心。农场医院有医护人员 60 人，下设 3 个医疗站，形成了医疗保健网。农场出行有 303 路公交汽车由颐和园北门通往白水洼，有 914 路公共汽车通往南口，西北环城铁路在农场有后章村站。

截至 1995 年，农场下辖 5 个国营公司，4 个农村分场，11 个直属企事业单位，5 个村委会辖 20 个自然村，总人口 19761 人，其中城市居民 2601 户，6530 人；农业人口 5080 户，13231 人。场域耕地面积 3.23 万亩（其中国营 4183 亩），面积居海淀区各乡之首。

1995 年，农场第一产业收入 11723 万元，第二产业收入 13532 万元，第三产业收入 13031 万元，全场经济总收入 38287 万元，其中国营收入 20875.5 万元，集体收入 17412 万元，利税总额 625.7 万元，农场劳均分配 4807 元，农村人均收入 3199 元，农村劳均分配为全区之首。

1996 年 2 月，与北京市奶牛协会、永乐店农场等单位合作完成的"北京黑白花奶牛良种选育高产配套技术应用推广项目"被市政府授予北京市星火奖一等奖，农场的"水稻综合节水技术示范推广"获二等奖。同年，市水产局在西郊农场召开稻田养蟹现场会，海淀区党委书记李荻生、区长张茅视察西郊农场三分场养殖场和稻田养蟹。稻田养蟹技术获得推广。

1997 年 5 月，中国农业电影制片厂在西郊农场百亩水稻育苗中心拍摄了《旱育稀植抛秧技术》专题影片，并在此进行了"移栽灵加甲霜灵锰锌本田土不调酸"育苗试验，该试验成功纳入市星火计划。

五、第五阶段（1999—2010）

1998 年以前，西郊农场是场乡（社）合一体制，1998 年 8 月，在北京市委和市政府的领导下，集团系统进行了场乡体制改革，实行政企分开，农村集体经济、户营经济从国营农场分离出去，西郊农场成为全民所有的企业实体，农场事业得到了更好的发展，是国营西郊农场发展过程中的一次重大转折。

1998 年 8 月 10 日，北京市场乡体制改革领导干部会召开，场乡体制改革正式启动。11 月，按照市委办公厅京发〔1998〕26 号文件，海淀区政府与北京市农工商总公司签署《北京市西郊农场土地权属划分方案的协议》和《人事机构及相关资产改革方案的协议》，全乡版图面积 3788 公顷，西郊农场占 476.7 公顷。将党委、政府和农业管理的 16 个相关科室及人员 64 人，划归海淀区上庄乡。企业管理系统有相关科室及人员 59 人划归北京市西郊农场。场乡体制改革后西郊农场资产总额 27439.41 万元，净资产 4939.8 万元。

场乡体制改革后，农场的领导体制由党委集体领导下的分工负责制改为场长负责制。

农场对各产业结构进行了调整，将物资公司合并到建筑公司，建筑公司接收物资公司的所有人员资产及债务；将亏损的企业丙纶厂、钢球场关闭，实行出租。1998年场乡体制改革后的西郊农场经济基础十分薄弱，企业亏损达1323万元。面对现实，农场在确定了"正视困难、统一思想、负重前进"优化提升一产，调整和压缩二产，大力发展三产的经济发展总体战略之后，广大干群团结一致、奋力拼搏，2000年农场完成收入1.07亿元，实现利润50.7万元，员工人均工资达到7860元，比1998年的5025元增加了2835元，增长56.4%，使全场一举扭亏为盈，完成预期目标。

"十五"期间，农场成立了腾飞房地产开发公司和北京兴建物业管理中心，与中国人民大学附属中学签订协议，建立北京仁达中学，2003年7月颁布了《西郊农场分配制度改革方案》，2004年3月对北京长建西郊建筑有限公司进行改制；2005年7月重新组建了北京京郊汽车修理有限责任公司，同年由西郊农场、北京嘉德兴业投资集团有限责任公司、国泰土地管理有限公司共同出资成立北京三元嘉业房地产开发有限公司，注册资本2000万元。

"十一五"期间，农场加强重组整合，调整产业结构，拓展农场事业发展空间。2006年3月，三元集团持有的北京三元农业有限公司的股权，委托给西郊农场管理，三元农业有限公司与西郊农场合并。2007年8月，由西郊农场、北京千喜百旺商贸有限公司和山西紫晨醋爽有限公司共同组建北京三元生物科技发展有限公司。12月，市国资委京国资产权字〔2007〕149号文同意三元集团将中以示范农场的全部股权和三元有限农业公司90.31%的国有股权转让给西郊农场。

2009年7月，集团公司党委作出了变更农场管理体制和调整农场领导班子的决定，农场取消了董事会制度，实行场长负责制。农场形成了以房地产开发为龙头，物产物流物业为补充、都市农业为基础的主导产业结构，根据"发展壮大优势企业、整合调整低效企业、稳步退出劣势企业"的原则，加快资源、资本朝着优势产业、优势企业集中。加快房地产业的发展，以开发保障性住房建设为重点，2009—2013年，农场共投资24.22亿元，建设项目8个，共计73万平方米，为城市建设做出了较大贡献，提高了农场的影响力，带动了物业的发展。物业管理面积从2009年的120万平方米增加到现在的230多万平方米，物业品牌效益日益凸显；充分利用区位优势，加快突破物流业发展瓶颈，以零担运输为重点，由传统仓储向第三方物流转变。加快推进物产经营，资产经营面积从2009年的31万平方米增加到现在的38万平方米。利用北京市国有资本经营管理中心投资契机，共同投资1.47亿元，成立双塔绿谷农业有限公司，共建首农庄园，建设高品质现代都市农业项目（表1-1-2、图1-1-7、图1-1-8、图1-1-9）。

表 1 - 1 - 2　西郊农场 2002—2008 年经济指标完成情况

年份	经营收入（万元）	利润（万元）	从业人员人均年收入（元）
2002	3534.60	16.70	10955.40
2003	3998.70	24.10	10067.09
2004	6064.20	80.70	13228.90
2005	9920.98	−53.70	16251.29
2006	15523.10	310.40	18786.57
2007	23376.96	−254.50	19104.94
2008	21042.60	−1735.90	24422.71

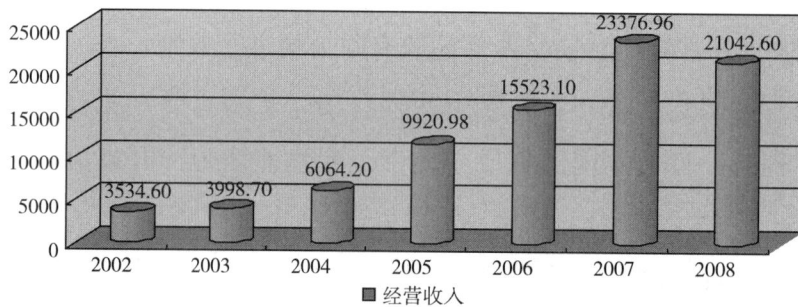

单位：万元

图 1 - 1 - 7　西郊农场 2002—2008 年经营收入比对图

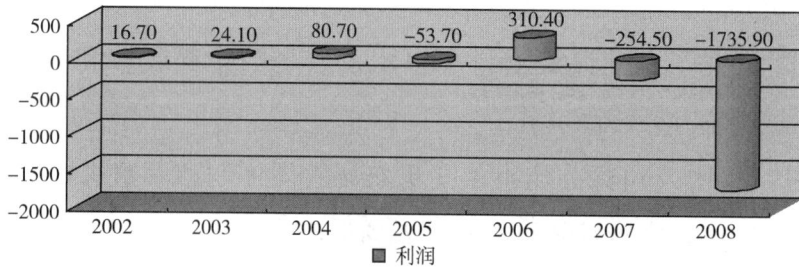

单位：万元

图 1 - 1 - 8　西郊农场 2002—2008 年利润比对图

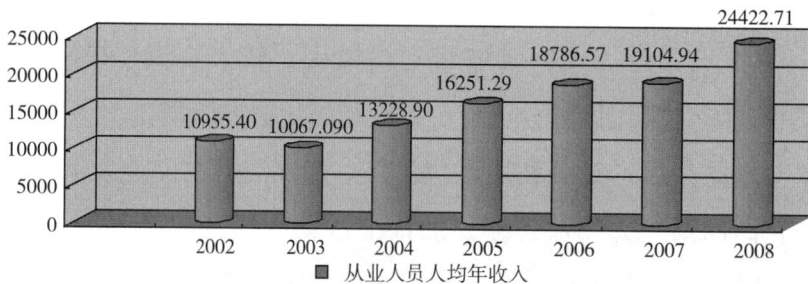

单位：元

图 1 - 1 - 9　原西郊农场从业人均年收入比对图

六、第六阶段（2011—2019）

"十二五"期间，房地产开发依然是农场经济发展的支柱产业。农场以经济工作为第一要务，从两场后整合期的实际出发，围绕"管理、提升、发展"主线，清晰主业结构，突出主导产业，充分利用资源优势，加快推进重点项目建设，不断提高经济运行质量，确保农场经济快速健康持续发展。

农场充分利用房地产板块自有资源，参与市场竞争，紧紧抓住保障房政策机会，开发了多个住宅项目，形成以项目带产业的发展链条，并增持了蓝海中心、北太平庄宝岛大楼、东科源综合楼等一批优良资产。物产物流板块着眼规模经营，加强基础管理水平，努力争取各项政策资金，积极参与市场竞争，持续拓展经营面积，较好实现了企业提质增效目标。都市农业结合地理区位，以服务首都市民健康、休闲为目标，着眼于构建融"生产、生活、生态"为一体的京郊都市农业发展思路，并向着都市休闲农业园和都市农业示范服务园不断努力。首农庄园以都市农业示范园为方向，项目一期建成、二期在建，并确定"绿色高端农产品会员服务"模式。三元农业着眼面向大众休闲服务定位，积极打造农耕教育体验农业。

"十二五"期间，农场完成6亿元的股权投资，积极推进中关村移动智能创新服务产业园项目。组建西郊悦居公司、双塔绿谷农业公司和创意西山文化公司。完成北京丘比公司的展期合作，拓展合作领域。加快股权回购与清退四级及劣势亏损企业。收购外部股东持有的三元博雅公司股份，加快收回三元农业有限公司山东农大持有股权。完成东科源工贸公司、盛和源工贸公司及东居兴业的清算退出。完成所持吉通轮胎公司、三元梅园公司及同和开元公司股份退出。加快协调推进长建西郊建筑公司及澳柯玛中嘉房地产公司的清算。把好农场土地资源关口，完成坐忘谷地块、双塔绿谷冷库地块回收，解决机械厂东厂区租赁叉车厂土地权属争议、C02地块征地补偿等工作，积极推进盘活洗毛厂资产。

就农场资产负债来看：资产总额及所有者权益实现倍数增长，并较好实现了国有资产的保值增值目标。从2010年末的25.77亿元增长到2015年的85.94亿元；负债总额从17.2亿元增至75.61亿元；所有者权益从3.46亿元增长到10.34亿元。就收入利润来看，2012年提前实现收入过10亿元，利润过1亿元的"双亿"战略目标；并于2014年达到营业收入峰值11.95亿元，2013年利润总额达到峰值2亿元。随着农场经济的稳健发展，农场全场员工工资以年均14.42%的速度增长，员工年平均工资从2010年的45499元增长到2015年的88164元。

"十二五"以后，农场三大板块产业经济日趋强化，日益发展壮大。保障房建设项目持而有序，物产物流转型提升取得初战成果，园区体系建设方兴未艾，都市农业"一场三园"建设也拉开了序幕。农场坚持把全面深化改革作为发展动力，上下齐心协力抓改革、促发展、谋创新、补短板，把质量和效益放在首位，紧抓重点，扎实推进各项工作，在全面从严治党、改革创新、转型发展、队伍建设等方面取得了优异的成绩，经济社会效益显著提升，农场发展后劲十足，形势喜人。

各类项目有序推进。东部地块保障房项目进展顺利，2922套住宅全部销售完成。西郊悦居N35N46项目、N28N34项目已完成竣工验收，物业公司已开始进场交接。两园之间棚改安置房项目已完成全部拆迁工作，N23公租房置换项目建设工作进展顺利。中关村移动智能服务创新园项目被列入北京市重点工程项目，完成了全部楼宇的结构封顶。创意西山巨山农场安置房项目正在推进。首城山水项目举行开工奠基仪式。

围绕集团公司"一圈一系"产业发展布局，创新理念，不断调整产业结构，2个仓储物流园实现了转型升级。3个都市现代农业园在总体规划和主营业务方面有了积极进展。1个现代康健文体园完成了规划设计，即将步入实施阶段。

"十三五"期间，农场在原产业格局基础上进一步明确了"一场三园"都市农业发展愿景。三元农业科教园持续开发农耕文化、自然教育等项目，举办亲子活动及中小学社会实践活动，累计接待1.9万人次。双塔绿谷首农庄园不断拓展高端产品配送业务，拓展发展空间，积蓄发展后劲。翠湖农业双创园完成了园区总体规划设计。

农场认真落实北京城市总体规划，疏解腾退，优化提升，准确把握北京"减重、减量、减负"发展的新特征、新要求，积极落实集团要求，分步骤、分层次推动产业布局优化调整。截至2018年底，农场综合整治面积近4.6万平方米，拆除面积4.5万平方米，疏解腾退商户199家，疏解人口近5600人。

第三节　西郊农场现状

2006年3月31日，根据京三元集团组字〔2006〕13号文件通知，三元集团将持有的北京三元农业有限公司的股权委托给西郊农场管理，三元农业有限公司党委与西郊农场党委合并（以下简称为三元农业）。2008年4月7日，根据京三元集团组字〔2008〕11号文件决定，在北京市东北旺农场现行管理体制下，对东北旺农场和西郊农场进行重组，实行统一管理，重组后农场名称为北京市东北旺农场。2011年1月1日，北京市西郊农场接收北京市东北旺农场全部资产后，正式以北京市西郊农场名义对外开展经营活动。2017

年 12 月 21 日，北京市西郊农场由全民所有制企业改制变更为北京市西郊农场有限公司。

农场现有土地总面积 6298 亩，所有土地均位于海淀区北部新区，依托国家科技创新核心区和高新技能人才密集区的区位优势及土地资源优势，经过长期发展，形成了以房地产业、物产物流业、都市农业及特供农业为主导的产业格局。

农场房地产业始于 20 世纪 90 年代，起步于职工住房及商品房建设，2000 年以后主要为保障性住房建设，目前正在加快产业园开发建设，已经从投资开发式建设向运营服务式发展转型。现已建成的项目有菊园、竹园、梅园、东馨园、菊花盛苑、铭科苑、智学苑、金领时代大厦、上庄家园、北清家园、润杰风景小区（邑上苑）、馨瑞嘉园、顺义明德家园、三嘉信苑、西二旗公共租赁住房项目、中关村移动智能服务创新园、创意西山文化产业园等项目，总投资 158.6 亿元，开发建设总面积 297 万平方米。其中农场自有土地住宅开发面积 209 万平方米，自持商业开发面积 3.2 万平方米。

物产物流业是农场房地产开发的跟进版块。物业企业承接各类居民住宅和写字楼等物业经营，引入"物业＋互联网"打造智慧社区管理，为房地产开发企业和业主提供高效优质的物业服务，物业管理总面积达 240.45 万平方米。仓储物流企业为多家大型优质企业客户提供全方位的服务，顺应海淀区建设全国科技创新中心核心区的目标，加快疏解低端产业，采取科技创新手段提升服务品质，积极推进经营业态升级。拥有同仁堂、联想、四通、中国外运集团、华旗资讯和八亿时空等优质企业客户，仓储经营面积达 13000 万平方米。

都市农业板块以科技力量打造特色休闲农业及特供农业，积极引进高新农业技术进行升级、产品改造，拓展都市农业的空间布局，形成都市农业新经济，构建以共享为理念的农业平台。

西郊农场以经济建设为中心，本着"团结、求实、忠诚、奉献、创新、发展"的经营理念，立足区位和资源优势，深化改革、抓住机遇，加快发展。截至 2018 年 12 月 31 日，农场总资产 86.77 亿元，总负债 69.26 亿元，全年实现营业收入 15.66 亿元，完成利润总额 2.42 亿元，职工年人均工资 11.13 万元。

截至 2018 年 12 月 31 日，西郊农场及下辖企业共计 26 家。其中国有独资企业 8 家：北京市西郊农场有限公司、北京市东北旺农场有限公司、北京三元安达建筑有限公司、北京长建西郊建筑有限公司（并管）、北京三元博雅科技孵化器有限公司、北京兴建物业管理中心有限公司、北京安达房地产开发有限公司、北京双塔绿谷农业有限公司；国有控股、相对控股企业 13 家：北京三元农业有限公司、北京三元嘉业房地产开发有限公司、北京创意西山投资有限公司、北京首农信息产业投资有限公司、北京西郊悦居房地产开发有限责任公司、北京昊达房地产开发有限责任公司（并管）、北京三元百旺房地产开发有限责任公司（并管）、北京澳柯玛中嘉房地产开发有限公司（并管）、北京市西郊腾飞房地产开发有限责任公司（并管）、北京上地伟业科技服务（改制企业）、北京东居物业管理有限公司（改制企业）、北京东泰仓储有限公司、北京同和开元物业管理有限公司；参股企业4家：北京三元创业投资有限公司、北京三元长城建筑有限公司、北京永昌鼎力投资有限公司、北京丘比食品有限公司（中日合资）。

按照农场"十三五""十四五"战略规划和今后工作目标要求，农场未来发展已经放在首农食品集团和海淀区的发展格局之中，放在京津冀协同发展的战略之中，放在首都"四个中心"城市战略定位之中，主动适应经济发展新常态和首都发展阶段特征，统筹推进各项事业发展，全力推动主业成长，确保国有资产保值增值，坚持员工收入与经济发展同步增长。农场将积极推进产业发展重点项目，加强复合开发和延伸经营运作，以"服务经济"和"平台经济"为导向，着力打造农场新的业态经营模式，加快农场转型升级步伐；继续深化农场改革，加快资源整合，做优实体经济，推进园区建设；优化配置物产物流业，进一步延展产业服务价值链；拓展都市农业发展思路，努力打造绿色生态农业园区，形成农业新经济，不断释放农场发展潜力；坚持人才强企发展战略，提高依法治企能力，加强农场风险管控水平，确保农场事业可持续发展。

第二章 西郊农场历史沿革

第一节 彰化农场成立

1949年1月31日，北平宣布和平解放。同年11月17日，北京市十三区（海淀区）赵彪奉命接收原北平市卫生局局长于茂亭在北京市西郊彰化村的400多亩土地，为建立北京市国营彰化农场做准备。彰化村距西直门和颐和园各5公里，位于动物园通往西郊飞机场公路的南侧。次月，彰化农场在此地正式成立，隶属于京郊国营农场管理局。农场创始人、第一任场长赵彪同志，带领3名干部接收的房产包括10间瓦房、11间灰房和4间土房。生产条件十分简陋，生产资料也十分简单，只有1眼电井、5眼专井、5辆大车，其中包括2辆铁轮车，农具也仅有一些大镐、铁锹、平耙等手工工具。

当时建场的指导思想是艰苦奋斗，因陋就简，勤俭办企业。在一段时间里，场长赵彪和农场干部没有办公室和办公桌，大家凑合一起在床板上办公，连买一个油印机的钱都舍不得花。干部、职工工作和生活都非常艰苦，交通工具是一匹小马和一辆自行车，干部办公经常要步行十几里路，职工没有休息日，到1952年才改为"大礼拜"制。即每月休息两天，职工的主食以粗粮为主，一周只吃一顿细粮，没有什么福利和劳保。当时农场的业务比较单纯，干部队伍也很精简，仅有10位脱产干部，但办事效率很高。在场长赵彪的领导下，干部发扬艰苦朴素的工作作风，带领和团结了广大职工群众，圆满完成了接收创建任务。

为发展生产，1950年市郊委给农场拨了第一辆汽车。1950年，农场接收了原中法大学试验场，建立了温泉分场。同年又建立了巨山分场。至1950年底，农场经过平整土地，修建水利设施，土地条件初步获得了改善后，于1950年12月正式投入生产。

1951年，农场成立了"彰化农场管理委员会"，在12名委员中，有5名是工人代表，他们不仅参加整个生产过程，还参加农场管理，决策农场的大事。由于工人参加了管理，使农场的脱产干部减少，生产成本降低，群众的监督加强，密切了干群关系，充分发挥了劳动热情和主人翁的首创精神。1952年8月1日，彰化农场改由北京市郊区工作委员会直接领导；同年9月3日，彰化农场归市农林局管理。这一年，在全国开展农业爱国丰产竞赛中，农场生产的蔬菜、棉花产量较高，成绩显著，被农业部评为第一批获奖者，荣获农业部爱国丰产奖旗一面和五百万元（旧币）奖金。

1954年4月1日，经市农林局批准，彰化农场更名为国营北京市西郊农场。

第二节　领导体制及组织机构变迁

国营北京市彰化农场1949年12月成立时，隶属于北京市郊委下属的京郊国营农场管理局。1952年8月1日，市郊委按〔52〕郊办1163号文通知，从8月1日起撤销京郊国营农场管理局，彰化农场改由市郊委直接领导。1952年9月3日，市政府颁发〔52〕府秘张字第531号、柴字532号令：撤销市郊委，另行组建市农林局，彰化农场归市农林局管理。

1954年，彰化农场更名为国营北京市西郊农场（简称西郊农场）。1955年2月18日，市农林局改名为北京市农林水利局。国营北京市西郊农场归市农林水利局管理。1956年2月，市农林水利局决定将国营北京市西郊农场畜牧场划归北郊畜牧场。1958年5月3日，西郊农场场部由彰化村迁到上庄村南；10月9日，西郊农场划归海淀区，并入永丰人民公社，东马坊、西马坊、常乐、上庄、皂甲屯、南玉河、北玉河、永泰庄等村划归西郊农场。1959年2月至4月，先后有东小营、梅所屯、白水洼、双塔、前章村、后章村、八家、河北村、辛力屯等村划归西郊农场；4月，西郊农场从永丰人民公社划出，直属海淀区领导；7月，西郊农场归市农垦局管理；10月，重新归属永丰人民公社，西郊农场为上庄大队。1960年4月，永丰人民公社解体，国营北京市西郊农场为上庄公社，实行"以场带社、场社合一"的领导体制。同年8月10日，西郊农场归市农林局管理。1961年4月，在现乡域成立上庄人民公社，同时以上庄乡名义，与国营西郊农场实行场乡合一的行政体制。1964年2月6日，西郊农场归北京市国营农场管理局管理。1968年11月，农场下放海淀区管理。1972年7月1日，市农业局革命领导小组第二十五次会议决定：按市革委会要求，市农业局撤销，原合并于大农业局的各局分成农林、水利、农机三局，农场工作归属北京市国营农场管理局主管，1984年1月，撤销公社建制，改建上庄乡政府，实行"以场带乡、场乡合一"的体制。

1997年3月，国营北京市西郊农场更名为北京市西郊农场。1998年11月，农场完成场乡体制改革，农村集体经济移交海淀区。2003年7月，撤上庄乡设立上庄镇。2008年4月7日，三元集团决定，在北京市东北旺农场现行管理体制下，对东北旺农场和西郊农场进行重组，实行统一管理，合并后以东北旺农场名义对外经营。2010年11月18日，首农集团决定，将东北旺农场资产整体划转至西郊农场，合并后的西郊农场为首农集团二级单位，实行场长负责制。2011年1月1日，北京市西郊农场接收北京市东北旺农场全部资产后，正式以北京市西郊农场名义对外开展经营活动。2017年12月21日，西郊农场由全民所有制企业改制为国有一人有限责任公司，新公司名称为北京市西郊农场有限公司，注册资本1600万元。

第三节　农场机关职能部门设置

1950年彰化农场成立时由场长一人领导。1951年到1954年，成立农场管理委员会，由场长、副场长、党团工会负责人、农业技术员及工人代表13人组成，并成立场务委员会，包括秘书组、农业组、供销组等7个组，当时行政组织是场长、队长、组长三级。

1955年到1957年，场部设立办公室、财务组、供销组，下设巨山、圆明园、大牛坊3个分场和直销单位。

1958年10月到1961年4月，归属永丰公社，西郊农场统称上庄大队，办公机构有办公室、生产科、供销运输科、计划财务科，劳动工资科，下设5个农村分厂和6个直属队。

1961年5月到1963年，机关设置有办公室、生产办公室、供销科、财务科、人事科，下设14个农村大队，和1个直属队。

1964年到1967年3月，机关设置有人事科、工会、财务科、农业科、畜牧科、行政办、下设4个分场和直属队。

1967年3月，公社成立抓革命促生产第一线指挥部，同年12月公社成立革命委员会，机关设置有办事组、农村以自然村为大队共14个，职工队有林牧大队（1973年改称企业大队），农机管理站、农业实验站。

1974年到1975年，机关设置有政工组、办事组，下设4个农场分场，职工队有企业大队、农机站，1974年建物资站，1975年建工副业组。

1976年机关设置有政治组、人保组、知青办、生产组、办事组、文教组、畜牧组，下设4个农村分场，职工队撤销农机站保留企业大队，直属单位有实验站、基建队。

1977年到1979年，西郊农场机关设置有组织组、劳资组、知青办、生产组、经营组，下设4个农村分场、畜牧大队及13个直属单位，1978年8月撤销工副业组成立工业大队，撤销水电组，成立水电站。

1980年西郊农场新设置党委办、行政办、建立畜牧管理站、农机管理站。同年11月，西郊农场劳动管理制度改革，企业大队、工业大队等分场级体制撤销，场成立农机站、畜牧站、工业科，同年3月成立西郊农场居民委员会。

1983年畜禽公司、奶牛公司、水产公司相继成立，1986年水产公司撤销。

1988年西郊农场（上庄乡）村委会编制、科室组织机构及所属单位见表1-2-1、表1-2-2、表1-2-3。

表1-2-1　1988年西郊农场（上庄乡）村委会编制表

名称	下辖村
东马坊村委会	常乐村　西马坊村　东马坊村
上庄村委会	罗家坟村　北玉河村　南玉河村　永太庄村　东小营村　皂甲屯村
白水洼村委会	梅所屯村　西闸村　双塔村　白水洼村
前章村村委会	河北村　后章村　八家村　前章村　辛力屯村

表1-2-2　1988年11月西郊农场（上庄乡）职能科室组织机构表

机构名称	分管科室
党委办公会（正副党委书记）	党委办公室　组织科　宣传科　纪检办公室　团委办公室
场长办公室（正副场长）	场长办公室　劳资科　计财科　经营科　农机科　农业科　果树科　工业科　畜牧水产科
乡长办公室（正副乡长）	乡镇府办公室　乡武装部　妇联文教卫生科　乡财政办公室　计划生育办公室　司法民政科　土地规划科
工会委员会（工会主席）	工会办公室

表1-2-3　1988年西郊农场（上庄乡）所属单位表

属性	名称
国营公司（5个）	奶牛公司　正发禽业集团　工业公司　物资商贸公司　建筑公司
农村分场（4个）	一分场　二分场　三分场　四分场
直属单位（8个）	兽医站　幼儿园　农机站　居委会　水管站　敬老院　电管站　果树三队

1991年3月成立果林公司，1992年12月撤销。机关撤销党委办、场办、乡办，成立综合办公室，行使"三办"职能。

1995年6月28日，西郊农场机构改革后的组织机构及机关职能科室机构设置如图1-2-1、图1-2-2。

1998年，场乡体制改革前，西郊农场机关设置有财务审计科、劳资科、计划统计科、工业科、三产外经办、教育科、科技科、行政科、工会、物业管理公司，共10个科室59人。

2006年，西郊农场机关职能部门设置有农场办公室、劳动人事部、财务资产审计部、开发项目办公室、劳动服务办公室、农场工会。

2012年7月，场部机构进行了调整。成立了房屋土地管理部、企业管理部，并明确了原资产管理部部分职能划归了财务管理部。调整后的机关职能部门有农场办公室、财务

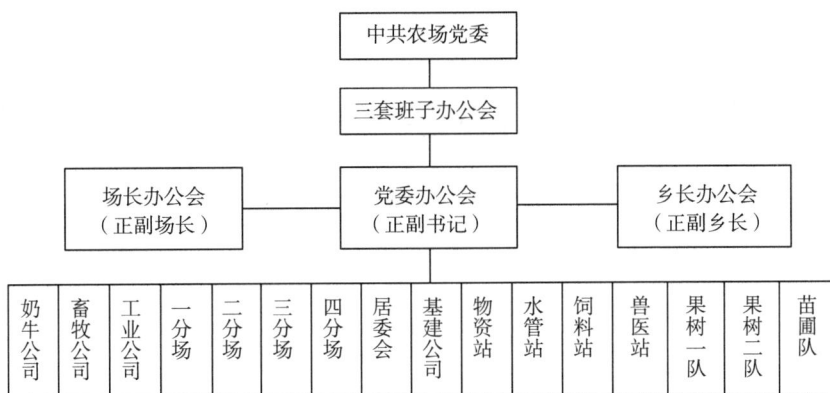

图 1-2-1　1995 年西郊农场公司、分场、组织机构系统图

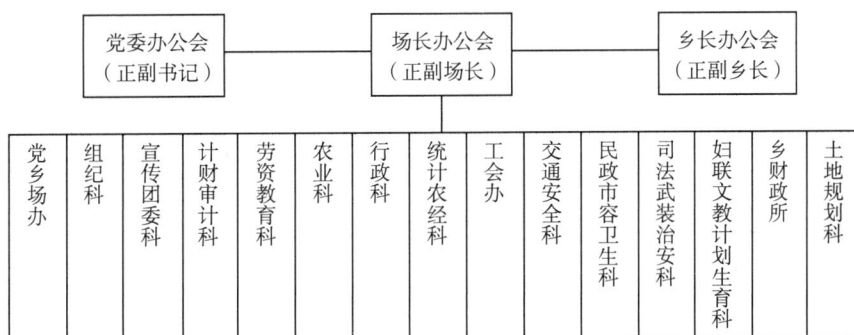

图 1-2-2　1995 年西郊农场（上庄乡）机关职能科室组织机构图

管理部、人力资源部、企业管理部、房屋土地管理部、监察审计部、工会、农垦绿办。

2014 年，为了应对外部经济的快速发展，应对地区规划调整，着眼增强协同发展、资源共享和经营渗透目的，农场倾全力打造全新的场部机构，据此，农场将场部按职能划分为综合管理部门、经营事业部门和党工专职部门。综合管理部门突出制度建设、规范运行，包括办公室、人力资源部、财务管理部和企业管理部。经营事业部门，突出超前筹划、执行落实，针对农场产业实际成立房地产开发部、物产物流发展部和农业发展部。党工专职部门包括纪检监察部和工会。经营事业部门的整体定位：跟踪掌握行业发展动态，科学筹划转型提升路径，细化企业经营、管理、服务，统筹资源共享、协同共进。农场场部改革后部门设置为 2 室 7 部 1 会，共 48 人，即：农场办公室、人力资源部、财务审计部、企业管理部、房地产开发部、物产物流发展部、农业发展部、纪检监察部、工会、农垦绿色食品办公室。

2017 年农场场部部门设置为 7 部 1 会 2 办，共 49 人，即：农场办公室、人力资源部、财务部、企业管理部、房地产开发部、企业发展部、政工部、纪检监察审计部、工会、农垦绿办。

2019 年农场场部部门设置为 7 部 1 会 2 办，即：农场办公室、财务部、企业管理部、企业发展部、房地管理部、法务审计部、政工人力资源部、纪检监察部、工会、农垦绿办。

第三章 西郊农场所属企业历史沿革及简介

第一节 农场所属企业简历

一、北京市安达房地产开发公司

（一）公司沿革

1993年6月4日，依据原北京市城乡建设委员会《关于成立北京市海淀区西二旗房地产开发公司的批复》〔1993〕京建开字第286号，北京市海淀区西二旗房地产开发公司成立（图1-3-1），为全民所有制企业，注册地址为海淀区东北旺乡农场机关，注册资金800万元，出资人为北京市上地农工商联合总公司，主要对京昌公路西侧西二旗地区建设项目进行开发、建设、经营，并销售商品房。

1995年11月，注册资金增加为1000万元，出资人变更为北京市东北旺农工商联合总公司；1997年11月，公司名称变更为北京市安达房地产开发公司；1998年4月，注册资金变更为2200万元；2008年8月，出资人变更为北京市东北旺农场；2011年9月，出资人变更为北京市西郊农场；2017年12月，公司改制为有限责任公司（法人独资），更

名为北京市安达房地产开发有限公司，股东名称变更为北京市西郊农场有限公司，出资额2200万元，占注册资本100%，经营范围包括房地产开发，销售自行开发的商品房，出租办公用房；具有房地产开发四级资质（图1-3-1）。

原隶属北京市西郊农场管理的北京市西郊腾飞房地产开发有限责任公司、北京澳柯玛中嘉房地产开发有限公司、北京三元百旺房地产

图1-3-1 北京市安达房地产开发有限公司办公楼

开发有限责任公司分别于 2014 年 8 月、2016 年 5 月、2016 年 5 月并入北京市安达房地产开发公司经理管理。

2000 年 10 月 17 日成立的北京市西郊腾飞房地产开发有限责任公司，注册资本 2000 万元，注册地址为北京市平谷区平谷镇府前街 36 号，是由北京市西郊农场下属的全资国有企业北京市长建西郊建筑工程公司（占 12%）、北京兴建物业管理中心（占 0.7%）和 4 名自然人（占 87.3%）共同发起成立的有限责任公司。2001 年 9 月，股东变更为北京市西郊农场（占 30%）和自然人 10 名（占 70%）。2005 年 7 月，注册资本变更为 1000 万元，股东变更为北京市西郊农场（占 75%）和自然人 7 名（腾飞公司职工，占 25%），注册地址变更为北京市海淀区上庄乡上庄村上庄气门厂南 1—5 幢平房。2010 年 5 月，自然人退出，股东变更为北京市西郊农场（占 75%）和北京京宏源科技发展有限公司（民营企业，占 25%）。2014 年 8 月，并入北京市安达房地产开发公司经营管理。2016 年 8 月，股东变更为北京市安达房地产开发公司（占 75%）和北京京宏源科技发展有限公司（占 25%）。2018 年 3 月，股东变更为北京市安达房地产开发有限公司（占 75%）和北京京宏源科技发展有限公司（占 25%）；现公司类型为其他有限责任公司，具有房地产开发四级资质，经营范围为房地产经营开发，销售自行开发的商品房。

2000 年 9 月成立的北京无星中家房地产开发有限公司，注册资本 2000 万元，注册地址为北京市朝阳区光华路 12 号院，成立发起人为北京天星伟业物资公司（占 70%）、中国家用电器研究所（占 5%）和北京中轻生产力促进中心（占 25%）。2001 年 8 月，公司更名为北京澳柯玛中嘉房地产开发有限公司，股东变更为青岛澳柯玛集团总公司（出资额 1200 万元，占 60%）和北京东方天骥经济技术发展中心（出资额 800 万元，占 40%），注册地址变更为北京市密云县工业开发区水源路 217 号。2005 年 2 月，股东变更为北京市安达房地产开发公司（占 60%）和北京昊达房地产开发有限责任公司（占 40%）。5 月，公司注册地址变更为北京市昌平区回龙观镇东半壁店村 305 号。2016 年 5 月，按股权出资关系并入北京市安达房地产开发公司管理。公司类型为其他有限责任公司，公司经营范围包括房地产开发、商品房销售、出租办公用房、出租商业用房。

2007 年 2 月 13 日成立的北京三元百旺房地产开发有限责任公司，注册资本 3000 万元，股东为北京市东北旺农场（占 33.33%）、北京市南口农场（占 33.33%）和北京市安达房地产开发公司（占 33.33%），主要承担南口农场三分场土地一级开发工作。公司成立后，着手进行用地规划调整、街区控规和详规深化方案编制，取得了一定成果。后因政策调整，情况发生变化，未能取得土地一级开发授权，项目开发建设停滞。2016 年 5 月，按股权出资关系并入北京市安达房地产开发公司管理。

北京市安达房地产开发公司现任总经理崔伟。

（二）公司荣誉

公司的开发建设工程，多次获得结构长城杯、市优质工程等奖项。公司曾获"北京市金融系统 AA 级信用评价""北京市纳税信用 A 级企业"和海淀区人民政府授予的"一九九八年上缴利税贡献突出企业"荣誉称号。

公司的发展，得到了各级领导的支持和关怀。1995 年 12 月 13 日，北京市常务副市长张百发、北京市农场局局长邢春华、北京市农场局副局长包宗业、北京市海淀区区长许树迎，参观了梅园、竹园、菊园小区和乡中心宿舍小区以及公司建设工程成就展览馆。

1995 年 12 月 30 日，建设部部长侯捷、农业部副部长刘成果参观了梅园、竹园、菊园小区和东北旺乡宿舍区。

2009 年，昌平润杰风景住宅项目被评为"结构优质工程和竣工优质工程"。

公司党支部充分发挥战斗堡垒作用，为公司发展和开发建设工作提供坚强的政治保证。2001 年，被市农工商联合总公司党委评为先进党组织；2007 年，被三元集团有限责任公司党委评为先进基层党组织；2019 年，被首农食品集团有限公司党委评为基层党支部规范化建设示范点。公司崔伟同志 2014 年荣获首都劳动奖章。

二、北京三元嘉业房地产开发有限公司

北京三元嘉业房地产开发有限公司成立于 2005 年 7 月，是由首农集团旗下北京市西郊农场、北京嘉德兴业投资集团、北京国信嘉业房地产开发公司共同出资组建而成。其中，西郊农场占股 50％，北京嘉德兴业投资集团、北京国信嘉业房地产开发有限公司分别占股 25％。三元嘉业注册资金 5000 万元，具备房地产开发企业一级资质，主要从事房地产开发、商品房销售及土地一级开发等业务。

三元嘉业是国有控股、民营参股的股份制企业，一直以来严格依据国家政策稳健经营，以保障性住房为起点，秉承"诚信尽责、协作共荣"的经营理念，整合各方资源，通过优势互补，与各方共谋福利、共赢发展。

三元嘉业作为市场化的品牌房地产企业，通过建设保障性住房，逐步向多元化的房地产开发业务发展。2013 年 1 月 10 日，首农集团〔2013〕13 号文件批复同意西郊农场控股的三元嘉业公司收购北京华冠乳品有限责任公司全部股权，将标的公司的土地作为三元嘉业公司未来开发储备用地。2015 年 6 月 27 日首农集团〔2015〕182 号文件同意，三元嘉业公司以 42925.04 万元收购北京西山投资公司持有的北京首农信息产业投资有限公司全

部股权。

2015 年 8 月 20 日，三元嘉业公司取得房地产开发一级资质。

截至 2019 年，三元嘉业累计建成项目达 100 余万平方米。从 2005 年至 2019 年的十余年间，三元嘉业一直在北京房地产开发市场中探索着一条专业化、正规化、市场化的发展道路，现已逐渐走出了一条多元化地产投资的创新发展之路。目前在建的项目有：被列入市级"高精尖"的中关村移动智能服务创新园，集电子体育中心、营地中心、单项运动协会基地于一体的综合性科技文化体育消费型产业园区牛园，位于怀柔新城 14 街区庙城镇的山水首府和位于海淀区香山南路的创意西山。

三、北京西郊悦居房地产开发有限责任公司

2012 年 11 月 9 日，北京西郊悦居房地产开发有限责任公司（图 1-3-2）股东会第一次会议召开，通过了公司章程，授权董事会及其指定的其他人办理有关公司注册、登记、备案相关的手续。2012 年 11 月 12 日，会议决定了公司董事长、总经理、副总经理、财务总监人选并授权专人办理公司注册、登记、备案相关的手续。

图 1-3-2　北京西郊悦居房地产开发有限责任公司

2012 年 11 月 27 日，取得了北京市工商行政管理局海淀分局颁发的《企业法人营业执照》，北京西郊悦居房地产开发有限责任公司正式成立。

2013 年国家安全部行政管理局与北京市西郊农场、北京西郊悦居房地产开发有限责任公司就上庄 N35～N46 地块建设签订《合作意向书》。2014 年 10 月 8 日，取得了北京首都农业集团有限公司《关于国家安全部安置房项目建设涉及西郊农场土地使用权转让综合补偿费及相关事项》的文件。2014 年 11 月 3 日，中国人民解放军 61580 部队、北京西郊悦居房地产开发有限责任公司、国家安全部行政管理局就营区北侧建设干警定向安置房建设用地面积 164.98 亩给予补偿费 2000 万元整签订《协议书》，根据协议于 11 月 15 日支付 2000 万元。2014 年 11 月 6 日取得中国人民解放军 61580 部队《关于同意北京西郊悦居房地产开发有限责任公司在海淀区上庄家园南侧建设国家安全部干警定向安置房项目的函》。2015 年 2 月 12 日取得北京市规划委员会《建设项目选址意见书》。2015 年 2 月 17

日取得北京市国土资源局《建设项目用地预审意见》。2015 年 2 月 27 日取得北京市发展和改革委员会《关于海淀区上庄 N35～N46 地块定向安置房项目核准批复》。2015 年 10月特聘请侯剑同志为公司副总经理，负责建设管理全面工作。2015 年 11 月 23 日取得北京市规划委员会《建设用地规划许可证》。2017 年 6 月，西郊悦居公司 N35～N46 定向安置房项目取得审批手续，破土动工。项目总占地 20 公顷，总建筑面积 34.12 万平方米，于 2019 年底竣工。

四、北京三元安达建筑有限公司

北京三元安达建筑有限公司（图 1－3－3）成立于 1984 年，前身为北京市国营西郊农场基建队，注册资本金 2037.4 万元，隶属于首农食品集团有限公司旗下北京市西郊农场有限公司，具备建筑工程施工总承包二级资质。

公司主要经营施工总承包项目、

图 1－3－3　北京三元安达建筑有限公司

普通货物运输，截至 2018 年底拥有专业技术人员及管理人员 100 余人，其中具有初级以上职称的 11 人，二级以上建造师 9 人。通过安全生产考核三类人员 18 人。材料员、质检员、试验员、水暖及土建员等技术岗位共 72 人。公司始终以诚信和质量为宗旨，坚持以优质的服务满足客户。

1987 年 9 月，公司名称为北京市长城建筑工程公司西郊分公司，1993 年 8 月 27 日公司名称变更为北京长建西郊建筑工程公司，2002 年 3 月 6 日公司名称变更为北京长建西郊建筑有限公司，2012 年 1 月 1 日正式启用北京三元安达建筑有限公司名称及资质进行对外经营。

北京三元安达建筑有限公司自成立以来，先后承接住宅楼百余栋，并多次承揽不同结构的教学楼、办公楼和别墅工程，施工范围涉及住宅、公建、装修等，工程合格率达到100%，得到了业主的一致好评。西北旺新村 B2－5 号住宅楼工程及西二旗公共租赁房项目创北京市建筑行业优质样板工程，上庄镇 C14 地块限价商品住房项目获得结构长城杯银质奖工程的荣誉，公司曾荣获"海淀区和谐劳动关系单位"称号（图 1－3－4）。

公司总资产由 2010 年的 396 万元上升到 2019 年的 2381 万元，公司总收入从 2010 年的 201 万元上升到 2019 年的 4064 万元。公司总经理为焦亚栋。

图 1 - 3 - 4

五、北京三元长城建筑有限责任公司

北京三元长城建筑有限责任公司（图 1 - 3 - 5），成立于 2004 年 6 月，由原北京市长城建筑工程总公司改制重组而成，以经营工业与民用建筑、装饰装修、设备安装、市政工程、热力工程为主。注册资金 2700 万元，具备建筑工程施工总承包二级资质、建筑装修装饰工程专业承包二级资质、市政公用工程施工总承包二级。近年来，年开复工面积近 6.5 万平方米，年产值 1.4 亿元，净利润 200 多万元，年上缴税金及附加 300 多万元。

公司下设 5 个分公司，5 个直属项目部，即建筑工程分公司、装修装饰分公司、设备安装分公司、市政工程分公司、热力工程分公司等。公司机关设三部一室，即经营预算部、生产安全技术质量部、财务部和综合办公室。现有专业技术人员及管理人员 100 多人，其中具

图 1 - 3 - 5　北京三元长城建筑有限责任公司

有中级以上职称的 25 人，二级以上建造师 16 人。经过十几年的辛勤耕耘，公司持续发展壮大，积累了丰富的施工经验，拥有雄厚的技术力量，借助先进的管理手段和健全的质量保证体系，向广大建设单位和业主提供了优质服务，并通过一流的经营理念和服务品牌，赢得了广泛的社会赞誉。公司立足北京、面向全国建筑市场，以"建人格工程，树质量丰碑，筑百年精品，为用户负责"为宗旨，以"守信合同、工程一次性验收合格率 100％，优良率 60％以上"为目标，提供优质服务，赢得顾客满意。

公司先后承建的大型工程项目有：国家游泳中心（水立方）热力站工程，该工程施工技术和质量方面都得到了设计和监理单位的一致首肯，为公司赢得了荣誉，标志着公司在热力工程技术方面有一定的实力和突破；三嘉信苑 10 号经济适用房等 7 项；海淀区上庄镇中心区 C-14 地块限价商品住房项目四标段；海淀区上庄镇 B10 地块自住型商品房项目五标段；上述三个群体工程均获得北京市结构长城杯银质奖。北清家园住宅小区 10 号住宅等 12 项；北清家园住宅小区 5 号住宅等 13 项；南口农场职工住宅楼等 4 项；北京艾莱发喜食品有限公司新建西库房；西二旗公共租赁房项目 1 号、4 号、5 号楼；东北旺农场科研楼 2 号楼、3 号楼；生活垃圾分转运中心；设备用房（北京市南口农场危旧翻建项目）等 4 项；海淀区上庄家园 N28、N34 地块定向安置房项目 31 号楼、34 号楼等，上述工程均获得北京市优质工程奖，各种奖项标志着我公司在施工技术与质量管理上取得的新成绩。

公司通过系统、规范、先进、合理的质量管理体系，让质量和管理在企业运转过程中发挥最大的效应，为塑造企业形象，打造长城建筑品牌提供了保证。通过多年坚持不懈的努力，公司曾多次荣获"北京市推行全面质量管理先进企业"及"用户满意企业"称号。

2019 年公司总资产 8371 万元，公司总负债 3792 万元，公司所有的权益 4579 万元，公司总收入 12 亿元，总利润 1300 万元。

公司负责建设的 B09 地块经济适用房 10 号楼和 16 号楼工程，获得北京市结构长城杯银质奖。公司建设的 C14 地块限价商品住房项目 2 号楼和 5 号楼工程，获得市群体结构长城杯银质奖。公司负责建设的 B10 地块自住房商品住房项目，获北京市结构长城杯银质奖。

时任公司总经理为吴存刚。

六、北京三元博雅孵化器有限公司

北京三元博雅科技孵化器有限公司（图 1-3-6）成立于 2004 年，是北京市西郊农场

旗下的一家以写字楼租赁为主的资产
经营公司。三元博雅公司位于上地高
科技产业区，上地办公中心西侧，初
期作为孵化企业，依托北京首农集团
有限公司（以下简称集团）的科研优
势及在高新技术转化方面积累的经验，
进一步将孵化功能向企业发展的上下
游延伸。

图 1-3-6　北京三元博雅科技孵化器有限公司

2004 年 1 月 8 日，北京市东北旺
农场与北京北大创业园有限公司合作
共建北大孵化器东北旺创业中心，并
成立"北京三元博雅孵化器有限公司"，正式签订协议。

2004 年 2 月 25 日，北京三元博雅科技孵化器有限公司成立，注册资金 200 万元。其
中，北京市东北旺农场入资 100 万元，占股权 50%；北京北大创业园有限公司入资 100 万
元，占股权 50%。

到 2007 年底，三元博雅公司累计入孵企业有 67 家，其中留学生创办的企业 30 家。
推荐 21 家企业申办中关村管委会留学人员创业资金扶持，其中 20 家获得通过，共获得扶
持资金 153 万元。到 2009 年底，仍有 14 家孵化企业获得资助，资金达到 200 万元。

2010 年 10 月下旬农场机构改革，三元博雅公司扩大了公司经营业务后，正式跻身农
场全资所属的物产物流板块，同时明确了其农场优良资产经营管理者的定位。

2010 年 10 月 18 日，三元博雅公司成立党支部。2011 年 5 月，公司取消董事会，设立
执行董事。

2011 年起，三元博雅公司相继接
管北太楼（图 1-3-7）、蓝海中心、
东馨园原老年人活动中心、北京市西
郊农场场部办公楼等项目的经营管理
工作，经营管理面积达到 7 万余平
方米。

2011 年 10 月 27 日顺利完成北太
楼资产移交签字仪式，北京三元博雅
科技孵化器有限公司正式对此项目进

图 1-3-7　北太楼效果图

行管理与服务。同月分别邀请5家企业的相关负责人进行合同洽谈。最终承租给央视"新闻联播"频道首家京台合作的妇产医院——北京宝岛国际医院管理有限公司。

2011年12月，北京三元博雅科技孵化器有限公司与北京宝岛国际医院管理有限公司正式签署《北太平庄项目房屋租赁合同》，该公司入驻后，定名为北京宝岛国际妇产医院。

2012年9月12日，农场与海淀区机关事务管理处正式签署《北京市东北旺农场蓝海中心B座房屋租赁合同》。北京三元博雅科技孵化器有限公司为蓝海中心项目的经营管理方。

东北旺科研楼（蓝海中心）项目于2012年9月底陆续竣工交付，A、B座客户签约同步完成，并在北京三元博雅公司接管第二日协助首个客户北京灵图软件公司办理入驻，实现了验收接管与招商入驻的无缝对接，形成了"从开发商竣工验收到客户正式入驻办公的一条龙经营管理体系"。

三元博雅公司抓住时机，竭力打造科技化、电子化办公，借助腾讯搭建了公司微信群、公司QQ群、党员互动平台、宣传交流群、合同管理群等多个工作平台，及时发布各类文件、表格、照片、会议通知、党课学习、意见反馈、新闻亮点等。2013年4月1日，公司官方博客及微博正式开通。7月正式投入使用多媒体互动触控平台。

2017年3月，荣获中共北京首都农业集团有限公司委员会颁发的"聚力首农梦 党员率先行"模范党支部奖杯。

2018年1月16日，荣获北京市海淀区安全生产监督管理局赠送的"服务优良 态度和蔼 贴心管家 忠诚卫士"锦旗。

2018年6月，靳湘山荣获首农食品集团颁发的"2018年首农食品集团优秀共产党员"。

至2019年底，通过对园区道路、停车场、大门、品牌形象墙、园林绿化、导视、广告牌、标识系统等进行整体形象升级，通过流程化、细节化、规范化的管理手段内抓管理，坚持实施绩效考核，不断提升管理效果和员工积极性，不断开拓市场，企业的经营管理水平得到了进一步的提升。

2012年11月13日，首都农业集团董事长张福平一行赴北京宝岛妇产医院进行考察，并就业务合作进行了初步沟通。

公司入驻企业从2011年的0家发展到2019年的19家（不含蓝海中心B座）。公司收入从2004年的8.01万元上升到2019年的4579万元。公司利润从2004年－26.66万元上升到2019年的897万元。

公司现任总经理万伟，党支部书记李恒新。

七、北京兴建物业管理中心有限公司

北京兴建物业管理中心有限公司（图1-3-8）成立于1999年4月26日，地处北京市海淀区上庄镇，注册地址为北京市海淀区上庄乡上庄村西郊农场北居民区平房，为三级物业管理资质。前身是北京市西郊农场居委会。公司经营性质为全民所有制，注册资本60万元，

图1-3-8　北京兴建物业管理中心有限公司

是首农食品集团下属北京市西郊农场全资子公司，西郊农场出资比例100％。2018年1月5日名称变更为北京兴建物业管理中心有限公司，企业性质由全民所有制变更为有限责任公司，注册资本为62万元。2019年平均在职员工84人，资产总额4973.25万元。

公司成立以来，遵循"规范管理、求实创新、业主至上、服务第一"的企业宗旨，发扬"团结、务实、开拓、创新"的企业精神，树立了"以人为本、人性化管理"的经营理念，创立了特色的物业管理模式。先后获得了"北京市供热先进单位""北京市安全生产标准化企业""首都绿化美化花园式单位""先进工会"和北京海淀分局颁发的"保卫科集体嘉奖"等各项荣誉。经过多年的发展，公司承接上庄家园小区、明信家园小区、秀山小区，代管碧水家园小区的物业管理项目以及西郊农场委托管理的经营性资产的出租和管理。

2001年，公司从西郊建筑公司剥离，成为西郊农场二级公司。王喜华任经理。2002年，北京市通达房地产建设总公司西郊分公司管理的振兴园小区整建制划归至公司管理。经北京市海淀区规划局地名管理办公室审核批准，定名为上庄家园小区，并对原有楼房进行了重新整理、排序。

2008年，公司加入北京市海淀区物业管理协会成为会员单位。10月30日，北京兴建物业管理中心和北京市西郊农场劳动服务中心进行重组，组建董事会。2009年9月10日，经西郊农场党委研究决定，取消2008年10月30日设置的北京兴建物业管理中心董事会制度，实行经理负责制，原董事会成员任职自动取消。

2015年10月，代管碧水家园小区，收回白水洼鸡场及其附属场地。

2017年2月，马连庆被评为"首农集团先锋党员"。2017年11月24日，企业名称由

北京兴建物业管理中心变更为北京兴建物业管理中心有限公司。

公司总资产从 1999 年的 35.1 万元上升到 2019 年的 4973.3 万元，营业收入从 1999 年的 1.8 万元上升到 2019 年的 3042.4 万元，公司的营业利润从 1999 年的不足万元上升到 2019 年的 305.5 万元。

公司现任总经理赵德海。

八、北京东居物业管理有限公司

北京东居物业管理有限公司（简称东居物业，图 1-3-9）自 2002 年 11 月成立以来，积极倡导并实施规范化的物业管理，公司始终把"以人为本、规范运作、业主至上、质量第一"作为企业宗旨，以诚信的服务态度，稳健的发展步伐与时俱进。

图 1-3-9 北京东居物业管理有限公司

东居物业是首农集团旗下的三级单位，是一家专业化物业服务企业，其前身是成立于 1997 年 7 月的北京东居物业管理中心，2002 年 11 月成立了北京东居物业管理有限公司，注册地是北京市海淀区东北旺西路 58 号，注册资本是 1481.54 万元，企业类型是其他有限责任公司，主要股东及出资比例为北京市西郊农场有限公司，出资占 41.26%，23 位自然人股东出资占 58.74%。

东居物业积极拓展物业管理的发展空间与外延，2005 年投资 50 万元成立东居兴业企业管理有限公司；现参股北京东泰仓储有限公司；2006 年东居物业与澳柯玛中嘉房地产开发公司共同出资 300 万元注册"北京同和开元物业管理有限公司（简称同和开元）"，并已取得了三级物业管理资质，负责管理园墅项目。2012 年 9 月，园墅项目荣获北京市物业服务管理示范（四星级）住宅小区称号。2013 年 1 月 24 日，同和开元正式成为东居物业的全资子公司。

东居物业主要业务范围为：物业管理、机动车公共停车场服务、房屋租赁等。现公司下设 17 个部、室，拥有菊园、竹园、菊花盛苑、东馨园、东旭园、梅园、铭科苑、智学苑、金领时代大厦、三嘉信苑、上庄馨瑞嘉园、一号卫星地面站、园墅项目等 13 个物业服务管理项目。企业目前拥有员工 318 人，其中中层以上管理人员 30 人，均具有大专以上文化程度和物业管理企业经理或部门经理上岗资格；各种专业工程技术人员 155 人。

面对相关政策的变化、环境整治和安全要求、逐年增加的成本，东居物业加快品质升级，借政策优势、依农场引导，主动提升主业管理、调整租赁结构，谋求长远发展。

从物业的前期设计开始，东居物业就坚持从业主及广大用户的需求出发，为业主提供全方位、高质量、规范化的服务，凭借严谨的工作作风及敬业精神，建立良好的信誉。积极倡导并实施规范化的物业管理，2004 年通过了 ISO 9001：2000 质量管理体系和 OHSAS 18001 职业健康安全体系，2014 年通过了 ISO 14001 环境管理体系三项认证。东居物业 2005 年 1 月加入北京市物业管理协会，2008 年加入海淀区物业管理协会，成为市、区两级会员单位。2006 年晋升为物业管理企业二级资质，2016 年 3 月进入政府采购入围企业名录。

2009 年、2010 年成功注册"东居物业"商标第 36 类、37 类、44 类；2017 年成功注册"东居"商标第 36 类、37 类、44 类。

公司在原有物业管理软件不断扩大应用的同时，2017 年 3 月正式启动了物业服务＋互联网的服务平台，缩短了物业企业与广大业主、住户沟通的时间和距离，更好地服务用户。

公司坚持做"东居"品牌，以东居持续发展精神为依托，不断完善管理内容和服务手段，为保持和不断提升一流的服务水平而努力。

尚科办公社区上地项目位于上风上水的北京市海淀区中关村软件园南侧，坐拥上地科技产业基地，总建面积约 45000 平方米，以人工智能为产业定位。

尚科办公社区上地 plus 以原有厂库房升级改造，赋予智能科技主题风格，是集办公、餐饮、娱乐、商务于一体的服务平台，在做到服务标准化、品牌化、共享化、智能化、数据化，完善入驻企业生态服务体系的同时，加强了整体园区产业链闭环。尚科办公社区正在打造一个适合目前中国创业环境的共享办公平台，服务大中小微企业，通过社区内集聚的优质大中型企业，从而带动小微企业的发展，以共享经济的发展模式来增强企业之间的黏性。尚科社区目前入驻率达到 30％，引入了闪联信息科技、安达创世科技、众蕊汉创等 40 多家高新技术企业，并且已经获得"国家级科技企业孵化器""国家高新技术企业""中关村众创空间"等有影响力的相关资质证明，为尚科社区的进一步发展打造了坚实的基础。

社区倡导无限共享，不仅是物理空间，包括会议室、咖啡厅、健身房等硬件的共享，而且是智能化、数据化、合作化、优质商圈活动等软性资源的共享。社区平台通过搭建尚科创投营、尚科成长营、尚科办公增长营等平台，将入驻企业与第三方合作企业链接、互通起来。帮助入驻企业在社区配套的金融、工商财税、人力资源、推广等多维度的服务体系下实现快速成长。作为创业中期的社区与入驻企业站在同一平台，互通有无，对接产业链、信息流，携手共同成长。

从 80 年代我国物业管理行业出现至今，经历了由萌芽到成长的阶段，并逐步走向成熟。从目前国家政策和行业整体运行态势上看，物业公司经常受到政府部门的交叉管理，法律法规的制定相对滞后。而现在物业服务日趋专业化，对从业人员的素质要求也逐步提高；社区管理网络化、智能化、信息化，大部分业主能科学地看待和要求物业管理；大众的高端化消费诉求增强，促进了市场细分及个性化服务水平的提升，因此物业市场空间大、成长快，发展基本不受区域范围的限制，同时随着非首都功能的疏解，非经营性资产移交工作的开展、北大科技园占地影响、大整治大清理专项活动及相关政策的执行，公司市场租赁经营发生了较大变化，经营租赁收入减少，部分区域面临拆迁后员工疏解问题，很大程度上增加了企业经营的成本。因此，借助目前良好的行业宏观环境，发展公司主营业务，成为当前最主要的任务。根据物业类型的不同，物业管理可划分出许多细分市场，每个市场都有各自的特点，公司现在主要管理的普通性住宅管理难度大且盈利性差，因此积极拓展不拘泥于一地的高品质项目是未来公司发展的主要方向。

党的十九大提出统筹推进"五位一体"总体布局、协调推进"四个全面"战略布局，结合北京城市功能重新定位"四个中心"，非首都功能的疏解，非经营性资产移交工作的开展、大整治大清理专项活动和相关政策的执行，公司市场租赁空间受到极大影响，所辖公寓全部清退，部分库区自建房屋也进行了拆除，同时受北大科技园占地影响，上地库区及写字楼租赁经营发生了重大变化，公司既要做到坚决执行有关规定，又要维护安全稳定，势必减少经营租赁收入，仅上地公寓、库区清退，就减少收入 1300 万元，而且部分区域还面临拆迁后员工疏解问题，这些工作都需要投入大量的人力、物力、财力，在很大程度上增加了企业经营的成本，收入的减少、成本的增加，使公司转型升级迫在眉睫。

尚科社区的正式运营，标志着公司由曾经库区经营，迈向了新时代企业可持续发展的经营道路。不仅打造了企业自身的新形象，也带动了周边的经济发展，提高了区域整体的发展水平。

随着"非首都功能疏解"、拆迁腾退等相关政策对企业的影响，结合企业自身持有型资产的区域功能定位，根据公司转型提升、长远发展需要，目前已完成竹园东居物业写字楼的装修改造升级工作。本次改造，在尽可能不影响现有租户办公条件下，提升内部环境、完善消防监控设施及相关配套设施等。目前各改造项目均已正常投入使用。

实施"煤改气"改造工程是国家节能减排重要的政策需要，是企业推广清洁能源、节能降耗、保护生态环境，实现生存发展的需要。北京东居物业管理有限公司联合煤改气相关部门，在 2016 年 10 月底前分别对西二旗锅炉房、马连洼锅炉房更换了一台 30 毫克的低氮燃烧机；因东北旺锅炉房的锅炉已经严重影响使用，整体更换了两台分别为 10 吨、12 吨的低氮锅炉。2017 年 9 月，对西二旗和马连洼锅炉房余下的锅炉进行了改造，西二旗三台 15 吨锅炉，更换为三台 30 毫克低氮燃烧机；马连洼两台 12 吨锅炉，更换为两台 30 毫克低氮燃烧机。于 2017 年 10 月 30 日前完成煤改电工作。本次低氮改造工作共投资 600 多万元。采用高效清洁能源代替燃煤，改造完毕后，可减少大量二氧化硫、烟尘、粉尘的排放，达到清洁能源、技能减排、循环经济的政策要求，改善了周边的生态环境。

上地果园、二猪场、兴业写字楼，腾退面积约 5.5 万平方米，疏解相关人员近 4500 人（其中安置东居员工 65 人）。

公司资产总额从 2003 年的 4847.38 万元上升到 2019 年的 31426.43 万元，公司总收入从 2003 年 1427.99 万元上升到 2019 年的 8389.06 万元，公司利润从 2003 年的 83.32 万元上升到 2019 年的 1810.07 万元，股东分红从 2003 年的 45.72 万元上升到 2019 年的 1193.21 万元。

公司 2019 年董事会成员是黄肖东、张英楠、李铁军、李仲元、董智军；监事会成员是陈建兴、李德跃、李长坡。

九、北京上地伟业科技服务有限公司

1992 年 8 月，国营北京市东北旺农场根据市场需求，对所属畜牧业进行调整，将南牛场几栋破旧牛棚改建成库房，成立了北京市上地仓储公司，为北京上地伟业科技服务有限公司（图 1-3-10）前身。1995 年春，根据东北旺区域总体规划，公司搬迁至唐家岭村南。成立之初，公司经营业态以仓储服务为主。

2002 年 6 月 15 日，北京市上地仓储公司与上地运输车队资产重组，同年 11 月企业改制，公司更名为"北京东北旺仓储有限公司"，成为首农集团（原三元集团）北京市东北旺农场控股企业，注册资本为 879.210176 万元。北京市东北旺农场与北京市西郊农场重组整合后，产权进行划转，现主要股东为北京市西郊农场有限公司，占股72.08%，其他31位自然人占股27.92%。

图1-3-10　北京上地伟业科技服务有限公司

公司地处上地信息产业基地北侧，南临中关村高科技园区软件园，北临中关村森林公园，东临城市铁路，所处地理位置优越，交通便利。整体占地近7万平方米，仓储用房面积近4万平方米。

进入二十一世纪，随着时代变迁与地区高新产业发展，总占地面积139公顷、总建筑面积60余万平方米的中关村软件园拔地而起，公司审时度势，从单一的仓储服务，逐步发展成为集仓储、运输、商贸开发等多元化服务为一体的大型标准化仓储物流基地，为中关村软件园高科技产业提供整体物流配套服务。拥有专业运输、装卸机械车辆二十余辆，吸引了联想集团、四通公司、中国外运集团、华旗资讯和八亿时空等大型优质企业进驻合作。

公司引进了防盗报警、电视监控、电子巡更等一系列先进的安全系统，形成了周密的安全网络，保证库区安全无盲点。公司抓住地理区位这一优势，积极配合软件园成熟高新企业，建立了与其实际需要相配套的运输、储存、装卸、搬运、包装、流通加工、配送、信息处理等设施，拓展服务功能，为客户提供产品到货的接收、装卸、运输、配送和及时信息反馈。

公司还引进一套先进的生产线，从产品订单到生产包装再到送达客户手中，整个过程都制定了严格的操作规程，从而大大地节约了客户的物流费用。2004年7月28日，为了更加符合业态发展，经市工商局核准变更登记，"北京东北旺仓储有限公司"更名为"北京上地物流有限公司"。到了2007年初，公司将部分厂房改建成近千平方米的防静电生产检测车间，为客户提供高科技产品生产平台。

为迎接2008年北京奥运会，上地物流公司加强市场竞争力，进一步挖掘潜在商机，拓展仓储物流平台，于2006年底与中企动力签订"2008年北京奥运会物流业网络独家赞助商"合同，成为全市众多物流企业中唯一一家可以以北京奥运会赞助商身份进行网络宣传的企业。

党的十八大以后，随着北京市"疏解整治促提升"专项行动的开展，以仓储物流业态为主的产业业态已不符合海淀区科技创新中心核心区定位，为此，公司走上创新转型之路，向文化科技创新产业园区迈进。2017年，上地物流公司积极响应政府号召，真正做到疏解整治促提升。疏解腾退仓储用房超40000平方米，疏解库区业态层级相对较低的物流企业近50家，人员2000余人，与北京弘祥嘉泰科技文化有限公司合作，对原有仓储用房进行装修改造，利用老旧仓储用房拓展文化空间，融入现代元素的同时保留了部分历史印记，打造与北京市核心区功能相适应的科技文化产业园，以激励产业转型提升后的创新活力，达到非首都核心功能疏解的目的。

2003年企业改制第一年即实现收入520万元，利润46.8万元，均超额完成农场下达的任务指标，充分展现了改制企业的活力。从改制之初的2003年到2007年公司营业收入增长了39.29%，利润增长了122.75%，股红利增长135.8%。2008年到2011年营业收入增长了48.6%，利润增长137.02%，股红利增长77.34%。2012年到2017年营业收入增长110.33%，利润增长174.47%，股红利增长57.31%。截至2018年公司营业收入2420.87万元，利润480.9万元，股红利184.58万元。

在公司稳步发展的十几年中，公司积极谋划发展业态，紧跟时代步伐拓展业务渠道。公司总结发展历程，发现物流发展方向已遇瓶颈，可持续发展的脚步有所约束。当时，北京市委颁布了京政发〔2017〕8号文，部署"疏解整治促提升"专项行动。此项专项行动旨在疏解非首都功能，优化首都发展布局，降低中心城区人口密度，推动京津冀协同发展，是有效治理"大城市病"，提高城市治理能力和水平，创造良好人居环境，优化提升首都核心功能，全面提升城市发展质量的一项重大行动。集团公司与农场党委积极反应、认真谋划，及时组织开展专项工作会议，要求所有涉及企业均要提高政治站位、共同努力，不遗余力落实北京市"疏解整治促提升"专项行动。按照要求，拆除违章建筑、整治开墙打洞、清退低端产业及群租房等，改善周边环境，彻底消除安全隐患。要求涉及疏解整治的企业要加快落实业态转型提升，实现新旧动能转换。

疏解整治行动的开展使公司深感转型升级迫在眉睫。公司积极谋划，成立专项疏解整治小组，明确分工。由于地处于海淀区的核心地带，公司疏解整治任务是重中之重，为配合北京市委的疏解整治专项工作内容，落实西郊党委关于疏解整治专项工作精神和要求，公司积极与属地政府沟通协调，争取资源，突破重重困难，圆满完成前期规划任务，并利用所处区位的优势，将转型升级方向定为技术开发、技术咨询、应用软件服务、物业管理等，并于 2017 年 5 月更名为"北京上地伟业科技服务有限公司"。

同年 8 月 1 日，公司与北京弘祥嘉泰科技文化有限公司正式签署合同及"战略合作框架"备忘录，把传统企业经营模式升级成为以文化科技为主的经营模式，并在科技创新领域开展广泛合作，促进产业转型升级，共同推进文化创意园区的建设发展。

目前文化科技园区大致面貌已落成，现正在充分利用现有环境，提升园区绿化景观，为园区办公人员提供室外交流场所，以便增强员工之间的交流合作，同时也能增加与客户的沟通交流，共同激发企业创意思路。利用原厂房低矮空间的特点，充分提升园区绿化景观，打造花园式的办公环境。2018 年 3 月东区科技园进入招商阶段，目前产业园东区装修工程基本完成，入驻企业已超过一百家，入驻企业中 90％以上为文化、科技类企业。

公司现任总经理高毅，党支部书记周维维。

十、北京东泰仓储有限公司

北京东泰仓储有限公司（图 1－3－11）成立于 2007 年 4 月，位于海淀区土井村东，毗邻中关村软件园，主营仓储物流，定位于服务科技园区高科技公司，满足市场需求的同时提高经济效益。

该土地前身是东北旺农场以实物入资北京丘比食品有限公司的土地，2004

图 1－3－11　北京东泰仓储有限公司

年将土地使用权过户至北京丘比公司名下，2006 年丘比搬迁后，原有土地厂房一直闲置。通过协商，北京丘比公司董事会将原土地厂房又转让给东北旺农场。为使资源得到充分发挥，根据其地理位置和仓储物流市场需求，农场联合东居物业管理有限公司、上地物流有限公司两家控股公司共同出资，成功收购了土地和厂房的使用权，于 2007 年 4 月正式成立了北京东泰仓储有限公司。注册地址为北京市海淀区土井村东，注册资本 150 万元。

该地块土地面积 18264 平方米，原有房屋建筑面积仅为 3800 多平方米。公司成立后，在拆除旧厂房的基础上，投资新建库房及改造工程。2007 年 10 月底新建工程全面竣工，库区整体建筑面积达到 11900 多平方米。库区主体完工后，逐步完善了地下消防井、雨季排水管线、冬季采暖以及大功率用电等相关附属配套设施。

东泰公司所属行业为其他仓储业，经营范围为仓储租赁，主营业务是出租库房。2007 年 11 月公司正式具备招商条件，与多家承租客户反复洽谈，最终在 2008 年 6 月与北京同仁堂健康药品经营有限公司签订了承租合同，整体出租率达到百分之百。公司投入运营后，本着为客户提供优质高效服务的宗旨，加强与客户之间的沟通与合作，及时满足客户提出的各种需求，从根本上解决了客户在日常生产、生活中遇到的困难。另外公司还从安全生产经营的角度出发，通过与客户进行协商，由承租客户负责在库区周边及内部安装了红外线立体监控系统，同时还配备了近300个罐装式消防灭火器，从而使库区的整体安全得到了有力保障。

东泰公司运营以来，在农场党委及公司董事会的大力支持下，通过全体员工的共同努力，在做好安全生产经营的前提下，各项工作任务和经营状况得到平稳发展，并且取得了一定的经济效益，2018年总体收入为405万元，2019年2月分别与北京同仁堂健康药品经营有限公司和北京百旺商务管理服务有限公司签订房屋租赁合同，实现年收入439万元，为公司今后的发展打下了良好基础。

公司现任总经理王文跃。

十一、北京双塔绿谷农业有限公司

北京双塔绿谷农业有限公司，成立于2012年2月，是由北京市西郊农场有限公司出资7400万元建立的新型农业公司。双塔绿谷公司为独立法人企业，主营业务范围包括：种植薯类作物、豆类作物、蔬菜、花卉、水果、坚果、饮料作物、香料作物；饲养家禽；销售谷物；技术开发、咨询、服务、转让；经济贸易咨询；会议服务；销售机械设备、五金交电、化肥、花、草及观赏植物。公司总部位于北京市海淀区上庄镇，毗邻上地信息产业园，周边八达岭高速、京新高速可快捷进入市区，交通便利，区位优势明显。公司现有员工30人（不含劳务派遣及其他聘用人员）。

作为首农集团旗下重点发展的都市农业项目之一，双塔绿谷公司以发展生态循环农业为理念，集绿色果蔬标准化生产、科技示范、农业技术研发为一体，致力于打造首都新型高端农业示范园——首农庄园。

首农庄园有强大的生产技术团队，拥有助理农艺师3名、中级农艺师1名。专注本行业几十年，在业内有很高的声望与威信，其种苗培育技术、绿色食品生产技术、无土栽培技术以及自动化控制技术堪称国内一流，是首农集团名副其实的农业专家团队。

首农庄园产品生产过程安全可控。在品种选择上，公司选择与国内种子行业一流公司合作，选用优良品种种植。

在无土育苗工作中，通过自动排风降温系统和一流技术确保苗期没有任何病虫害，在生产基础工作上，温室大量施用腐熟有机肥，每年每亩不低于2万千克的施用量，极大地改善了土壤团粒结构，使作物能够良好生长，增强抗性，既可提高产品观感又提高品质，口感极好。大部分产品达到生熟食俱佳的程度。生产地块不作任何化学处理，完全依靠有机肥改善土壤，现在温室土壤内有大量蚯蚓存活，这也是产品优质可靠的有力佐证。温室内既有保温自动系统，又有上下风口通风卷帘系统，部分生产温室还有环保实用的电取暖系统，从而保证各类作物都在适宜的温湿度环境中健康生长。联栋温室内有自动化的通风、降温、遮阳系统，这也是安全生产的保证。公司对生产一线人员经常进行不定期的培训，包括现场指导、知识讲解、生产流程安排、生产过程提醒及检查等方式，从而确保每位一线人员管理人员都是合格的生产者。

在绿色食品生产、检测方面，公司杜绝购买禁用药物或物品，这在源头上上了保险，做了基础性保证；温室挂设黑光灯，以物理的方法杀灭可能发生的害虫，保证产品优质；温室内挂设黄色蓝色诱虫板，运用物理手段防治病虫害；部分温室（主要草莓）使用硫熏蒸器（有机产品可用）预防某些病害，效果良好；所有产品生产全程不施用任何激素类药物，所有果菜类均采用自然授粉、人工振动授粉或者蜜蜂授粉；部分害虫防治运用苦参碱植物源药物、亩旺特等有机产品进行防治，保证产品符合质量要求与环保要求；庄园内的产品均进行定期自检以及上级政府主管部门抽检，以实测是否有残留。截至目前园区内生产的蔬菜已经有11个品类获得了A级绿色食品的认证证书，仍有7个品种正在申请绿色食品证书。

园区的"首农庄园"标识为集团授权使用，主要用于产品宣传。公司于2018年初申请的"双塔绿谷"字样的商标已收到商标局的受理申请，2019年正式使用。

2019年11月26日，"首农—拜耳示范农场"揭牌仪式在首农食品集团旗下西郊农场首农庄园举行。公司以挂牌"首农—拜耳示范农场"为契机，秉承"科技创造美好生活"使命，与首农食品集团"食安天下，惠泽万家"的使命相契合，与首农庄园生产绿色食品的业务不谋而合。未来双方将进一步扩大合作，引入拜耳未来农场理念，在创新技术和产品、智慧农业服务等方面，多领域开展深层次合作，规划建设可持续发展农业，将首农庄园打造成为现代农业示范农场的行业领军者。

公司开展的科技工作情况如下：

（一）蔬菜保鲜储备及配送中心建设

该项目于2011年申请，财政补贴资金190.1万元。通过库房改造，安装制冷设备，购置有机废弃物处理等设备，建设农产品周转库（-20～-10℃）及有机废弃物处理中心。

（二）蔬菜保鲜储备及配送中心建设

该项目于 2013 年申请，财政补贴资金 198.09 万元。本项目通过库房改造，安装制冷设备，增加必要的蔬菜清洗、包装、叉车等设备，建设蔬菜商品化处理中心、低温库（－5～0℃）。

（三）蔬菜工厂化育苗及水肥一体化项目

该项目于 2013 年申报，财政补贴资金 181.39 万元。该项目的建设使园区的育苗量可达 1500 万株，在保证了园区种植的同时，可为周边菜农和外埠蔬菜基地提供种苗和技术服务。引进智能化水肥一体化设备、增加智能化控制软件及不同作物的水肥配方，在智能化温室及日光温室，采用无土栽培和土壤栽培两种方式，建立智能化精量水肥一体化管理系统，以期实现两种栽培方式下蔬菜的产量及品质达到国际先进水平，产品达到国家绿色食品 A 级标准，对环境的污染降到最低值，为现代化蔬菜产业的发展创建一种新的模式，更好地带动周边蔬菜产业的发展。

（四）现代都市农业示范园项目

该项目于 2013 年申请，财政补贴资金 500 万元。该项目计划在北京市海淀区上庄镇双塔村北的西郊农场双塔果园建设首农都市农业示范园。园区占地 930 亩，计划建设循环农业展示区、有机种植示范区、加工物流配送区、绿色生活体验区和高新技术展示区。通过示范园的建设，发挥品牌优势，打造"首农"标准；示范先进农业技术，向周边农户提供种苗和服务，并回收蔬菜，带动当地蔬菜产业发展；通过"农超对接"及专业高效的现代物流集成服务，建立农产品的绿色通道，构建北京安全农产品现代物流体系，为首都提供安全食品和应急保障。

（五）日光连栋温室建设项目

财政补贴资金 126.75 万元，打造"菜篮子"工程。

（六）雨水收集利用项目

该项目于 2014 年申请，财政补贴资金 104.6 万元。通过对雨水的收集和利用，有效地减少了暴雨期间雨水的地表径流量，降低洪涝对农业生产的危害程度，同时可以在干旱少雨季节补充农田灌溉用水，相当于增加了城市水资源可利用量，提高了城市水资源承载能力，保障城市水资源的可持续利用。同时雨水资源化利用具有保持水土及涵养水源作用，为农业生产提供费用低廉的补充水源。

（七）反季节蔬菜生产设备提升项目

该项目于 2016 年申请，财政补贴资金 175.5 万元。对 15 栋日光温室空气源热泵加温系统建设。提高冬季设施蔬菜产量，降低温室加温烧煤对环境造成的污染。对 15 栋日光温室加装植物补光灯系统。提高冬春季蔬菜生产抵御低温寡照等不利环境的能力，促进蔬菜生产提早上市，产量提高。对 10 栋日光温室加装遮阳系统。改善日光温室夏季蔬菜生产环境，提高日光温室夏季利用率。通过本项目的建设，建立完善的蔬菜反季节生产设施条件，实现低碳生产，提高抵御自然灾害的能力，使设施蔬菜周年产量趋于稳定。提升蔬菜设施生产技术水平，提高产品质量，促进生产的可持续发展。

（八）首农庄园整体提升项目

该项目于 2017 年申请，财政补贴资金 428.9 万元。建设蔬菜质量检测中心，做好园区蔬菜产前、产中、产后各环节的质量监控，从快检技术的定性分析转向精密仪器的定量分析，提高公司科技化水平，严格把控外埠基地产品质量，不断提高蔬菜质量安全水平。对 39 栋日光温室生产设备进行更新，将研发中心加温设备的燃煤锅炉更换为地源热泵，从而提高园区组培苗、蔬菜生产能力以及日常检测能力，增加蔬菜产量。改良种植土壤，运用微生物菌剂改善土壤性状，增加土壤肥力，从而增加蔬菜产量。通过本项目的建设，用定量分析严格把控园区生产过程，使全程安全可追溯，促进生产的可持续发展，提升产品产量和质量。提高园区蔬菜生产能力，实现低碳生产，提高蔬菜生产质量，实现生产严格化、标准化，使设施蔬菜周年生产趋于稳定，提高园区冬季蔬菜产量及温室的观赏性。

公司现任总经理万伟。

十二、北京三元农业有限公司

北京三元农业有限公司（简称三元农业，图 1-3-12）地处北京市海淀区上庄镇境内，占地 1000 余亩，依山傍水，拥有得天独厚的地理位置、交通优势及自然生态环境。

公司员工人数 62 人，40 岁以下青年职工约占职工总数的 53%。

三元农业于 2002 年 10 月 31 日正式注册，公司注册资本 3000 万元。北京市西郊农场有限公司出资额为 2824.81 万元，占注册资本的 94.16%；北京市巨山农场有限公司认出资额为 70.33 万元，占注册资本的 2.34%；山东农业大学出资额为 104.86 万元人民币，占注册资本的 3.50%。

图 1-3-12 北京三元农业有限公司

（一）北京三元农业有限公司发展概况

北京三元农业有限公司的前身是北京金垦科贸发展有限公司，2001年7月14日，三元集团决定成立北京三元农业有限公司。2001年作为集团公司的改革试点，率先进行改制，由国有改制为股份制企业，名字改称北京三元农业有限公司，集团公司以90.3％的比例成为三元农业的第一大股东，控股三元农业。另有北京市巨山农场、山东农业大学、绿远信息公司和44名自然人股东共同组成北京三元农业有限公司，2002年北京农垦园种子中心变更为北京三元农业有限公司种业分公司。2002年12月13日，北京市里奇曼绿色食品开发公司变更为北京三元农业有限公司绿色食品分公司。2002年12月13日，北京市海淀区东北旺种苗公司变更为北京三元农业有限公司西郊基地。2006年3月21日，三元集团将持有的北京三元农业有限公司的股权委托给西郊农场管理，三元农业公司党委与西郊农场党委合并。2008年10月8日，重组三元农业，三元农业重组后股东变为三个；东北旺农场为控股股东，另有北京市巨山农场和山东农业大学。

目前公司主营业态有市民菜园、休闲采摘、农耕文化教育及都市阳台农业应用推广（图1-3-13）。2016年公司荣获"北京市科普教育基地"和"海淀区科普教育基地"称号。2018年6月公司获得"采摘篱园"荣誉称号。

三元农业公司农耕文化教育区

三元农业公司西区

三元农业公司种植展示区

图1-3-13 三元农业公司主营业态

　　三元农业不仅是现代农业示范园区、农事科普教育基地，更成为绿色首都健康生活的引领者。作为休闲农业园区，三元农业依据自身优势和园区特色，利用林花共生、南果北种、单株多品种嫁接等技术，将园区植物与果树及整个环境景观相结合。

　　公司大力发展现代农业新业态以及都市型农业，形成一个完善的、多功能的、自然质朴的游赏空间（图1-3-14）。园区内建有百亩樱桃林，所产樱桃均通过国家绿色食品认证。园区建有17.3公顷市民农园，分为50平方米到120平方米，共计1400余个小地块。公司将这些地块以年整租的形式出租给市民，通过提供优质种苗以及技术指导，市民们可以亲身体验春耕秋收，感受到回归田园、回归自然的惬意之情，满足都市居民追求绿色、天然、环保的需求。花田秀海作为园区的景观农业业态，其主要种植的花卉为铁线莲，伴以玫瑰、牡丹、郁金香等花卉植物，实现果园公园化、农园花园化。

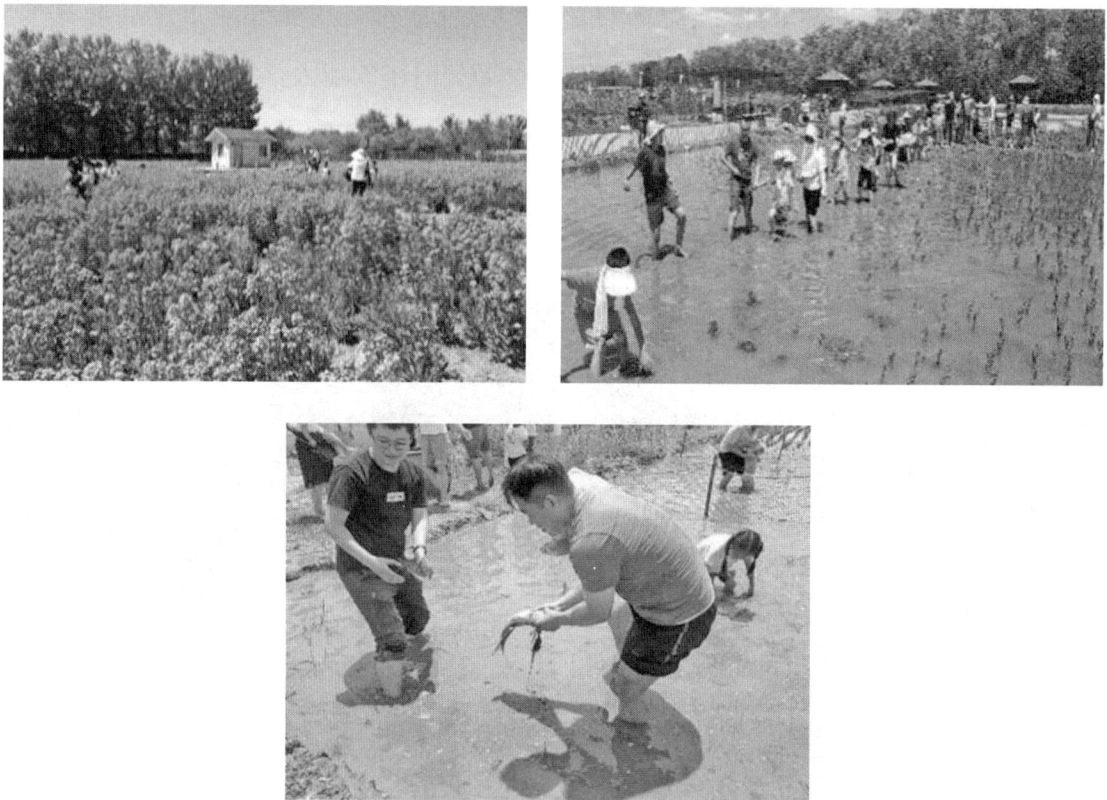

图1-3-14　现代农业新业态

　　2015年，园区开始组织农耕文化课程，通过简单的播种等活动，让孩子对农业有所认知。2016年，建起了占地800平方米的儿童拓展区，开始组织农耕文化教育活动，让孩子们了解农耕文化知识和进行农事耕作。2017年，成立了市场推广部，专门组织农耕文化教育活动，让孩子们和家长切身体验并感受传统农耕文化带来的乐趣。2017年，园区共接待游客1.5万余人，经济效益达400余万元。

（二）三元农业发展沿革

1993 年 4 月 23 日，由北京市农工商联合总公司向市计委提交成立北京市三力新技术开发公司的请示，并获得批准。注册资金 100 万元，经济性质为全民所有制，法定代表人曲中甲，注册地址为西城区北三环中路 19 号。

1993 年 4 月 29 日，因到市工商局查询发现重名，名称改为北京大三力新技术开发公司。1994 年 12 月 22 日，因体制改革，企业所属发生变更，申请变更企业名称，变更后的名称为北京金垦科贸发展公司。

2001 年 10 月 10 日，北京金垦科贸发展公司向总公司企管部提出改制申请，成立成分多元的有限责任公司，公司名称为北京三元农业有限公司。2002 年 1 月 15 日，北京三元集团总公司、北京市巨山农场、北京绿远信息技术有限公司、山东农业大学、三元职工签署《关于共同发起组建"北京三元农业有限公司"协议书》。

2002 年 9 月 11 日，北京三元集团总公司向市财政局上报《关于北京金垦科贸发展公司改制方案的请示》京农管资文〔2002〕44 号。2002 年 9 月 24 日，北京三元集团总公司收到市财政局下发的《关于同意北京三元集团总公司所属北京金垦科贸发展公司改制为有限公司的函》京财农〔2002〕1942 号。

2002 年 10 月 25 日，北京三元农业有限公司正式注册，注册资本 3000 万元。注册地址为北京市西城区裕民中路 4 号，法定代表人王力刚，企业类型为有限责任公司；股东为北京三元集团总公司出资 2709.21 万元，占 90.3070%，北京市巨山农场出资 70.33 万元，占 2.3443%，北京绿远信息技术有限公司出资 35.00 万元，占 1.1667%，山东农业大学出资 104.86 万元，占 3.4953%，自然人股东 44 人出资 80.60 万元，占 2.6867%。

2005 年 3 月 2 日，北京三元农业公司泰安分公司成立，同年 3 月 2 日，北京三元农业公司研发中心在西郊基地成立。

2006 年 3 月 21 日，京三元集团组字〔2006〕13 号文通知，三元集团持有的北京三元农业有限公司的股权委托给西郊农场管理；李山任北京三元农业公司董事长；北京三元农业公司党委与西郊农场党委合并，孙毅主持党委工作。

2006 年 8 月 21 日，西郊农场确定了北京三元农业公司在职职工和退休职工工资、福利待遇等，原则按照西郊农场的工资福利待遇的有关规定执行；对供暖费、企业补充医疗保险报销、独生子女托幼管理费等事宜做了明确规定。

2008 年场组字〔2008〕1 号文件通知，决定重新组建三元农业有限公司管理机构，重组任命董事会，将原各公司置于北京三元农业公司统一管理之下，不再列入农场直接管理序列。

2009 年变更公司章程、董事、经理、监事。股东由北京三元集团有限责任公司、北京市巨山农场、北京绿远信息技术有限公司、山东农业大学、自然人股东变更为北京市西郊农场、北京市巨山农场、山东农业大学；股东持股占比为：北京市西郊农场货币出资2095.29 万元，净资产出资 729.52 万元，共计 2824.81 万元，占比 94.16%；北京市巨山农场货币出资 70.33 万元，占比 2.34%；山东农业大学货币出资 3.51 万元，知识产权出资 101.35 万元，共计 104.86 万元，占比 3.50%。

2014 年 11 月 21 日开始修建东区小菜园，2015 年 4 月 25 日竣工。

公司现任总经理王宏刚，党支部书记杨超。

十三、北京翠湖农业科技有限公司

北京翠湖农业科技有限公司（图 1-3-15）成立于 2018 年 1 月 31 日，注册资本 2600 万元，主营业务为农业科学研究与试验发展、技术咨询与开发、农产品销售、会议服务与物业管理等。园区位于海淀区上庄镇前章村西侧、沙阳路南侧、大北农发展学院南部，距西六环 2 公里，园区总占地 878 亩。

图 1-3-15　北京翠湖农业科技有限公司

公司依托首农食品集团之农业底蕴，融入最前沿的创新元素，20 年公司将建设 20 万平方米现代化智能型连栋温室，并同海淀区共同探讨将翠湖农业双创园区建设成具有国际影响力的农业中关村创新核心区。

翠湖农业公司以畜牧养殖业外迁后的场地设施为基础，探索引进战略性合作伙伴，打造农创、文创、休闲体验等功能为核心的平台园区，充分发挥农创产业的集聚效应，以期发展成为助力海淀区农业科创的新农人基地，开创都市农业的新样板，目前尚处于项目前期工作阶段。

公司现任总经理李锁林，党支部书记魏洪斌。

十四、北京丘比食品有限公司

北京丘比食品有限公司成立于 1993 年 12 月，是由北京首都农业集团有限公司（原北京市农工商联合总公司)、北京市西郊农场(原北京市东北旺农工商联合总公司)、日本丘比株式会社共同创办的合资企业。

日本丘比株式会社在近百年的发展中,始终坚持"品质第一"的宗旨,为顾客提供优良品质的沙拉酱、沙拉汁、果酱、婴儿辅食、意大利面酱等食品,一直以来为大众饮食生活的多元化做出了应有的贡献。

随着我国饮食文化的多元化发展,为了满足不断变化的需求,更好地服务消费者,北京丘比公司在风景如画的怀柔雁栖工业开发区,先后投资 8000 万元,建立了占地约25000 平方米的怀柔工厂。目前年生产能力达到 15000 吨,生产包括沙拉酱、沙拉汁、果酱在内的系列产品,共计 100 多种。

北京丘比公司非常重视对生产环节中的质量管理和体系运行的动态管理,增强了质量管理的持续性和有效性。工厂引进日本先进的生产技术及设备,获得国家认证的质量管理体系认证证书(ISO 9001)、食品安全体系认证证书(ISO 22000)、环境管理体系认证证书(ISO 14001)。通过原材料质量的控制、科学的加工工艺、生产车间的 5S 管理制度以及严格的出厂检验制度、健全的追溯体系等一系列相关措施,确保产品始终保持优良品质,赢得了广大消费者的普遍认可。2008 年,获得第 29 届奥运会残奥会餐饮原材料供应商资格,并被组委会授予荣誉证书。2010 年,"丘比"商标被中国国家商标注册机关认定为"中国驰名商标"(第 30 类第 738874 号)。

"乐业偕悦"北京丘比公司的企业文化,也是企业发展的精髓所在。随着人们对多元化饮食需求的不断扩大,公司始终秉承"品质第一"的宗旨,在拥有近百年日本丘比成熟技术的基础上,不断研发适合消费者口味及需求的产品,为每一位消费者提供美味、安全、放心的产品,致力成为生产沙拉酱、沙拉汁、果酱为中心的优秀品牌企业,为丰富消费者的饮食文化做出更多贡献。

十五、绿色食品办公室

1990 年 5 月 15 日,绿色食品工程在全国农垦系统正式实施。农业部设立绿色食品专门机构,并在全国省级农垦管理部门相继成立了相应的机构,即绿色食品办公室(以下简称为"绿办")。

绿办成立之初名为"北京市国营农场管理局绿色食品办公室",承担北京市农场局系统及北京地区绿色食品认证与管理的大量工作和任务。1993 年 12 月,更名为"北京农垦绿色食品办公室"。

1996 年，经农业部绿色食品发展中心批准，下设北京农垦绿色食品办公室和北京市农业绿色食品办公室共同负责北京市绿色食品发展的相关工作。

2003 年 7 月，绿办成立中绿华夏有机食品认证中心北京农垦分中心，成为北京市获得农业部有机食品认证的唯一授权单位。此后，又相继成立了无公害农产品管理机构。

绿办作为省级承办机构，主要职能是对全市符合绿色食品、有机食品、无公害农畜产品（以下称"三品"）相关标准的产品开展认证和组织实施、审核、推荐、上报工作；实施对获证产品的生产过程、产后质量、产地环境跟踪检查的质量控制工作；开展与认证相关的技术咨询、技术培训、技术指导、技术宣传等工作。参与拟定全市"三品"产业发展规划；组织开展全市"三品"质量安全体系和标准化生产基地建设；负责"三品"和经国家认证农产品的质量监督管理工作。

负责辖区内"三品"产品标志的申报管理、质量管理、标志管理、市场监督、宣传培训等工作，组织和参与"三品"展示、展销及各类参展活动等。与较权威的环境监测机构签订委托协议，对申请企业的产品及产品原料产地的生态环境进行监测及评价。

1990 年，绿办与中国绿色食品发展中心一道并肩作战、艰苦创业。在绿色食品工程实施的当年，全国就有 127 个产品获得绿色食品标志使用权，而北京地区产品当时在全国就占了很大份额。其中南口农场被农业部首批评定为"绿色食品"示范生产基地，苹果、炼乳、奶粉等 10 余个品种成为全国第一批绿色食品。

绿办自成立以来，先后对数十家企业、数百个产品的绿色食品、有机食品申报和管理做了大量工作，多次组织所辖企业参加全国性、国际性绿色食品宣传展销会，参与中国绿色食品发展中心绿色食品标准制定等工作（图 1-3-16）。此外，绿办在维护用标企业利益方面得到了中国绿色食品发展中心的肯定和称赞，也赢得了所管辖企业的信任与支持。

图 1-3-16 2010 年 11 月，农业部总经济师张玉香参观中国绿色食品博览会北京展区"八喜"展位

2003 年绿办增设有机食品认证后，其中两家有机食品生产企业目前已经成为中绿华夏有机食品认证中心认证企业的典范，同时成为农业部对国内外有机生产成果展示的窗口，目前绿办有机产品认证企业数在农业部系统内位居前列。绿办在绿色食品、有机食品

标志认证、标志管理、基地建设、宣传、科研及商贸等方面配合中心做了大量开创性工作。

目前三元集团绿色、有机企业已达 6 家，分别为三元食品、三元绿荷、艾莱发喜、巨山农场、南口农场、星龙萃取。认证产品达 51 个。近几年，绿办通过不懈努力，取得了可喜的工作成绩。2015 年 10 月，绿办副主任沙瑾被中国绿色食品发展中心授予"全国绿色食品优秀工作者"荣誉称号。截至 2018 年，绿办共有 84 家企业、600 多个产品获得了绿色食品和有机食品认证，涉及北京市 13 个区县。2019 年认证管辖企业数已突破 100 余家。

绿色食品办公室现任主任管建国。

第二节　农场所属企业股份构成

截至 2018 年底，农场所属全资、控股及参股企业 21 家，其中全资企业 10 家，控股企业 5 家，参股企业 6 家（含合资企业 1 家）（表 1-3-1）。

表 1-3-1　所属企业股份构成一览表

序号	企业名称	股东名称及持股比例	企业级次
1	北京市西郊农场有限公司	北京首农食品集团有限公司100%	2 级
2	北京市东北旺农场有限公司	北京市西郊农场有限公司100%	3 级
3	北京三元安达建筑有限公司	北京市西郊农场有限公司100%	3 级
4	北京长建西郊建筑有限公司	北京市西郊农场有限公司100%	3 级
5	北京三元博雅科技孵化器有限公司	北京市西郊农场有限公司100%	3 级
6	北京东居物业管理有限公司	北京市西郊农场有限公司41.26% 自然人58.74%	3 级
7	北京上地伟业科技服务有限公司	北京市西郊农场有限公司72.08% 自然人27.92%	3 级
8	北京兴建物业管理中心有限公司	北京市西郊农场有限公司100%	3 级
9	北京东泰仓储有限公司	北京市西郊农场有限公司100%	3 级
10	北京三元嘉业房地产开发有限公司	北京市西郊农场有限公司50% 北京嘉德投资集团有限公司25% 北京国信嘉业房地产开发有限公司25%	3 级
11	北京市安达房地产开发有限公司	北京市西郊农场有限公司100%	3 级
12	北京西郊悦居房地产开发有限责任公司	北京市西郊农场51% 北京悦居盛景房地产有限公司49%	3 级

（续）

序号	企业名称	股东名称及持股比例	企业级次
13	北京双塔绿谷农业有限公司	北京市西郊农场有限公司 100%	3 级
14	北京三元农业有限公司	北京市西郊农场有限公司 94.16 北京巨山农场有限公司 2.34% 山东农业大学 3.5%	3 级
15	北京翠湖农业科技有限公司	北京市西郊农场有限公司 100%	3 级
16	北京创意西山投资有限公司	北京三元嘉业房地产开发有限公司 60%； 北京市巨山农场有限公司 20%； 北京西山产业投资有限公司 20%	4 级
17	北京首农信息产业投资有限公司	北京三元嘉业房地产开发有限公司 100%	4 级
18	北京澳柯玛中嘉房地产开发有限公司	北京市安达房地产开发公司 60% 北京昊达房地产开发有限责任公司 40%	4 级
19	北京市西郊腾飞房地产开发有限责任公司	北京市安达房地产开发公司 75% 北京京宏源科技发展有限公司 25%	4 级
20	北京三元长城建筑有限责任公司	北京市西郊农场有限公司 19.63% 北京市双桥农场有限公司 19.63% 自然人 60.74%	3 级
21	北京丘比食品有限公司	日本丘比株式会社 65% 北京市西郊农场有限公司 25% 北京首都农业集团有限公司 10%	2 级

注：截至 2018 年 12 月。

第四章 西郊农场农业

第一节 概 述

西郊农场地域是传统的农业地区，保证供应充足的粮食、蔬菜、水果是国家赋予国营西郊农场的主要任务之一。新中国成立初期，西郊农场建在土地贫瘠、沙荒、盐碱、分散、地貌不平整的地带。自20世纪50年代初起，农场开始进行大面积的土地平整改造、兴修水利，开展农田基本建设。这一时期，新中国刚刚成立，百业待兴，水利建设以小型抗旱为主，主要是挖砖石井，打自流井，建小型自流引水灌区。20世纪60年代初，在市农垦局统一部署下，经农业部派专人指导，对农场土地进行了第一次农田规划。20世纪60年代末，农场成立农机管理站。20世纪70年代农场掀起平整土地的高潮。20世纪80年代土地普查，结合规划，进一步大力平整土地。20世纪90年代农场成立了水管站，经过几十年的艰苦奋斗，坚持不懈大搞农田水利建设，大力发展农业机械化，积极推进农业科技进步，把昔日的低产田改造成旱涝保收的稳产高产田。20世纪60年代后期起农场以水稻种植为主，所产京西稻1992年被认定为绿色食品。20世纪80年代以后陆续引种丝苗米、紫香糯、黑香糯、乌金稻、红香粳米等名优品种，并率先采用推广水稻抛秧技术，地下管道灌溉技术。进入21世纪以后，农场以发展都市型现代农业为主，以服务首都市民健康、休闲为目标，着眼于构建融"生产、生活、生态"为一体的京郊都市农业发展思路，对京郊农村种植业的发展起到示范引领作用。西郊农场依靠农业较好的发展基础，利用几千亩农业生产用地及较为完善的设施农业，依附于北京海淀区的先天发展优势，捕捉发展机遇，抓住区位优势和近郊休闲旅游的升级消费需求，融入中关村科学城发展，借力集团公司品牌，实现三产融合发展，打造西郊都市农业新平台。三元农业持续开发农耕文化、自然教育等项目，积极推进与中国少儿基金会"生命关爱·行知教育"公益项目，在建立实践基地方面迈出了可喜的一步。双塔绿谷首农庄园成功挂牌"首农·拜耳示范农场"，借助与拜耳的合作，为园区发展注入新动力，不断拓展高端产品配送业务，拓展发展空间，积蓄发展后劲。翠湖农业双创园积极寻求政府支持，初步完成了园区总体规划设计，在智慧、双创农业方面启动了新的构想。

第二节　农田水利基本建设

一、农田水利建设

上庄这块土地，原来是一片起伏不平的波浪式土地，不适宜大面积生产。在"以粮为纲"的思想指引下，在1963年"农业学大寨"的精神鼓舞下，农场把兴修农田基本建设的任务列入农场党的重要议事日程，对土地全面规划，进行农田基本建设，提出对土地综合治理、改造的方针和措施。在农场2000多公顷的土地上，开展一场兴修水利的群众运动，其工程之大、时间之长、场面之宽、人数之多及任务之艰巨，在农场历史上是空前罕见一项巨大创举。

1965年冬，农场动员了2000名青壮年劳动力，集中在辛力屯大干一个冬春，修建了主灌渠二干，这条干渠引自京密运河，以八口村为起点，沿途经过辛力屯、双塔、后章村、白水洼和畜牧五队衔接白水洼扬水站干渠，全长3400米，灌溉土地7000亩，这是农场农村分场在农业生产上的重要灌渠之一（图1-4-1）。

在十多年时间里，农场动员了农村大部分劳动力共达万余人次，投入这项艰巨的农田基本建设工程。每年秋后，农场都要把兴修水利平整土地作为农村的首要工作来抓，指定专人负责，成立指挥部，必要时把指挥部搬到现场办公。四个农村分场主要领导干部亲临第一线指挥，除抽出一部分力量照顾日常生产外，机关大部分力量抓水利建设。生产队一般由党支部书记或民兵连长带队，调动的劳动力多数是年轻强干的民兵，所以在农田基本建设的战线上，组成了一支从指挥员到战斗员将强兵壮的生力大军。

每当水利工程上马之前，各分场都要召开动员大会，由主要领导进行政治动员，向各队交任务，提要求，开展队与队、人与人的社会主义劳动竞赛。在工程进行中有检查、有总结、有表扬，对工程搞得出色的队被命名"开路先锋队""小老虎战斗队"等，在水利工程战役中，对各队同志是个鼓舞（图1-4-2）。

分场水利指挥部为推动这项工作，把广播搬到现场，随时宣传好人好事，公布工程进度和经验。为搞好群众生活，把食堂搬到工地，组织民工就近住宿，他们不仅注意抓思想政治工作，而且关心群众的生活，对工程的进度有很大的促进。

每当水利工程任务下达以后，社员们谁都不甘心落后，在干部的带领下，发挥政治工作宣传鼓动作用，水利工地上龙腾虎跃，人欢马叫，呈现一派气势磅礴的动人场面。小伙子们为了提高工效，改装小推车增加其承载量，把小推车改装得又长又宽，装一车土顶两车还多。有人计算社员一天推土走的路竟达五六十里地，眼看别的队进度超过自己了，就想方设法鼓足干劲赶上去，有的队干脆挑灯夜战，不赶上去绝不甘休。

图 1-4-1　上庄地域水系图

图 1-4-2　农场水利工程建设留影

水利工程，在农场每年秋冬都是一项较大的工程。全场几十个队集中时间，出动劳力达几千人。水利工程工作量大，如在平高庙旁的土地时，要搬走两米高一百亩面积的土层，可见土方工程之大，任务之艰巨。

自 1970 年以来，先后来农场插队知青共 2661 人，也积极投入到农田改造工程的队伍中，用"蚂蚁啃骨头"的精神，为改造农场农田的面貌，克服困难与社员们并肩作战，为西郊农业增产作出很大贡献。

1963—1988 年，农场共平整土地 6000 多亩，完成土石方 380 万立方米。全场共修建了一条总干引水渠长达 1100 米，三条主干引水渠长达 9670 米，可灌溉土地 24000 亩；截至 1988 年，建成支渠 32000 米，建成中型扬水站五个，可灌溉土地 2 万亩，还有小型扬水站 27 个，引入京密运河灌溉全场土地。此外，建成排干八条，长达 23810 米。1967 年，全场打机井 90 眼。到 1988 年打机井 190 眼。

这些水渠、扬水站安排在全场，灌溉排水渠纵横贯通全部土地，布局合理，土地平整，做到旱能浇，涝能排，组成一幅科学的水利网络，为农业机械化、水利化打下了物质基础，为夺取农业丰收创造了先决条件。

1975 年，西郊农场平整土地 92.67 公顷，1976 年、1977 年分别完成平整土地 218 公顷、113.33 公顷。

二、上庄水库建设

上庄水库（图 1-4-3）位于农场的南侧，是上庄地域唯一的大水库，水来源于京密运河，属南温榆河，河流全长6500米，水面达1800亩，蓄水220万立方米。水库水质优良，可灌农田1万亩，也能用于发展养鱼（图1-4-4）。1988农场与北京市水产公司联营网箱养鱼，网箱养鱼面积达3亩，每年捕捞活鱼七八万斤。在汛期为北安河乡、苏家坨乡、西山农场农田排涝。这条排洪占海淀地区的55%，是海淀区重要排洪渠道。

图1-4-3 1988年农场网箱养鱼上庄水库晨影

图1-4-4 农场打鱼队

在没有建库之前，这是一条小河流，仅有一座小石头桥，交通很不方便，到了雨季上游洪水排下来，石头桥上一片汪洋，交通受阻。1959年11月，原永丰公社抽调各大队的劳动力，修建上庄水库，于1960年6月竣工。这是上庄地区的一项巨大工程。建上庄水库时，在库闸上建大桥一座，从此解决了南北交通的问题，对繁荣本地区经济及文化生活起着十分重要的作用。

1984年冬，又将水库的人工提闸改为电动控制，减轻工人劳动，并把水库装饰一新，气势更为雄伟壮观，为水库全景增添光彩。水库建成后，垂钓者络绎不绝，夏日到水库游泳，冬季供人滑冰，上庄水库已成了旅游爱好者安静别致的乐园。

农场把水库建成旅游场地，站在水库桥上远眺，西部有燕山为屏，纵观水库全貌，周围柳绿成荫，南岸桃李成林，景色秀丽，风景如画，为发展旅游业提供了得天独厚的条件。1997年11月，上庄翠湖水乡旅游度假区开发方案经上级批准后，一个占地9.8平方千米，以水乡田野自然风光为特色，集观光、垂钓、科普和短期度假为一体的旅游度假区于1988年7月18日对外开放。一期开发建设项目有水生植物园、野钓公园、水上运动、四季垂钓园、北大百年校庆纪念林和青少年农业科技教育基地。旅游业带动了房地产开发业，农场与香港升河有限公司联合兴建的"翠湖花园别墅区"，一期建设的100套公寓住宅楼的竣工成为西郊又一景观。西郊农场确定的以旅游和房地产开发业为龙头的发展思路，使农场经济再上新台阶。

第三节　农场种植业的发展

西郊农场位于海淀区最北部，是以种植粮食、果园等各类精品瓜果和绿色蔬菜为主，地域内有大片的稻田、林地和果园。上庄水库南面是大片的京西稻田，以培育有乾隆皇帝下江南时带回的"紫金箍"水稻原种而得名，是国家级水稻种植示范基地。水库北面是各具特色的精品果园，如翠湖观光农业园、金地农业观光园、都市农夫樱桃园、上庄蘑菇园等。

一、粮食生产

1. 合理调整种植结构　50 年代初期，彰化农场的经营方针中，并没有把粮食生产确定为主要生产项目，如 1951 年 7 月 10 日，京郊农场管理局决定彰化农场主要经营蔬菜、温室；巨山分场种植果树；温泉分场种植葡萄、藕、果木，饲养蜂、羊等。

上庄地区大部分土地原为白水洼乡，这里低洼多涝，农民习惯种植玉米、小麦，亩产仅 100 多斤，还种一部分高粱等抗涝的低产作物。为了提高单位面积产量，农场采取有力措施，改变土地现状，建立畜牧场，鼓励社员养猪积肥，使农田增施有基肥料，改革种植结构，改种高产作物，改变粮食低产水平，争取提高单产、创高产。1953 年，京郊彰化农场职工热烈地开展生产竞赛，农场第一生产大队向京郊高顺起农业生产合作社发起生产竞赛挑战，保证了农场生产计划的完成，提高了单产面积的产量。

从 1960 年起，西郊农场开始执行"以粮为纲、全面发展"的方针，粮食生产逐步占据种植业的主导地位。20 世纪 50—60 年代，农场系统粮食作物种植面积占农场系统农作物耕种面积的 30%～50%。1965 年，粮食作物播种面积占农作物总播种面积 71%；一直到场乡体制改革前，粮食生产仍占农场种植业的主导地位（表 1-4-1）。

从以下数字看出，农村合并到农场的初期（1960 年），粮食总产仅 200 多万公斤，1966 年比 1960 年增产将近两倍；1976 年比 1960 年增产两倍多，主要因为高产作物的面积和单产都在增加，由于种植结构的改革，粮食增产的比例较快。

表 1-4-1　1960—1976 年度粮食产量对比表

年份	粮食总计			小麦		水稻	
	面积（亩）	亩产（公斤）	总产（万公斤）	面积（亩）	亩产（公斤）	面积（亩）	亩产（公斤）
1960	22206	98.25	218.17	2448	82.90	2388	146.70
1966	23919	252.00	602.76	10000	184.70	7336	267.75
1976	20608	376.70	776.30	15706	233.20	8253	322.00

2. 落实联产承包责任制 1977年，农场农村中已出现了专业队，以后逐步实现联产承包责任制。在20世纪70年代末、80年代初，已发展并推广到全场农村各队。这种承包形式的出现，加强了承包人的责任心，加快了分配制度的转变，发展了生产，提高了产量，体现了多劳多得的分配原则，是对生产力发展的一次大推动。

1977年，农场粮食种植面积19313.5亩，亩产379公斤，总产730万公斤；1980年粮食种植面积17639.82亩，亩产558公斤，总产983万公斤；1980—1982年的粮食平均产量均在500公斤以上，比1977年增长30％左右，1978—1983年的粮食总产和单产都比较高，说明联产计酬对生产是起到积极作用的。

1985年，农村中进行了一次较大的改革，在市农场局的领导和督促下，农场农村26个生产队（约占总数的63％）的土地承包到户、到人。1987年秋，根据北京市和市农场局的部署，在农村中普遍推行适度规模经营、土地集中进行专业承包。有利于农业机械化、水利化的发展，能够进一步提高农业商品生产，到1988年初，全场有38个生产队实现了适度规模经营。

3. 提高科学种植水平 20世纪50年代，农场粮食作物生产基本是一种一收，即玉米春种秋收，小麦秋种夏收，农田利用率低，单产低。60年代改为两种两收，间作套种。50年代初期，粮食种子也比较混杂。到50年代中期，农场建立了良种站、良种试验田，开始培育适合当地生产的新品种，北京5、6、7号和农大183等小麦品种均被列为京郊大面积推广的良种，大面积推广"小麦栽培计算机辅助决策系统"，告别了传统农业经验决策方式，进入了信息农业和数字决策的新阶段。

1993年农场王刚峰、黄少明同志撰写的《西郊农场示范区水稻盘钵育苗抛秧种植控水灌溉技术的初步研究》在1994年第三期《北京水利》节水型农业专版刊出，1994年撰写的《北京西郊农场盘钵育苗抛秧的技术要点》在1995年第一期《盐碱地利用》杂志刊出。

1994年4月，西郊农场在北京地区首次引进水稻钵盘育苗抛秧技术，6月，农业部组织全国各省市农业厅局长到农场参加抛秧技术现场会，该项技术受到一致好评。农场的"水稻综合节水技术示范推广"项目是1992年市科委下达的"北京市平原地区节水型农业示范研究"课题的子课题，1996年2月，该子课题被市政府授予北京市星火奖二等奖。1997年3月，总公司生产处、西郊农场、东郊农场、东北旺农场等合作完成的"北京农场系统水稻钵盘育苗抛秧技术的应用与推广"获1996年度北京市农业技术推广奖二等奖；同年5月，中央农业电影制片厂在农场百亩水稻育苗中心拍摄《旱育稀植抛秧技术》专题影片，向全国进行推介。农场进行"移栽灵加甲霜灵锰锌本田土不调酸"育苗试验，该实验被列入市级星火计划。

1990 年，开始研发水稻栽培计算机模拟决策系统，到 1994 年基本完成，水稻亩产普遍实现 500 公斤。1995 年，农场小面积稻田养蟹试验成功，之后在兄弟农场得以大力发展。

4. 发展精品高效农业 京西稻米是西郊农场最引以为豪的粮食作物。1999 年两万余亩稻田年产优质京西稻近 800 万公斤。1997 年场党委确定了"优一、稳二、兴三"的经济发展思路，把农业生产放在了举足轻重的地位，依靠科技进步，增加投入，强化管理和现代化生产条件，使水稻生产保持了稳定、高产、增效的可喜成绩。

采用新技术育秧。栽种是西郊农场扩大水稻种植面积的关键一步，1997 年农场建起了占地 100 亩的旱育、稀植、微喷水稻育苗中心，属北京首创。由于科技人员精心科学管理获得成功，起到了示范作用。1997 年 5 月，进行"移栽灵加甲霜灵猛锌本田土不愁酸"育苗实验，该实验被列入市级星火计划。

1998 年农场又建起了三个规模化的微喷、旱育育苗中心，面积达 250 亩，可供 13000 亩大田用苗。由于该技术具有省力、省工，操作方便，增产增收等优点，深受广大群众的欢迎，这一技术已在海淀区和农工商总公司下属农场推广。而水稻抛秧新技术的普及推广更是受到农民朋友的青睐。1999 年，占农场面积 85% 的稻田都采用了抛秧技术，走在了北京市的前列。在水稻品种选育上，他们引进并繁殖了高产、不倒伏优质水稻新品种，使水稻平均亩产达 500 公斤。

增加科技含量是提高效益的新途径。西郊农场加大投入，走精品高效农业之路，注重与生态农业相结合，在京郊率先开始稻田养蟹。稻、蟹每亩效益可达 1600 多元，是单纯种水稻的 6 倍。发展精品高效农业，不仅丰富了市民的"米袋子""菜篮子"，也给农场带来了可观的经济效益。

5. 发展农机和电力事业 1957 年，农场农机和电力事业也得到了发展。1957 年，农场有 6 台拖拉机，合 173 马力[①]，每马力承担土地 40.5 亩；1958 年前，这个地区生产、生活水平都不高，耗电也不多。六七十年代，生产的迅速发展，生活得到相应的改善，用电量迅速增加，电业设备的发展，对生产起着保证、扩大和推动作用。

1977 年，有 36 台拖拉机，合 1741 马力，每马力承担土地 20.2 亩；1980 年，有 43 台拖拉机，合 2235 马力，每马力承担土地 15.7 亩。

1980 年，全国在通县搞机务试点，每马力承担土地 15.9 亩，全国每马力承担土地为

---

① 马力为非法定计量单位，1 马力＝0.375 千瓦时。——编者注

60 亩。当时农场机务接近全国试点水平。

1980 年农场机械耕地 91%，耙地耱地 100%，播种 44%。进入 80 年代农场有耕地 30000 多亩已全部实现耕地、耙地机械化。特别是 20 世纪 70 年代中期前，种的青饲料靠人力收割、大车拉运，很费工的，如遇下雨天，大车进不了地，还得动员工人一捆一捆往外扛。20 世纪 70 年代后期开始用机械试收，农场扩大小麦种植面积，从播种到收割机械化水平较高，大部分机播、机收或机械脱粒。到 20 世纪 80 年代全部实现机械化，提高了机械化水平。

1987 年，农场在东马坊一队引进水稻工厂化育秧 500 亩，实现机械化插秧和收割，为农场实现大面积水稻机械化提供了经验。

从 1959 年以来，农场共办各种机手训练班 19 期，培训 1295 人次。到 1987 年，农场有拖拉机 58 台，合 3489 马力，驾驶员 145 人。1977 年有汽车 24 辆，司机 69 人。1987 年有汽车 176 辆，司机 365 人。

二、果树种植

1952 年 9 月成立市农林局，团城、琅山、圆明园果园划归彰化农场，42.1 公顷果园面积由彰化农场经营。同时归入一批果树技术人员，1953 年琅山果园水果丰收。社会主义改造高潮中，一些私营果园并入农场，农场系统果园面积达到 1348 亩（图 1-4-5）。1955 年北京果树指导站白家疃果园归入西郊农场，1956 年农场又从温泉乡

图 1-4-5　果树采摘现场

白家疃村征购土地 37.3 公顷，扩大果园。社会主义改造高潮中，一些私营果园并入农场，农场系统果园面积达到 89.9 公顷，同时一批果树技术人员和工人吸收进农场，充实了技术力量。由于接收的果树均为 20 世纪 40 年代定植，其余部分是新定植的果树，生产水平低，不具备大发展条件。1957—1964 年，按国家农业发展战略，果树发展以上山下滩为原则，利用荒滩废地建果园。1958 年，农场扩建了白家疃果园、新建上庄果园、双塔果园、前章村果园。定植果树，以当时最好的金冠、红星早晚熟品种为主。1962 年后，农场果树种植从全面开花转为重点发展。

　　1972 年，市农林局成立农场组，设专人负责果树工作，主要是抓管理和技术培训，使果树生产转入正轨。20 世纪 80 年代，农场分别引进国内外新品种近百个。建立了品种圃，经过十多年的工作，取得一系列科研成果。1982 年农场苹果化学药剂疏花疏果实验，获国家级科技进步奖。1987 年，农场建立了果树品种苗圃 20 亩，栽植了 100 多个品种，果树品种不断更新，其中富士、顶红苹果、玫瑰香葡萄，在亚运会上被选为指定产品。

　　1998 年，受场乡体制改革影响，大量果园从农场系统剥离，果园种植面积下降，产量也随之减少。2001 年后，农场系统果树种植规模逐年调整，果业经营模式进行相应的转变，果树种植业由规模数量型向精品效益型转变。2012 年西郊农场投资建成"首农庄园"，把单一的水果生产业态转换为多功能的都市农业园区，成为具有品牌效应的新业态。

三、蔬菜生产

　　彰化农场是经营蔬菜果树的园艺农场，农场蔬菜生产在 50 年代初起步，规模逐步扩大，品种逐步增加，1950 年农场只有少量的蔬菜生产，1951 年 7 月 10 日，京郊农场管理局决定：彰化农场主要经营蔬菜、温室。之后几年，蔬菜种植面积逐年增加，农场建起了蔬菜专业组（队）。

　　1952 年，农场创造了大白菜亩产 9950 千克的高产纪录，获得农业部爱国丰产奖，其蔬菜生产经验被广泛介绍。1953 年，种植白菜面积为 558.2 亩，平均每亩产 18205.75 斤，其中有 15 亩丰产地，平均亩产 22914 斤。全面并超额完成生产计划。1953 年在白菜栽培过程中，初步改变了过去在大面积蔬菜栽培上，以小农方式的耕作方法，除了使用拖拉机耕地以外，如打垄作畦、中耕除草、追肥等作业，都使用了三齿中耕器去代替手工农具；仅在中耕除草一项作业中，因使用了三齿中耕器，不仅提高工作效率达 5 倍以上，还提高了工作质量。这一系列的改进，使 1953 年白菜产量较 1952 年增产 164.89％；并展现出大面积蔬菜栽培机械化的广阔前途，同时更显示出国营农场的大面积栽培的优越性。

　　1953 年，北京市政府林业局韩志诚和彰化农场魏延苓共同撰写的《国营彰化农场 1953 年白菜栽培经验》在 1954 年《农业科学通讯》第 8 期发表（图 1－4－6）。农场的蔬菜种植技术已

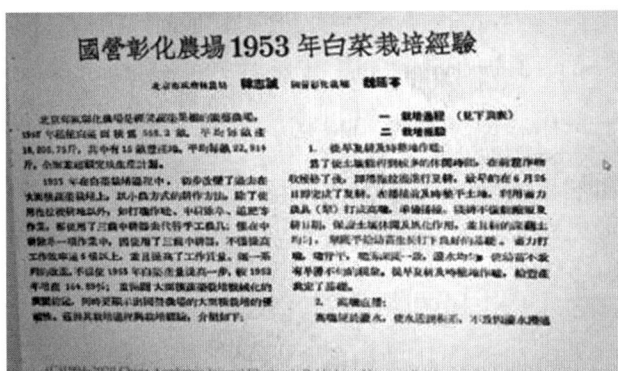

图 1－4－6　文章刊发在《农业科学通讯》上

在国内有一定影响力，不仅西北农业大学、北京农业大学、山东农学院、河北农学院、四川大学等学生到彰化农场实习，还先后有朝鲜、越南、印度等国家相关人员来农场学习蔬菜种植技术。1954年，为了解决蔬菜销售问题，农场与市供销合作总社签订蔬菜产销结合合同，全年计划生产的625万千克蔬菜，全部由市供销合作总社按议定价格包销，这标志着蔬菜生产正式向首都市场提供蔬菜商品，开启了蔬菜基地建设的新篇。1955年，农场系统蔬菜播种面积183公顷，总产量830万千克，分别比1951年增长2.8倍、4.4倍。

1979年，农场蔬菜生产进入了快车道。农场加大投入，实施高标准菜田建设工程，将蔬菜生产转向以发展设施农业和精品蔬菜生产为主，同时赋予蔬菜生产基地新的社会功能，向休闲农业和鲜切蔬菜方向延伸产业链和价值链。三元农业公司在河北崇礼建立了蔬菜育苗基地，为崇礼县周边农户提供蔬菜种苗，实施四季不间断地供应蔬菜。

场乡体制改革后，蔬菜生产向以发展设施农业和精品蔬菜为主的方向转型。北京双塔绿谷农业有限公司，集绿色果蔬标准化生产、科技示范、农业技术研发为一体。种植薯类作物、豆类作物、蔬菜、花卉、水果、坚果、饮料作物、香料作物、花、草及观赏植物。在品种选择上选择先正达、瑞克斯旺、绿亨等国内外一流的种子行业公司合作，种植选用优良品种；在无土育苗工作中，借助联栋育苗温室内有自动排风、降温系统，苗期没有任何病虫害，从而保证种植的都是优质健壮的种苗。在基础生产上，温室大量施用的腐熟有机肥能有效改善土壤团粒结构，增强作物的抗性，避免病害的发生，既可提高产品观感又提高品质。在投入品控制上，杜绝购买禁用药物或物品，从源头上保证了绿色生产。在病虫害控制上，以物理的方法防治杀灭可能发生的病虫害，从而保证产品的优质；部分害虫防治运用苦参碱等进行防治，保证产品符合质量要求与环保要求。园区内生产的蔬菜有11个品类获得了A级绿色食品的认证证书。

四、农场现代农业

"十二五"期间，农场都市农业结合地理区位，以服务首都市民健康、休闲为目标，着眼于构建融"生产、生活、生态"为一体的京郊都市农业发展思路，向着都市休闲农业园和都市农业示范服务园不断努力。

北京三元农业有限公司经过重组改制，成为西郊农场旗下的现代都市休闲型农业公司，为北京市民提供安全、绿色、健康的农产品及休闲观光体验。2010年公司开始运营市民农园项目，从最初的8块地，发展成现在的1400余块，将这些地块以年整租的形式出租给市民，通过提供优质种苗以及技术指导，市民们可以亲身体验春耕秋收，感受到回归田园、回归自然的惬意之情。

由北京市西郊农场有限公司出资7400万元、北京市国资委投资管理中心出资7000万元建立的北京双塔绿谷农业有限公司于2012年2月成立。公司以发展生态循环农业为理念，集绿色果蔬标准化生产、科技示范、农业技术研发为一体，致力于打造首都新型高端农业示范园——首农庄园。首农庄园自成立之初，即秉持"首农"标准，坚持"安全、绿色、高品质、优口感"的发展理念，园区内现已有18个蔬菜及水果单品品类获得国家绿色食品A级认证证书。首农庄园致力于建设集种植、经营首农优质食品、生态农业观光、休闲度假为一体，代表北京先进农业科技发展水平的新型都市农业示范园。

"十三五"期间，农场积极推进农业转型提升，推动农业供给侧结构性改革，结合海淀区"三山五园"及西山历史文化带建设机遇，以吃得放心、玩得开心为目标，满足人民对美好生活的需求，助力"美丽首农"，落实集团公司"一圈一系"项目建设（"一圈"是指服务美好生活对休闲体验的需求，突出农业食品产业的生态和文化功能，重点发展集农业观光、农务体验、特色庄园、生态牧场、食品工业园和博物馆于一体的农业食品产业休闲业态，打造环五环休闲观光农业食品旅游圈）。以建设产业优良、环境优美、生活优越的都市型现代农场为目标，加快发展以生态为特色的休闲农业、以科技为引领的智慧农业、以共享为理念的平台农业。

农场着重突出农业的生态和文化功能，不断加强产业、产品、管理模式和商业模式创新，拓展农业产业链、价值链。2018年农场先后与中国农大、北京市农林科学院、北京农业职业学院、善耕原（北京）生态农业科技有限公司等合作方签署战略合作协议，推动农业产业发展。农场与北京农业职业学院合作成立"首农西郊农场园艺工程师学院"，旨在为农业企业培养和输送农业技术人才，并建立现代学徒制模式，践行产教融合。

三元农业公司，积极组织开展农耕文化教育活动，开展农耕文化课程，建立儿童拓展区，成立了市场推广部，与中国农大农学院合作建设乡村振兴人才培养基地，与北京市农林科学院合作共建城市田园综合体，公司《樱桃园智能化远程管理技术研究》项目获得2018年首农食品集团科技进步奖二等奖。

翠湖农业公司以畜牧养殖业外迁后的场地设施为基础，探索引进战略性合作伙伴，打造农创、文创、休闲体验等功能为核心的平台园区，充分发挥农创产业的集聚效应，以期发展成为助力海淀区农业科创的新农人基地，开创都市农业的新样板，公司依托首农食品集团之农业底蕴，融入最前沿的创新元素，公司即将建设20万平方米现代化智能型连栋温室，并同海淀区共同探讨将翠湖农业双创园区建设成具有国际影响力的农业中关村创新核心区。

双塔绿谷公司与中国农大园艺学院共建成果转化基地；圆满完成北京市第三届"首都

国企开放日"活动,积极组织参与首农食品展卖活动,树立了良好公司形象,为公司日后产品营销和会员发展打下了坚实的基础。

"首农—拜耳示范农场"是首农食品集团与拜耳作物科学通过试验示范、技术培训、专家交流等与产品合作多种形式,以首农食品集团生产基地(种植业、养殖业)为依托,合作开展的绿色农业基地示范建设,旨在共同提升在绿色农业理念、专业技术、个体发展等方面的能力水平,将环境及社会责任与经济上的成功相互联结,塑造未来农业(图1-4-7)。

图1-4-7 "首农—拜耳示范农场"揭牌仪式

自示范农场项目在首农庄园落地以来,首农庄园种植了拜耳特色番茄、彩椒中的4个品种,结合"拜耳更好系列"绿色病虫害综合防治方案、种植全程使用拜耳亩旺特、稳特、银法利等绿色生资认证产品,配合水肥管理和栽培技术指导,种植示范取得了喜人成果。

以首农庄园挂牌"首农—拜耳示范农场"为契机,首农食品集团与拜耳作物科学将围绕"推动首农食品集团构建国家级的生物种业技术创新平台,在农业绿色发展、生物技术等相关产业领域启动业务合作,构建具有全球视野、立足中国的战略合作伙伴"等方面深化战略合作。

进入新时代,首都市民对"美好健康生活"的追求成为首农庄园新的奋斗目标,秉持"食安天下,惠泽万家"的集团使命,依托集团深厚的农业科技实力,强大的资源整合能力,践行首农庄园的每一项承诺,为客户提供安全、绿色、优质、健康的产品与服务。

第五章　西郊农场养殖业

养殖业属于传统农业项目，原是西郊农场的支柱产业，为增强市场竞争力，农场先后组建奶牛和正发禽业两大集团。实行销售、技术一条龙服务，在全国畜牧业系统率先打出自己的品牌，实行集团化管理。1996 年，正发禽业集团被农业部命名为全国农垦良种百强企业之一。1997 年，被北京市政府确认为种鸡规模化、产业化试点单位。1999 年，农场饲养成乳牛 2700 头，全部由欧美引进，年产鲜奶近 2000 万公斤，约占京郊鲜奶产量的 1/9。正发禽业集团饲养着从荷兰、美国、德国引进的优良种鸡 30 余万只，年产鲜蛋 300 万公斤。

农场的养殖业起步于 20 世纪 50 年代初，止步于 20 世纪 90 年代末，延续了约 50 年，农场养殖业的广大职工为农场经济发展做出了巨大贡献。

第一节　乳牛生产

一、艰苦创业建牛场

1954 年，农场接收的病乳牛、低产牛群，牛场原设在海淀镇，为考虑培育健康牛群，把育成牛与病牛隔离开来，在白家疃果树队山上找到了喂牛的场所和草源，是发展乳牛的有利条件。1955 年，把成府牛场的 60 多头育成牛迁往白家疃山上喂养。在山上养牛，困难很多。首先是运输上的困难，山上的坡度有三四十度，而且都是些羊肠小道，距离上千米，大量的牛饲料和需用水都要人工运送上山，牛粪要往山下挑，工作量庞大繁重。工人还要利用业余时间割青草喂牛，这样艰苦的工作，坚持了一年有余。

1957 年，白家疃牛场发生了地方病，为确保牛群的健康，被迫把这批牛群转移到西山脚下的松堂子村喂养。松堂子村当时是一片荒凉，工人就动手搭席棚，牛需用水要到门头村里挑，一天的工作量相当大，在松堂子村不仅工作条件差，工人的生活也很苦，于当年又迁往上庄分场，当时称大牛房分场。

1957 年，农场在上庄建立起第一个牛场——畜牧一队。当时牛场的牛棚刚刚盖完，各种设备还没有来得及配套，奶牛就得抢先进棚转入正常生产。这时井还没有打完，电还没有接上，摆在面前上百头牛的饮水是一个大问题，工人们就地挖坑取水，一担一担挑水饮牛。晚上挤奶没有电灯，就点煤油灯或者用蜡烛照明，因冷排、冷库尚未建成，挤出的奶就用冰冷却，工人还要在业余时间把白薯、胡萝卜剁碎喂牛。

刚建牛场时，没有宿舍，工人就住在料库房组，青年工人住到临近村子的农民家里，牛场早上四点上班，住在村子里的青年工人，三点就得摸黑起床，走到队里有几里地，那时候通往牛场没有一条成形的道路，早晨天还没有亮，他们打着灯笼上班，时常会走错了道。晚上工人下班回村，也是成群结伙。没有电灯，职工们就点蜡烛、点煤油灯照明。用水也很困难，要学着到井台挑水。初建场，农场没有家属宿舍，职工家属只得住到农村老乡家里，生活条件十分艰苦，要步行到十多里地以外的沙河和六里屯、苏家坨购买煤球、粮食等生活必需品，职工和家属们任劳任怨，克服了生活上的困难，保证了生产任务的完成。

二、培养健康牛群

农场奶牛业发展的历程，不仅是牛群从小到大，产奶量由低到高，牛群的质量及健康水平也在不断改进和提高。

早在20世纪50年代建场初期，由于基础牛群健康状况较差，两病（结核病、流产病）阳性检出率高达约20%，当时畜牧二队定为"双兼"病牛场。在困难时期，畜牧战线广大科技人员和工人共同努力，加强防疫、严格检疫，将后备牛集中到畜收四队（中间隔离站）单独饲养，于1965年进行彻底大消毒，就连运动场地的土也重新深挖清换，经过一番努力，改进了牛群状况，于1966年重新进牛再度投入生产。这一阶段乳牛方面的工作，重点仍是继续培养健康牛群，巩固前一个阶段净化牛群所取得的成果，在高产牛中不断选配良种，选择优良牛犊，加强隔离，加强对全牛群的防疫和检疫，淘汰病牛和低产牛，逐步培育高产牛和健康牛，提高整个牛群的质量，牛奶产量也随之上升。

特别是在1974年，市农业局成立种公牛站，为京郊各农场提供优良精液，对各农场的牛群向健康、高产发展起着决定性的作用，也是提高全市牛群素质和牛奶产量的一项战略性措施。这时期的乳牛饲养管理，比较正规化、制度化，奶牛繁殖技术管理体系的建立和奶牛生产技术攻关研究使牛群和产量均呈上升趋势。

三、乳牛生产的发展

1977年，乳牛生产是农场主要的经济支柱，生产的牛奶是向首都提供的主要副食品，农场始终把这项生产放到重要位置。

1978年6月18日，西郊农场发生了奶牛饲料中毒事故，农场的13头育成牛中毒，造成其中11头死亡。后来农场十分重视择优汰劣，抓住育种环节，改变低产、病牛局面，培养健康、高产牛群。经过多年的艰苦努力，到80年代农场的奶牛群已基本净化为健康牛群，结核病、流产病检出率为0.5％以下。由于牛群健康，保证了牛奶的产量稳步提高。在饲养方面，加强科学管理，坚持操作规程，合理搭配饲料，提高乳牛的妊娠率，减少和消灭空怀，不断加强饲养管理。各牛场还做好基础工作，建立奶牛谱系，配备资料员管理谱系，使这项工作条理化、规范化、科学化，从根本上保证了奶牛的高产稳产。

为了保证牛群的健康和牛奶的高产，奶果公司按时组织乳牛场的职工开展三增（增产、增利润、增产值）、两降（降低成本、降低原消耗）、一提高（提高经济效益）的劳动竞赛。在高温季节，动员全体畜牧工人积极投入"战高温、保牛群、夺高产"的红旗竞赛，对牛群健康和产量提高起到了保障作用。

畜牧工人劳动辛苦、待遇低，有的工人被城市生活所吸引，农场注重对畜牧工人的思想教育工作，一方面向畜牧工人、特别是青年工人讲述为首都人民生产鲜牛奶是畜牧工人的光荣任务，工作做得好坏，关系到全市人民的工作和生活，影响病人的康复、婴儿的成长，甚至与首都的安定团结息息相关；另一方面，为职工办实事，畜牧场的干部和工人一起进牛棚，在盛夏，首先把电风扇安进牛棚，把冷饮送到坚持在高温下挤奶的畜牧工人手中。在严冬，首先解决牛棚里工人御寒问题，使工人们感到温暖，千方百计地改善工人的劳动条件。

农场制订了多产奶、多奖励的经济政策，进一步调动了职工生产积极性。通过开展一系列的工作，使畜牧工人安心本职工作，对待工作认真，管理工作细致。即使在高温下，工人们仍坚持在牛肚皮下面忍受着蚊虫叮咬完成挤奶工作。一年365天，牛奶生产一天也不能停顿，即使在节假日，挤奶工人也默默无闻、勤勤恳恳坚持在工作岗位上，为首都人民提供鲜牛奶做出自己的奉献。这种牺牲精神是长年累月，年复一年的。

通过畜牧工人近10年的努力奋战，保证了奶牛生产健康快速的发展，1977年农场乳牛总头数1520头，到1987年达2903头；1977年成乳牛972头，到1987年达1644头，提高69％（表1-5-1）；1977年牛奶总产量505.9万公斤，到1987年达1071.6万公斤，增长一倍多。1977年平均头年产奶6296公斤，到1987年提高为6886公斤，1987年产奶超过7000公斤以上的乳牛有499头。

表 1-5-1　1987 年农场奶牛生产情况表

项目	单位	总计	其　中						
			畜牧一队	畜牧二队	畜牧三队	畜牧五队	果树一队	白家疃果树队	河北生产队
乳牛总头数	头	2903.00	650.00	679.00	616.00	671.00	95.00	103.00	68.00
其中成乳牛	头	1644.00	378.00	378.00	347.00	367.00	55.00	55.00	37.00
总产量	万公斤	1071.60	256.63	262.12	233.44	219.70	38.10	39.20	16.50

在畜牧业现代化建设方面，农场也取得了比较优异的成绩。1983 年 4 月 30 日，奶牛磁疗及激光新技术应用现场会在西郊农场召开。来自北京、天津、河北、辽宁、内蒙古、四川六省份的 130 名代表参加了会议。有关技术人员做了磁疗方法和 TDP 治疗机性能和应用的介绍，并对激光器、TDP 治疗机、旋磁机、牛用恒磁吸引器吸取牛网胃铁器等临床应用做了展示，是有关新技术应用到奶牛事业上的一次盛会。

第二节　禽类生产

一、养鸡

农场的禽类生产主要是养鸡，起步于 1958 年，因设备和技术水平所限没有发展起来。1965 年，农场开始饲养肉鸡，由外贸系统从国外引进白洛克、考尼什等种鸡，农场按合同交售仔鸡出口香港，但存栏蛋鸡很少。到 1975 年，因生产水平低，每年每只鸡平均产蛋仅 7.5 公斤，全场全年总产蛋仅 1.2 万公斤，自 1977 年起农场重视养鸡生产，但全年总产蛋量也只有 1.67 万公斤。

1978 年，农场从东北农学院引进星布罗（加拿大）祖代肉鸡，取得了成功的饲养经验，由农场畜禽公司在《中国村镇百业信息报》发表文章《养好海赛克司（褐）祖代鸡的经验》中进行了详细的介绍，其商品性明显提高，对京郊养鸡生产起到了促进作用。

为了发展养鸡生产，农场开始推行试点工作，1978 年底，农场派畜牧师乐虹到河北生产队蹲点，她与四分场河北生产队党支书夏永来签订了合同，保证养鸡赚钱，赔钱由农场包下来。但必须根据规定科学管理，选拔责任心强、工作耐心细致的社员当饲养员。根据条件选出了居维英为饲养员，从此开始按合同办事。乐虹经常深入这个点，向居维英手把手地传授技术，亲手做示范，帮助喂鸡，精心观察鸡群状况，有时工作得很晚，她就披一件棉袄在鸡舍的草堆上过夜。在乐虹的关心下，居维英的精心管理下，河北生产队这批饲养的一千只鸡，成活率高达 94%，年平均产蛋由过去的 7.5 公斤，增加到 12 公斤，当年获利 10000 元。

河北队养鸡经验,在农村生产队广为宣传和推广,引起各队对养鸡的极大兴趣。1980年,农村中有 37 个队养了鸡,占农村生产队的 86%,是农场养鸡史上一次飞跃。从此,养鸡就在各队普及推广开,养鸡生产得到一次大发展。1981 年,前章村二队社员左淑芹在队里养了 743 只鸡,年平均产蛋 15.2 公斤,一人为队里创造利润 10061.73 元。市农场局为了在各农场中推广养鸡生产,在西郊农场召开了现场会,介绍了农场的养鸡经验。

1987 年 7 月,畜禽公司家禽队,扩建种鸡和孵化车间,于 1988 年正式投产,是一个比较规范化的种鸡场(图 1-5-1)。

到 1988 年,农场养鸡开始向现代化迈进,同年农场果树公司建起了一座饲养5 万只蛋鸡的养鸡场。农场祖代鸡场从荷兰尤里布里特公司引进海塞克斯褐壳祖代蛋鸡,为了改善饲养条件,养鸡科技人员设计出窗开放式节能鸡舍,设计了孵化

图 1-5-1　养鸡场内景

器、出雏器等。农场新建成的这些骨干鸡场其特点是:领导班子能力强,管理经验丰富,规章制度完善,经济效益较显著,如多年来被评为局、场、公司的先进单位的畜禽公司白水洼种鸡场,有 40 多人,平均每人年创利近万元,为全场之冠。场长赵万清工作认真负责,足智多谋,钻研业务,工作细致,是个管理上的明白人。种鸡场在他的主持下,制订了职工岗位责任制,人人有明确的工作岗位,职责清楚,利于执行,便于检查,加强了职工的责任心,调动了积极性。场里的工作事事有人管,人人有责任,工作和生产秩序井井有条,经济效益不断上升。这个场的党支部对精神文明工作也抓得好,职工的劳动热情高,一直是农场两个文明建设的一面红旗。

养鸡是一项经济效益较高的事业,在技术和管理上,农场培养了一批专业干部和技术工人,根据发展养鸡的投资少,周转快,设备简单,效率高的特点,农场养鸡企业发挥自己的优势,逐步扩大养鸡系列化深加工,推动了农场经济效益的提升。

1988 年底,农场的养鸡生产已有种鸡、孵化、肉鸡屠宰等功能,向市场推广种蛋、种雏、供应商品蛋等一系列产品。至 1987 年底,农场有种鸡场 6 个、孵化机 50 台,圈养种鸡 38 万多只,年产合格雏鸡 144 万多只,蛋鸡场有 21 个,圈养成鸡 13 万多只,1987 年产蛋总计 157 万多公斤,比 1977 年的 1.6 万公斤增加了 90 多倍。此外,农场还有肉鸡场 4个,年产肉鸡 7.5 万多只(双塔肉鸡场 1988 年投产,产量未计算在内)。

二、养鸭

北京养鸭 1952 年从丰台区莲花池鸭场开始，1952 年 6 月移交八一农场，年底并入彰化农场。1959 年初，农场又建立了西闸鸭场，后因饲料供应困难，被迫于 1967 年 10 月撤销。

北京鸭全身羽毛洁白、头大颈粗、体长背宽、结实匀称，其腹深腿短、肌肉丰满，喙、腿为黄色，外形漂亮（图 1 - 5 - 2）。据传，明朝时曾作为皇家的一种观赏动物，后随着烤鸭行业的兴起，北京鸭的肉用价值才被逐渐开发出来。北京鸭最大特点是采取填喂进食法，故人们称其为北京填鸭。1949 年以前，北京鸭的生产规模

图 1 - 5 - 2 京鸭外形洁白

不大。20 世纪 50 年代，普遍开始用电动填鸭器，生产效率大为提高，并且由于饲料配比和饲养工艺的改进，鸭的育成期也由原来的 100 天缩短为 60 天。

20 世纪 50 年代初，农场生产的北京鸭中外驰名，肉嫩味美，北京多家大饭店点名要西郊农场的填鸭做烤鸭。1955 年《人民中国》九月号农业科学栏目中报道了农场饲养北京鸭的情况，以后陆续有印度尼西亚友人等七十多位国内外友人纷纷来信求教饲养北京鸭的经验，农场于 1955 年编写了《北京鸭的饲养管理》一书，以满足读者的要求。在这一时期里到农场参观、学习的单位接踵而来，1953 年、1954 年有资料可查的来场参观学习的人数达 3800 人次，有的是来自全国各地农业战线的基层干部、劳模、先进工作者；有的是各农业大学、农学院的师生，来场实习长达十月之久；有的是国际友人、专家、记者来场参观、考察工作的。到 1956 年 10 月，农场生产的北京鸭达 11523 只。1980 年以后，农场养鸭场开辟了鸭蛋饲养业和松花蛋加工生产新领域，1984 年，西郊农场畜禽公司于北京市禽蛋公司联营成立"三华公司"，专门加工经销松花蛋，最高年产量达 50 万公斤。

农场养鸭的历史从 20 世纪 50 年代初开始，一直到 20 世纪 90 年代初结束，历时 50 余年。现阶段，作为北京鸭的养殖加工企业，从 2012 年开始，严格遵守北京市的禁限养相关政策，养殖业态基本转移到了承德市、廊坊市等地。

三、特禽养殖

1985年，建成的占地100亩的西郊农场畜禽公司特禽场，坐落在北京西郊海淀上庄水库西南侧，是北京市规模最大的特禽场。饲养着种雏鸡、商品雏鸡、幼雏鸡20000余只，有2000多对美国落地王鸽、法国地鸽，400多只肉用的法国巨型鹌鹑，1400多只美国鹧鸪，上百只美国野鸭及少量的飞龙、锦鸡、褐马鸡等。1984年从美国引进肉用品种的落地王鸽，年产种鸽、乳鸽1.5万对以上。1985年从吉林引进雉鸡。1988年从广东江门引进了美国七彩雉。此外，还从各地引进了野鸭、观赏狗、西藏狮子狗、藏獒等珍贵动物，真正成为一个珍禽动物园，一个珍禽养殖基地。

1988年3月，西郊农场畜禽公司畜牧四队，兴建山鸡种鸡舍1400平方米。山鸡育雏车间1700平方米，肉鸽饲养车间700平方米，总建筑面积3800平方米，饲养种山鸡1500只，肉鸽1500只（图1-5-3）。到1988年底，畜禽公司发展了珍禽场和鹌鹑场，饲养山鸡3000多只、肉鸽1500多只，肉鹌12000多只，四分场还建立了队办家禽屠宰场，年屠宰家禽达30多万只（图1-5-4）。

图1-5-3 野鸭、野鸡养殖

图1-5-4 鹌鹑养殖

四、养鱼

1983 年初，农场开始建鱼池，有水面 1084 亩，同年 4 月，成立了水产公司，但由于公司领导管理不善，经验不足，没有发挥应有的作用，造成了严重亏损，致使 1986 年以前养鱼产量很低。到 1986 年，农场调整了领导体制，取消了水产公司，农场将鱼池下放到各分厂管理，并派技术干部郝家礼负责三分场养鱼试点工作，他既有养鱼专业理论又有实践经验，帮助解决生产中的问题，提高工人的业务素质，亲自配置鱼饲料，保证鱼的增重。1987 年，农场三分场有鱼池 285.5 亩，亩产 360.75 公斤，全年盈利 8 万元，取得了试点的圆满成功。

到 1987 年底全场养鱼总产量达 22.7 万公斤，养鱼生产得到了快速发展。

第六章　西郊农场工业

第一节　工业体系初步形成

建场初期主要是经营农牧业。除一些零星加工修理外，尚未形成规模的工业生产。农场合并成人民公社后，根据当时确定的"以农牧业为基础，以粮为纲，多种经营"的方针，一方面充分发挥农牧业的示范作用，另一方面发展工副业，搞技术革新。先后初步形成了由生产队管理不成行业的小手工业，主要是为农业生产服务，为社员生活服务。进入70年代中期，农场开始发展工业，但由于起步晚，基础薄弱，工厂的布局不甚合理，并没有形成骨干企业和拳头产品，工业在农场经济发展中占比不大。

1978年以后，农场开始重视工业工作。农场初期的工业企业是从三个工厂起家的。

1974年3月，农场在一无资金、二无技术、十分困难的条件下建立了木器厂。书记、厂长套着大车到各村拉原材料和工具，利用上庄村公产房屋20间建立厂房，自力更生艰苦创业。

为解决农场建筑和农民盖房用材，于1974年在南玉河村兴建砖厂。不懂技术就派人到外单位学习，为了加速建设和生产任务的进度，他们白天盖厂房、晚上拉砖备料，一天工作长达十多个小时，但工人们依旧干劲十足。经过十年的取土制砖，已把优质土取完，1985年改为选洗毛生产，更名为兴峰选洗毛场。

1976年5月，为发展乡镇企业，建成内燃机配件厂。建厂时困难很多，没有办公地点，就用几块油毡钉一个小棚子，凑合办公，没有瓦木工、壮工，就从各队抽调，在建场的同时，组织新工人学习技术，没有桌椅，工人自带小板凳，克服重重困难，于1977年底转入正常生产。

这三个社办企业的建立，迈出了农场工业发展的第一步。

第二节　农场工业企业的发展

一、奶果公司调味品厂

调味品厂前身是农机配件厂，经过三次转产，方定型为调味生产。调味品厂前身是个农机配件厂，生产拖拉机气门，由于受到拖拉机紧缩生产的影响，致使气门生产也连锁滞销。1979 年，市农机局下达任务明显减少，农机配件厂处境困难，1980 年被迫转产。为维持配件厂生存，转产搅拌机、蛤蟆夯，但产品在市场销路不畅，产品积压。1981 年，在农场局的帮助下，与北京表壳一厂联营生产表壳，1982 年销路还比较景气，获利有十万元。到 1983 年，因为电子表冲击我国市场，北京手表产生滞销，因此，影响了农场的表壳生产，加上其他方面的原因，表壳也被迫转产。在缺乏作周密市场调查的情况下，又与海淀区粮食局联营生产饴糖，实际上饴糖在市场上供过于求，产品积压，无奈于 1985 年转为调味品与糕点生产。1985 年厂有职工 121 人，年产值达 293 万元。

二、选洗毛厂

农场乡镇企业公司选洗毛厂，前身是砖厂，有十年生产砖的历史，后因当地优质砖土已基本取尽，1984 年转为选洗毛厂，并与北京市第二毛条厂签订选洗毛合同，中途因执行合同中意见分歧，终止合同，未能如期投产。农场经多次请示市农场局和市经委，在他们的关怀和支持下，会同市毛袜公司及二毛条厂共同协商，最后达成了协议，解决选洗毛的加工问题，于 1985 年 1 月开工投产。从此，选洗毛厂的生产获得了转机。在全厂干部和工人的积极努力下，生产任务扩大，由过去的"吃不饱"到"吃不了"。他们的门路广，搞得活，任务完成好，利润年年上升。当年厂有职工 134 人，洗毛能力 1600 吨，选毛 1300 吨，年产值 112 万元。连续几年被公司、农场及市农场局评为先进单位。

三、北京西郊机械厂

北京西郊机械厂，过去一直没有定型产品，全靠来料加工，生产处于"半饥饿"状态，经济效益甚低，工人情绪低落。1988 年，新厂长到任后，采取一系列改革措施，走出去找门路，与首钢联系加工轧钢机的配件，取得了转机。该厂现有职工 112 人，年产值 94 万元。

四、奶制品冷饮厂

1984 年，奶果公司为发挥鲜牛奶生产的优势，建立奶制品冷饮厂，面对市场的激烈竞争，不断改善管理方式，提高产品质量，广开生产门路，生产酸奶、冰激凌、雪糕等

20多种产品，满足市场的需求，年产值94万元，增强了市场竞争力（图1-6-1）。

图1-6-1　奶制品生产车间

五、内燃机配件厂

乡镇企业公司所属内燃机配件厂，于1976年5月建厂，1977年底完成土建工程和设备安装。同年试生产气门1000只，经北京市内燃机配件厂检验合格签订合同。1978年正式投入生产。1982年12月至1986年，本厂生产的492型进排气门，分别获得农牧渔业部、机械工业部和北京市优质产品奖，同时，给大连柴油机械厂生产的6100型气门，荣获北京市优质产品，先后三次获得奖金共15000元，赢得用户北京内燃机总厂的信任，定为信得过免检产品。由于我国汽车工业的发展，产品供不应求，用户纷纷来厂订购气门，原年产气门50至60万支，远远满足不了用户的需求，经调查分析决定开第二条生产流水线，于1989年投入生产，有工人220人，年产值270万元。

内燃机配件厂生产的气门，是农场唯一荣获市优、部优称号的产品。

1977年，西郊农场工业总产值224.6万元，创利14.3万元；1987年总产值1728.3万元，创利186.9万元，分别提高了7倍和12倍。

第三节　技术革新与双增双节

工业企业的技术革新与双增双节工作，是开展得比较出色的。

1982年，内燃机配件厂在开展技术革新的活动中，有一台苏式平面磨床轴瓦已损坏，因为在市场上买不到零配件，机床将面临报废。如果再买一台新机床，至少要花两万元。该厂的技协小组提出技改设想，经过全组人员的三天抢修，仅仅花了六七十元，就使这台磨床"起死回生"，重新运转起来。据工人们反映，修好后的磨床工效比原来的提高四倍。

这个厂生产的492排气门，小端要靠火焰喷焊，工人的劳动强度大还严重浪费合金粉末，成本昂贵，原料利用率仅占1/3。这个厂的干部和工人反复到兄弟单位学习并听取用户的意见，在1986年10月新工艺试验成功，经检定完全符合规格，而且还降低了工人的劳动强度，减少污染，产品的合格率由原来的30%提高为90%，控制了粉末的浪费，降低了成本，提高了质量，每只气门的成本降低了50％。1987年推广这一工艺，每生产10万支气门，可节约4万元。

选洗毛厂过去把洗毛下来的污水不经处理排放，污染了环境。1988年，与北京环保研究所协作研制从污水中提取羊毛脂，取得成功。这种油脂是制作高级润滑油和高级化妆品的原料，在市场价格昂贵，每吨价格约8000元，供不应求，非常畅销，创造了可观的收入。经过5个月的生产，提取羊毛脂3.5吨。经提取羊毛脂的水，尚含有盐和洗涤剂，仍能继续洗毛，既节约了用水，还省了洗涤剂，减少了污染，取得较好的经济效益。

1977年，农场工业总产值224.6万元，1987年工业总产值1728.3万元，比1977年提高近7倍。1977年，创利14.3万元，1987年创利186.9万元，1987年比1977年提高12倍。

第七章　西郊农场建筑业

第一节　建筑业的兴起

1959年，西郊农场正式成立了北京市国营西郊农场基建队，主要承担农场的办公用房、牛场和猪场建设。1959年11月，修建上庄水库，于1960年6月竣工。1960年下半年，农场建立敬老院。1961年4月，农场建立托儿所。1967年底，农场修建上庄村至沙阳路的公路。1968年，又修建沙阳路至白水洼村公路。建筑业获得逐步发展，农场基础设施不断完善。1963年和1964年是牛场建设发展最快的时期，到1965年已建成了规模化的国营牛场。这个时期，牛场都是由自己的基建队进行施工，还没有进入建筑市场。进入70年代后，农场新建卫生院，建房2300平方米。1983年初，农场先后兴建浴池，理发馆和物资站商业楼，总建筑面积达2300平方米。

20世纪80年代中期，农场基本形成了一支专业化建筑施工队伍，并制定了管理办法，配备了专业人员，可承建农场及社会多种类型建筑项目，从此西郊农场建筑业正式起步。农场基建队成立时，职工300余人，农场所属种鸡场孵化车间、奶牛一场、奶牛二场、职工宿舍等工程均为基建队建设。随着农场经济发展，基建队又承建了种鸡场的孵化车间、肉鸡厂、基建队办公楼、生产流水车间及厂房、农场办公楼等大型工程。

到1995年，西郊农场国有建筑企业有：西郊建筑工程公司、西郊京纶修建工程公司、西郊长青装饰装修公司，共有职工277人，其中技术人员41人。

第二节　建筑业的快速发展

进入20世纪90年代中期，农场房地产开发业开始起步，农场的建筑企业承担了繁重的施工任务。

北京长建西郊建筑工程公司自成立以来，先后承接住宅楼100余栋，建筑面积达25万平方米，工程总造价达3.4亿元，并多次承揽不同结构的教学楼，办公楼和别墅工程。2011年10月北京公司承建海淀区上庄镇中心区C-14地块限价商品住房项目一标段工程，建筑面积 49100 平方米，工程造价 131203867.52 元。同年承建西二旗公共租赁房 1 号、4 号、5 号楼工程，建筑面积 23718.12 平方米，工程造价 34028997.60 元。

北京三元安达建筑有限公司主要承建的项目有：

2004 年 3 月，承建上庄家园东区 16 号、20 号、21 号、27 号、28 号住宅楼，建筑面积 20975 平方米，工程总造价 24835874 元。

2004 年 8 月，承建久润花园西区 15 号楼工程，建筑面积为 9143.78 平方米，工程造价共 7040340 元。同年 10 月，承建北京科技职业学院教师公寓 1 号、2 号楼工程，建筑面积 10710 平方米，工程造价 6472918.10 元。

2005 年 8 月，承建北京科技职业学院南区综合楼项目，建筑面积 6512.75 平方米，工程造价 962 万元。

2006 年 8 月，承建北京科技职业学院教师公寓 24 号楼工程，建筑面积 9600 平方米，工程造价 1000 万元。

2012 年 2 月，经过改革改制和企业内部产业调整，北京长建西郊建筑有限公司对外承揽业务和签订合同一律以北京三元安达建筑有限公司的名义进行，同时为长建西郊建筑有限公司清算做准备，同年 5 月公司承建海龙大厦东侧立面改造工程工程造价 1682 万元。

2013 年 12 月，承建上庄镇中心区 B19 地块 1～6 号楼工程，建筑面积 33958.45 平方米，工程造价 100 万元。

2015 年 3 月，承建 N28～N34 定向安置房 30 号楼及地下车库、32 号楼工程，建筑面积 33170.43 平方米，工程造价 7500 万元。

北京三元长城建筑有限责任公司（简称三元长城）于 2005 年 1 月 10 日取得房屋建筑施工总承包、市政公用工程施工总承包二级资质，2005 年 6 月通过 ISO 9001 质量体系认证，2006 年 12 月承建国家游泳中心（水立方）热力站工程，2008 年为适应市场经济及建筑业竞争的需要，向市建委申请增项装修装饰工程专业承包三级资质，并于同年 9 月获批。2009 年承建的海淀区上庄 B09 地块经济适用房工程，经北京市优质工程评审委员会评审，12 号楼、14 号楼获得 2009 年度北京市结构长城杯银质奖。2010 年 3 月 29 日，农场委派马建梅为三元长城董事长，2011 年，经集团公司批复，公司在 2100 万元注册资金的基础上由自然人增资 600 万元，故此注册资本变为 2700 万元。2012 年 3 月 12 日，农场委派管建国担任三元长城董事长。2011 年 10 承建的上庄镇 C14 地块限价商品住房项目 2—5 号楼：经北京市优质工程评审委员会评审，获得 2013 年度北京市结构长城杯银质奖（图 1-7-1）。从 2005 年取得资质至 2015 年，十年间，三元长城开复工面积共计 50 万平方米，共创产值 129601 万元，利润 2115 万元。

图 1-7-1　荣获各类奖项

第八章 西郊农场房地产业

第一节 房地产业的早期建设

党的十一届三中全会以后，随着经济体制改革的全面展开，在城市进行了城镇住房制度改革、城市土地使用制度改革、房地产生产方式改革，根据国家土地政策和《首都建设总体规划》，北京市房地产开发进入快速扩张期，为培育新的经济增长点和适应社会新需要，充分利用和发挥农场区位及土地资源优势，陆续开发建设不同的房地产项目。

1992年，西郊农场积极开展招商工作，与香港生河有限公司联合兴建的翠湖花园别墅（图1-8-1）。1994年着手建设上庄家园小区职工住宅楼等项目，1995年农场开发建设中石化培训中心（后改为农场办公楼）、上庄镇幼儿园等项目，并支持农场所属建筑公司规划开发建设上庄

图1-8-1 西郊农场翠湖旅游度假区

家园小区，开始探索房地产项目开发建设销售的新途径。根据房地产项目开发政策要求西郊农场先后成立北京市西郊腾飞房地产开发有限责任公司、北京三元嘉业房地产开发有限公司、北京西郊悦居房地产开发有限公司，并对上庄地区不同的房地产项目进行开发建设。

1998年7月18日，西郊农场上庄翠湖水乡旅游度假区举行开业典礼，北京市副市长张茅、市政协副主席李狄生、中共海淀区委员会书记朱善璐等领导参加。2001年9月2日，由西郊农场与湖南舒林公司、北京人大附中合作创建的北京仁达中学举行落成典礼，中共北京市委副书记龙新民和集团总公司经理包宗业为新校落成剪彩。2002年农场成立西郊腾飞房地产开发有限公司，2005年7月由西郊农场、北京嘉德兴业投资有限公司、国泰土地整理有限公司共同出资成立北京三元嘉业房地产开发有限公司，注册资本2000万元。

第二节　房地产业的快速发展

2008 年西郊农场与东北旺农场合并，房地产业迎来黄金发展期，农场房地产业在市场经济的浪潮中迅速发展，从 2008 年起，农场各类房地产项目开发建设持续不断，很快成为农场经济的第一版块，先后开发了北清家园、润杰风景小区、三嘉信苑、西二旗润中苑、蓝海中心、馨瑞嘉园、顺义明德家园、海淀嘉郡、上庄家园 N28～N34 定向安置房项目、N35～N46 安置项目（图 1-8-2），西郊农场东部局部地块（北区）定向安置房项目等，累计开发建设 169 万平方米。

图 1-8-2　上庄家园小区

截至 2017 年底，农场的开发企业数量达到鼎盛时期，西郊农场房地产业公司拥有 7 家，分别是：北京市安达房地产开发有限公司、北京三元嘉业房地产开发有限公司、北京西郊悦居房地产开发有限公司、北京澳柯玛中嘉房地产开发有限公司、北京市西郊腾飞房地产开发有限责任公司、北京三元百旺房地产开发有限责任公司、北京昊达房地产开发有限责任公司。其中全资开发公司 1 家、股份公司 6 家，累计开发建筑面积（含在建）约 302 万平方米。从 2008 年到 2017 年农场房地产收入始终名列前茅，以 2017 年为例，全场总收入 131366.1 万元，其中房地产企业项目开发收入 107386.9 万元，房地产服务业收入 20850.36 万元，农业及其他收入 3129.74 万元；房地产及房地产服务业在农场收入中占比 97.6%，房地产业已成为西郊农场经济支柱产业，推动了农场经济的快速发展（图 1-8-3）。

图 1-8-3　三元嘉业公司项目奠基仪式

"十一五"期间，农场重点建设项目稳步推进。园墅项目充分利用市场回暖的各种有利时机，采取科学的销售策略，最大限度提高利润空间，克服各种不利因素，加快推进三期建设。安达房地产公司立足市场，依靠比较强的市场意识和拼搏精神，成功竞拍昌平邑上苑、西二旗公租房、顺义后沙峪等项目，取得良好经济效益，保障性住房建设成为农场房地产开发新的亮点；充分发挥资源和经验优势，把握政策契机，积极做好 B09、C14 等项目的前期工作，既保证政府民生工程的顺利实现，又确保土地资源价值最大化。通过改造科研楼建设蓝海中心项目、创新合作模式开发东科源科研综合楼项目，加快积累农场优良资产总量。在努力做好在建项目的同时，积极推进 N28、N34、B10、南口、华冠、西郊悦居、创意西山文化等开发项目的筹备。

"十二五"期间，特别是 2012 年以后，农场坚持优化产业结构，做强做优主业，以房地产开发为主导，把握政策，抢抓机遇，房地产综合竞争力显著提升。连续开发了 B09 三嘉信苑、C14 馨瑞嘉园，B10 海淀嘉郡自住商品房、西二旗公租房、顺义后沙峪项目，均如期交付入住，N28、N34 定向安置房项目完成结构封顶。园墅项目可售房屋全部签约认购；购买北太平庄宝岛大楼，完成蓝海中心（东北旺农场科研楼）改造，启动并完成东科源综合楼项目建设，积极推动洗毛厂资产盘活，争取北大科技园项目征占后土地的调规使用，划转农场腾飞房地产公司股权，由安达房地产公司接手 N23 及 N28、N34 保障房项目。积极推进福田西地块北区的规划调整和开发。蓝海中心 1 号楼通过验收交付海淀区政府，B10 自住型商品房项目完成竣工验收如期交房，N35～N46 定向安置房项目破土动工。

2015 年 1 月 2—4 日，海淀·嘉郡自住商品房项目选房认购，房源在三天内认购 1714 套，去化率达 83％。通过公开申购、公开摇号、公开选房的方式对外销售，进行了面向市场销售的集中选房活动，2070 套房源全部认购完毕。

进入"十三五"后，农场在继续做好保障类住房的同时，结合区域发展规划寻求新机遇，2016 年 8 月 10 日，海淀·嘉郡自住型商品住宅项目（上庄馨怡嘉园）完成项目竣工验收，11 月 5 日完成房屋集体交付。

2015 年 7 月，三元嘉业公司（简称三元嘉业）成立十周年庆典暨上地·元中心项目启动，并纳入"中关村科学城"重点建设项目，由北京首农信息产业投资有限公司开发建设。张福平董事长、薛刚总经理对三元嘉业成立十周年表示祝贺，希望三元嘉业努力成为受市场尊敬、消费者青睐、员工忠诚的地产开发商、平台运营商和园区开发管理者。在如期完成工程建设同时，积极推进和筹划首农信息中关村移动智能产业园项目、创意西山产业示范园项目、福田西东部地块棚改项目、N23 项目土井地块安置房及棚改项目等。加快了房地产企业优化整合步伐，有效减少和降低管理及开发成本。

2017 年 3 月 28 日，三元嘉业上地·元中心项目举行工程奠基仪式，农场场长管建国及股东单位领导为项目培土奠基。同年 4 月 20 日，公司创意西山产业园项目控规调整方案通过北京市规划国土委审核，项目建筑规模为自住房21.82万平方米，园区产业20万平方米，同步组织规划公示。同年5月，由三元嘉业为建筑主体的海淀区北部地区1片区西郊农场东部局部地块（北区）棚户区改造定向安置房项目破土动工，项目总占地17.42公顷，总建筑面积36.83万平方米。同年6月27日，安达房地产公司与海淀区住建委签订北京市政策性住房贷款合同，上庄家园N28、N34地块定向安置房项目由海淀区住建委代购，12月26日该项目取得竣工备案手续，并于12月27日办理入住手续。同年6月，西郊悦居公司N35、N46定向安置房项目取得审批手续，破土动工，项目总占地20公顷，总建筑面积34.12万平方米，计划于2019年底竣工。

自2016年以后，由农场所属的房地产公司开发的几个重点项目是：

1. 中关村移动智能服务创新园项目　中关村移动智能服务创新园作为首农食品集团非首都功能产业疏解、产业升级的示范项目，被列入市级"高精尖"项目，从2016年开始一直被列为市级"重点工程"（图1-8-4）。

为挖掘项目的商务价值，从资产管理角度对产品进行了全面调整和升级，从建筑立面、设备设施、园林景观、商业配套、艺术空间、

图1-8-4　智能服务创新园设计图

停车系统等十个方面进行了系统提升，希望把项目打造成为上地区域的商务价值新名片，为首农食品集团资产长期保值和增值提前做好筹划。

项目占地面积6.9万平方米，建筑面积34.6万平方米，其中地上建筑面积21万平方米，总投资55亿元。项目共14栋楼，功能规划有办公、研发、产品展示和发布、文化交流、商业配套、商旅酒店、地下车库等，楼宇面积从3500平方米到35000平方米，能够满足高科技龙头企业、中小微创新企业不同的办公需求。

2. 牛园项目　西郊奶牛一场项目牛园项目位于海淀区上庄村东南侧，西距现状上庄路约500米。场区占地面积为102326.5平方米，原为西郊畜牧三队，于2016年底进行了疏解腾退，现在空旷场地及闲置用房。土地用途为畜牧场用地，场地内有部分砖木结构平房，多为1975—1979年修建，部分为1959年修建，共有房、棚面积约2万平方米（其中有房产证面积约1万平方米）。

此项目由北京市西郊农场有限公司（占比 36%）、北京三元嘉业房地产开发有限公司（占比 34%）、北京乐工场资产管理有限公司（占比 20%）、上海华奥电竞信息科技有限公司（占比 10%）共同成立项目公司。公司名称为牛园（北京）体育科技发展有限公司。将通过对奶牛一场腾退空间的改造升级，将牛园项目打造成以新型体育、科技体育、电竞为内容，以营地教育为主题，中小学生第二课堂及研学旅游为基础，培训为主导、赛事为核心，品牌孵化为产业助推，行业总部为目标的数字体育培训园区。未来的牛园将是一个集电子体育中心、营地中心、单项运动协会基地的综合性的科技文化体育消费型产业园区。

3. **山水首府项目**　山水首府项目出资人为北京银地房地产开发有限责任公司、北京京粮置业有限公司、北京三元嘉业房地产开发有限公司，其中银地开发公司占股 40%、京粮置业占股 30%、三元嘉业占股 30%。公司主要推进山水首府项目的开发建设（图 1-8-5）。

项目位于怀柔新城 14 街区庙城镇，行车 5 分钟即可到达怀柔老城区，距京密高速直线距离 1.2 公里。总用

图 1-8-5　山水首府项目设计图

地约 11.59 公顷，总建筑面积约 27 万平方米（其中地上建筑面积约 17.6 万平方米，地下建筑面积 9.4 万平方米）。项目已取得立项、"多规合一"意见、一标段工程规划许可证、一标段开工证。目前正在进行土方施工。

4. **创意西山项目**　北京创意西山投资有限公司（以下简称创意西山公司）于 2012 年 12 月份成立，是依据"首农集团"针对下属西郊农场和巨山农场土地资源（位于海淀区香山南路 74~86 号的北京市巨山农场和北京市农工商总公司用地）的综合开发利用，发展符合集团产业升级转型需求的规划目标而成立的开发建设项目公司。股东构成为北京三元嘉业房地产开发有限公司（占股 60%）、北京市巨山农场有限公司（占股 20%）和北京西山产业投资有限公司（占股 20%）。

农场开发的房地产项目还有：东馨园、梅园、竹园、菊园、上庄家园、铭科苑、智学苑、菊花盛苑、金领时代大厦、北清家园（园墅）、润杰风景小区、三嘉信苑、蓝海中心、润中苑、馨瑞家园、明德家园、海淀嘉郡、明信家园等。

第九章 西郊农场商业服务及物业

第一节 概 述

1957 年以前，农场系统没有商业。1985 年人民公社化运动中，场社合一，农场都承担着政府职能，所辖乡镇都建立了供销合作社，仅能供应当地农场职工和农民的一些生产资料和生活资料。

商业服务是在改革开放中迅速发展起来的，1981 年西郊农场成立了综合商店，1983 年修建了浴池、理发馆和商业楼，1984 年开始对外经营，1988 年又将场部大礼堂改建成上庄俱乐部，可接待 600 多位观众。"八五"期间，农场共有商业网点 300 个，经营日用百货、食品加工、干洗、客运、化工、修理、仓储等。位于沙阳公路北侧的海发交易市场，占地 18000 平方米，设有摊位 500 个。农场还有综合商店、粮油副食店、饮食、照相等服务业。

1986—1990 年，农场随着商业网点的日益增多，相继成立了商业科，在总公司商业处的帮助下，队伍建设、商品流通、宣传农场产品、扩大农场商品的知名度，促进了农场乡村的商业发展。1991—1995 年，农场根据市场的需求，结合自身经济的发展对商业网点进行调整，保证了商业网点数量和质量协调稳步发展，有不少商业经营单位成为农场的骨干企业。

20 世纪 90 年代初，农场根据市场需求，结合自身发展，对商业网点及商业服务经营模式进行调整，使商业服务稳步发展。随着房地产业的快速发展，农场物业服务规模增长迅速，物业服务管理逐步向着规模经营、标准管理品牌打造和管理输出迈进。

目前农场有三家以住宅物业服务管理为核心业务的企业，即北京东居物业管理有限公司、北京兴建物业管理中心有限公司和北京巨山农场物业管理中心。有一家以商业物业服务管理为核心业务的企业，即北京三元博雅科技孵化器有限公司。有一家以仓储物流为核心业务的企业，即北京上地伟业科技服务有限公司。

第二节　物业服务

一、商业物业管理

2010 年 10 月下旬，农场机构改革，三元博雅公司扩大了公司经营业务后，正式跻身农场全资所属的物产物流板块，同时明确了其农场优良资产经营管理者的定位。2010 年 9 月 29 日，在农场场长办公会上首次提出，今后农场将优良资产交给三元博雅公司管理。并明确农场"十二五"末优良资产面积达到 10 万平方米。

2011 年 3 月 25 日，与北京市海淀区人民政府机关事务管理处完成第一批华泰大厦相关文件交接，2012 年 1 月 11 日，与北京市海淀区人力资源社会保障局完成华泰大厦相关文件交接。10 月 27 日，与北京市海淀区人力资源社会保障局完成社保大厦设备、资料、配套设施交接，顺利完成海淀社保大厦资产移交签字仪式，北京三元博雅科技孵化器有限公司正式对此项目进行管理与服务。

12 月 16 日，北京三元博雅科技孵化器有限公司与北京宝岛国际医院管理有限公司正式签署《北太平庄项目房屋租赁合同》。该公司入驻后，定名为北京宝岛国际妇产医院，系北京市首家与台湾合作的高端妇产医院。

2012 年 3 月 22 日，北京市海淀区人民政府机关事务管理处与北京市东北旺农场签订《北京市存量房买卖合同》。9 月 21 日，北京市海淀区人民政府机关事务管理处、北京市东北旺农场与北京三元博雅科技孵化器有限公司签订《北京市存量房买卖合同补充协议》。9 月 12 日，北京市东北旺农场与北京市海淀区人民政府机关事务管理处正式签署《北京市东北旺农场蓝海中心 B 座房屋租赁合同》，北京三元博雅科技孵化器有限公司为蓝海中心项目的经营管理方。9 月 14 日，公司与北京灵图软件技术有限公司正式签署《北京市东北旺农场蓝海中心 A 座房屋租赁合同》。10 月 25 日，公司与北京市海淀区人民政府上地街道办事处正式签署了《老年人活动中心房赁合同》。

2012 年 11 月 30 日，"首农"标识在蓝海中心夜空中亮起。这是经首都农业集团有限公司获准，蓝海中心的铭牌和首农标识一起安放在了蓝海中心 A 座建筑物的楼顶上。这是继北郊农场龙冠和谐大厦首秀"首农"标识后，第二批冠上此殊荣的十二家楼盘之一，为宣传首农品牌，并提升蓝海中心项目对外推广与宣传效果，打造优美、舒适的蓝海品牌形象奠定良好基础。

2013 年 4 月 15 日，北京三元博雅科技孵化器有限公司与北京中农颖泰生物技术有限公司正式签署《北京市东北旺农场蓝海中心C座第三层房屋租赁合同》。

2013年6月25日，北京市副市长陈刚一行到北京三元博雅科技孵化器有限公司引进的客户北京灵图软件技术有限公司调研。

2014年10月20日，北京三元博雅科技孵化器有限公司与北京炎黄圣火国际广告有限公司正式签署了《蓝海中心C座第六、七层房赁合同》和《蓝海中心A座第B1、一、二、三层房赁合同》。2014年3月3日，北京三元博雅科技孵化器有限公司获得《安全标准化三级企业证书》。

2015年9月25日，北京三元博雅科技孵化器有限公司与北京市国土资源局海淀分局正式签署了《蓝海中心C座第一层西侧房赁合同》。11月25日，北京三元博雅科技孵化器有限公司与北京市国土资源局海淀分局正式签署了《蓝海中心C座第二层房赁合同》。

截至2018年12月，公司服务管理的优良资产经营面积达7万余平方米，总收入4579万元，利润897万元，公司累计在孵企业42家，其中留学生人员创办企业6家，非留学人员创办的企业36家。

二、住宅物业管理

1. 东居物业管理服务 1993年以来，农场高速发展住宅小区建设，先后有多个住宅小区建成。1994年，农场成立东居物业管理中心，负责梅园小区和农场所有平房的管理。1995年7月，又成立第二物业管理站，由东北旺园艺场兼管，主要负责竹园和菊园的物业管理。随着物业管理体制的健全，农场撤销第二物业管理站，将其小区以及平房的物业管理，统交由东居物业管理中心负责。

2002年11月，东居物业管理有限公司改制后，从完善公司法人治理结构入手，建立公司股东大会（权力机构）、董事会（决策机构）、监事会（监督机构）和经理管理层（执行机构）的四位一体领导管理机制。

到2006年，北京东居物业管理有限公司负责梅园、竹园、菊园、菊园盛苑、东馨园、铭科苑、智学苑、金领时代等8个居民住宅小区的物业管理，总面积71万多平方米。公司取得物业管理企业二级资质，并成为北京物业管理协会会员单位（图1-9-1）。

在机制转换方面，实行公司领导层层聘任制，建立完善的竞争上岗用人机制。实行公司员工考核制度，做到事事有人管、工作有要求、考核有标准。坚持效率优先、兼顾公平，按贡献参与分配，发挥工资的激励效应。将企业的固定工、临时工统称公司的员工，实现了职工身份的转换。

图1-9-1 东居物业管理有限公司组织结构及相关证书

通过公司法人治理结构的健全和机制转换工作，使公司的管理形成稳定高效的运行系统。增强公司各层经营管理者和员工的责任感及公司主人翁意识，激发了工作积极性和主动性，提高了服务意识和技能水平。

为了适应市场经济发展要求，创建一流的管理与服务物业管理品牌，公司从完善健全经营管理、质量管理的规章制度入手，达到规范服务管理的目标，修订《员工手册》，制定了财务管理类等86项管理制度；编制了各岗位及设备设施操作类16项操作指导书；汇编了消防应急处理等14项预案。各项规章制度的建立，做到职责权限明确、有章可循。实现了公司最佳的管理方式、规范的服务管理、提升了公司资质，营造了优美、温馨、安全、舒适、和谐的社区家园。

为取得更好的经济效益，公司坚持科学发展观，积极拓展物业管理的发展空间与外延，充分利用土地资源，寻求资产资源效益的最大化的途径，发展符合市场需求的物业管理项目。2005年，先后投资建设四处仓储项目，成立"北京东居兴业企业管理有限公司"。与澳柯玛中嘉房地产开发公司共同出资，成立了同和开元物业管理有限公司。承接了小营西路的金领大厦商住楼物业管理。

2013年东居物业公司承接上庄馨瑞家园31万平方米物业面积，搭乘政府节能环保、老旧小区改造契机，争取到对梅园、铭科苑等四个小区节能、环境综合整治项目的改造工作；还突破性地多次成功申请到物业专项维修基金53.5万元用于小区公共维修。

2015年8月通过了北京市物业行业管理部门的严格审核，加入了北京市保障性住房管理企业名录。

截止到 2018 年 12 月，公司承担的物业管理面积 200 万平方米。

2. 兴建物业管理服务　1999 年 4 月 26 日北京兴建物业管理中心正式成立，注册资金 60 万元，是西郊农场的全资子公司，经济性质为全民所有制，物业管理资质为三级资质。

2001 年 7 月 2 日，北京兴建物业管理中心从西郊建筑公司剥离，成为西郊农场二级公司。

2002 年 12 月 14 日，北京市通达房地产建设总公司西郊分公司管理的振兴园小区整建制划归至北京兴建物业管理中心，定名为上庄家园小区。2003 年 2 月 14 日，北京秀山物业管理有限公司及北京市西郊农场白家疃果树队整建制划归至北京兴建物业管理中心。2004 年 8 月 20 日，北京市西郊农场劳动服务管理中心、国营北京市西郊农场房管科、北京兴建物业管理中心重组，自 8 月 20 日起相关的权利、义务全部由北京兴建物业管理中心行使负责。2005 年 11 月份竣工的上庄家园小区东区 27 号楼、28 号楼和 2006 年 11 月份竣工的上庄家园小区西区 27 号楼、28 号楼这两栋楼交由物业管理。2008 年 10 月北京兴建物业管理中心加入北京市海淀区物业管理协会成为会员单位。

为积极争取政策资金，加大小区改造力度。政府和燃气集团共投资 2086 万元用于天然气工程，西郊农场和市政管委各出 146 万元，共投资 292 万元用于热力管网改造工程，海淀区水务局投资 76 万元建设了小区环保透水停车场 3800 平方米，增加了 200 个车位。

2015 年，建造小区车棚、上庄家园北侧居民周转用房工程。2 月，秀山小区安装监控系统一套，工程总造价 6 万余元。10 月，兴建物业接收碧水家园小区，收回白水洼鸡场及其附属场地。

截止到 2018 年 12 月，公司承担的物业管理面积 32.7 万平方米。

第三节　仓储物流管理

1992 年，农场对畜牧业进行调整。畜牧业逐步退出，农场利用其场地资源，根据市场需求，发展新兴产业。东北旺南牛场将几栋破旧牛棚改建成库房，加高加固了围墙，平整了场地，成立东北旺仓储公司。公司成立后，先后与联想集团、时代公司和万桥物资等客户签订了承租合同。1995 年，根据东北旺区域总体规划，东北旺仓储公司搬迁到唐家岭村南。北京东北旺仓储有限公司成立后，更名为北京上地物流有限公司，是集仓储、物流运输为一体的综合性企业，有专业运输、装卸机械车辆 20 余部，仓储面积近 4.5 万平方米，停车面积 7500 平方米。2006 年 11 月 22 日，公司成为"2008 年北京奥运物流业网络独家赞助商"。2017 年企业又更名为北京上地伟业科技服务有限公司（图 1-9-2）。

一、严格管理

上地物流有限公司成立后，按照现代企业的管理模式和标准，修订 17 项原有的管理制度、建立完善了《北京上地物流有限公司经营管

图 1-9-2 北京上地物流有限公司资质

理制度》《北京上地物流有限公司安全管理制度》《北京上地物流有限公司岗位职责》《北京上地物流有限公司月考评标准》及《北京上地物流有限公司大额资金使用相关规定》等。规章制度的建立为公司严格、规范的管理提供了重要依据。为了增加管理透明度，公司推行了"厂务公开、民主管理"制度，对公司基建费用、员工福利费用以及大额资金开支使用等重大事项，通过厂务公开栏向员工公开，实行员工的民主管理，发挥股东的监督作用。

为了确保库区安全，先后投资近 50 万元用于安全设备的引进，安装先进的电视监控系统 22 路，外线报警系统和"一键通电子巡更系统"，使用钠灯改装库区照明，对库房进行丝网和护网的安装。除此之外，公司还建立健全消防档案、安全消防管理网络和应急预案、坚持三级防火责任制、成立应急小分队等。由于公司不断改进安全措施，强化了安全保卫工作的科技含量，形成了完善、周密的安全网络，提高了库区安全系数，连续多年未发生治安案件和火灾。2004 年公司被评为"消防安全先进单位"。

二、拓宽业务

根据市场需求和公司自身发展的需要，公司不断拓宽业务，从传统的、单一的仓储经营模式，逐步向现代科学化的仓储管理、运输管理、包装加工以及物流信息处理等物流综合产业方向发展。

2007 年初，在公司西区改建了近千平方米的防静电生产检测车间，为客户提供了高科技产品生产平台。

公司勇于拓展物流领域多层次的业务市场，建立库房覆盖下的生产车间以及分拣包装

车间，为客户降低成本，实现双赢。公司通过网站等现代化的信息交流方式，不断收集信息拓宽业务市场，提高市场竞争力，实现公司高效高速发展的目标。

随着中关村高科技产业的不断发展，上地软件园和永丰高科技园区相继开发建设。面对庞大的物流市场，公司与海淀区运载管理处，共建海淀区物流基地。自 2004 年始至 2006 年初，公司租用原中日养鸡场场地，兴建库房、物流办公室 43300 平方米，修建道路铺设混凝土路面 23800 多平方米，铺设下水管线 3580 多米，更新安装了消防设施，恢复电力使用。2006 年年初，原中日养鸡场场地被航天城征用，为支持国家航天事业的发展，公司领导和员工积极做好搬迁工作，于当年 9 月 27 日，提前四天完成了搬迁工作。

为了积极配合北区（中日养鸡场）搬迁工作，满足客户需求，在公司内拆除北平房 1000 平方米，新盖了 4500 平方米的库房、办公用房，引进北区中传网，北京迈普机电设备研究所等 5 家公司，使公司年收入增加 85 万元。

2004 年 10 月，公司通过了 ISO 9001 质量管理体系和 OHSAS 18000 安全管理体系资质认证。

公司改制后第一年，实现利润 48.6 万元，人均收入 1.92 万元。2004 年至 2006 年，连续三年经营收入都以 20% 左右速度递增，员工收入以 10% 左右速度递增。

2012 年 5 月，上地物流公司（图 1-9-3）拓展业务范围，零担货物运输业务起步。淘汰两辆旧货车，新购置两台厢式货车，当年实现运输收入 44 万元。

图 1-9-3　北京上地物流有限公司

2013 年，公司深入挖潜，探索物流运输业务，尝试做与信息化结合的物流运输网上服务平台。

公司从改制之初的 2003 年到 2007 年，公司营业收入增长了 39.29%，利润增长了 122.75%，股红利增长 135.80%。2007 年到 2011 年营业收入增长了 48.60%，利润增长 137.02%，股红利增长 77.34%。2011 年到 2017 年营业收入增长 110.33%，利润增长 174.47%，股红利增长 57.31%。截至 2018 年公司创造营业收入 2420.87 万元，利润 480.9 万元，股红利 184.58 万元。

第十章 农场改革改制

第一节 概 述

1949—1979 年，国营农场的经营管理体制虽然发生过多次变化，但主要是改变隶属关系，并未消除国营农场长期存在的政企不分，缺乏自主权和平均主义等弊端。农场建立后的很长一段时期里，实行的是高度集权的管理体制。其主要特点包括：一是农场生产由国家主管部门下达指令性计划，盈利上缴国家，亏损由国家财政补贴；二是农场内部实行统一经营、统一核算；三是农场职工的劳动报酬普遍实行由国家规定的等级工资制。1978年以后，对原来的管理体制逐步进行改革。到 80 年代中期两个农场实行的改革主要有：一是扩大农场的自主权。在完成计划任务的前提下，农场可按照当地条件和社会需要，因地制宜地发展生产。二是实行独立核算、自负盈亏。农场盈利用于本场的扩大再生产和其他事业，农场生产资金不足可向银行贷款。三是农场内部实行多种经营形式。在农牧业中，1978 年以来先后实行包产到劳、联产计酬和农场统一经营与大包干到户分散经营相结合的体制。

1998 年底开始的场乡体制改革，结束了延续 40 余年的场乡合一体制。理顺了农垦系统原有的经济管理体制，加快了农垦企业朝着专业化经营、集团化发展的方向转变。解决了场乡体制政企不分、基层政权薄弱、农村基层经济发展缓慢、集体经济的权益得不到充分体现、产权矛盾较多等日益突出的问题。

2006—2008 年农场管理体制改革，一是按照集团决定、在东北旺农场试点建立现代企业制度，完善法人治理结构。二是加大重组改革力度，做强做大企业，适应市场竞争需要。

2017 年至 2018 年农场的体制改制，主要是加快形成所属企业有效制衡的公司法人治理结构和灵活高效的市场化经营机制，适应农场加快转型发展的需要。

第二节 体制机制改革

自 1998 年至 2019 年，农场的领导体制及经济体制改革，大致经历了五次历程。一是

1998 年 11 月的场乡体制改革。二是 2006 年三元农业领导体制并入西郊农场。三是 2007 年东北旺农场董事会领导体制的试行。四是 2008 年 4 月西郊农场和东北旺农场的合并重组。五是 2017 年底集团所属全民所有制企业公司制改革。

一、场乡体制改革

国营农场以场带乡的领导体制形成于 1958 年，在计划经济体制下，把农场的资金、设备、技术优势和农村的土地、劳力、资源优势融为一体，优势互补，取长补短，实现了生产要素的合理组合，在发展区域经济，优化资源配置，走农业产业化道路等方面显示了生命力。为场乡经济发展起到了推动作用。随着国家经济体制的变化和市场经济的建立，双层领导体制、各利益主体矛盾、政企合一的弊端日趋明显，改革势在必行。

为理顺农场所在地区的领导体制，促进社会和经济发展，经北京市政府批准，于 1998 年对城乡体制进行了改革。城乡体制延续了 41 年，两个农场对北京市郊区发展和社会稳定做出了重要贡献，保证了首都农副食品的供应，把郊区的农业现代化提高到一个新的水平。

西郊农场场乡体制改革于 1998 年 8 月—1999 年 1 月进行。1998 年 11 月，按照市委办公厅京办发〔1998〕216 号文件，海淀区政府与总公司签署北京市西郊农场土地权属划分方案的协议和人事机构及相关资产改革方案的协议，全乡版图面积 3788 公顷，西郊农场占 476.71 公顷。将党委、政府和农业管理的 16 个相关科室及人员 64 人化为海淀区上庄乡。企业管理系统有关科室及人员 59 人划归北京市西郊农场。城乡体制改革后，西郊农场资产总额 27439.41 万元，净资产 4939.8 万元。

1998 年 12 月 7 日，总公司京农场组字〔1998〕第 64 号文件决定，场乡体制改革后，李杰峰任北京市西郊农场党委委员、书记；李山任党委委员、副书记、场长。城乡体制改革后，以场带乡的集体经济及户营经济从国营农场分离出去，国营企业及主要合资企业留在了农场，农场机关人员按归属进行了分流。

二、三元农业公司并入西郊农场管理

2006 年 3 月 21 日，三元集团决定将三元集团持有的北京三元农业有限公司的股权委托给西郊农场管理，三元农业公司党委与西郊农场党委合并，孙毅主持党委工作。8 月 21 日，西郊农场确定合并后的三元农业公司在职职工和退休职工工资、福利待遇等，原则按照西郊农场的工资福利待遇的有关规定执行，对供暖费、企业补充医疗保险报销、独生子女托幼管理费等事宜做了明确规定。

三、试行董事会制度

2007 年 10 月 22 日，根据京三元集团组字〔2007〕28 号文件通知精神，集团公司决定在东北旺农场试点建立现代企业制度，在老农场推行新体制新机制，是集团系统第一家实施现代企业制度的试点单位。依据《公司法》和现代企业制度的要求，农场领导机构由党委会、董事会、经营班子组成。农场成立董事会，由董事会聘任经理层，决策层和执行层分开，按照集团公司的要求，建立和完善法人治理结构，规范各项会议制度。2009 年 7 月 21 日，首农集团京首农集团组字〔2009〕01 号文决定，农场不再试行董事会管理体制，实行场长负责制。

四、东北旺农场与西郊农场合并重组

2008 年 4 月 11 日，集团决定在东北旺农场现行管理体制框架下，对东北旺农场和北京市西郊农场进行重组、实行统一管理。农场内部要继续加强董事会建设，实行董事会领导下的总经理负责制。加大改革力度，完善法人治理结构，农场投资的股份制企业转换企业经营机制。实施所有权、决策权、经营权、监管权有效分离，设立了内部机构，确定了人员编制和职数。推出了"逐级聘任上岗""薪酬分配制度改革"两项制度改革方案。建立了产权清晰、权责明确、机制灵活、管理科学的现代企业制度。

五、公司制改革

2017 年 12 月 12 日，根据集团公司《全民所有制企业公司制改革实施方案》的要求，西郊农场召开专项工作会议，研究部署改革方案，确保 2017 年底前基本完成国有企业公司制改制任务，加快形成所属企业有效制衡的公司法人治理结构和灵活高效的市场化经营机制。认真落实西郊农场及其所属全民所有制企业北京市东北旺农场、安达房地产开发、兴建物业管理中心四家企业整体改制为国有一人有限责任公司。本次改制不涉及业务重组、资产重组、债务重组，所有员工劳动关系按《劳动合同法》中相关规定执行。2017 年 12 月 21 日，完成北京市西郊农场有限公司工商变更。2017 年 12 月 27 日，完成北京市

东北旺农场有限公司、北京市安达房地产开发有限公司工商变更。2018 年 1 月 5 日，完成北京兴建物业管理中心有限公司工商变更。12 月 11 日，首农集团党委决定中共北京市西郊农场委员会更名为中共北京市西郊农场有限公司委员会。

第三节　优化产权结构改革

建立现代企业制度的核心是产权制度的改革，没有明确的产权制度，就没有法人制度。只有明晰产权，才能建立法人治理结构，实现所有权与经营权的分离，才能建立责权明确、权力制衡、管理科学的组织形式。因此，产权制度改革是国有企业建立现代企业制度的关键。

农场产权制度是企业经营管理活动赖以生存的基础。改革开放以来，农场产权结构变迁经历了放权让利利改税、承包制、股份制等几个阶段。西郊农场自场乡体制改革后，两次邀请农业部政策研究室的博士为全体干部进行"产权制度改革"的讲座。面对激烈的市场竞争，不断探索建立现代企业制度的途径，改革企业产权制度，对企业产权结构进行重建，建设高素质的经营者队伍，培育有创新能力的管理人才，建立所有者、管理者和生产者三方利益共享的激励和约束机制。

2008 年，西郊农场和东北旺农场在东北旺农场现行领导体制下进行合并，按照现代企业制度要求，完善公司法人治理结构，规范公司股东会、董事会、监事会和经营管理者的权责，完善企业领导人员的聘任制度。股东会决定董事会和监事会成员，董事会选择经营管理者，经营管理者行使用人权，并形成权力机构、决策机构、监督机构和经营管理者之间的制衡机制。

2009 年农场领导班子调整以后，加快了股份制企业的建设，按照科学发展观整改落实方案，认真贯彻国有及国有控股企业目标管理考核办法，制订农场《"十二五"人才规划》，完善农场各项规章制度，推进了农场现代化企业的建设。

2010 年根据"发展壮大优势企业、整合调整低效企业、稳步退出劣势企业"的原则，推动资源资本向优势产业、优势企业集中，不断优化经济结构，提高资源配置效率。根据投资企业经营状况以及农场实际，稳步推进股权调整工作，有效规避经营风险，获取投资收益最大化。

2012 年，农场进行投资企业股权调整，理顺投资关系。一是整合两家建筑公司。逐步清理三元安达建筑公司的债务，彻底排除经营干扰。待三元安达建筑公司具备正常经营条件后，清算长建西郊建筑公司。二是彻底退出三元生物公司。三是收购三元博雅公司北大股份。农场购买北大科技 4％ 股权达到农场全部持股，为公司经营北太楼等优良资产奠定良好基础。四是退出迪康公司股份。农场持有的 34％ 的股份和三元博雅公司持有的 6％ 的股份都已顺利退出，根据市场行情调整场地租赁价格。五是收购昊达公司股份。农场以较低价格收购由中关村农林科技园有限公司持有的昊达公司 20％ 的股权，理顺内部企业投资关系，为园墅项目清算及房地产企业整合奠定了基础。六是推进升达公司股权转让工作。完成升达公司国有股权转让挂牌交易手续和产权交割手续，等待商务局批复。七是启动盛和源公司的清算工作，妥善安置人员，保证场地正常经营。

推进从产品经济向服务经济的转型，着眼从低端的传统经济转向相对高端的品牌经济转型提升，进优退劣，压缩四级企业，按照国有企业有所为有所不为，转型提升发展的总体要求，全力推进农场内控制度建设。

农场从制度建设着手，推动全场经济管理的科学化、决策事项的规范化和审批事项流程化。农场统一修编完善了包括企业经营决策、财务管理、房屋土地管理、"三重一大"决策、厂务公开民主管理、五项安全管理及信访稳定等一系列共计 30 项管理制度，并汇编成册下发至基层企业宣贯执行。

2013 年按照集团公司压缩管理层级和退出劣势企业要求，农场成立工作领导小组，推进优化资源配置，剥离非主业投资，退出三元梅园公司股权，加快退出农场所持吉通轮胎公司股权工作。完成东居兴业公司清退，转让所持同和开元公司 40％ 股权，完成澳柯玛中嘉公司土地增值税的清算。加快清理长建西郊建筑公司债权债务，全力推进盛和源工贸公司清算注销。

2015 年农场按市场规律优化资源配置，开始着眼农场转型升级，通盘布局，进优退劣。完成 6 亿元的股权投资，积极推进中关村移动智能创新服务产业园项目。组建西郊悦居公司、双塔绿谷农业公司和创意西山文化公司。完成北京丘比公司的展期合作，拓展合作领域。加快股权回购与清退四级及劣势亏损企业。收购外部股东持有的三元博雅公司股份，加快收回三元农业公司山东农大持有股权。完成坐忘谷地块、双塔绿谷冷库地块回收，解决机械厂东厂区租赁叉车厂土地权属争议、C02 地块征地补偿等工作，积极推进盘活洗毛厂资产。

通过十几年产权制度的改革，加快了农场建立现代企业的进度。按照权责对等的原则，明确了治理结构的权责边界，建立了权益层、经营管理层和基层员工的激励机制。第一，农场加快了适应市场竞争的需要，打破国有企业现有的干部人事制度，将真正优秀的经营管理人才安排到了合适的岗位，正确划分了农场与各基层企业的权限职责；第二，规范运行了议事程序和办事制度，有利于企业健康平稳地发展。真正做到"以法治企"和

"靠制度治企"。第三，领导体制按现代企业制度来构建，为全场及国有控股范围内的人、财、物的市场化调配整合提供了动力源泉和事实佐证，使职工在观念和意识上尽快适应这种趋势和变化。

进入"十三五"后，农场紧紧围绕集团公司"一体两翼"战略布局，统筹推进农场各项事业发展，全力推动主业成长，推进产业发展重点项目，深化改革加快资源整合，不断释放农场发展潜力，加快农场转型升级步伐。

第四节　农场经营结构调整

自农场成立以来，农场大力发展生产力，经营结构不断优化。1956年，农场形成了一个以园艺、畜牧为主的综合性农场，主要以经营蔬菜、温室，种植果树、葡萄、藕，饲养奶牛、羊、蜂等项目。随着社会和农场经济发展，农场产业结构不断调整。1974年，西郊农场成立砖厂、木器厂、磷肥厂、物资站，特别是十一届三中全会至1988年后，农场产业结构进一步调整，畜牧业中乳牛生产成为农场主要经济支柱，生产的牛奶是向首都提供的主要副食品。禽类生产的养鸡业，从1975年养鸡开始到1988年，养鸡生产已由种鸡、孵化、肉雏、屠宰，向市场推广种蛋、种禽，供应商品蛋等一系列商品，并已形成系列生产。同时，农场工业有长足发展，1976年农场兴建了内燃机配件厂，生产的气门，是农场唯一获取了市优、部优的产品。农场根据自身发展，成立了调味品厂、选洗毛厂、奶制品冷饮厂，推动了农场工业的发展。在此时期，果木业方面，农场通过抓管理、建冷窖、换品种、提质量，使果木业取得较大发展。

改革开放以后，由于市场经济的快速发展，原有的企业经营结构难以适应市场的变化。农场生产经营困难，盈利水平下降，因此必须因地制宜调整农场的经济结构，追求最大效益。西郊农场从1980年起，一是从调整种养业入手，逐步缩小种植业，扩大养殖业。二是向土地利用的深度和广度发展，实行土地租赁经营。三是调整农场传统的奶牛、养鸡项目，建设食品加工企业，甩掉亏损包袱，增加新的经济增长点。经过十几年的不断调整，农场由一个传统农业、农工商综合企业，调整成为以房地产业为龙头拉动三产服务业的企业。

20世纪90年代末，农场继续调整产业结构，畜牧、畜禽养殖业、果木业逐步退出，农场大力发展建筑业、房地产业及服务业、副食生产、蔬菜种植等多种产业。

2008年，西郊农场与东北旺农场合并以后，农场采取"发展壮大优势企业、整合调整低效企业、稳步退出劣势企业"的方式，推动资源资本向优势产业、优势企业集中，畅通劣势企业退出渠道，不断优化经济结构，提高资源配置效率，努力推动经济又好又快发展。一是重新确定产业布局，明确将农场主导产业按照经济比重依次定位为：第一主业为房地产业，第二主业为物产物流、物业管理，第三主业为都市农业。二是继续加快投资企业的调整。根据投资企业经营状况以及农场发展实际，理清各利益主体关系，适时调整股权结构，有效规避经营风险，以获得投资收益最大化。三是做好土地资源的调整和利用。利用北京市新编土地规划和调整城市规划的机会，通过与有关部门多次协商，将基本农田从1722亩调减到1005亩，核减了717亩，调减比例达到41.6%，保证农场的合法利益。此外，还争取到基本农田保护奖励的建设指标58亩。土地利用规划调整了可开发建设用地2161亩，新增风景旅游用地约475亩，为今后农场发展打下良好的基础。

2012年以后，农场加大产业优化调整，推动产业转型升级。一是投资调整工作不断深入。按照转型发展的总体要求，推动资源资本向优势产业、企业集中，不断优化经济结构，做好企业调整和退出工作。先后完成东北旺农工商联合总公司、北航润土、北京三元聚友食府、北京高压开关厂、西郊工业公司和上地绿色食品园艺场等多家企业的注销工作；完成三元生物公司的清算注销；完成升达公司、三元梅园食品公司、迪康公司、同和开元公司的股份退出；启动东科源科研楼项目建设，完成东科源商贸公司的清算注销，进行盛和源工贸公司、长建西郊建筑公司、东居兴业公司的清算和吉通轮胎公司的股份退出；加快园墅项目三期的销售，加快推进澳柯玛中嘉房地产公司的清算。收购三元博雅公司、昊达公司股份，推进三元华冠乳品厂的回购，组建西郊悦居房地产开发公司，投资创意西山公司，推进项目开发。二是加大了土地资产清理力度。充分利用土地规划和城市规划调整的机遇，经与政府部门协商，调减基本农田面积，争取和调整建设用地，新增风景旅游用地。清查现有土地资源，加大土地保护力度，狠抓违章建设处理。做好京包路、沙阳路、福田西路等占地补偿工作。推进首农庄园项目二期建设、加快推进三元农业坐忘谷地块回收等。与此同时，积极稳妥处理争议问题，争取农场应得权益。

截至2012年底，农场资产总额达到36.67亿元，是2009年末17.21亿元的2.13倍。2012年农场实现总收入10.59亿元，较2009年5.2亿元增长103.55%；利润总额1.55亿元，较2009年0.75亿元增长107.41%，农场收入、利润两项指标已经提前实现"十二五"规划目标，经济发展前景良好。

2016年以后，农场积极推进产业发展重点项目，加快产业转型升级，在继续做好保障类住房的同时，结合区域发展规划寻求新机遇。完成N28～N34项目、N35～N46安置房项目，福田西棚改保障房项目，落实N23故宫北区征地补偿及地块置换，办好西郊棚户区改造项目。做好中关村移动智能产业园项目、创意西山产业示范园项目的园区开发经营。推进白家疃地块开发，规划农场所接收的畜牧用地开发使用。

物产物流加快延展产业服务价值链，疏解低端产业，积极推动经营业态升级。农场经营资产多处于海淀上地及上庄地区，面临区域经济结构调整。农场支持和鼓励各企业改造提升存量资产运营质量，创新资产开发模式，在平台运营、持有物业、房东＋股东、互联网＋物业等方面培育新业态。

都市农业紧紧围绕集团公司提出的"一圈一系""美丽首农"的战略规划，加快打造绿色生态农业园区。三元农业结合海淀北部生态区的定位，加快了都市休闲农业生态园建设，形成具有地区特色的农业品牌；首农庄园积极做好基地、冷库、科技和人才等系列配套，发展高端客户扩大蔬果生产配送，力争成为集团公司的农业示范园。

按照创新、协调、绿色、开放、共享的新发展理念要求，结合集团制定出台的企业改革发展具体实施方案，通过开展投资融资、产业培育、资本整合，推动农场产业转型升级。优化农场产业结构，按照突出重点、规范有序、量力而行、防范风险的要求，深化开放合作，推动传统产业改造升级，着力创新体制机制，加快建立与完善现代企业制度，激发各类要素活力，努力提高农场经济实力。

第十一章 农场战略管理

1999年7月，场乡体制改革后，北京市农工商联合总公司正式改制为北京三元集团有限责任公司，统一管理和运作授权范围内的国有资产，对授权范围内国有资产的保值增值负责。按照国有资产授权经营的总体要求，集团公司对原有的管理体制、经营机制、运作模式进行了实质性的改革。加快了经济结构的战略性调整和集团改革的步伐，制定了新的发展战略和经营方针。

"十二五"期间，农场以科学发展观为统领，强化了资源整合，突出了主业发展，优化了产业结构，提升了企业经营水平。2014年首农集团公司确定宏大目标，追逐"首农千亿梦"，全面贯彻实施"一体两翼"发展战略，着眼打造"首都标志性的现代农业产业集团"，这就要求农场加快转型升级。转型是市场经济倒逼使然，也是产业结构调整、国企改革的必然。

"十三五"期间是农场经济发展的战略机遇期和转型发展期，放眼京津冀协

同发展大势，以集团"一体两翼"战略为思维引领，正确推进农场的产业转型和经济发展提升，加快调整业态结构，加强资源要素配置，逐步建立农场新的管理机制，全力推动主业成长，完成农场转型升级，实现农场可持续发展，助力首农集团千亿梦。

第一节 经营方针

正确确定经营方针是关系到按经济规律和自然规律办事，从而取得良好经济效益的重大问题。五六十年代，《中共中央关于加快农业发展若干问题的决定》中，确定我国发展农业的方针是："农林牧副渔同时并举"和"以粮为纲，全面发展，因地制宜，适当集中"。那时农场的经营方针，也是在全国农业经营方针指导下结合本地实际制定的。1970年市革委会提出农场要贯彻以农为主，农、林、牧、副、渔全面发展的方针，两个农场坚持发展工副业的方针，1972年东北旺建成了造纸厂，1978年建成了东北旺制药厂。党的十一届三中全会以后，1978—1981年，农场认真贯彻国民经济的"调整、改革、整顿、提高"八字方针，进一步加强农场工业的领导，取得了较好的效果，推动了农场经济及各项

事业的快速发展。1985年总公司进一步明确农场工业经营方针，"围绕市场办工业，办好工业促农业"，使农场国营工业从过去"封闭自给型"向"开放商品经营型"转变，从单纯的"生产型"向经营"开拓型"转变，从旧的传统管理方式向科学管理转变，大力发展以农牧业为基础的食品加工工业，大搞技术革新和潜力挖掘，根据市场需求确定发展项目。西郊农场1985—1989年建成了调味品厂、内燃机厂、乳品厂等，其中西郊农场内燃机厂上庄牌492Q汽油进排气门创造了总公司第一个市优产品。几十年来，东北旺农场、西郊农场始终把经济调整的重点放在调整经营方针上，在不同的历史时期，遵循社会主义基本经济规律，各项生产都以满足社会的物质和文化的需要为根本出发点，根据当地的自然条件和自然资源，扬长避短，发挥优势。

场乡体制改革后，农场作为独立的国有企业，面临的是无情的、深不可测的市场，这一时期，农场提出了建立现代企业制度的改革方针，使农场体制适应市场经济的发展，成为产权清晰，权责分明，自负盈亏，自我约束的市场竞争主体。提出的工作重点是，大力推进产权制度改革，优化产业结构，培育新的增长点，强化企业内部管理，夯实发展基础，努力实现资产资源变现，提高企业的整体素质，提高效率，提高职工收入。

2008年两个农场合并以后，农场领导班子坚持科学发展的指导思想，确定了"团结、求实、忠诚、奉献、创新、发展"的经营理念，和"改革、调整、发展"的工作方针，2011年根据农场"十二五"规划和年度经济工作目标任务要求，从贯彻落实"管理、提升、发展"工作方针入手，认真抓好各级领导班子的"领航""聚力"工程建设，认真抓主业的平衡发展、抓重点项目的建设、抓经济质量的提升、抓管控水平的提高，抓和谐企业的建设，全场取得了良好的经济效益。

2014年，为认真落实农场十三次党代会决策部署，农场采取"发展壮大优势企业、整合调整低效企业、稳步退出劣势企业"的经营方针，推动资源资本向优势产业、优势企业集中，不断优化经济结构，提高资源配置效率，重新确定产业布局。按照"管理、提升、发展"的六字工作方针，着力落实"一手抓房地产开发，一手抓企业管理"工作，抓清退整合，提升产业竞争力，提出了立足新西郊，迎接新挑战，着眼新思路，谋划新发展，打造新文化，共创新未来的发展思路。启动"两大战略"，即人才强企战略和创新发展战略；推动"三大转型"，即由土地资源依托向资产经营主导型经济转型，由产品生产向服务提供型经济转型，由低端传统向高端品牌型经济转型；实现"四大提高"，即企业管理水平提高，经济运行质量提高，市场竞争能力提高，员工收入水平提高。

第二节　发展规划

一、农场"十一五"规划（2005—2010）

两个农场合并前，2005年11月，东北旺农场制定"十一五"期间战略定位及发展前景。确定的战略定位是：发挥地处中关村高科技园区核心区的区位优势，围绕房地产开发、仓储物流、物业管理三方面，依托科技园区，以服务和管理巩固现有产业，靠资本和人才拓宽发展空间，创造品牌企业，打造学习型企业，建设和谐企业。确定的发展目标是：围绕集团公司提出的"经济翻番、体制创新"的工作目标，充分利用现有的发展机遇和区位优势，做好战略规划，充分活化资源，把主导产业做精、做强，变东北旺农场为集团公司"第四产业板块"的一个重要支柱。

2008年两个农场合并后，农场确定的发展思路和目标是：

近期目标：在两个农场法人营业执照并存的状态下，妥善做好薪酬制度改革、管理制度的并轨统一、新的工会组织成立等具体工作。争取土地开发工作有所突破，盘活相应土地资源；研讨并形成各产业的整合思路；清理遗留问题，遏制亏损。

中期目标：在集团公司帮助下，理顺两个农场的产权（投资）关系；探索、确定并坚持一套行之有效的管理模式；落实房地产业和都市农业的整合发展思路；争取资产和品牌双赢、质量和效益双提升。

长期目标：分组调查、明晰发展战略，初步设想拟将农场转变为以都市型现代农业为旗帜、房地产为支撑、高科技孵化为前景、产业结构合理、效益优良的相对专业化的综合性企业（控股）集团。

根据这一思路和目标，一是完成了三元农业有限公司机构改革，合并西郊基地、绿色食品分公司、种业分公司归三元农业有限公司统一管理，组成新的领导班子，为都市农业的长远发展奠定了基础。二是进行了房地产公司的重组，将西郊腾飞房地产公司托管给安达房地产公司管理，安达房地产公司代农场行使股权管理。形成农场高档别墅、普通住宅、经济适用房等多个层次的开发公司。三是加快兴建物业公司重组，将原西郊农场所属经营性资产及劳服中心在职人员划拨给组建后的兴建物业公司，用经营性资产收入来消纳企业剩余劳动力，减少企业的亏损。四是为充分利用地处中关村科技园区上地信息产业基地的有利优势，统一"股份制、外向型、公司化"的总体发展思路，利用农场资产和资源优势，坚持以市场为导向，加强内引与外联，通过招商引资、合资合作开发高附加值产品，提高企业整体竞争力。五是在未来的几年中，农场将围绕经济翻番、体制创新的工作目标，充分活化资源，把主导产业做精做强，变农场为集团公司的第四产业板块的一个重要支柱，加强与科技园和北大的联合与合作，提升农场的品牌价值，促进企业资产升值和产业升级。围绕企业重组战略，进一步理顺产权制度关系，加强中小企业产业整合，调整产业结构，把 2 个农场原有的 7 个房地产公司整合在一起，降低企业管理成本，全面提高整体经济效益，促进企业平稳发展。

2009 年 7 月，集团公司党委作出了变更农场管理体制和调整农场领导班子的决定，农场取消了董事会制度，实行场长负责制。农场调整后的领导班子承担改革发展稳定的繁重任务，坚持从实际出发，一是狠抓在建房地产开发项目，筹备开工项目，运作后续储备项目，进一步理顺房地产企业的系统管理。二是要夯实一些经营管理不力企业的管理基础，清理解决一些严重影响改革发展稳定的重大问题。三是提升优势企业的盈利水平，着力培育新的经济增长点，增强克服时艰能力，推动农场的全面发展。

"十一五"期间，农场顺利完成 3 家企业的两次重组整合，区位优势、资源优势、经验优势进一步彰显。农场形成了以房地产开发为龙头，物产物流物业为补充、都市农业为基础的主导产业结构，根据"发展壮大优势企业、整合调整低效企业、稳步退出劣势企业"的原则，加快资源、资本朝着优势产业、优势企业集中。加快房地产业的发展，以开发保障性住房建设为重点，农场共投资 24.22 亿元，建设项目 8 个，共计 73 万平方米，为城市建设做出了较大的贡献，提高了农场的影响力，带动了物业的发展。物业管理面积从 120 万平方米增加到 2010 年的 230 多万平方米，物业品牌效益日益突显。充分利用区位优势，加快突破物流业发展瓶颈，以零担运输为重点，由传统仓储向第三方物流转变。加快推进物产经营，资产经营面积从 31 万平方米增加到 2010 年的 38 万平方米（不包括部分拆迁面积）利用北京市国有资本经营管理中心投资契机，共同投资 1.47 亿元，成立双塔绿谷农业有限公司，共建首农庄园，建设高品质现代都市农业项目。积极做好土地确权工作，利用规划调整机会，提高土地使用开发价值；加大土地资产管理力度，清理并盘活相关资源，全面规范承租行为，逐步完善各项责任制，保证更大收益。重组后的优势资源为农场的快速发展奠定了坚实的基础。

二、农场"十二五"规划（2010—2015）

进入"十二五"发展期，我国经济增速持续放缓，党的十八大以后，中央继续坚定深化改革决心，加快调整经济发展方式。面对各项成本上涨、融资压力上升、房地产市场复杂多变的形势，农场攻坚克难，紧紧抓住"稳调整、抓项目、强管理、促转型"的主要工作，依托资源，抓强机遇，利用优势，不断提高农场管理服务水平，不断提高经济运行质量，确保农场经济快速健康持续发展。

"十二五"期间，西郊农场以经济工作为第一要务，从两场后整合期的实际出发，围绕"管理、提升、发展"主线，清晰主业结构，突出主导产业，充分利用资源优势，加快推进重点项目建设。坚持以房地产开发为龙头，物产物流、物业管理为补充，都市农业为基础的产业结构，形成完整的产业链条。合理利用土地资源，以保障性住房开发建设为重点，加快主业发展；通过房地产开发，带动物业管理，物业管理面积增加100万平方米；充分利用区域优势，发展物产物流业；合理定位都市农业发展方向，发展高端农业、精品农业、效益农业。

农场"十二五"发展规划关键指标，一是实现农场"收入翻一番，员工收入翻一番"的两个"翻番"目标；二是不断增强农场经济实力。采取一切办法，加快西郊悦居项目、创意西山项目、华冠等项目的前期运作，控制项目开发节奏并适时启动新项目。继续推进农场主业平衡，加快以品牌物业、都市农业为代表的新兴城市服务产业的培育，实现以规模经济、物业品牌和都市农业休闲服务等为重点的产业升级。不断探索创新经济增长模式和企业发展模式，探索融房地产开发和商业地产持有与物业服务为一体的综合性开发项目，探索养老地产的合作经营，实现资源利益最大化，并在资源开发中安排解决遗留问题，加快农场转型升级。

2015年12月18日，农场召开第九次职工代表大会，场长管建国作了题为《承前启后、创新发展、应对新常态，开创新未来，全力推进西郊农场转型升级》的工作报告。报告指出，农场自2011年至2015年共完成总收入49.64亿元。其中，2011年完成营业收入7.59亿元，2012年完成10.59亿元，2013年完成11.87亿元，2014年完成11.95亿元，2015年完成营业收入7.64亿元。

2011年至2015年共完成利润总额8.2亿元。其中，2011年完成利润总额1.12亿元，2012年完成1.55亿元，2013年完成2亿元，2014年完成1.95亿元，2015年完成利润总额1.58亿元。

"十二五"期末，农场资产总额及所有者权益实现倍数增长，较好实现了国有资产的保值增值目标。从2010年末的25.77亿元增长到2015年的85.94亿元；负债总额从17.2亿元增至75.61亿元；所有者权益从3.46亿元增长到10.34亿元。2012年提前实现收入过10亿元、利润过1亿元的"双亿"战略目标；并于2014年达到营业收入峰值11.95亿元，2013年利润总额达到峰值2亿元。2010年至2015年，农场全场员工工资以年均14.42%

的速度增长，员工年平均工资从 2010 年的 45499 元增长到 2015 年的 88164 元。

三、农场"十三五"期间发展规划（2016—2018）

"十三五"是农场经济发展的又一个重要战略机遇期。农场传统产业将面临生死存亡的挑战，也将迎来诸多转型发展的机遇，或将催生农场经济新的业态。北京市力导京津冀协同发展，首都功能重新定位，经济结构聚焦"高精尖"，传统产业瘦身疏解；海淀区积极打造全国科技创新核心区，大力推动山后科技生态创新区；首农集团更是推出了"立足农业，引领示范，一体两翼，千亿首农"的发展战略（图 1-11-1）。农场认识到自身的突出优势是地理区位优势、土地资源优势和首农品牌优势；突出缺憾是人才缺高、企业缺精、业态缺尖。优越的客观条件与缺憾的内在主体呈现巨大反差，为农场的经济、人才、创业、发展造就了巨大潜力，必将形成西郊"十三五"的强劲后发优势。

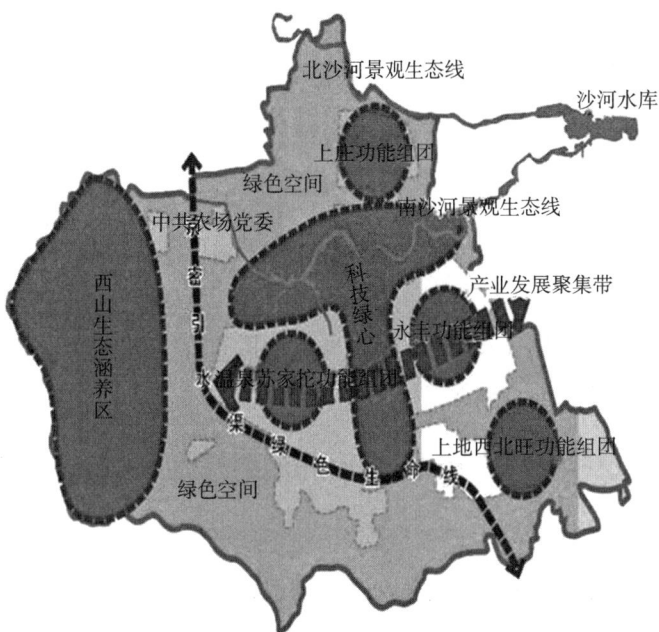

图 1-11-1　海淀区山后科技生态发展规划图

2016 年，农场第十四次党代会明确提出：随着集团"一体两翼"战略的实施，集团产业向中高端延伸发展的速度在加快，这都对农场发展提出了挑战，同时也为农场转型升级提供了机遇。为此，要按照五大理念，将农场的发展放在首农集团和海淀区的发展格局中，放在京津冀协同发展的大战略中，放在首都"四个中心"城市战略定位中深入思考和积极谋划，加大破解发展难题和促进转型升级的力度。我们要深刻认识和分析农场在构建"高精尖"经济结构中存在的短板，力争在补齐短板、迈向高端上下功夫；要按照集团"瞄准尖端、打造终端、服务高端"的方向，运用好信息化技术和金融化理念改造提升传统产业。

围绕集团公司"一体两翼"战略布局，统筹推进各项事业发展，全力推动主业成长。要深化企业改革，做优实体经济，推进园区建设，优化配置物产物流业，提升都市农业发展。房地产要抓好项目建设进程，筹划推动目标项目，积极研究项目复合开发和延伸经营运作，从投资开发式建设向运营服务式发展转型；物产物流要转换思路，按照地区发展定位，优化存量、严控增量、主动减量，进一步延展产业服务价值链；都市农业要结合集团"一圈一系""美丽首农"要求，拓展都市农业发展思路，努力打造绿色生态农业园区，形成农业新经济。实现农场可持续发展，确保圆满完成"十三五"战略目标，为"首农千亿梦"作出新的贡献。

"十三五"期间，农场工作奋斗目标一是坚持国有资产保值增值。累计完成总收入91亿元，年均完成18亿元，利润总额5亿元，保持年均利润1亿元。二是坚持员工收入与经济发展同步增长。促进全体员工福利和收入持续增长，全场员工年均工资预期以10％速度增长，加强对工资总额预算管理。

第三节　农场发展战略实施

农场发展战略是发展规划的路线和原则、灵魂与纲领，发展战略指导农场发展规划，农场发展规划落实发展战略。西郊农场在发展过程中确定的不同时期发展战略，都是依据农场的核心优势、劣势及市场变化而确定的，主要是：

一、以经济工作为第一要务的战略

两个农场从艰苦创业建场、经济复苏、改革开放、加快调整、全面发展以及科学发展的各个时期，农场各届领导班子都在秉承以经济工作为第一要务的战略，大力发展农场经济。1949年底，西郊农场创始人、第一任场长赵彪同志带领干部职工，艰苦奋斗，因陋就简，勤俭办企业，为了农场的经济发展，勇于开拓，充分发扬主人翁精神，激发广大干部和职工的劳动热情，使农场在初建阶段取得了出色的成绩。

党的十一届三中全会后，农场步入了一个新的发展时期，农场坚持"一个中心、两个基本点"的基本路线，提出了以农业为基础，以工业为支柱，大力发展经济及外贸事业的指导思想，随着改革开放的进一步深入，农村由实行联产承包责任制逐步向适度规模经营方向发展。农场逐步形成了首都重要的农副业生产基地，良种推广繁育基地和科技示范基地。农村经济由过去的单一形式向多种经营方向发展。畜牧业生产实现了自动化，乡镇企业发展已成为农场经济的重要组成部分。

1995年，西郊农场党委确定了"优一、稳二、兴三"的经济发展思路。把农业生产放在举足轻重的地位，依靠科技进步增加投入，强化管理和现代化生产条件，使水稻生产保持了稳定高产增效的可喜成绩。张丽萍、李淑瑞在《西郊农场改革中前进》一文中，充分体现了农场以经济工作为第一要务的发展战略。

1998 年，场乡体制改革后，农场经济格局发生了根本变化，农场经济规模大幅度缩减，农场成为纯国有性质的法人经济实体。这一时期农场从战略角度调整经济布局，坚持以发展经济为中心，将产业结构优化升级和所有制结构调整完善的结合起来，坚持有进有退，有所为有所不为，从实际出发，采取改组联合，兼并租赁，承包经营，股份制合作出售等多种形式，放开搞活国有小企业，经过近十年的发展，农场产权制度改革取得了实质性的进展，改制企业转换经营机制迈出了新的步伐，呈现了强大的活力和竞争力。农场经济布局及组织结构得到了优化，形成了以房地产开发、物业管理、仓储物流、合作合资企业及高科技企业全面发展的产业格局，农场的经济实力得到了增强。到 2019 年，农场领导坚持走科学发展之路，将农场经济发展列入快速发展的轨道，努力把握经济发展新常态，积极践行集团公司"一体两翼"战略，坚持保增长，促发展，不断优化产业结构，农场主业得到了空前的发展。

一是农场房地产综合竞争力显著提升，在继续做好保障类住房的同时，结合区域发展规划寻求新机遇。继续完成 N28～N34 项目、N35～N46 安置房项目，福田西棚改保障房项目，落实 N23 故宫北区征地补偿及地块置换，办好西郊棚户区改造项目，做好中关村移动智能产业园项目、创意西山产业示范园项目的园区开发经营，推进白家疃地块开发，规划农场所接收的畜牧用地开发使用。

二是物产物流物业传统经营业态不断升级，加快延展产业服务价值链，疏解低端产业，积极推动经营业态升级。农场支持和鼓励各企业改造提升存量资产运营质量，创新资产开发模式，在平台运营、持有物业、房东＋股东、互联网＋物业等方面培育新业态。

三是都市农业资源开发利用得到提升，紧紧围绕集团公司提出的"一圈一系"，"美丽首农"的战略规划，加快打造绿色生态农业园区。三元农业结合海淀北部生态区的定位，进一步加快都市休闲农业生态园建设，形成具有地区特色的农业品牌；2015 年 7 月 18 日，三元农业公司参加北京市第一届农园节，受到市农委的嘉奖。首农庄园要做好基地、冷库、科技和人才等系列配套，发展高端客户扩大蔬果生产配送，力争成为集团公司的农业示范园。

农场以经济工作为第一要务，从两场后整合期的实际出发，围绕"管理、提升、发展"主线，清晰主业结构，突出主导产业，充分利用资源优势，加快推进重点项目建设，以党建思想政治工作为助力，在全场员工的共同努力下，全面完成了各项规划目标，为农场健康快速可持续发展奠定了坚实基础。

二、人才强企发展战略

一个企业能否培养人才，创新人才开发机制，能否吸引和凝聚社会上的人才，特别是高素质的人才，能否合理地配置管理，使用好人才，关系到企业生存发展和兴旺发达，所以实施符合企业发展的人才战略，尤为重要。因此，构建系统的人才战略体系，为加快人才发展提供必要的制度保证，提高人才配置及使用效益，是企业成功的关键。

西郊农场建场初期，农场党组织和行政领导就十分重视培养人才。一是从工人中选拔培养干部，提高他们的管理能力，琅山果园工人队长石之瑶，作风民主，遇事和群众商量，技术工作上表现十分突出，是农场第一位从工人中破格提升的副场长，后来由于工作需要实施，石之瑶被调往西郊任西山农场场长。二是从青年学生中选拔人才，注重引导他们与群众相结合，给他们挂职的平台，使他们在工作中得到锻炼和提高。调入农场的北京大学农学院毕业生李海平。从裕民果园的一名技术员成为担任全场的技术领导，后来调任上庄分场的第一任场长，为西郊农场场部的拆迁工作奠定了良好基础。又因工作需要调任到农场局任总园艺师，参与全系统果树生产的技术领导工作。1957 年北京市各局下放到西郊农场的干部约 1600 多人，为发挥他们的作用，农场从中选拔了一批优秀的干部担任农场副书记、副场长、党支部书记及生产队长等职，加强了农场的领导力量，推动了农场各项事业的发展。

东北旺农场建场时，本身就是农业大学的一个实验基地，在筹建国营农大农场期间，农大副校长、农场第一任场长沈其益在向王震同志汇报工作时说，国外的农学院建设目的是培养人才，利于教学和科研，我们建校和建农场的目的也应如此。农场的现代化取决于科学技术的运用和发展。农场领导十分重视依靠科技知识，依靠科技干部提高农场的科技水平。建场开始，农大就抽调科技干部加强对农场科技工作的领导。这些干部不仅有丰富的科学知识，严格的科学态度，高度的事业心责任感，尤为可贵的是他们有与当地干部群众同甘共苦的朴实工作作风。农场坚持科学技术为生产服务的方针，把科学技术作为发展农场经济的靠山，在领导班子周围有一个由专业科技干部和经验丰富人才组成的智囊团。60 年代，农场的各作业站的领导班子，均由科技人员和有经验的当地干部组成，使科技人员可以定点参与各作业站的技术管理，给予他们管生产、管技术的较大权力，对他们提出的意见和建议，农场领导都认真听取，积极支持并创造实施条件，在农场内形成了尊重知识、尊重人才、注重科技、推动科技进步的良好风气。

1962 年市农林局成立了北京市农垦干部学校，开始进行成人教育。进入 80 年代，集团公司成人教育工作开始向正规化、规范化的方向发展。东北旺农场和西郊农场先后成立了农场职工学校，并且举办中专教育的教学班，开展成人中等学历教育。1983年，两个农场积极参加北京市党校举办的经济管理大专班学习，参加海淀区农业学校举办的会计专业全日制"中专班"等专业系统的学习，有200余名同志毕业，为农场培养了大量的人才。

东北旺农场自被命名为中日友好人民公社以后，农场多次派出农业研修团赴日本国学习考察，开始探索国际先进人才培养的新模式，自1979年到2007年，东北旺农场向日本国福岗县、福岛市、北海道等13个地区派遣农业研修生443人次，工业研修生147人次，总计590人次。研究领域不仅涵盖水稻、小麦、玉米、果树、蔬菜、花卉等农作物的栽培和管理，还包括干花的制作加工、畜牧养殖、食品加工、服装加工、建筑工程广告制作等方面。通过派遣研修生到国外学习和锻炼，为农场培养一大批干部和技术骨干，大部分研修生回国后在不同的工作岗位上担任领导和技术工作，成为各单位的骨干力量。

场乡体制改革后，为确保农场事业可持续发展，两个农场一是着力培养一批对党忠诚、勇于创新、治企有方、兴企有为、清正廉洁的干部队伍，二是进一步加大相关领域的人才引进、培养力度，结合市场化选聘与自有人才培养机制，大力推进高素质经营管理人才、专业技术人才和科技创新人才的综合人才队伍建设。

"十一五"期间，农场为确保人才战略的实施，加强员工培训与教育，帮助适应新的体制、机制和岗位变化；依靠"感情＋激励"机制，既调动现有经营者的积极性，又注重培养一定数量和素质的后备管理者；更加重视专业技术人才队伍的培养、使用和提高。

"十二五"期间，农场党委立足事业的长远发展和班子的梯队建设需要，认真落实党管人才战略，加强人才队伍建设。针对农场专业型、实用型、管理型人才匮乏，学历偏低、年龄偏大、技术型综合管理型人才缺乏，人力资源结构不尽合理的实际，坚持实施人才兴企战略。基于农场人力资源实际，着眼人力资源梯队建设，重点把握青年人才、管理人员和领导干部三个层次的人力资源建设。出台《青年人才选拔任用工作意见》和《青年人才培养管理办法》，优化选人用人标准。启动青年人才培养工作，组织内部人才遴选与外部招聘，一批青年人才陆续走上各级管理岗位，初步建立能进能出，能上能下的人才管理机制。针对经营管理实际，不断加强管理干部和青年人才的培养，组织实施各级各类分专业的培训活动，组织管理人员参加职业资格和职称考试评定，支持近1000人次的物业管理、农业技能、商务礼仪岗位培训。通过教育培训、鼓励学习、搭建交流平台等方式，创造青年成长成才环境。建立35岁以下青年信息库，并在基层企业推荐的基础上，建立青年培养梯队，有54名青年确定为培养对象。定期召开论坛和座谈会，促进青年之间学习和交流，做好能力培养和定向培训。同时，将优秀青年后备干部向集团公司推荐，作为集团青年智库成员。

三、实现资源持续性开发战略

2008 年两个农场合并以后，农场土地资源和房地产开发技术力量得到了充分加强，土地资源持有的优势是上天赐予农场的厚爱，土地资源的开发为保障性住房建设奠定基础。政府对保障性住房的大力支持，对城市基础设施的大量投入，留给了农场房地产公司较大的生存空间，与商品房项目比较，保障性住房利润率不高。但经济适用房项目采用政府授权开发的方式，不用交土地出让金，加快了开发进度，减少了前期投入，且保障性住房的销售收入相对稳定，受市场的冲击不是很大。对农场来讲，选择保障性住房项目是度过房地产行业调整期的较好选择。农场立足自有土地资源，参与市场竞争，紧紧抓住保障房政策机会，相继完成了 B09 三嘉信苑、C14 馨瑞嘉园、B10 海淀嘉郡自住商品房、西二旗公租房、N23 及 N28～N34 保障房项目、N35～N46 定向安置房项目、顺义后沙峪商品房等多个项目的开工建设，形成以项目带产业的发展链条，并增持了蓝海中心、北太平庄宝岛大楼、东科源综合楼等一批优良资产，保证了农场主导产业的持续发展。

"十三五"期间，随着农场土地资源的不断开发和国家房地产政策及土地资源规划政策的限制，农场主导产业的盈利能力和核心业务成长性必将减弱，切实需要打造农场新的业态经营模式。把握机遇，实现资源的持续性开发，推进产业发展重点项目，加快农场转型升级步伐，在做好保障类住房的同时，结合区域发展规划寻求新机遇。完成 N28—34 保障房项目，N35—46 安置房项目，福田西棚改保障房项目，落实 N23 故宫北区征地补偿及地块置换，办好西郊棚户区改造项目。做好中关村移动智能产业园项目、创意西山产业示范园项目的园区开发经营。推进白家疃地块开发，规划农场所接收的畜牧用地开发使用。着眼长远，持续培育农场转型新动力，统筹调配各种资源要素，根据经济整体工作情况，统筹调配土地、资产、资金及人力资源，积极推动各项工作进展。发展新常态，凝聚转型发展共识战略，推动由土地资源依托向资产经营主导型经济转型，由产品生产向服务提供型经济转型，由低端传统向高端品牌型经济转型。

第十二章　农场内控管理

第一节　财务管理

一、财务管理

东北旺农场和西郊农场合并前，各自都按照集团公司财务管理的要求安排工作。在合并时，全部所属企业实现了会计电算化，统一用用友软件进行财务处理。在财务管理上由机关总部设置财务科。对下属单位的财务业务进行指导，并收集下属单位的财务数据和相关资料进行汇总，形成合并后的财务报表及相关文件资料。向上级单位集团公司上报。

两个农场合并后，随着集团公司管理制度的完善，农场相应的财务管理制度也发生了演变和完善。根据业务的实际情况和上级单位对财务管理的相关要求，农场 2007 年按照要求统一执行财政部颁发的《企业财务准则》，结合农场财务管理情况，提高农场的财务管理水平，于 2012 年分别制定了农场资金、投资、融资、股权、固定资产、统计等管理制度。2017 年为适应市场经济变化，对已制定各项财务管理制度进行了修订，重新制定了农场的各项财务管理制度，由农场形成统一制度汇编，下属单位参照执行。农场定期对所属单位的财务和业务进行内部审计和不定期的专项检查指导。各企业财务相关部门、人员都能够严守职业道德规范，在财务管理工作中恪尽职守，依法合规，如实反映企业的经营成果、财务状况，并为企业的决策提供数据分析支持。

二、会计核算

会计核算是会计工作的重要组成部分，会计核算是以货币为主要计量单位，对企业、单位一定时期的经济活动进行真实、准确、完整和及时的记录、计算和报告。会计核算职能是指以货币为主要计量单位，通过确认、记录、计量、报告，对特定主体的经济活动进行记账、算账、报账，为各有关方面提供会计信息的职能。农场从 2007 年执行财政部颁发的《企业财务准则》开始，财务核算按照财政部准则结合农场实际情况进行会计核算。

并于 2019 年 1 月根据集团公司的要求统一执行新会计准则。

三、全面预算管理

农场 2012 年制定《全面预算管理办法》，并于 2017 年对管理办法进行了重新修订。全面预算管理是企业发挥财务控制职能的有效手段，预算的制定以财务管理目标为前提，根据企业发展战略来规划经济活动，根据公司组织结构、经营规模和成本控制特性实行预算控制。制度规定了企业要明确组织机构，建立预算决策机构、预算工作和执行机构，明确工作的责、权、利，理顺工作流程，确保预算工作的有效开展。实施有效的全面预算约束机制，确定预算控制重点，贯彻预算"刚性原则"，通过实施重点业务控制和现金流量控制，降低财务风险；建立信息反馈系统，通过每季度指标完成情况分析预算执行差异，保证对企业经营活动进行实时的调节和控制，保证预算目标完成；强化预算监督，通过内部审计和监督对预算制度和预算贯彻执行情况进行始终控制，确保预算的权威性和执行效果。

四、资金资产及产权管理

在产权管理方面，2013 年制定《北京市西郊农场国有股权管理办法》、2016 年制定《北京市西郊农场产权登记工作管理办法》《北京市西郊农场国有产权转让管理办法》《北京市西郊农场国有产权无偿划转管理办法》《北京市西郊农场国有实物资产转让管理办法》《北京市西郊农场资产评估管理办法》等管理办法，农场及所属企业有关于产权、股权方面的业务严格按照制度执行。

近年来农场产权管理方面发生如下变化：2011 年 3 月 23 日，首农集团（京首农发〔2011〕56 号文）决定将北京市东北旺农场所持有的 16 家企业的国有产权无偿划转至北京市西郊农场。2011 年 6—7 月，通过北交所完成上述股权的无偿划转。2011 年 8 月 18 日，首农集团（京首农发〔2011〕190 号文）决定将其持有的北京市东北旺农场的国有产权无偿划转至北京市西郊农场。2011 年 10 月，通过北交所完成上述股权的无偿划转。

五、经济效益及业绩考核

东北旺农场和西郊农场都属于国有企业。企业经营业绩考核是实行国有资产经营目标管理和落实国有资产经营责任制度的重要手段。有利于建立健全有效的激励与约束机制，把国有资产经营的近期目标与中长期目标统一起来，从总体上提高国有资产的经营效率和竞争能力。

2001年，农场为适应建立现代企业制度的需要，规范企业经营管理行为，形成有效分配激励和约束机制，进一步调动企业经营者的积极性，对企业经营者实行年薪制。经营者年薪由基金和绩效年薪组成，而绩效年薪的确定以《农场对企业领导班子成员目标责任制考核办法》为主体，按照农场发展目标任务制定具体考核办法，年终对各企业领导班子进行考核。由农场财务审计核准后兑现，这是农场首次对企业实行经营业绩考核。2010年按照集团公司《关于国有及国有控股企业负责人经营业绩考核办法（试行）》，农场逐年完善《国有及国有控股企业负责人薪酬管理规定》等薪酬绩效管理制度，经过十多年的不断发展，农场所属国有及国有控股企业业绩考核更加科学。2018年形成的《北京市西郊农场企业负责人（正职）绩效考核办法》明确规定：农场国有和国有控股企业经营业绩考核指标分为经济指标和政工综合工作两类。经济指标占80％，政工综合工作占20％。利润总额、营业收入预算指标的确定遵循"两个不低于"的原则，即不低于本企业前三年完成数的平均值和不低于上年实际完成数。在此基础上农场根据企业发展阶段、效益状况、业绩要求并结合企业申报数按预算审批程序进行确定。

企业经营者薪酬由月薪（基本工资）和绩效年薪（奖金）两部分组成。根据企业性质、行业特点、企业规模、企业效益、经营难易程度和当年指标，与上一年及前三年平均值确定企业经营者月薪。企业经营者绩效年薪确定原则以圆满完成考核指标给予年度月薪等额奖励，超额完成任务指标给予增加奖励，具体按当年绩效考核任务和绩效考核责任书的情况进行确定。对当年在企业发展中做出重大贡献和农场特定工作中做出突出贡献的企业经营者，农场给予特别奖励；对影响农场经济发展的企业，按集团公司扣减农场考核的相应分值，扣减该企业经营者的绩效年薪，具体金额由农场经理办公会确定。

经济指标考核的原则均以预算值与预算执行结果的差异为依据进行考核，扣减的原则是：关键指标中利润总额、营业收入的实际完成值与预算差在-5％（含）以内的，每降低1％，扣减1分；差距超过-5％时，每超过-1％，扣减2分；成本费用利润率每降低1％，扣减2分，年终按考评分值计算绩效年薪；以指标考核为手段，视该项工作完成结果和工作进度成因分析酌情扣减分值，并按照所扣分值相应权重扣减绩效年薪；对于利润总额和营业收入低于前三年平均值的企业或上年实际完成值的，企业经营者绩效薪酬将低于上一年；原则上本企业一线员工平均工资未增长的，企业经营者绩效薪酬不得增长；企业年度工资调整方案上报农场进行审批；对于年终决算会计师事务所出具保留意见的所属企业，暂缓兑现企业经营者绩效年薪；所属企业违反《中华人民共和国会计法》《企业会计准则》等有关法律法规等，虚报、瞒报财务状况的；违反国家法律法规等，出现重大决策失误、重大安全与质量责任事故、严重环境污染事故、重大违规事件、违反计划生育等各类事件给农场及企业造成重大不良影响、造成国有资产流失的，除由有关部门依法处理外，同时给予企业经营者酌情扣发绩效年薪的处理；发生违法用地、违法建设，实行一票否决制，取消领导班子受奖资格。

企业领导班子成员原则要求企业副职之间薪酬按岗位职责和贡献大小适当拉开差距，企业副职薪酬最高不得超过正职薪酬的 70%。绩效考核后的绩效年薪为税前金额，企业须严格执行国家有关个人所得税规定。不得发生在核定薪酬之外违规领取薪酬、补贴及其他一切货币性收入的情况。

六、统计工作

农场成立初期成立了计划科，其中包含统计工作。1985 年农场正式成立统计科之后，乡镇也成立了统计科，东北旺农场、西郊农场乡镇企业相继成立了统计小组。农场所属企业由农场统计科直接进行统计管理。1998 年 10 月长江经济体制改革时，将统计工作划归到财务科。

随着科学技术和现代化办公水平的不断提高，统计的计算手段不断发生着变革。2007 年北京市统计局建立统计数据网报系统。所有规模以上企业都要登陆统计数据集中采集平台实行网上报表，在提高统计数据质量的同时大大提高了工作效率。场乡经济体制改革前后，农场统计范围发生了巨大变化，以政府统计职能为主，逐步过渡到企业统计职能为主。根据统计范围和职能的变化，农场统计工作主要是：

（一）做好统一的日常工作，按时按质上报统计资料

一是认真完成统计报表网上申报工作。二是按时按质上报统计年报、季报、月报。基层企业报表进行审核加工汇总，做好统一报表上报工作。做到数出一门，对统计数据进行细化和规范，提高统计数据质量。根据集团公司有关要求及时部署统计工作。三是认真撰写上报统计分析报表。四是分类整理统计资料并装订存档。

（二）编制农场统计信息提高统计服务水平

农场的统计信息既有翔实的数据，也有对经济运行态势的分析。不仅能反映农场经济运行情况，还能分析农场的经济运营状况和各个企业经济运营现状及发展态势。数据分别按经济类型、预算指标完成情况、同期对比情况、农场经济汇总情况、各企业相关情况等各方面进行分组分类，全面及时掌握产业结构，产品产量经营状态，为领导决策提供可参照的综合信息。

（三）完成了各项普查工作

积极配合政府做好各项普查工作。一是要做好经济普查。分别在 2004 年、2008 年和 2013 年做了三次经济普查。二是认真完成了人口普查。三是完成了房屋普查。

第二节　审计监督及风险控制

为加强农场内部监控力度，农场监察审计部和财务预算部，对所属企业每年进行两次日常审计，目的在于"以内审促效益，以内审强监控，以内审促发展"，努力提升企业管理水平。对企业经营活动中出现的行为偏差及时纠正，限期整改。按照审计计划对专职审计整改意见提出的问题抓整改落实，重点查处兼职取酬、领导干部费用报销、大额资金使用等情况；其次，对合同签订、执行、结算等工作进行检查；此外，还按照纪检监察工作和审计工作的职能，加强对企业干部履行职责情况的检查。结合审计工作，把普遍检查与重点检查相结合，是抓好效能监察工作的手段之一。

在对重大项目的决策、实施和监管过程中，农场党委和领导班子坚持从实际出发，在重大项目建设、重要人事任免和大额资金使用上，坚持科学决策、规范运作、严格管理、强化制度，将效能监察与加强管理紧密结合，认真执行法律法规，严格落实市国资委和集团公司的相关规定，充分发挥纪检监察职能作用，杜绝各种腐败和违纪现象的发生，推进农场廉政建设。

修订了《西郊农场党风廉政建设责任制实施办法》《西郊农场关于执行"三重一大"决策制度的实施办法》《西郊农场效能监察工作办法》等一系列规章制度 33 个。农场在切实抓好制度的贯彻执行上，首先要求各级领导班子成员严格按照《西郊农场党风廉政建设责任制实施办法》实行"一岗双责"，既抓好业务工作，又抓好党风廉政建设，既管住自己，又管住下属，把落实党风廉政建设规定渗透到各项业务之中。

第三节　土地房屋管理

一、土地资源管理

1954 年底，农场有土地 2566 亩、果园 675 亩、菜地 611 亩、粮田 1000 亩，这些土地遍布西郊、北郊，纵横 20000 余米。

为了把农场建设成首都的农副食品基地，在原京郊农场管理局副局长王謂华的努力下，按照时任中共北京市委农工部部长赵凡的指示，积极争取，将昌平县上庄附近4000多亩一直没有耕种的土地无偿地交给了西郊农场，使西郊农场的土地扩大到了7000余亩。

1998年场乡体制改革前的西郊农场土地总面积达到51401.7亩。

按照市委办公厅京办发〔1998〕26号文件，1998年8月10日开始进行场乡体制改革。1998年11月27日，北京市委农村工作委员会《关于西郊农场土地划分协议的批复》生效。把全场土地明确划分为西郊农场用地7150.72亩，海淀区上庄乡集体用地44250.98亩，相关场区调整后农场土地为7184.66亩（表1-12-1）。

表1-12-1　西郊农场国有企事业单位调整、确权后占地情况表

单位：亩

序号	用地单位	坐落位置	改制前面积	增减面积	改制后面积	其中：厂区面积	备注
1	奶牛公司机关	场部东	4.00		4.00	4.00	
2	奶牛一场	场部南	186.00		186.00	186.00	
3	奶牛二场	前章村西	148.00		148.00	148.00	
4	奶牛三场	上庄村东	140.00		140.00	140.00	
5	奶牛四场	东小营北	180.00		180.00	180.00	
6	调味品厂	电管站西	32.00		32.00	32.00	
7	五机耕、冷饮厂	场部南	40.00		40.00	40.00	
8	木柴厂	场部南	20.00		20.00	20.00	
9	饲料地	全场	2997.55		2997.55		
10	其他用地	全场	147.15		147.15		
11	正发集团机关	场部北	6.00		6.00	6.00	
12	双北鸡场	双塔北	58.00		58.00	58.00	
13	双南鸡场	双塔南	35.00		35.00	35.00	
14	知青鸡场	长乐村东	20.00		20.00	20.00	
15	祖代三场	场部东	42.60		42.60	42.60	
16	家禽队	场部东	78.00		78.00	78.00	
17	饲料厂	东小营村北	29.60		29.60	29.60	
18	新西鸡场	白水洼南	47.00		47.00	47.00	
19	白水洼种鸡场	白水洼东	78.00		78.00	78.00	
20	双塔猪场	双塔北	21.00		21.00	21.00	
21	众福保健蛋	畜牧一队西	18.50		18.50	18.50	
22	特禽场	西马坊东	82.80		82.80	82.80	
23	基建公司机关	场部北	2.56		2.56	2.56	
24	培训中心	水管站西	15.00		15.00	15.00	

（续）

序号	用地单位	坐落位置	改制前面积	增减面积	改制后面积	其中：厂区面积	备注
25	基建二队	永泰庄村北	18.27		18.27	18.27	
26	基建一队，基建三队	上庄一中西	27.00		27.00	27.00	
27	原苗圃队部	住宅区内	8.25		8.25	8.25	
28	原果一队队部	河道二所东	19.20		19.20	19.20	
29	果树及其他	水库西岸	533.70		533.70	533.70	
30	工业机械厂	永泰庄北	14.70		14.70	14.70	
31	钢球厂	场部北	11.88		11.88	11.88	
32	丙轮南厂	上庄村	2.50		2.50	2.50	
33	气门厂	场部东	43.83		43.83	43.83	
34	开关厂	奶牛场南	6.00		6.00	6.00	
35	丙轮厂	永泰庄北	18.00		18.00	18.00	
36	双塔果树队	双塔村北	937.10	+78.25	1015.35	48.00	原有争议的河北西沙滩地划进
37	白家疃果树队	白家疃南	724.00		724.00	10.00	
38	物资公司	场部东	32.47		32.47	32.47	
39	加油站	永泰庄北	4.80		4.80	4.80	
40	住宅小区	场部东	234.58		234.58	234.58	
41	场部机关		30.00	+10.37	40.37	40.37	旧幼儿园等划进
42	兽医站	场部北	1.00		1.00	1.00	
43	农机站	永泰庄北	3.20	-3.20		3.20	划归乡集体
44	水管站	水库北	6.38	-6.38		6.38	
45	电管站	水库南	3.50	-3.50		3.50	
46	卫生院	上庄北南	22.60	-22.60		22.60	
47	幼儿园	场部北	6.00	-6.00		6.00	
48	敬老院	南玉河村	13.00	-13.00		13.00	

二、土地面积使用核减

2008年4月，北京市东北旺农场与北京市西郊农场合并，设立独立的土地管理部门。2012年12月农场发布《北京市西郊农场管理制度汇编》，第一次以管理制度形式明确《北京市西郊农场土地管理办法及北京市西郊农场房屋出租管理办法》，2017年6月农场重新修订《北京市西郊农场管理制度汇编》再次明确《北京市西郊农场土地管理办法及北京市西郊农场房屋出租管理办法》更名为《北京市西郊农场房屋管理办法》。

从1998年底场乡体制改革到2019年底，20年间农场对土地调查、调处争议、办理土地证、核实土地149宗，面积达8612.23亩；其中，西郊农场有证土地83宗、面积

6475.12 亩，无证土地 11 宗，面积 385.77 亩（含上庄路两宗无证土地 44.52 亩），经调查核实西郊农场实际土地面积为 6860.89 亩，与场乡协议面积相差 323.77 亩。东北旺农场有证土地 24 宗、面积 961.82 亩，无证土地 31 宗面积 789.52 亩，经调查核实东北旺农场实际土地面积为 1751.34 亩，与场乡协议面积相差 131.41 亩。

（1）从场乡体制改革土地划分协议起到 2018 年底，经调查核实原西郊农场实有土地面积为 6860.89 亩。使用变化情况如下：

集团内部划拨给猪中心土地一宗，核减土地 177.86 亩；市政道路及有关单位征地减少土地 230.09 亩；非经营资产移交涉及土地 9 宗，减少土地 387.29 亩；三元农业有限公司合并到西郊农场增加土地 3 宗，面积 64.92 亩；截止到 2018 年底，西郊农场结存土地 91 宗，面积 5420.11 亩。重点项目建设占地 5 宗已进行相应核减，核减土地 710.46 亩。

（2）从场乡体制改革土地划分协议起到 2018 年底，经调查核实原东北旺农场实有土地面积为 1751.34 亩。使用变化情况如下：

航天城、软件园等占地 27 宗面积 761.35 亩；其他项目占地减少 93.37 亩；非经移交涉及土地 6 宗，减少土地 82.38 亩；北太楼增加 3.3 亩；截止到 2018 年底，东北旺农场结存土地 25 宗，面积 817.54 亩。

（3）截止到 2018 年 12 月 31 日，农场土地使用总面积共计 6237.65 亩。

第四节 法务管理

一、法务人员编制

2008 年 6 月，东北旺与西郊农场合并后，农场在办公室岗位中增设法务一岗，设法务人员编制 1 人。2010 年场部机关改革，部门职能调整，法务职能划分给企业管理部，设法务人员编制 1 人。2016 年 3 月，部门职能调整，法务职能划分给企业发展部，设法务人员编制 2 人。2019 年 6 月农场设立法务审计部，部门人员编制 4 人，设法务人员编制 3 人。2019 年 9 月设立总务法律顾问。

二、法律顾问制度

2012 年农场出台《北京市西郊农场管理制度汇编》，其中法务部门修订《北京市西郊农场法务管理办法》。2017 年 6 月法务部门编写《北京市西郊农场合同管理办法》《北京市西郊农场法务工作管理办法》。2019 年 12 月法务部门修订《北京市西郊农场有限公司法务工作管理办法》《北京市西郊农场有限公司合同管理办法》《北京市西郊农场有限公司内部审计实施办法》《北京市西郊农场有限公司经济责任审计工作实施办法》《北京市西郊农场有限公司投资项目后评价实施办法》《北京市西郊农场有限公司工程建设造价咨询工作办法》。

三、法务服务

2008 年完成北京三元安达建筑有限公司的债务清算的法务工作。2012 年 4 月完成了北京三元生物科技发展有限公司的注销的法务工作。

2012 年 2 月完成北京双塔绿谷农业有限公司的设立工作。2012 年 12 月完成北京西郊悦居房地产开发有限责任公司的设立工作。

2018 年开展与中国农大园艺学院合作事项前期准备工作，并于 2018 年 4 月 27 日签署战略合作协议。参与农场与北京农业职业学院合作事项的前期准备工作，并于 2018 年 11 月 8 日签署合作成立"首农西郊农场园艺工程师学院"协议书。2019 年 5 月法务部门参与北京丘比公司股权均衡化的工作。

四、普法教育

1988 年西郊农场为贯彻执行《关于一九八八年普法工作的安排意见》，农场根据自身实际，制定普法工作安排意见，组织学习"九法一条例"，经统计全公司职工普法人数达 1300 多人，占应普法人数 96% 以上。

从 2010 年起，农场每年组织 2 次法律类事项的培训。全面落实"五五"普法规划，积极开展普法学习。根据集团公司的具体要求和部署，农场在购置法律书籍、宣传学习材料和音像材料的基础上，还邀请有关专家来农场进行专题辅导、培训、以案说法。农场在各级企业领导干部年度培训时，始终将法律基础常识作为培训计划的重要科目，主要学习了劳动法、公司法、合同法以及相关经济领域涉及投资、决策等方面的法律法规；在学习内容上，结合工作实际，将行业法律法规、基本法律知识与政治理论学习穿插，加强对法律知识的理解和运用，保证普法工作落到实处，并将领导干部学法用法情况作为干部年度考核的重要内容。通过在农场各级企业张贴宣传标语、悬挂宣传横幅等多种有效形式，让员工在理念上接触、认识、理解"五五"普法教育和依法治场工作的重要性及必要性。

2014 年集团组织"六五普法"辩论赛，落实"六五"普法规划，推进企业法治建设，提高员工的整体法律意识和法律素质，举办辩论赛活动，农场有关工作人员踊跃报名参加。

2017 年组织开展西郊农场管理制度的宣贯，2019 年组织开展为期一周的 2019 年版首农食品集团管理制度的宣贯。2018 年北京市国资委为提高企业员工法治意识、提升法律素养，举办系列"京企云帆大讲堂"活动，西郊农场积极主动参加。

五、法务内控体系建设

2010 年农场制定内部管控制度，制定具体目标、责任人、责任部门，2018 年农场发行《北京市西郊农场有限公司内部控制手册》及《北京市西郊农场有限公司业务流程图手册》，2019 年 4 月农场开始内部控制的评价工作。

第五节　安全管理

作为全国的政治中心、文化中心、国际交往及科技创新中心，北京承担着越来越多的重大活动和国际盛会，西郊农场作为首都的国有企业一直积极践行维护首都安全稳定的政治责任。主要措施是：一是加强领导，成立以党政主要领导为组长的领导小组，召开专门的安全保障会议，在重大活动和重要会议期间，领导带班，做好应急值守工作。二是打主动仗，坚决把各种不稳定因素消除在萌芽状态。完善应急预案和处置机制，加强应急演练，深入做好矛盾纠纷排查化解工作，切实做到细致深入、不留死角。加强重点人员盯防，严格落实各项稳控措施。三是加强内部治安管理，确保公司内部稳定认真贯彻落实《企事业单位内部治安保卫条例》和"预防为主、单位负责、突出重点、保障安全"的工作方针，以及公司的各项安全保卫工作措施，进一步加强公司内部安全防范工作，认真落实安全保卫责任。四是加强安全检查力度。由领导带队对于重点区域加强检查，发现问题，立即整改，对于一时无法整改到位的要加强值守，确保不发生问题。五是加强车辆管理，严格落实车辆管理制度，杜绝公车私用和酒后驾车行为发生。

2012 年 7 月 13 日，西郊农场印发北京市西郊农场五项安全管理办法的通知，包括《安全隐患排查治理实施办法（暂行）》《交通安全处罚管理暂行规定》《安全事故惩罚办法（标准）（暂行）》等。12 月，西郊农场制定并下发了《北京市西郊农场法务管理办法》《北京市西郊农场科技工作管理办法》《北京市西郊农场安全工作管理办法》。

2013年6月13日，蓝海中心首度开展消防演练（图1-12-1）。首农集团副总经理谢磊、企管部副部长王玉贵、安全主管王凯丰亲临现场指导。

2014年12月，农场共13家企业取得北京市安全生产标准化证书。

2015年，西郊农场获得北京市交通安全委员会颁发的北京市2015年度交通安全先进单位。

图1-12-1　蓝海中心开展消防演练

2016年，农场多措并举强化安全管理，常抓不懈，交通违章率逐年减少，当年完成仓储租赁区近8万平方米的彩钢板更换，坚守土地红线，加强房屋、土地联合巡查，对管辖范围内的新增违建零容忍，配合海淀创建文明城区和打非拆违等工作，清理小区拆除私搭乱建等。

2017年6月，修订西郊农场管理制度汇编，完善了《西郊农场安全工作管理办法》，明确了《北京市西郊农场交通安全处罚管理规定》和《北京市西郊农场安全事故惩罚办法（标准）》。

第十三章 农场队伍建设及劳动力管理

第一节 数量及结构

为适应农场日益发展的需要，从1958年起至1962年，农场先后招收应届高、初中毕业生和社会青年上千人，充实到技术和管理工作岗位，使农场职工队伍的结构发生变化，他们的知识和才干得到广泛发挥，提高了农场的技术和管理水平。

1970年开始至1981年，先后有2661名知识青年到西郊农场插队，于1973年至1982年陆续参军、招工、招生、分配回城。

1998年，依据西郊农场人事机构改革方案协议，划归上庄乡125人；划归西郊农场726人，离退休职工195人。

2008年4月，东北旺农场和西郊农场进行重组，全场职工年平均人数1050人。

2008年6月30日，两个农场具有事实劳动关系的员工共计1172人。其中包括：在职员工747人（在岗员工655人，不在岗员工92人），临时工425人，均按照劳动法要求，签订了劳动合同，各项社会保险均已按时足额缴纳。2008年农场有退休职工2014人。

2009年职工平均人数1059人。2011年职工平均人数969人。2012年职工平均人数927人。2013年职工平均人数914人。2014年职工平均人数918人。2015年职工平均人数884人。2016年职工平均人数868人。2017年职工平均人数819人。

"十一五"期末，农场各类人才总数达528人，占农场员工总数的22%，其中企业管理人才61人，具有高级职称的4人、中级职称20人、初级职称11人；具有高级职业资格5人，中级职业资格5人。专业技术人才275人，其中具有职称人才156人，高级职称的5人、中级职称66人，初级职称85人；具有专业任职资格人才118人，高级资格16人，中级资格64人，初级资格38人。技能人才193人，具有中专以上学历的40人，其中具有高级技术资格39人，中级技术资格42人，初级技术资格112人。与2005年（人才总量350人）相比，农场人才总量增加了178人，年均增幅10%。现人才队伍大学专科以上学历共393人，其中具有研究生及硕士以学历16人，具有本科学历的148人，具有专科学历的229人。与2005年相比职工整体素质明显提高。

第二节　用工制度

定额管理是计划管理的基础，为了搞好计划管理，1954 年农场运用技术定额测定法制定劳动定额，对农场经营管理工作逐步走向科学化、合理化、起到了重大作用（图 1-13-1）。

1958—1965 年在全民企业中，农场执行的是"四定一奖"，即定产量、定人员、定开支、定利润及超产奖励的办法。企业对职工采取评工记分、定额管理、以工分计奖，多劳多得，年终结算的办法。奖金局限在两个月的工资范围之内，管理

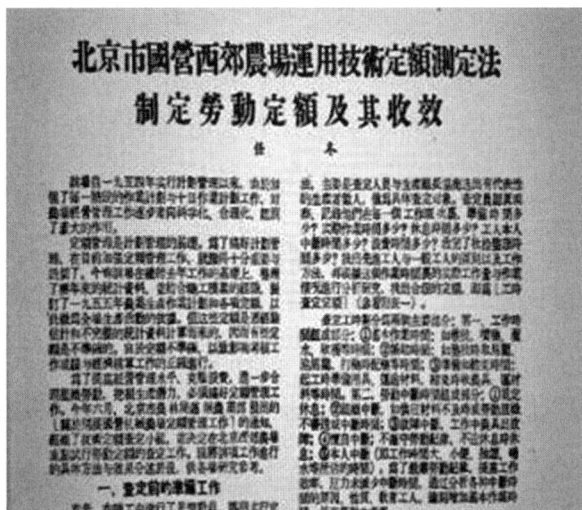

图 1-13-1　关于技术定额测定法的总结文章（资料照片）

上仍实行班组核算和品系核算，对生产起到了一定的积极作用。但这个办法受到总政策的制约，限制进一步解放生产力，吃"大锅饭"的现象依然存在，生产进一步搞好了，分配并不能相应的增加。如明文规定的"要照顾各队之间的平衡"，办法的本身怕拉开档次，造成不平衡，挫伤了职工的生产积极性，影响生产力的发展。

农村部分开始实行等级工资制，逐步向"全民"看齐，1958 年底到 1959 年都是实行这种分配制。当时具体的分配办法是社员的生活待遇每月平均购八斤面、二斤米，社员到食堂吃饭"不要钱"，全部由农场包下来。每人每月发给 10 元钱（其中饭钱 4 元、工资 6 元），劳动力出勤每月发的工资是：一级劳动力 9.75 元，二级劳动力 7.5 元，三级劳动力 6 元，四级劳动力 4.5 元。实行三级管理（总场、村建大队、生产队三级），统负盈亏。

具体的工作方法是：生产队由记工员逐日统计社员的出勤情况，分清劳动力等级，干什么活，完成工作量，向大队汇报，大队分别以生产队为单位每天向总场财务统计员汇报，然后统计员汇总全场情况交财务会计，每天以此为依据下发工资。这个工作非常烦琐，工作量很大，上上下下都十分紧张。时间长了，工作慢慢地也就疲沓了，下面任意给搪塞一个数字，使统计工作流于形式，仅仅起到发工资的作用。

当时农场的指导思想是逐步缩小全民和集体的差别，从组织上、管理上、生产上和分配上积极采取一系列的措施，达到缩小差别的目的。1959 年 5 月，农场成立五个分场，

实行块块管理，对农村采用全民管理的办法，发给社员劳动力等级工资，1957 年社员每月平均工资 51 元，1959 年增至 79 元，提高 54.9％。但并不能正确体现社会主义按劳分配的原则，社员反映活多干，并不多得。产生出工不出力，工作效率低，窝工现象严重，妇女参加劳动少，群众对生产不关心的现象。这种管理办法，挫伤了社员的积极性，使生产受到一定的损失。事实证明，这种办法是失败的。

1960 年，农场采取并充实原高级社的"三包一奖"、评工记分的办法，从而加强了社员的责任心，提高了社员的积极性，比等级工资制能调动劳动力的积极性，促进生产力的发展。初期实行"三包一奖"的办法比较简单，是一个粗线条的，包括包工、包产、包开支、不提取公积金和公益金，实际上还是由农场统包下来，养成农民的依赖思想。开始，三包的漏洞是不少的，如有的队减产已成定局，队干部就加大开支，扩大库存，为明年的生产打基础，反正开支是不受限制的。由于采用重奖轻罚，有的队就在开支中做文章，该开支的也不开支了，把省下来的钱进行再分配，但影响了生产。

1962 年，管理办法已转入正轨，实行统一领导，统一计划，统一经营，统一处理产品，三级管理，企业核算，统负盈亏的管理办法。公社（总场）对大队（分场）实行定产量、定产值、定开支，定工资、定积累的"五定一奖"。大队对生产队实行"三包一奖"，生产队是承包单位，生产队对社员实行定额管理，小段包工，评工记分，按劳分配的核算方法。

农场的宏观控制是由公社（总场）统一核算，各队产品统一上缴，统一处理，现金上交公社，各队用款报请总场领取，管理上高度集中，总场统得过多，管得过死，生产队缺乏自主权，工作上的主动性也受到了限制。生产队对社员实行评工记分，缺点是同工不同酬，分配与产量分离，对生产有一定的影响。尽管三包的办法有一定缺陷，但总体说农村在管理上是有章可循了，在历史阶段中曾起到过积极作用。

1963 年底，西郊农场为解决牛场饲料和果树专业生产，先后将上庄三队、李家坟、前章村三队改为低薪队，分别经营果树和饲料生产。延续到 1968 年恢复原体制的农村生产队。

1978 年，农场实行了以责任制为中心的管理，认真贯彻按劳分配的原则，克服平均主义，根据所属下级单位的具体情况，实行利润"定额上缴，节余留用，亏损不补"的财务包干办法。各分场（厂）实行层层包干，把各项指标落实到班组、个人，以完成利润与职工收入分配水平挂钩为主要内容，开展形式多样的承包制，引导企业自我发展，自我约束。

1983 年，根据中央有关文件精神，在农场内部实行利润大包干，实行经济责任制的同时，把职工的奖金同企业的生产经营成果和职工的劳动贡献密切挂钩。各分场、直属单位在完成农场下达的各项经济指标的前提下，有权按经营成果给职工相应的劳动报酬，做到按劳付酬，多劳多得。

随着改革开放政策的力度不断加大，社会人员的流动也日益频繁，给农场补充劳动力带来机遇，外地临时工虽然文化水平不高，但他们年轻、有体力、工作不怕脏累，再加上农场给予的特殊优惠政策，这部分人逐渐成为农场一支不可缺少的劳动力队伍。农场实行灵活多样的用工制度。以果树、畜牧为主的各分场，在技术性较强，需要相对稳定的岗位上用正式工；在季节性、简单劳动的岗位用临时工，这种用工制度为农场这一时期的巩固和发展奠定了坚实的基础。

1995年，为贯彻执行市政府1995年第1号令《北京市实施劳动合同制度的若干规定》和北京市劳动局京劳协发〔1995〕118号《北京市实行劳动合同制度的实施细则》，按照北京市农工商联合总公司的统一部署，结合西郊农场管理的实际，农场研究制定了《贯彻〈劳动法〉实施劳动合同制方案》，在全场实行劳动合同制。

2008年4月，东北旺农场和西郊农场进行重组后，对农场用工制度进行了统一，完善了劳动合同制管理办法，与职工重新签订了劳动合同，变更了劳动合同主体，规范了企业用工行为，加强了对劳动者权益的保护。

第三节　薪酬制度及工资管理

一、薪酬制度

1994年7月1日，西郊农场开始执行新工资制度，取消旧的八级工资制。2002年7月，西郊农场召开第九届五次职工（会员）代表大会，制定《西郊农场职工补充医疗保险管理办法》。2003年6月3日，西郊农场颁布了《西郊农场分配制度改革方案（试行）》，自当年7月1日起执行。2005年4月，西郊农场召开十届三次职工（会员）代表大会暨2004年度先进集体及个人表彰会，大会审议通过了《西郊农场在岗员工岗位工资分配制度改革方案（试行）》和《西郊农场关于发放在职职工和国家正式退休职工住房补贴的意见》。

2006年8月21日，西郊农场确定合并后的北京三元农业公司在职职工和退休职工工资、福利待遇等，原则按照西郊农场的工资福利待遇的有关规定执行；对供暖费、企业补充医疗保险报销、独生子女托幼管理费等事宜做了明确规定。

二、职工工资

20 世纪五六十年代，农场职工的待遇是很低的，有的同志不愿来农场工作。因为农场不仅是工资低、待遇差，而且农活累、活儿脏、劳动时间长，加之社会上世俗偏见，把农场看成是"劳改"场所。农场本身地处郊区，交通不便，有时往往连找对象都很困难，使一些职工不安心在农场工作。在 20 世纪五十年代末、六十年代初，招收几批城市青年工人，初来时每批人都不少，但由于农场在当时正处在艰苦创业阶段，条件十分艰苦，青年工人的思想准备不足，因此以后在农场"扎根"的并不多。

随着农场生产的发展，工作、生活条件逐步得到改善。由于农场对社会做出贡献，农场的社会地位也得到相应提升。特别是在党的十一届三中全会以后，在市、局的关怀下，农场职工的工资待遇增长较快，职工的生活有了明显的改善。在 20 世纪五十年代，职工的月平均工资仅 30 多元，其他劳保待遇也很低，1978 年前职工的月平均工资也仅有 46 元，奖金也不多，其余待遇也不高。1987 年职工的月平均工资达 118 多元（包括奖金），劳保福利待遇都提高了，劳动条件、职工生活都得到改善，职工凝聚力得到增强。

1983 年根据市政府文件精神，东北旺、西郊农场的所属企业，经过考核合格后晋升一级工资。该次工资改革体现与企业经济效益挂钩，改固定升级为浮动升级，从第四季度起调整。

2006 年 8 月 21 日，三元农业公司归属西郊农场后，对在职职工和退休职工工资、福利待遇等做了明确规定。2008—2018 年，西郊农场职工年人均收入稳步提升（图 1-13-2）。

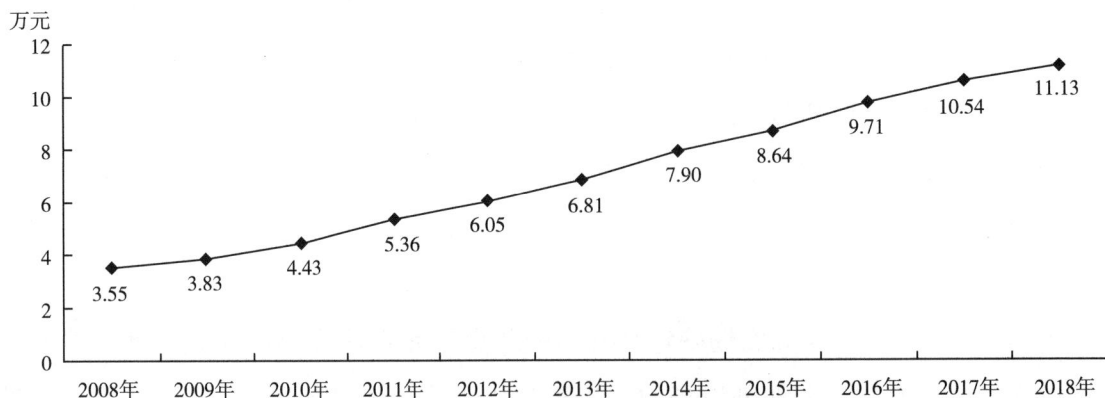

图 1-13-2 2008—2018 年西郊农场职工年人均收入

第四节　职工保险

农场认真落实国发〔1991〕33 号《国务院关于企业职工养老保险制度改革的决定》文件要求，自 1992 年 10 月 1 日起，实施企业职工个人缴纳基本养老保险费，由国家、企业、职工个人三方共同负担，固定职工和劳动制工人按本人月工资总额的 2% 按月缴纳。1999 年 6 月，农场农民合同工参加北京市养老保险，养老保险由企业和个人共同缴纳。

2001 年 4 月，农场落实北京市政府出台的北京市基本医疗保险规定，职工和退休人员参加基本医疗保险，实行用人单位和职工个人双方负担、共同缴纳、全市统筹的原则。自 2005 年 8 月 1 日起，农场为本市农民工办理了医疗保险并缴纳费用。

自 2005 年 8 月 1 日起，农场为本市农民工办理了工伤保险手续并缴纳费用。1999 年 6 月农民合同工参加北京市失业保险，失业保险由企业缴纳，个人不缴费。

按照《北京市企业职工生育保险规定》，自 2005 年 7 月 1 日起，农场为本市户口的职工按月缴纳生育保险。2012 年 1 月 1 日起，按照关于调整本市职工生育保险政策有关问题的通知要求，为外埠职工上了生育保险，并按月缴纳生育保险费用。

农场自 2000 年 11 月 5 日起，实施住房公积金制度，2000 年 11 月至 2004 年 6 月按 5% 交纳；2004 年 7 月至 2005 年 6 月按 8% 交纳；2005 年 7 月至 2006 年 6 月按 10% 交纳，2007 年 7 月起至今按 12% 交纳。

根据国家企业年金制度和市国资委、集团公司企业年金计划的要求，2012 年 10 月，农场职工代表大会一致审议通过了农场企业年金实施细则，建立年度追溯至 2011 年 1 月 1 日。

第十四章　农场干部管理

第一节　干部队伍建设

一、选拔和培养干部

建场初期，农场十分重视领导人才的培养。琅山果园工人队长时之瑶、复兴果园工人队长王之光、圆明园生产队工人队长崔玉珍、工人赵殿贤、北京大学农学院毕业生李海平、农学院园艺系大学生李耀华、农学院园艺系大学生史定潮，都是农场培养出来优秀领导干部。

1978 年以后，农场重视干部队伍建设，在使用培养人才方面和干部的任免制度方面进行了改革。首先，把德才兼备、敢于开拓的同志提拔到各级领导工作岗位上来，这一段时期共有十多位同志先后被提升到场级领导岗位。其中有五位同志是大专、中专毕业生，他们从学校毕业后分配来农场工作多年，经过培养和锻炼，提高了实际工作能力。其次是从工人中的优秀分子中提拔干部，过去是一般工人，后来在工作中逐步提升，既有基层工作经验，又有机关工作的实践，利于开展工作。第三是从职工、社员中选拔优秀分子送进各类大专、中专学习，加强后备干部的培养，完成学业的大学生 12 人、中专生 19 人、广播中专生 49 人。1986 年农场从总场、公司（分场）、生产队三级干部中选拔了 38 名同志参加农场与海淀区党校合办的党政中专班，并于 1988 年 6 月毕业，发给北京市成人教育局毕业证书，他们在各个工作岗位上发挥了更大作用。1987 年 9 月，农场与农场局职工大学联合举办财会中专班，共有 42 人参加学习，并于 1990 年毕业。

二、落实干部负责制和聘任制

1982 年下半年，西郊农场在企业中实行党委领导下的厂长负责制和职工代表大会制度。1986 年，西郊农场在基层企业推行民主选举厂长。1987 年 7 月 10 日，国营北京市西郊农场兴峰选洗毛厂实行厂长任期目标责任制，并由工业公司经理与厂长签订合同。1988 年，在全场普遍推行厂长负责制，并签订三年厂（队）长任期目标责任制合同书。

建场以来至1995年，农场先后从干部、工人中提拔为副处级以上的领导干部共计38人，包括26位调到外单位委以重任的同志，他们在各自的工作岗位上，为了共同的事业，努力做出自己的贡献。

1995年西郊农场积极改进干部管理办法，党委按照精减、统一、效能的原则，积极改进干部管理办法，改善干部年龄和知识结构，做到一室多能、一人多职，更好地为基层服务。改革后的农场机关，职能科室由原来的30个调整为15个，精减50%，干部编制由原来46人，调整为29人，精减37%，机关干部一律实行聘任制。

1999年9月13日，总公司党委京农场组通字〔1999〕第4号文通报，西郊农场领导体制由党委集体领导下的分工负责制改为场长负责制。

2000年3月，北京市西郊农场下属二级公司实行行政干部聘任制，党群干部选举制，职工竞争上岗。

2008年4月7日，三元集团京三元集团组字〔2008〕11号文件决定对北京市东北旺农场和北京市西郊农场进行重组、实行统一管理。

2010年11月，将北京市东北旺农场资产整体划转至北京市西郊农场，合并后的西郊农场作为首农集团的二级单位，实行场长负责制。

2010年11月，农场场部进行改革，共有30人进行岗位分流，场部定编51人，选聘了13名部室负责人。

2012年12月，北京市西郊农场制定并发布《北京市西郊农场人力资源管理办法》，规定企业经营班子成员、农场场部部室负责人采取聘任制，所属国有企业的经营管理人员原则实行聘任制，党群领导干部原则以选举为主，支部班子成员采取选举或党委任命方式。聘任组织程序是：农场所属国有企业经营班子由农场直接聘任。副经理由农场推荐或经理提名征得同级党组织通过，报农场党委审批后聘任，并报农场人力资源部备案。农场场部正副部长（主任）的聘任由场长提名，农场党委研究通过后聘任。

2017年6月，北京市西郊农场党委修订《北京市西郊农场企业领导人员管理办法》，农场领导人员的选拔任用一般应包括动议、民主推荐、组织考察并进行公示、党委集体讨论决定任免或提出推荐提名意见、任前公示和任职等工作程序。

第二节　干部考核奖惩机制

2008年8月1日，为适应东北旺农场与西郊农场重组整合、合并机关管理的需要，按照现代企业管理的要求，规范薪酬体系，遵照国家有关劳动管理政策和企业相关规章制度，制定了农场机关干部薪酬管理办法，原则按照各尽所能、按劳分配原则，坚持薪酬水平与企业效益挂钩、工资增长幅度不超过本企业经济效益增长幅度。企业的薪酬水平分配机制逐步与市场接轨。以机关科室管理岗位职责、绩效、劳动态度等指标综合考核机关管理人员工资报酬，薪酬水平与个人业绩挂钩。适当向经营风险大、责任重大、技术含量高的重点岗位、关键岗位倾斜。科室岗位工资模式：薪酬体系主要由岗位工资、各项补贴、年终绩效奖三部分构成，即：年薪酬＝岗位工资＋各项补贴＋年终绩效奖。

机关科室以各职务岗位类别为基准，设立科长、副科长、科员三个等级四个级别：科长、副科长、科员（一类）、科员（二类），视农场经济效益，对机关科室人员不论岗位级别均给予一定的节日补助费。绩效考核奖金为年终一次性绩效奖励。视农场效益、部室及个人业绩由机关绩效考核委员会决定。

2008年12月21日，农场机关正式实施绩效考核方案，绩效考核周期为季考核。考核内容分五部分：工作业绩、管理能力、工作态度、专业能力、职业操守。绩效考核的执行由农场绩效考核委员会组织。绩效考核方法是，中层干部和员工的绩效考核在各考核周期均采用量表评价法的方法，中层干部的绩效考核直接上级分数权重占50％，各部门平均分数权重占30％，部门人员平均分数权重占20％。员工的绩效考核直接上级分数权重占50％，部门人员平均分数权重占50％。根据考核结果对被考核人的浮动工资、奖金发放、职务升降等问题按规定处理。

2013年1月1日，西郊农场为建立科学合理的薪酬管理体系，制定了《场部员工薪酬套改管理办法》，薪酬结构为岗位工资（月薪）＋绩效年薪（奖金）。薪酬结构以岗位工资为主，绩效年薪为辅。农场正场职、副场职岗位工资由集团公司确定。场部部室正职设一岗5级，每3年升一级；部室副职设一岗5级，每3年升一级；科员设一岗8级，每2年升一级。

自2010年起，农场为进一步加强国有及国有控股企业负责人绩效考核工作（表1-14-1），逐步完善企业负责人激励和约束机制，每年下发《企业负责人（正职）年度绩效考核办法》。按照农场行业特点，结合集团公司对农场的考核办法，对农场和国有控股企业设置经营业绩考核指标。分为经济指标和政工综合工作两类。经济指标占80％，政工综合工作占20％。企业负责人薪酬由月薪（基本工资）和绩效年薪（奖金）两部分组成。农场对企业经营活动实行全面预算管理，年终按考评分值计算绩效年薪。对于利润总额和营业收入低于前三年平均值的企业或上年实际完成值的，企业负责人绩效薪酬将低于上一年。企业一线员工平均工资未增长的，企业负责人绩效薪酬不得增长。对于年终决算会计师事务所出具保留意见的所属企业，暂缓兑现企业负责人绩效年薪。所属企业违反国家法律法规，造成不良影响和国有资产流失的，给予企业负责人酌情扣发绩效年薪的处理。发生违法用地、违法建设，实行一票否决制，取消领导班子受奖资格。企业副职薪酬最高不得超过正职薪酬的 70%。

表 1-14-1　绩效考核表

姓名：		部门：		职位：
考核时间：	年　月　日至　年　月　日			
考核指标	具体内容	得分		说明
工作业绩（40 分）	A：目标实现程度（10 分） B：工作数量（10 分） C：工作质量（10 分） D：工作效率（5 分） E：工作办法（5 分）			
管理能力（15 分）	A：创新能力（5 分） B：沟通能力（5 分） C：协调能力（5 分）			
工作态度（20 分）	A：服从精神（5 分） B：配合精神（5 分） C：责任感（5 分） D：忠诚度（5 分）			
专业能力（15 分）	A：专业水平（5 分） B：利用专业知识的能力（10 分）			
职业操守（10 分）	A：遵守农场规章制度（5 分） B：个人职业道德（5 分）			

第三节　人才队伍建设

截止到 2010 年底，农场各类人才总数 529 人，占农场员工总数的 22%，其中企业管理人才 61 人，专业技术人才 275 人，技能人才 193 人。与 2005 年的相比（人才总量 350 人），农场人才总量增加了 178 人，年均增幅 10%。2010 年底人才队伍大学专科以上学历人才共 393 人，与 2005 年相比职工整体素质明显提高。

为落实农场"十二五"人才发展规划，农场制定并发布《北京市西郊农场人力资源管理办法》，对农场中层干部的选聘做出规定，加强农场和企业两级后备干部队伍建设，后备干部的选拔坚持民主推荐、组织考察、支部讨论、党委批准的程序，加强对后备干部的培养与考察，坚持每年对后备干部进行调整充实，加强后备干部的储备，建立后备干部工作实绩档案，使后备干部管理工作规范化、制度化。"十二五"时期，农场坚持实施人才兴企战略，基于农场人力资源实际，着眼人力资源梯队建设，重点把握青年人才、管理人员和领导干部三个层次的人力资源建设。出台《青年人才选拔任用工作意见》和《青年人才培养管理办法》，优化选人用人标准。启动青年人才培养工作，组织内部人才遴选与外部招聘，一批青年人才陆续走上各级管理岗位，初步建立能进能出，能上能下的人才管理机制。

截至 2015 年底，农场各类人才总数 751 名，年均增长约 8%，每年增长约 44 人，基本满足农场发展的需要。农场企业经营管理人才 76 人，经过引进和培训，企业经营管理人才素质普遍提高，管理现代企业、抵御风险、化解矛盾、驾驭市场的能力和水平明显增强，比较优秀的企业管理者明显增多。农场专业技术人才 375 人，经过专业技术人才培养，提升了创新能力。鼓励专业技术人才参加短期学习培训和进修，全面落实专业技术人员继续教育计划，专业技术人才队伍中具有大学本科以上学历的比例提高到 50%。培养了一批专业技术骨干和较高层次的技术创新人才、复合型人才，使专业技术人才高、中、初级技术比例接近 15：35：50。农场技能人才 300 人，各类技师 150 人，技术人才队伍中具有大学专科以上学历的比例 30%，技能人才分布在主导产业的比重为 40% 左右，第二、三产业的比重为 60%。

进入"十三五"后，农场紧紧围绕集团公司"一体两翼"战略布局，统筹推进农场各项事业发展，全力推动主业成长。坚持人才强企发展战略，确保农场事业可持续发展。

第十五章　农场党组织

第一节　组织建制与党的建设

一、党组织建设

1950年到1953年，彰化农场（西郊农场前身）党的组织只设1个支部；1954年到1957年，西郊农场设党总支，下设4个支部；1958年10月到1961年4月，西郊农场设总支，接受大永丰公社党委的领导；1961年5月，西郊农场开始设党委，下设一个直属总支，14个农村支部；1963年到1966年，下设4个总支，63个支部；1966年7月撤销党委；1970年重新建立党委；1971年到1973年以自然村建总支；1974年建立4个分场、2个直属大队总支；1984年到1994年，建立4个农村分场总支，3个企业总支，11个直属支部。

1998年12月7日，总公司京农场组字〔1998〕第64号文决定，场乡体制改革后，李杰锋任北京市西郊农场党委委员、书记，李山任党委委员、副书记、场长，孙毅任党委委员、副书记、纪委书记，关铁成、崔自江任副场长，康志茂任党委委员、工会主席，王胜才任党委委员。

1999年，西郊农场设党委1个、党总支部4个、支部26个；2000年西郊农场设党委1个、党总支部5个、支部25个；2001年西郊农场设党委1个、党总支部6个、支部21个；2002年西郊农场设党委1个、党总支部5个、支部15个；2003年西郊农场设党委1个、党总支部5个、支部12个；2003年，西郊农场各公司党（总）支部进行换届选举。2004年西郊农场设党委1个、党总支部4个、支部10个；2005年西郊农场设党委1个、党总支部4个、支部6个；2006年3月21日，三元集团研究决定，三元农业公司党委与西郊农场党委合并。2006年西郊农场设党委1个、总支部2个、支部13个；2007年西郊农场设党委1个、总支部2个、支部11个。

2005年2月23日，三元集团党委会研究决定，艾莱发喜公司隶属关系变更为集团公司二级企业，党组织关系隶属集团公司机关党委。

2006年9月，农场党委实施党员目标管理考核办法，把党员目标管理与争优创先、绩效考核、企业管理紧密结合起来，加强党员教育管理，深入开展争创先进党支部、争当优秀党员等活动，在企业改革、发展稳定中充分发挥党员先锋模范作用，完善企业党的工作机制，健全民主、科学决策程序，充分发挥群团组织作用，探索现代企业制度下"厂务公开、民主管理"的新途径。

2007年，农场党委提出加强自身组织建设，抓好党建和思想政治工作，加强政治理论学习，搞好党员目标管理，开展"创和谐企业，建四好班子"活动，要使"四好"班子创建活动成为实施企业发展战略的有效支撑和保障。

2008年，西郊、东北旺两个农场合并后，农场设党委1个，党总支3个，党支部12个。2009年农场党（总）支部进行换届选举，农场设党委1，党总支1个，党支部15个。2010年4月20日，北京市东北旺农场召开党支部书记研讨会，重新规范并完善《党员目标管理办法》。2010年农场设党委1个，党总支1个，党支部14个。2011年1月1日，中共北京市东北旺农场委员会更名为中共北京市西郊农场委员会。2012年，北京市西郊农场各所属党（总）支部进行换届选举。2012年西郊农场设党委1个，党总支1个，党支部18个。2013年西郊农场设党委1个，党总支1个，党支部18个。2014年西郊农场设党委1个，党总支1个，党支部17个。2015年西郊农场设党委1个，党总支1个，党支部17个。2016年4月21日，西郊农场党委决定撤销三元百旺公司和西郊悦居公司联合党支部，支部党员并入安达房地产公司党支部。同年，西郊农场党委撤销了离退休和内退党支部，北京市安达房地产开发公司党支部、北京三元嘉业房地产开发有限公司党支部等11家党支部完成换届选举工作。2016年西郊农场设党委1个，党总支1个，党支部15个。2017年6月，北京市西郊农场制定并发布《北京市西郊农场基层党组织工作规则》。2017年西郊农场设党委1个，党总支1个，党支部15个。

二、党员发展

1998年场乡体制改革后，西郊农场党的组织建设由海淀区委转归属北京农垦党委领导。1999—2018年发展党员情况见表1-15-1。

表1-15-1　1999—2018年发展党员情况

年份	党员总人数（人）	发展党员数（人）	转正党员数（人）
1999年	410	5	15
2000年	382	8	5
2001年	357	6	8

（续）

年份	党员总人数（人）	发展党员数（人）	转正党员数（人）
2002 年	288	8	6
2003 年	286	7	8
2004 年	291	4	7
2005 年	321	5	4
2006 年	388	3	5
2007 年	353	2	3
2008 年	486	7	2
2009 年	294	21	7
2010 年	302	18	21
2011 年	312	14	18
2012 年	314	16	14
2013 年	320	13	16
2014 年	321	11	13
2015 年	324	14	11
2016 年	277	10	14
2017 年	272	13	10
2018 年	274	16	13

三、评优评奖

2008 年 7 月 1 日，农场党委因抗震救灾表彰 9 家党支部。2008 年 9 月 24 日，农场党委因北京奥运会（残奥会）维稳保障工作，表彰先进集体 5 家，优秀共产党员 15 人，先进个人 15 人。2008 年 10 月 21 日，西郊农场被上庄镇评为奥运服务保障工作先进集体，王少君、王喜华、魏洪斌被评为上庄镇奥运服务保障先进工作者，李永铁、马连庆、王绍庆、张玉军、徐宝善、高普水、马树林等人被上庄镇评为奥运服务保障工作优秀志愿者。2008 年 10 月 23 日，乔振林、杨淑凤荣获三元集团北京 2008 年奥运会（残奥会）优秀共产党员，谷力章、于广信、梁再忠获三元集团北京 2008 年奥运会（残奥会）先进个人。

2009 年 6 月 30 日，农场党委表彰先进党（总）支部 7 家、优秀党委工作者 5 名和优秀共产党员 29 名。2010 年 6 月 30 日，农场党委表彰先进基层党组织 3 家、优秀共产党员 15 人、优秀党务工作者 3 人，李德跃、李海黎、候国顺被评为首农集团优秀共产党员，郭君君被评为首农集团优秀党务工作者。

2011 年 4 月 7 日，西郊农场党委表彰先进基层党组织 3 家、优秀党委工作者 3 名和优秀共产党员 22 名。李铁军、高毅、邢树广被评为首农集团群众心目中的好党员,谷力章被评为集团优秀党支部书记。

2012 年 6 月 29 日,西郊农场党委表彰先进基层党组织 3 家、优秀共产党员 22 名。2012 年 6 月 25 日,王玉玲、李铁军、李云亭被评选为首农集团创先争优优秀共产党员。

2015 年 2 月 10 日,西郊农场党委开展 2014 年度创先争优评选,表彰先进企业 4 家、先进团队 7 个、优秀管理者 6 名和优秀员工 20 名。

2016 年 6 月 27 日,北京东居物业管理有限公司经理助理王金珍被评为 2016 年市国资委系统优秀共产党员。7 月 1 日,西郊农场召开庆祝建党 95 周年暨表彰大会,对评选出的安达房地产公司党支部等 2 家模范党支部、李恒訢等 5 名优秀党务工作者和崔伟等 24 名先锋党员进行表彰和颁奖。

2017 年 3 月,北京兴建物业管理中心秩序维护部经理马连庆、北京上地物流有限公司副总经理刘晨明、北京三元安达建筑有限公司副总经理焦亚栋被评为 2016 年首农先锋党员。2017 年 4 月,北京东居物业管理有限公司总经理助理王金珍被评为市国资委优秀共产党员。

2018 年农场表彰先进基层党组织 3 家,优秀党务工作者 5 名,优秀共产党员 30 名。杨淑凤获集团公司优秀党务工作者,高毅、靳湘山、秦士红获集团公司优秀党员,北京东居物业管理有限公司党总支部获集团公司先进基层党组织。

2018 年一批优秀班组和先进个人,在集团公司 2018 年度职工荣誉体系评选中获得嘉奖。农场场部王春伟获得集团优秀科技工作者称号、周国勇获得集团优秀科技工作者称号、王清友获得首农工匠称号、北京丘比公司高习琢获得集团销售能手称号、北京东居物业管理有限公司董智军获得集团巾帼标兵称号、北京东居物业管理有限公司工程管理部设备组获得集团红旗班组称号。同年,农场涌现出一批在劳动竞赛、合理化建议、岗位技术创新、职业技能培养等活动中,成绩卓著、事迹突出的先进典型,为西郊转型发展作出了突出贡献。农场工会决定对北京东居物业管理有限公司,北京市安达房地产开发有限公司财务部等 6 个班组,张瑞标等 13 名同志予以表彰,并分别授予 2018 年度西郊农场有限公司劳动竞赛"优秀单位""优秀班组"和"优秀个人"的荣誉称号。

第二节　党的会议

1961 年 7 月 12 日,中共西郊农场(上庄公社)在场部大会议室召开第一届党员代表大会，出席大会的党员代表91名，代表全场271名党员。胡定准在大会上作1961年劳动报酬方案的报告，马哮作抗旱备荒报告。会议选举产生公社党委会、监察委员会。李旭明当选党委书记，王哲夫当选监委书记。

1963年4月1日，中共西郊农场（上庄公社）在场部大会议室召开第二届党员代表大会。出席会议的党员代表124名，代表全场372名党员。会上李旭明作1962年党委工作总结和今后工作意见的报告，肖英作关于改变我公社体制的报告，胡定淮作1963年劳动报酬和奖励办法草案的报告，大会选举产生了公社党委会、监委会。李旭明当选党委书记，肖英当选监委书记。

1965年6月16日，中共西郊农场（上庄公社）在场部大会议室召开第三届党员代表大会，出席会议的党员代表108名，代表全场408名党员。柳少栋作西郊农场关于社会主义革命和社会主义建设的工作报告，大会选举产生了公社党委会、监委会。柳少栋当选党委书记，崔玉珍当选监委书记。

1970年1月17日，中共西郊农场（上庄公社）在场部礼堂召开第四届党员代表大会，出席会议的党员代表27名，代表全场681名党员。柳少栋作关于筹建新党委工作报告，石长玺作关于革委会工作报告，大会选举产生了党委会。柳少栋当选党委书记。

1975年4月26日，中共西郊农场（上庄公社）在场部礼堂召开第五届党员代表大会，出席大会的党员代表195名，代表全场825名党员。白亮明作关于筹备改选党委工作报告，曾富作关于党委工作总结报告，选举党委会。曾富当选党委书记。

1980年9月10日，中共西郊农场（上庄公社）在场部礼堂召开第六届党员代表大会，出席大会的党员代表26名，代表全场920名党员。刘伦祥作工作报告，选举产生了党委会。刘伦祥当选党委书记。

1984年10月26日，中共西郊农场（上庄乡）在场部二会议室召开第七届党员代表大会，出席大会的党员代表138名，代表全场964名党员。刘诗宝作工作报告，选举党的委员会和纪律检查委员会。刘诗宝当选党委书记，朱宏当选纪委书记。

1987年9月11日，中共西郊农场（上庄乡）在场部二会议室召开第八届党员代表大会，全场1056名党员。刘诗宝作工作报告，朱宏作纪委工作报告。会议选举党的委员会和纪检委员会。刘诗宝当选党委书记，毕振永当选纪委书记。

1990年12月11日，中共西郊农场（上庄乡）在场办公楼225会议室召开第九届党员代表大会，参会正式代表109人，代表全场1114名党员。刘诗宝作工作报告，唐玉宝作纪委工作报告，选举了党的委员会和纪检委员会。刘诗宝当选党委书记，唐玉宝当选纪委书记。

1993年12月26日，中共西郊农场（上庄乡）在场部办公楼225会议室召开第十次党员代表大会，全场1168名党员，刘诗宝作工作报告，唐玉宝作纪委工作报告。选举党的委员会和纪律检查委员会。刘诗宝当选党委书记，唐玉宝当选纪委书记。

1998年11月17日，中共西郊农场召开第十一次党员代表大会，李凤元作《振奋精神 坚定信心 明确任务 加快发展，努力开创全场（乡）两个文明建设新局面》的工作报告。

2001年5月25日，中共西郊农场委员会召开第十二次党员代表大会，60名正式代表，7名特邀及列席代表出席，代表农场357名党员。孙毅作《解放思想、真抓实干、围绕中心工作开创思想政治工作新局面》工作报告，选举产生中共西郊农场第十二届委员会、纪律检查委员会。孙毅当选党委书记，傅鹏当选纪委书记。

2013年11月6日，中共北京市西郊农场召开第十三次党员代表大会。正式代表78人，代表全场党员320人。选举产生了农场新一届党委会委员、书记、副书记和纪律检查委员会委员、书记、副书记。孔凡任党委委员、书记，管建国任党委委员、副书记，郭君君任党委委员、副书记、纪委书记，王洪斌、杨淑凤任党委委员。纪律检查委员会5人组成，郭君君、潘云起、李恒訢、孙启昌、魏然，郭君君为纪委书记，潘云起为纪委副书记。

2016年12月22日，中共北京市西郊农场召开第十四次党员代表大会，出席大会的代表75名，代表农场党员277人。会议主要议程为听取和审议第十三届委员会工作报告；听取和审议纪律检查委员会工作报告；选举第十四届委员会和纪律检查委员会。选举孔凡、管建国、杨淑凤、王昭亮、王洪斌、王少君、苗金环等7名同志为党委委员，孔凡为党委书记，管建国、杨淑凤为党委副书记。选举杨淑凤、李德跃、李恒訢、魏然、孙峰5名同志为纪律检查委员会委员，杨淑凤为纪委书记，李德跃为纪委副书记。会议确定今后三年农场工作的指导思想、奋斗目标、主要措施和党建思想政治工作的主要任务。

2019年12月6日，中共北京市西郊农场有限公司召开第一次党员代表大会，出席大会的代表78名，会议主要议程为听取和审议上一届委员会工作报告；听取和审议纪律检查委员会工作报告；大会选举产生了中国共产党北京市西郊农场有限公司第一届委员会委员7名：管建国、张振民、杨淑凤（女）、王昭亮、王洪斌、张增京、黄肖东，中共北京市西郊农场有限公司第一届纪律检查委员会委员5名：杨淑凤（女）、李德跃、魏然、李恒訢、孙峰（女）（表1-15-2）。

表 1 - 15 - 2　西郊农场历次党代会选举结果情况表

时间	次数	选举结果（两委班子成员）
1961 年 7 月 12 日	第一次	党委班子成员：李旭明、肖英、马哮、胡定淮、王哲夫、贾致祥、崔玉珍、曹德库、石长玺、许守忠、张德仓、刘国良、苏淑敏、甄富国、蔡绍仪、王继民、周立禄、史定潮
		监委班子成员：王哲夫、崔玉珍、赵凤祥、邵干坤、周立禄、甄富国、蔡绍仪
1963 年 4 月 1 日	第二次	党委班子成员：李旭明、肖英、马哮、胡定淮、石长玺、苏淑敏、曹德库、崔玉珍、刘国民、宫玉民、洪仁信、郭玉生、蔡绍仪、甄富国、王北民、张宝贵、张正进
		监委班子成员：肖英、洪仁信、崔玉珍、刘国良、邵干坤
1965 年 6 月 16 日	第三次	党委班子成员：柳少栋、石长玺、崔玉珍、曹德库、胡定淮、王哲夫、杨顺澄、苏淑敏、史定潮、曾宪祯
		监委书记：崔玉珍
1970 年 1 月 17 日	第四次	党委班子成员：柳少栋、石长玺、邓宝荣、王志、苏淑敏、杨盛山、侯玉芝、郭秀清、焦士成、张惟英、陈志增、史万清、曹德库、张玉如、张振
1975 年 4 月 26 日	第五次	党委班子成员：邓宝荣、王淑珍、石长玺、白亮明、白凤仪、史万清、田运昌、刘强、李旭玲、李鹤宗、李勤、朱金海、许红桥、陈志增、苏淑敏、肖玉富、何振丰、胡定淮、姚万顺、郭秀清、张翠英、张晏、张瑞、张宝贵、苏绍才、黄淑珍、夏永勤、曾富、韩天佑、焦士成、魏秀芬
1980 年 9 月 10 日	第六次	党委班子成员：刘伦祥、苏淑敏、刘诗宝、李勤、张宴、邓宝荣、宋宏
1984 年 10 月 26 日	第七次	党委班子成员：刘诗宝、苏淑敏、朱宏、唐玉宝、蔡维迁、毕振永、李淑瑞、杨顺澄、王彤信
		纪委班子成员：朱宏、刘广恒、郭玉生、康志茂、张绍臣
1987 年 9 月 11 日	第八次	党委班子成员：王彤信、王梦春、刘广恒、刘诗宝、朱宏、毕振永、李淑瑞、唐玉宝、蔡维迁
		纪委班子成员：刘广恒、孙进才、毕振永、张绍臣、唐玉宝
1990 年 12 月 11 日	第九次	党委班子成员：王彤信、王梦春、朱宏、刘诗宝、李淑瑞、毕振永、赵桂栋、唐玉宝、蔡士学
		纪委班子成员：刘广恒、孙进才、唐玉宝、梁益芳、蔡士学
1993 年 12 月 26 日	第十次	党委班子成员：尹跃进、毕振永、朱宏、刘诗宝、关铁城、李凤元、李淑瑞、唐玉宝、蔡士学
		纪委班子成员：于爱民、刘广恒、孙进才、唐玉宝、蔡士学
1998 年 11 月 17 日	第十一次	党委班子成员：李凤元、李杰峰、李山、孙毅、关铁成、康志茂
		纪委班子成员：蔡士学
2001 年 5 月 25 日	第十二次	党委班子成员：李山、傅鹏、孙毅、王胜才、吴树森
		纪委班子成员：傅鹏、王洪斌、黎振平
2013 年 11 月 6 日	第十三次	党委班子成员：孔凡、管建国、郭君君、王洪斌、杨淑凤
		纪委班子成员：郭君君、潘云起、李恒䜣、孙启昌、魏然
2016 年 12 月 22 日	第十四次	党委班子成员：孔凡、管建国、杨淑凤（女）、王昭亮、王洪斌、王少君（女）、苗金环（女）
		纪委班子成员：杨淑凤（女）、李德跃、李恒䜣、魏然、孙峰（女）
2019 年 12 月 6 日	第一次	党委班子成员：管建国、张振民、杨淑凤（女）、王昭亮、王洪斌、张增京、黄肖东
		纪委班子成员：杨淑凤（女）、李德跃、魏然、李恒䜣、孙峰（女）

第三节　党员教育活动

建场以来，农场各届党委高度重视党员的学习教育工作，积极探索做好党建工作的制度创新、方法创新和载体创新，为了加强支部和党员教育管理，制定符合农场实际的党支部建设规范和共产党员行为规范，开展混合所有制企业党建创新活动，建立党建微信群，加强党务人员线上线下学习，结合行业特点，树立基层党建品牌，特别是在重大教育活动中，按照集团公司党委部署，各农场同步展开对党员的学习教育活动。

一、"三讲"学习教育活动

2001 年 8 月 6 日至 9 月 13 日，西郊农场和东北旺农场领导班子开展以"讲学习、讲政治、讲正气"为主要内容的"三讲"党风教育活动。

2001 年，根据中共中央《关于在县级以上党政领导班子、领导干部中深入开展"讲学习、讲政治、讲正气"为主要内容的党性党风教育的意见》要求，按照集团公司党委部署，西郊、东北旺农场开展"三讲"学习教育活动，具体步骤和方法是：思想发动、学习提高；自我剖析、听取意见；交流思想、开展批评；认真整改、巩固成果。通过以邓小平理论和江泽民"三个代表"重要思想为指导的"三讲"学习教育活动的开展，农场领导班子及成员的整体素质、精神面貌有了新的变化；党群关系、干群关系有了新的改善；企业党组织凝聚力、战斗力有了新的提高；加快农场国企改制有了新的进展。

二、保持共产党员先进性教育活动

2005 年 7 月，根据集团公司党委安排，西郊、东北旺农场 8 月 9 日至 11 月 9 日，开展保持共产党员先进性教育活动，全体党员参加。通过此项教育活动，广大党员受到了一次深刻的以"三个代表"重要思想为主要内容的政治理论教育，党的意识和党员意识进一步增强，党群关系进一步密切，党组织的凝聚力、战斗力、创造力得到提高，促进了农场各项工作的顺利开展。2006 年 2 月，农场开展"保持共产党员先进性教育'回头看'活动"，巩固和扩大教育。

三、"忠诚三元"主题教育活动

2007年4月，按照集团公司《2007年政治工作意见》要求，东北旺农场、西郊农场同步开展"忠诚三元"主题教育活动。2007年4月6日，东北旺农场召开党委扩大会，传达集团公司"2007年政治工作意见"，会议决定利用农场建场五十周年开展"忠诚三元"主题教育活动，发扬革命传统，弘扬农垦精神，创建优秀企业文化。此次会议，标志"场庆"活动的正式启动，活动总结了农场五十年在社会发展的不同历史阶段中发挥的作用及取得的成绩，开发、挖掘企业文化精神，促进农场各项事业的健康、和谐、稳定发展，从年初开始着手进行资料的广泛收集和整理工作，进行纪录片的拍摄和纪念画册的印制，利用网络，加强了对外宣传和内部沟通交流，把企业文化渗透到生产经营各个环节，促进企业文化与经营管理的深度融合。积极倡导党员忠诚于誓言、员工忠诚于岗位、班子忠诚于事业、人人忠诚于三元的价值观，引导广大干部职工为实现经济持续快速和谐发展而奋斗。

四、党的群众路线教育实践活动

2013年8月6日，按照集团公司群众路线教育实践活动部署和要求，西郊农场"党的群众路线教育实践活动"拉开帷幕，农场利用LED显示屏和电子触摸屏等现代多媒体形式对党的群众路线教育实践活动进行舆论宣传，组织各党员干部观看了电影《周恩来的四个昼夜》和教育片《群众路线的形成和发展，以及群众工作的历史与现在》。印发《党员干部在作风方面存在的突出问题的22种表现》，面向全体党员群众设立了西郊农场开展党的群众路线教育实践活动征求意见箱和电子邮箱，向各党（总）支部发出了征求意见函。2014年1月24日，召开党的群众路线教育实践活动总结大会。

五、"三严三实"专题教育活动

2015年6月10日，西郊农场党委按照首农集团党委《关于开展"三严三实"专题教育实施方案》的要求，农场召开"三严三实"专题教育启动部署会。党委书记孔凡作了题为《"严"字当头，真抓"实"干，以"三严三实"优良作风推动农场实现新发展》的党课报告，农场所属支部分别组织广大党员开展了党课内容的学习，提高党员对"三严三实"的理解和认识。整个"三严三实"专题教育分为三个阶段,第一阶段严以修身,加强党性修养,坚定理想信念,把牢思想和行动的总开关,第二阶段严以律己,严守政治纪律和政治规矩,自觉做政治上的明白人,第三阶段严以用权,真抓实干,实实在在谋事创业做人,树立忠诚、干净、担当的新形象。

"三严三实"专题教育开展以来,按照边学边查边改的要求,农场认真开展教育实践活动整改落实自查,突出专题教育的问题导向。按照农场领导班子2014年民主生活会中查摆出来的问题,制定了《北京市西郊农场领导班子整改方案》和《领导班子民主生活会整改任务一览表》,根据梳理出来的问题清单,重点抓好四大方面和十项整改任务,并建立了台账机制。农场各级组织均于2016年1月底前召开了"三严三实"专题民主生活会和组织生活会。

农场党委把"三严三实"专题教育作为党的群众路线教育实践活动的延展和深化,作为提升农场广大党员和领导干部思想和作风的重要抓手,将"三严三实"专题教育与"党员意识提升行动"相结合,领导班子成员与场部党员、积极分子和农场10名转正党员、10名新发展党员一起走进房山区没有共产党就没有新中国纪念馆参观学习,农场所属各支部也开展了不同形式的教育学习,广大党员在学习中提升认识,加强党员干部的党性修养,坚定理想信念。

六、"两学一做"学习教育活动

2016年5月9日,西郊农场召开"学党章党规、学系列讲话,做合格党员"学习教育工作会,标志"两学一做"学习教育全面启动。农场购买学习光盘,下发百余本学习书籍,通过学党章党规、学系列讲话,学习习近平总书记"七一"重要讲话、《中国共产党党员问责条例》,把党的新规矩、新要求、新纪律和党治国理政的新理念、新思想、新战略列入"三会一课"的重要内容,并通过制作宣传展板、利用西郊党建微信群、西郊农场官网进行宣传和教育,营造了良好的活动氛围。

坚持"学"为基础,做到固本强基。各级领导干部带头参加学习体会、带头参加讨论、带头谈体会,讲党课,以上率下。组织开展党委中心组扩大学习会5次,召开党支部书记会6次,组织广大党员干部深入学习习近平总书记系列讲话精神及党内各项法规条例,邀请集团领导讲党课,组织参观反腐倡廉教育基地等。各基层支部丰富学习载体,创新线上线下多种学习形式,组织主题活动,并将集体学习与自学相结合、学习与讨论交流相结合、学习与实践教育相结合,进一步强化学习效果。共组织集体学习60余次,开展交流研讨 40 余次，开展党员活动 40 余次，支部书记讲党课 20 余次。

坚持"做"为关键，做到务求实效。农场党委召开纪念建党 95 周年暨表彰大会，授予 2 家支部"模范党支部"称号，5 名同志"优秀党务工作者"称号，24 名党员"先锋党员"称号。开展"三亮三比三评"活动，房地产板块通过党员亮身份、明职责、树典型等形式，在施工项目中体现党员的引领带动作用。物产物流板块通过亮出每一位党员的身份、岗位承诺及设置党员责任区，进一步增强党员意识。都市农业板块在采摘季和重要生产岗位设立党员先锋岗，并确立每周一为党员集体劳动日，开展承诺践诺活动，促进党员带头建功立业。

开展两个规范专题大讨论，各支部开展合格党支部建设规范大讨论和合格党员行为规范大讨论，广大党员以党章党规党纪为标准，广泛开展讨论，在日常工作中争做合格共产党员。农场党委在学习教育工作中突出问题导向，不断强化和规范支部组织和党员队伍建设。

第四节　统战工作

2008 年，农场按照新时期统战工作的要求，以科学发展观为指导，以选才、育才、用才为主线，以党建带团建，抓好青年工作，围绕企业经济建设和思想政治建设开展工作，促进企业的改革发展稳定和党外知识分子的全面发展。开展的主要工作有：

一是严格落实《北京首都农业集团有限公司统战工作管理办法》，树立"大统战"意识。在各单位广泛开展"爱企业、献良策、做贡献"主题活动，发挥调动广大党外知识分子的工作热情和积极性。认真、及时地了解并掌握党外人士的相关情况，加强情感沟通，打牢党外知识分子队伍建设的组织基础。

二是以创先争优活动为载体，促进农场统战工作科学发展。以深入推进基层组织建设年活动为载体，积极开展党史主题教育活动。组织形式各异的党内、党外共同参与的爱国主义教育活动，如参观董存瑞纪念馆、抗日战争纪念馆、狼牙山之行等，开展纪念五四运动主题团日活动。开展团员青年干部"知场史、忆场史"主题教育活动，引导广大统战成员继承和发扬优良传统，巩固与中国共产党团结奋斗的思想政治基础，坚定在中国共产党领导下走中国特色社会主义道路的信念和信心。

三是加强领导，健全机制，不断提升统战工作水平。制定了党外知识分子工作计划，建立党外知识分子管理制度，按照党建带团建工作要求，2012 年 4 月成立了共青团西郊农场委员会，成立北京丘比公司团支部和农场联合团支部，配齐配强团委委员，由党委副书记兼任团委书记，农场场部和二级单位优秀青年担任委员，吸收党外优秀青年骨干加入党组织。

四是加强青年干部的培养、使用、管理力度。根据农场人才需求实际，经过反复酝酿，充分考察，组织谈话等多种形式对青年干部进行考察评议后，任用了一批青年干部充实到农场的重要领导岗位上，打破以往论资排辈，备而不用的现象，使其在锻炼中成长，在成长中得到锻炼，为青年人才发展搭建和创造了平台。

五是突出特色，打造品牌，推动统战工作上台阶。积极参加集团公司青年科技论文评选活动，农场场部马骁参与的《人民币升值对我国对外贸易的影响及对策分析》荣获首农集团优秀青年论文评选优秀奖。积极参加集团公司举办的"首农青年文化节"评选表彰活动，北京丘比公司团支部荣获"先进基层团组织"荣誉称号。北京丘比公司沙拉充填班系长贾亚楠作为西郊农场青年代表荣获"北京市青年岗位能手"荣誉称号，为农场青年同志树立了榜样。

第五节　党风廉政建设

农场全面履行党章赋予的职责，落实两个责任，以加强各级干部作风建设为重点，严明党的纪律和政治规矩，全面推进农场党风廉政建设和反腐败各项工作。

一、落实党风廉政建设责任制

2009年农场贯彻执行《国有企业领导人员廉洁从业若干规定》，落实廉洁自律"七项要求"专项查纠工作，贯彻落实《建立健全惩治和预防腐败体系2008—2012年工作计划》，推进惩防体系建设工作以及基本制度建立、完善和执行落实。

农场相继制定会议管理办法、厂务公开实施意见、农场党委中心组理论学习制度、农场领导班子民主生活会制度、农场党风廉政建设责任制、农场"三重一大"制度、农场大宗物资原材料交易管理办法、农场企业投资管理办法、农场内部会计控制制度等一系列廉政建设风险防范制度。

2010年农场修订了《东北旺农场党风廉政建设责任制实施办法》《东北旺农场执行"三重一大"制度的规定》《东北旺农场效能监察工作办法》等一系列规章制度。

2013年农场狠抓《西郊农场关于改进工作作风，密切联系群众的实施意见》的落实，对"公款吃喝"问题认真开展自查自纠，积极倡导艰苦奋斗、厉行勤俭节约的精神。

2014年为落实集团公司纪委《关于企业领导人员办公用房和企业公务用车登记的通知》的精神，农场对各企业领导班子成员办公用房和企业公务用车进行了严格的整顿，落实了有关要求。

2016年，农场认真开展"三严三实"专题教育活动，班子成员带头谈心，主要领导带头讲党课，深入基层企业，听取企业意见建议。完善企业党支部建设，推动各级党员领导干部认真查找自己在修身做人、用权律己、谋事创业等方面不严不实问题，提出有效的整顿整改措施。

2017年，农场结合"两学一做"学习教育，全力引导党员，特别是党员领导干部在"学"中"做"，在"做"中"学"，进一步发挥党员领导干部在农场工作中的引领示范带动作用。优化调整配齐7家企业党政班子，11家党支部按期换届。持续开展党风廉政建设，建立廉政建设责任传递机制，农场书记、场长与基层企业党政一把手签订党风廉政建设责任书，进一步落实党委主体责任和"一岗双责"。以"三重一大"决策执行情况和重点建设项目实施监察为主要抓手，进一步落实纪委监督责任。

2018年，农场修订《北京市西郊农场有限公司规范和执行"三重一大"决策制度实施办法》，认真落实"三重一大"决策事项党委前置工作，突出"三个融合"，即在组织架构上，把党委领导与农场治理有机融合；在经营管理上，把党委推进重大决策与经营管理层贯彻落实有机融合；在监督保障上，把党委定向把关与纪委依法监督有机融合。抓好意识形态和文化建设，搭建并把关"一报、一网、一微信"的综合平台，及时传递上级和农场声音。召开2018年党风廉政建设工作专题会，按照公司《党风廉政建设责任制分工》，层层签订党风廉政责任书147份，做到公司班子成员、基层企业班子成员和公司上下机关部室，党风廉政建设责任全覆盖，形成一级抓一级，层层抓落实的工作格局。

二、开展廉洁自律警示教育

2013年，农场认真贯彻《中国共产党党员领导干部廉洁从政若干准则》和《国有企业领导人员廉洁从业若干规定》，深入开展党的纪律教育、法制教育和警示教育，加强领导干部廉洁自律的自觉意识，做到警钟长鸣。农场各级领导班子坚持反腐倡廉建设的主体责任，认真履行"一岗双责"，坚持用制度管人、按制度办事、靠制度管权的长效机制。完善职务消费相关制度。规范权力运行，深化对制度执行和廉洁从业的监督，进一步规范党务公开工作。深化效能监察工作，严格执行集团公司《工程项目管理办法》和《采购大宗物资与工程、服务招标的管理办法》，推进农场内部工程项目管理、大宗物资采购与工程、服务招标等项工作制度的贯彻执行。

每年组织中层以上干部接受警示教育，增强领导干部廉政勤政的自觉性。建立对制度监督检查的常态化机制，落实"读书思廉、承诺促廉、以案警廉"长效机制，打造了"以观促廉、以案讲廉、以声述廉、以感思廉、以悟保廉"五位一体的教育模式，邀请专家到农场作反腐教育报告，参观教育基地，让参观者身临其境，参观模拟审讯室、模拟监舍，观看服刑人员生活场景录像，与高墙电网"零距离"接触，切身体验失去自由的生活。观看警示教育片，开展党纪条规考试等行之有效的教育。坚持学习教育，提高领导干部依法依规行使权力的意识。开展廉洁谈话，落实诚勉谈话制度，不断提高各级干部政治素质和廉洁意识，确保政令畅通和农场稳定（图 1-15-1）。

图 1-15-1 农场开展多种反腐倡廉警示教育

三、扎实推进党务公开

2019 年，农场坚持推进场务公开工作，发挥职代会对企业重大事项的民主管理、民主监督作用。规范董事会、监事会、股东会和经理层的职责权限，形成企业决策、执行、监督制衡机制，规范决策程序，防范决策风险。

认真坚持"三重一大"民主决策制度，保证决策科学，避免工作失误，认真贯彻民主集中制原则。坚持深入落实"两个责任"和"一岗双责"，严格落实中央八项规定精神，严格执行领导干部个人有关事项报告、干部薪酬、职务消费、公务接待等各项制度，切实改进了文风、会风和工作作风。

四、开展效能监察工作

2012年农场纪委每年对企业"三重一大"事项决策程序进行监察、对企业大额资金使用情况进行监察，对重大工程建设项目公开招投标情况及相关制度执行进行监察，作为风险防范采取的措施。

根据实际确定效能监察对象，进行立项监察，促进规范操作和规范管理，保证经济健康运行。做好信访接待和矛盾隐患排查调处工作。严格执行中央八项规定，落实《西郊农场公务用车管理办法》，践行"三严三实"，完善对所属企业的内部审计工作和"三重一大"考核评价及责任追究制度建设，加强对项目招投标、建筑施工、审计决算等重要事项和关键环节的效能监察和监督检查。

五、加强纪检监察、审计等监督部门的组织建设

农场选调优秀人才充实农场纪检监察队伍。严把选人用人廉洁关，一是提升履职意识。以集中学、自学等多种方式，组织纪检监察干部开展党纪法规学习。组织召开纪委委员专题学习会，对照市国资党委第六巡察组巡察、集团公司党委巡察发现问题清单，逐条逐项开展"回头看"强化遵规守纪意识。二是提高素质能力。抽调人员参加集团公司全面从严治党落实情况和"私车公养"专项检查工作，积极参加集团公司纪委举办的业务培训班，培训内容主要围绕执纪监督、执纪审查、案件审理、信访举报业务等日常工作进行辅导，多渠道提高纪检监察干部业务技能水平和依纪依法履职能力。三是严格落实《党风廉政建设工作报告制度》。农场所属企业党（总）支部纪检委员半年以书面形式向农场纪委上报履行监督责任的工作报告，确保公司纪委及时了解、掌握、督促各企业党风廉政建设情况，使全面从严治党落到实处。

第十六章 工 会

第一节 组织建制

西郊农场于 1958 年 5 月 3 日召开第一次工会会员代表大会，选举袁克廉为工会主席。截止到 2017 年，共召开了十三次工会会员代表大会（表 1-16-1），共选举出 9 名工会主席。工会组织始终健全，工作稳健推进。进入 21 世纪以后，农场的工会工作在集团工会的领导下，加强企业民主管理、维护职工合法权益、为职工提供优质服务，为西郊农场两个文明建设和职工队伍建设作出了重要贡献。

表 1-16-1 西郊农场职工会会员代表大会届次顺序表

代表大会届次	召开时间	会议内容
一	1958 年 5 月 3 日	正式成立工会，选举袁克廉为工会主席
二	1960 年 5 月	选举张宝贵为工会主席
三	1973 年 3 月 30 日	选举阎三杰为工会主席
四	1980 年 6 月	选举邓宝荣为工会主席
五	1984 年 4 月	选举杨顺澄为工会主席
六	1986 年 8 月	选举朱宏为工会主席
七	1990 年 7 月	选举康志茂为工会主席
八	1994 年 8 月	选举康志茂为工会主席
九	1996 年 6 月	选举康志茂为工会主席
十	2000 年 2 月	选举付鹏为工会主席
十一	2003 年 11 月	选举杨淑凤为工会主席
十二	2008 年春	选举杨淑凤为工会主席
十三	2015 年 12 月 18 日	选举杨淑凤为工会主席

第二节 民主管理

依靠工人办好农场，这是社会主义性质所决定的，也是各农场的方针。早在 1951 年，原西郊农场就建立了彰化农场管理委员会，在 12 名委员中就有 5 名是工人代表。他们参加农场管理，决策农场大事，他们以主人翁的姿态参加劳动，在工作中发挥积极性和创造性，他们对待国家财产和工作有高度的负责精神，对增加生产、降低成本、减少浪费起着十分重要的作用。

西郊农场1984年召开首次职工代表大会，讨论场长工作报告和工会工作报告。此后，西郊农场企业民主管理逐步完善，职工代表大会是农场职工行使民主管理权力的机构，是企业民主管理的基本形式，每届任期三年至五年，每年与工作会一同召开1～2次（见表1-16-2）。工会是职工代表大会的管理机构，负责职代会的日常工作。农场民主管理厂务公开工作领导小组下设资产经营管理审查组、职工权益保障审查组、干部廉洁自律审查组、民主监督检查组等四个专项工作组，对农场所属企业的民主管理厂务公开工作履行领导、指导、监督、检查的职责，办公室设在工会。农场所属公司制企业依法建立了职工董事和职工监事制度，职代会对职工董事、职工监事及参加平等协商谈判的职工代表享有选举权。此后，西郊农场续开展签订集体合同、工资集体协商、女职工专项保护协议的推进工作，对促进农场职工工资增长机制的建立、维护职工合法权益和劳动保护的改善起到极大促进作用。

2001年以后，农场所属企业相继推进"厂务公开、民主管理"工作，并成立了"厂务公开、民主管理"工作领导小组，制定并下发了实施办法。各单位结合本企业的情况，采取公开栏、建议箱或通过职工（代表）会、座谈会等多种形式，将企业经营重大决策、大额开支项目、职工三险上缴情况及干部和职工的收入予以公布。这是依靠职工办企业，职工参与企业管理的新形式，为构建和谐企业打下良好基础（表1-16-2）。

表1-16-2　西郊农场1996—2018年职工代表大会报告

职代会届次	召开时间	会议内容
八届二次	1996年6月	西郊农场场长白洁元作工作报告
八届三次	2000年2月	西郊农场场长李山作题为"坚定信心，狠抓机遇真抓实干，迎接挑战"工作报告
八届四次	2003年7月	西郊农场场长李山作题为"解放思想，深化改革，强化管理，开拓创新"工作报告
八届五次	2011年4月	西郊农场场长马建梅作题为"凝心聚力，贯彻落实'十二五'发展规划，促进农场经济又好又快发展"工作报告
八届六次	2012年1月	西郊农场场长马建梅作题为"统一思想、坚定信心，全面落实'十二五'规划大力推进主业平衡发展"工作报告
八届七次	2013年2月	西郊农场场长管建国作题为"统一思想谋发展、开拓创新促转型，全面推动西郊农场经济快速健康持续发展"工作报告
八届八次	2014年2月	西郊农场场长管建国作题为"统一思想聚共识、解放思想谋发展，为全面推进农场转型提升而努力奋斗"工作报告
八届九次	2015年2月	西郊农场场长管建国作题为"凝聚改革共识、坚定发展信心，为全面开创农场工作新局面而努力奋斗"工作报告

（续）

职代会届次	召开时间	会议内容
九届一次	2015 年 12 月	西郊农场场长管建国作题为"承前启后 创新发展应对新常态 开创新未来 全力推进西郊农场转型升级"工作报告
九届二次	2016 年 2 月	西郊农场场长管建国作题为"提质增效、创新发展，努力实现西郊农场'十三五'经济的良好开局"工作报告
九届三次	2017 年 2 月	西郊农场场长管建国作题为"攻坚克难、稳中求进，开创农场转型发展新局面"工作报告
九届四次	2017 年 11 月	西郊农场工会主席杨淑凤主持，审议、通过"北京市西郊农场改制方案"，42 名代表出席了会议
九届五次	2018 年 2 月	西郊农场场长管建国作题为"脚踏实地、锐意进取，努力实行农场转型新局面"工作报告

第三节　职工文体活动

西郊农场职工文体活动蓬勃发展，1987 年，世界乒乓球冠军庄则栋与农场领导亲切交谈，与农场职工开展体育交流活动，切磋乒乓球艺，推动了农场乒乓运动的开展（图 1-16-1）。

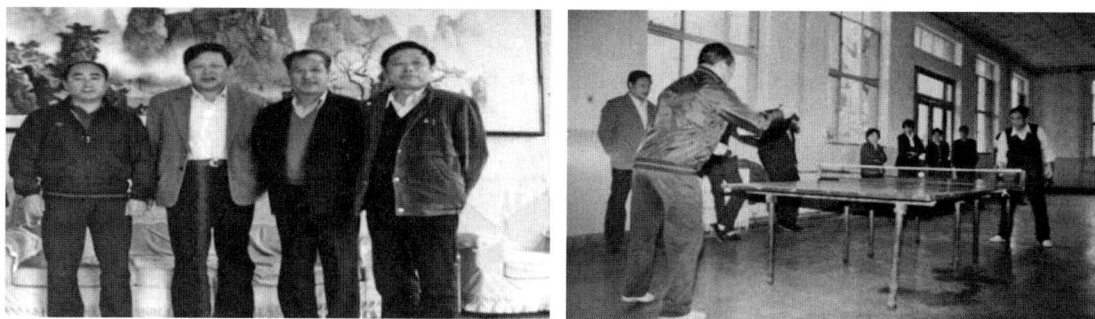

图 1-16-1　世界乒乓球冠军庄则栋（左图左一）亲临西郊农场

1997 年 9 月 20 日，东北旺农场代表总公司参加北京市首届全民健身节，获北京市职工第八套广播体操比赛一等奖。2008 年 9 月，东北旺农场获得北京市奥运会啦啦队先进组织单位。2010 年 10 月 17 日，参加首农集团首届职工运动会田径、趣味项目比赛。2012 年 5 月，西郊农场举办首届羽毛球、乒乓球运动会。2016 年 10 月，举办首届健步走"和谐杯"职工运动会（图 1-16-2）。

2011 年，农场派出机关由全体人员和基层单位职工的代表，出席了首农第一届职工运动开幕式，参加了太极拳 24 式的和团体操表演，2016 年，农场参加集团"安康杯"乒乓球、踏踏板、防火演练和知识竞赛等活动都取得了优异成绩。

2013 年 10 月，西郊农场广播操代表队参加首农集团第九套广播操展示交流赛，获得第二名。2014 年 5 月，西郊农场参加集团"和谐杯"乒乓球赛，获得第六名。2014 年 10

月 24 日，农场篮球队参加集团公司"和谐杯"篮球赛，获得第二名。2015 年 10 月，西郊农场参加集团"和谐杯"羽毛球球赛，获得团体第七名。

图 1-16-2　农场文体活动丰富多彩

2017 年，农场工会继续开展丰富多彩的职工文体活动，既凝聚职工、树立形象，又传播企业文化、加强企业间交流。5 月，举办"和谐杯"第五届职工羽毛球比赛，并选拔出十余名职工参加 11 月集团组织的羽毛球赛，取得优异成绩；9 月底，在中关村公园举办"迎国庆"百余名职工健步走活动；11 月底完成基层工会订阅工人日报、劳动午报、工会博览等报纸杂志工作。每周二、四下班后仍然坚持将农场职工活动室对各企业开放，让许多羽毛球、乒乓球和健身爱好者有固定的活动场所，既让职工交流了球技和健身心得，又提高了职工活动室的使用率。各企业工会也结合自身优势，积极开展健步走、传统球类、棋牌、摄影、绿色登山、职工趣味运动会等寓教于乐、健康向上的文体活动，满足职工的精神文化需求，创新职工的文化建设，增强企业的凝聚力、向心力和号召力（图 1-16-3）。

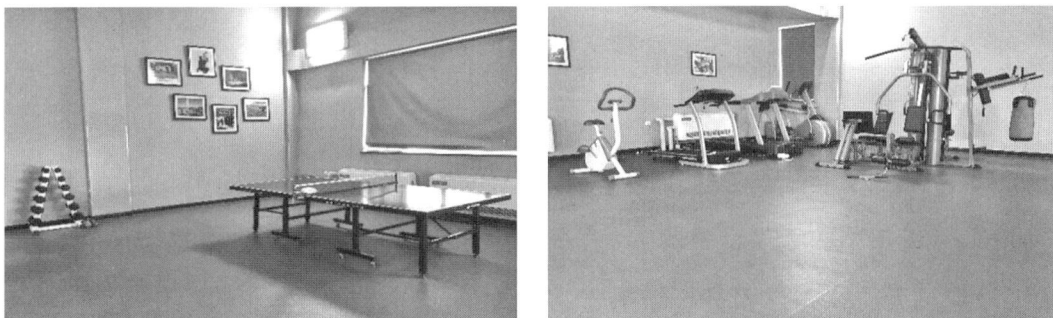

图 1-16-3　农场运动器材室

第十七章　共　青　团

第一节　组织建制

2000年5月16日，西郊农场召开团员、青年代表大会，与会代表30名，选举产生西郊农场第一届青年工作委员会，委员会5人组成，主任傅鹏，副主任李会芹，委员王占仙、周宇、隆慧贤。

2012年5月，成立共青团西郊农场委员会，郭君君同志任共青团西郊农场委员会书记（兼）；乔昕同志任共青团西郊农场委员会副书记；张英楠、陈丽娟、蔡春伟三名同志为共青团西郊农场委员会委员。

2016年9月29日，西郊农场召开共青团员代表大会，选举产生新一届共青团委员会和出席集团公司一次团代会的7名代表，完善了团组织建设（表1-17-1）。

表1-17-1　2016年西郊农场团委及团支部成员名单

团组织名称	姓名	团内职务
西郊农场团委	杨超	团委副书记
	陈立娟、张灵通、蔡春伟	团委委员
联合团支部	张灵通	团支部书记
	蔡春伟、刘珊珊	团支部委员
北京丘比公司团支部	陈立娟	团支部书记
	朱博、王宁	团支部委员

第二节　青年工作

2000年5月，西郊农场在总公司范围内率先成立了"西郊农场第一届青年工作委员会"，通过了《青年工作委员会章程》，健全了组织，并确定了以"党建带团建"为原则，稳定队伍，提高素质，引导团员青年勇于站在改革前列，推动企业的深化改革。

2016年12月，西郊农场企业团支部、北京丘比公司团支部被共青团北京市委员会、市人力社保局评为"2016年度北京市五四红旗团支部"。

2017年5月，北京丘比公司团支部被共青团北京市委员会评为"北京市五四红旗团支部"。在集团公司举办的"五四青年节"表彰会上，西郊农场团委荣获"五四红旗团组织"称号，北京丘比公司陈丽娟荣获"优秀团干部"称号，双塔绿谷公司谭晓婷、三元农业公司赵雪飞荣获"优秀团员"称号。

第十八章 企业文化建设

第一节 企业精神

企业精神是企业基于自身特定的性质、任务、宗旨、时代要求和发展方向，经过精心培养而形成的企业成员群体的精神风貌。企业精神是企业文化的核心，在整个企业文化中起着支配的地位。西郊农场人具有敢于创新、拼搏进取的精神。勇于打造"忠诚"文化，倡导"干事"文化，传播以"团结、求实、忠诚、奉献、创新、发展"的经营理念，充分承担起号角、桥梁和纽带的作用，不断增强企业凝聚力和向心力，大力营造勇于担责、乐于奉献的氛围，为农场又好又快发展提供良好舆论氛围。

2000年底西郊农场对两个文明建设中取得突出成绩的"十佳标兵""十佳先进"进行了表彰，为企业发展创造一个良好氛围。为了宣传西郊良好的企业形象，先后创办了《西郊信息》和《西郊场报》。并与乡广播站协商，开辟了《农场建设园地》栏目，通过中技网制作网页，进行域名推广，另外还增加了与媒体的联系，《人民日报》记者专程到西郊采访并发表了消息，《北京工人报》刊登了劳模王学军的先进事迹。

农场《简报》（后改名为《场报》），宣传党的方针政策和农场重大事项，报道国企改制的成功经验，宣传在改革、发展和稳定中出现的先进事迹和先进经验。通过组织职工参加"北京十佳影响力"评选活动、参加纪念北京农垦成立50周年系列教育活动，使企业文化建设深入民心，增强企业的凝聚力和职工积极向上的精神，培育职工爱岗敬业的思想理念，成为企业经济发展的重要动力。

2002年以后，农场及各企业网站相继开通，为企业内外之间搭建了良好信息沟通桥梁。网站的开通是传统经营模式向电子商务化发展的进步，是向社会宣传产品（服务）树立公司形象的手段，是打造企业品牌文化的窗口。通过网站宣传公司的企业文化理念、创业理念等。上地伟业有限公司在全国物流企业中，是唯一一家可以以2008年北京奥运会赞助商身份进行网络宣传的企业。

2008年5月四川汶川地震后，农场全体员工积极捐款，每人都献出一片爱心。共分成三次捐款，第一次是全员捐款，第二次是党员交纳特殊党费，第三次是"七一"党员献爱心，累计捐款金额达到 195445 元。

第二节 和谐企业建设

农场在改革开放、场乡体制改革、调整改制、转型发展的各个关键时期，企业产权关系、职工劳动关系、利益关系都发生了重大变革，一些亟待解决的深层次矛盾和问题相对集中地暴露出来。面对新情况、新问题，原西郊农场、东北旺农场党委努力加强企业领导班子建设，发挥企业党组织的政治核心作用，坚持全心全意依靠工人阶级的方针，调动各方面的积极性，形成合力，将企业改制与党建融为一体，同步进行，适应企业新变化，研究解决新问题，形成决策新思路，探索有效新办法，开创了和谐企业建设的新局面。

一、加强党组织建设

农场党委充分发挥企业党组织政治核心作用，保证党的路线方针政策在企业的贯彻落实；创建了党管干部与用市场化选聘经营者的机制相结合的新思路，通过多种培训形式提高党员干部思想理论和管理水平。

农场党委把观念创新贯穿于国企改制的全过程，采取专家、学者到场专题讲课，召开研讨会等形式，进一步解放思想、更新观念，齐心协力推进企业改革与发展。2001 年，深入开展"讲学习、讲政治、讲正气"为主要内容的党性党风教育，精神面貌有了新的变化；党群关系、干群关系有了新的改善；企业党组织凝聚力、战斗力有了新的提高；加快农场国企改制有了新的进展。2005 年，农场利用三个月时间，开展保持共产党员先进性教育活动，党组织的凝聚力、战斗力、创造力得到提高，促进了农场各项工作的顺利开展。2006 年，农场实施党员目标管理考核办法，把党员目标管理与争优创先、绩效考核、企业管理紧密结合起来，加强党员教育管理，深入开展创先进党支部、争当优秀党员等活动，在企业改革、发展稳定中充分发挥党员先锋模范作用，建立完善企业党的工作机制，健全民主、科学决策程序，充分发挥群团组织作用。农场长期坚持开展把企业的兴衰荣辱与职工利益紧密相连的教育，开展党员先进性教育。

二、创建优秀企业文化

培育企业文化、构建和谐企业，有利于国企改制和产业结构调整顺利推进，有利于增强企业核心竞争力，为企业增添生机和活力，有利于促进农场经济持续健康和谐发展。

2008年，农场开始创建《场报》，宣传党的方针政策和农场重大事项，报道国企改制的成功经验，宣传在改革调整、发展转型中出现的先进事迹和先进经验。使企业文化建设深入民心，增强企业的凝聚力和职工积极向上的精神，培育职工爱岗敬业的思想理念，成为企业经济发展的重要动力。

农场及各企业都充分利用网络，做好对外宣传和内部交流，把企业文化渗透到生产经营各个环节，促进企业文化与经营管理的深度融合。倡导"党员忠诚于誓言""员工忠诚于岗位""班子忠诚于事业""人人忠诚于三元"的价值观，引导广大干部职工为实现经济持续快速和谐发展而奋斗。

按照集团公司关于"职工之家"实体化建设的要求，农场工会着力在"职工之家"建设上加大力度，各企业相继完成了职工书屋、职工之家活动室、职工园地和职工培训室等一体化建设，并制订了职工之家的一系列管理制度，拍摄了职工之家实体化建设成果展示的视频，与妥善解决劳动争议相结合，促进了企业和谐发展，使职工之家的规范化、科学化、实体化建设得到有效加强，职工活力得到体现。

2010年5月，农场获得北京市和谐劳动关系单位称号。

2011年4月，市总工会授予西郊农场首都劳动奖状。

2011年11月，西郊农场获得全国农林水利系统"模范职工之家"称号。

2011年12月，西郊农场获得北京市"安康杯"竞赛优胜单位称号。

2015年4月，西郊农场获得全国"安康杯"竞赛优胜单位称号。

2013年5月，西郊农场获得"全国模范职工之家"称号。

2019年10月，在庆祝中华人民共和国成立70周年阅兵服务保障工作中，北京丘比公司成绩卓越，贡献突出，获得北京市庆祝活动领导小组阅兵服务保障指挥部荣誉证书（图1-18-1）。

农场加强源头参与，着力构建和谐劳动关系，完善政府、工会、企业共同参与的平等协调机制，构建和谐劳动关系，完成工资集体协商工作，落实女职工权益保护专项合同工作。结合"四费"使用管理办法，协商落实职工福利费、教育经费、劳动保护费、工会经费的使用，有效缓解了各种劳动关系纠纷，促进劳动关系和谐，维护好职工的合法权益，确保了职工队伍的稳定。

图 1-18-1　农场获得多项殊荣

第三节　精神文明建设

农场党委按照党的十四届六中全会对社会主义精神文明建设提出的新要求，建立以提高人的素质为目的的精神文明新格局，以思想政治工作促进两个文明建设，切实把精神文明建设提高到更加突出的地位，认真解决了农场一系列迫切问题，开创了新形势下精神文明建设的新局面。

1996 年，西郊农场千方百计加大投入，为精神文明建设提供物质保障，党委新班子在注重发展经济工作的同时，全力为群众办实事，投资 45 万元，在职工群众居住集中的地区安装路灯，为职工上下班及附近群众提供了便利，得到群众拥护和称赞；投资整修了万米田间路和 4 条村间公路，解决田间运输和群众走路难问题。同时，四个分场三年共投资 668 万元，整修道路 131300 平方米；为在全乡形成学先进、赶先进、超先进新热潮，党委拿出 10 万元，在全乡范围内开展了"百星"评比表彰活动；投资改善奶牛二场、白家疃等边远老企业职工的居住条件；投资 150 万元建成托幼大楼 1300 平方米，容纳幼儿 170 名，更新了桌椅，添置了图书；投资 90 万元，整修道路，规范市场，美化环境，整顿商业一条街，彻底改变街前脏、乱、差现状，并在商业街两侧建起花坛；全乡范围内增装电话，解决当地和企业通信问题，到 1996 年年底，全部成为光缆、直播；安装有线电视，扩大覆盖面，丰富职工群众业余文化生活。

20 世纪 90 年代，农场制定了《精神文明建设九五规划》，遵循以科学的理论武装人，以正确的舆论引导人，以高尚的精神塑造人，以优秀的作品鼓舞人的方针。广泛进行社会公德意识教育，以环境建设为突破口，保证了对精神文明建设的适当投入，加大了对幼教、普教、职成教和专业技术人员的继续教育投入，提高人们的综合素质和生活质量。

2008 年以后，农场深入开展职工之家建设，建立职工书屋、为职工小家添置各种设施设备，增添绿植美化环境，充分发挥着职工之家的作用，再与妥善解决劳动争议结合起来，既稳定了劳动双方关系，又促进了企业和谐发展。职工互助保障工作和女职工工作。职工互助保险是工会为职工办实事做好事的重要方式之一。

2016 年，在原有互助保险基础上，农场工会又增加了住院津贴的投保，职工住院可享受每天 40 元的津贴补助。关爱女职工，完成了女职工特殊疾病的续保工作，女职工怀孕、生育、哺乳期在工作时间、工作内容等方面给予关照和关心，不断提高了女职工的素质和维权能力，带动女职工广泛投身到企业的发展建设中，立足本职做贡献（图 1-18-2）。2017 年，农场深入推进职工经济技术创新工作，全年共提出合理化建议 1886 条，实施建议 1782 条，为企业节约成本 66 万余元。开展形式多样的劳动竞赛活动和技能培训。按产业板块，分别开展了果树剪枝、物业维修技能比拼等形式多样的劳动竞赛活动，共计 150 余人次参与。

图 1-18-2　农场组织"三八节"活动

第四节　公益活动开展

1989 年 9 月 21 日，国营北京市西郊农场党委书记刘诗宝，场长蔡惟迁，乡长朱宏等领导代表西郊农场全体职工慰问遭受雹灾的西山农场，送去人民币 2 万元。2008 年农场向四川汶川地震灾区捐款 18 万元。2009 年 6 月 29 日，农场"七一"献爱心捐款 1.2 万元。2010 年 4 月 29 日，农场向玉树地震灾区捐款 7.56 万元。2011 年 3 月 13 日，西郊农场全体员工为日本震区福岛市捐款 10 万元人民币。

2016 年 7 月，西郊农场场长助理张英楠被市委组织部派往西藏进行援藏工作。

2016 年 1 月 1 日，北京市三元农业有限公司与吴营村签订了村企结对帮扶协议，为期 2 年。在农业技术、农产品销售、项目等多方面达成战略合作，三元农业还成立了以王宏刚书记挂帅的农业技术帮扶队，春秋两季都进村指导果树修剪及病虫害防治。

第五节　宣传及内刊

1988 年 4 月，西郊农场组成以杨顺澄为主编的农场大事记写作组，于年底完成编写任务，记载了西郊农场 1949 至 1988 年发展历程。

1997 年 5 月，中央农业电影制片厂在西郊农场百亩水稻育苗中心拍摄了《旱育稀植抛秧技术》专题影片；并在此进行了"移栽灵加甲霜灵锰锌本田土不调酸"育苗试验，该实验被列入市级星火计划。

1999 年 6 月 8 日，西郊农场创建《西郊农场报》。

2003 年"非典"时期，农场创建《简报》，于 2004 年 8 月改名为《东北旺农场报》，宣传党的方针政策和农场重大事项，报道国企改制的成功经验。

2005 年，西郊农场建立企业网站。

2008 年 5 月《西郊农场报》在原《东北旺农场报》的基础上正式印刷发行。通过组织职工参加"北京十佳影响力"评选活动、参加纪念北京农垦成立 50 周年系列教育活动，使企业文化建设深入民心，增强企业的凝聚力，培育职工爱岗敬业的思想理念，成为企业经济发展的重要动力。

2008 年 11 月 4 日，三元农业公司建立企业网站。2014 年 7 月 14 日，三元嘉业公司开通微信公众号。2014 年 7 月，三元农业公司开通微信公众号。2014 年 9 月 16 日，双塔绿谷公司开通微信公众号。2015 年，东居物业公司开通微信公众号。2016 年 4 月，北京丘比公司开通微信公众号。2016 年 5 月，西郊农场开通微信公众号。

第六节　农场志史工作

在农场建场 40 周年之际，北京市农场局于 1988 年 3 月，在香山召开农场史编写工作会议，部署各农场编写建场以来的历史与大事记，会上提出了具体要求。农场场党委对香山会议十分重视，进行了研究，指定党委副书记主抓这个工作，选拔了杨顺澄、邓宝荣、徐振英组成场史写作组，历时 8 个月，完成了《北京市国营西郊农场史》和《西郊农场大事记》（图 1-18-3、图 1-18-4）编写任务，如实记载了西郊农场 1949 年 11 月至 1988 年 8 月的发展历程。《北京市国营西郊农场史》共 4 章 35 节，为完成此书的编写，编写组走访了 102 次，向 158 人做了调查，召开了 21 次座谈会，得到了农场广大干部职工，特别是老干部、老工人的帮助。编写过程中，北京市农场史编委会主编祝遵璜 3 次来农场听取汇报和研究工作。对农场史编写提出了宝贵意见。北京市农场史编委会主任刘明亲自审阅原稿。定稿后，农场整理汇编成册，成为农场完整的历史资料。

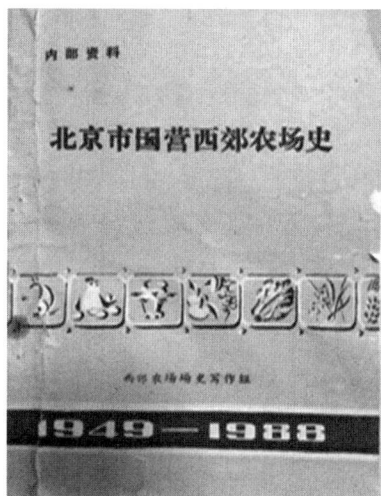

图 1-18-3 《北京市国营西郊农场史》封面

图 1-18-4 《西郊农场大事记》封面

　　2015 年 11 月，农场成立北京市西郊农场大事记工作领导小组，和北京市西郊农场大事记编辑部，在主编孔凡、副主编管建国、杨淑凤，总撰稿潘云起和各位编委的共同努力下，于 2017 年完成了《西郊农场大事记》的编写任务。此大事记坚持辩证唯物主义和历史唯物主义的立场、观点和方法，秉笔直书，述而不作，不滥美，不讳过，力求思想性、科学性、资料性的统一。大事记记载了农场有重大影响的事件、重要变革的事件、不平常的事件、有重要意义的事件、有教育意义的事件和为后人引以为戒的事件。大事迹全面翔实，动态地反映了北京市西郊农场 69 年的发展历程和企业特色，此书于 2018 年内部印刷。

第二篇

北京东北旺农场志

中国农垦农场志

第一章　东北旺农场概述（1957—2008）

第一节　自然与地理

一、地理位置

东北旺农场地处北京市西北近郊，海淀区山后地区，因驻地东北旺村得名，场域元代属昌平县，明、清分属宛平县及昌平县，1952年9月10日属海淀区。1978年场乡体制改革前，农场区域范围西接温泉、永丰乡，北部是永丰科技园区和中国北京航天城，东至京昌高速公路，紧邻上地信息产业基地，南接海淀乡。农场南北宽5公里，东西长11公里，总面积42平方公里。京密引水渠由北向南横穿流过。场乡体制改革后，东北旺农场成为独立的法人经济实体，占地1599.21亩，共有34处土地资产分布在上地信息产业基地和中关村软件园（图2-1-1）。

二、地势与土壤

场域地处西山余脉与山前平原的交界地带。以平原为主，有少量山地，水渠东部为山前平原，约占场域总面积的80%。地势向东缓倾，西南部海拔高度50～250米，最高峰在冷泉天光寺一带，海拔264.3米。东北部50米以下。西部多为低山丘陵，地势向北倾斜，海拔多在50～300米。土壤以普通褐土及水稻土为主。根据历年气象资料记载，年平均气温11.2℃，日照2338小时。无霜期183天，年降雨量616.5毫米。

三、场域文化

场域周边是高等学府和风景旅游区，有清华大学、北京大学、北京体育大学、中国农业大学、颐和园、圆明园等。农场西南部有百望山风景区，1993年建成首都绿色文化碑林。北京百望山森林公园位于颐和园北3公里处，面积约133.3公顷，京密引水渠绕园而过（图 2-1-2、图 2-1-3、图 2-1-4）。

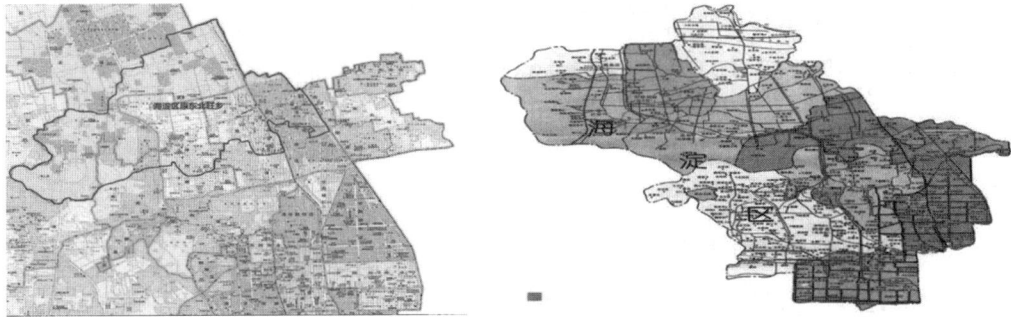

图 2-1-1　东北旺农场场部在西北旺镇的地理位置图

图 2-1-2　北京市海淀区百望山

图 2-1-3　北京清华园

图 2-1-4　北京颐和园

园内主峰海拔 210 米，突兀挺拔，有"太行前哨第一峰"的美称。百望山，又名望儿山，相传北宋杨六郎与辽兵在山下激战，佘老太君登山观阵助威因而得名。

位于农场正南方 8.3 公里的清华大学是中国最美丽的大学之一，清华园原为皇家园林，清朝康熙年间称熙春园，雍正、乾隆、咸丰先后居住于此，咸丰年间熙春园改名为清华园。

坐落在北京西郊，距农场 6.5 公里的颐和园，是北京市古代皇家园林，前身为清漪园，占地约 290 公顷，与圆明园毗邻。它是以昆明湖、万寿山为基址，以杭州西湖为蓝本，汲取江南园林的设计手法而建成的一座大型山水园林，也是保存最完整的一座皇家行宫御苑，被誉为"皇家园林博物馆"，也是国家重点旅游景点。

场域内主要古迹为上地村南的汉墓群，冷泉。韩家川、西北旺、安宁庄等地有柏树、国槐、油松等一级、二级保护古树。西北旺村的传统民间花会五虎棍（图 2-1-5），据传始于清嘉庆六年（1801 年），在光绪二十四年（1898 年）曾被封为皇会。

图 2-1-5　西北旺少林五虎棍

第二节　东北旺农场发展历程

北京市东北旺农场前身是 1957 年 1 月 1 日农垦部和北农大在东北旺乡建立的北农大实验农场，即农大农场。1959 年 12 月下旬，农大农场由北农大移交给北京市农垦局。1960 年 4 月，农大农场属东北旺公社，实行场社合一、政企合一的领导体制。1961 年 3 月，农大农场正式更名为国营北京市东北旺农场，由市农林局和海淀区双重领导。1964 年 1 月，东北旺农场改变双重领导体制，直归市农林局管理；2 月 6 日，东北旺农场归北京市国营农场管理局管理。1968 年 11 月，农场下放海淀区管理。1972 年 7 月 1 日，结束农场下放区县管理的历史，东北旺农场归市农林局（后为北京市国营农场管理局）管理。1978 年 10 月，东北旺农场与温泉公社冷泉大队、永丰人民公社合并成立中日友好人民公社。1979 年 2 月，永丰人民公社从中日友好人民公社划出，恢复东北旺人民公社。1984 年 1 月，东北旺农场地区建立东北旺乡政府。东北旺乡与农场合为一体，属海淀区和市农场局双重领导，集体所有制和全民所有制并存。1997 年 3 月，国营北京市东北旺农场更名为北京市东北旺农场。1998 年 12 月,东北旺农场 9 个村及集体资产划归海淀区,农场完成场乡体制改革。2011 年 8 月 18 日,东北旺农场的国有产权无偿划转给西郊农场。2017 年 12 月 27 日,东北旺农场由全民所有制企业改制为国有一人有限责任公司,新公司名称为北京市东北旺农场有限公司。

东北旺农场前 41 年为政企合一体制,在政企合一的发展历程中,农场注重基础设施的建设,扩大畜牧场规模,创办工业,组织副业生产,扩大蔬菜基地,兴建果林园,形成了以粮、菜、果为主的专业化生产布局,逐渐发展成农、林、牧、副、渔五业并举的综合性农场。后 12 年为国有企业体制。

东北旺农场的发展历程大致经历了 5 个发展期:1957 年至 1965 年的艰苦创业建场期;1966 年至 1977 年的严重受挫复苏期;1978 年至 1991 年的改革开放初期;1992 年至1998 年的加快调整期;1999 年至 2008 年的企业改制全面发展期。

(一)第一发展期(1957—1965)

1957—1965 年,是农场艰苦创业、扩大规模的时期,是农场和人民公社合并、实现国营和集体两种所有制并存、取长补短、发挥优势的时期。这一时期农场非常重视基础设施的建立,大搞以水利化为中心的农田基本建设。时任国务院副总理的谭震林,对农大农场的水利基础设施建设十分关心,水利部副部长钱正英亲自委托水利专家参与指导农场的水利基础设施建设。农场以《全国农业发展纲要》草案为宗旨,组建支援农业水利化工程建设队,第一任场长沈其益亲自挂帅。在全场范围内开展劳动生产大竞赛,为把农场建设成为教学实习基地、科技示范基地和良种繁育基地,广大干部、职工和社员表现出高度的政治觉悟,发扬了艰苦奋斗、无私奉献的精神,用辛勤的汗水谱写了可歌可泣的创业史。职工肖文兰、郭均沛、赵文玉被授予北京市劳动模范。吕振君被授予北京市农业劳动模范。

(二)第二发展期(1966—1977)

1961 年以后农场主要承担繁育、推广农作物优良品种的任务。"文革"期间,经济发展受阻,农场仍坚持搞好农田综合治理,狠抓种植业改革,良种繁育推广,作物指标化管理等工作,培育出小麦、玉米新品种并推广到华北地区各省市。工业发展初现规模,建立了东北旺制药厂、造纸厂、工具厂。

1966 年 5 月至 1976 年 10 月,农场经济遭受严重破坏,干部队伍受到残酷斗争,一些行之有效的管理制度和技术措施被无理废除。各项经济效益都有不同程度的下降。与此同时,农场广大干部职工出于对农场建设事业的忠诚和热爱,抵制了极"左"思潮和错误路线的干扰破坏,坚守工作岗位,自力更生建工厂,广大科技人员埋头苦干,以心血和汗水创造一批科研成果，用自己的辛勤劳动，进一步开拓发展了农场事业。

这一时期，农场在艰难中发展种植业。1972 年在蔡旭教授的主持下，农场实验站工作人员参与了三系小麦育种工作，取得了大量阶段性成果。试验站被推荐出席了 1977 年北京市的科技大会和 1978 年全国科技大会。1977 年赵垂达被评为北京市科技先进工作者。

针对东北旺地区的地理特点，农场一直坚持不懈地搞水利建设，对农场水利灌溉起到了一定作用。1978 年拨乱反正后，各生产队逐步恢复了定额计件，狠抓劳动管理，推行定额管理、"四定一奖"联系产量和评分计分三种形式，使社员的积极性得到了提高。小麦单产从 1967 年的 242 公斤提高到 256.5 公斤，玉米单产从 63 公斤提高到 227.5 公斤。

在此期间农场养殖业也在波动中发展。农村大队集体养猪的事业发展比较稳定，韩家川大队，唐家岭二队、五队曾先后被评为北京市养猪先进单位。

农场重视科技养牛事业（图 2-1-6）。犊牛早期断奶培育实验是农场进行的最早、观察年份最长、资料最全的一项新技术，70 年代曾在全国学术大会上宣读，并在中国奶牛资料上刊出。奶牛人工直肠把握输精技术是国外先进操作法，在西北、华北、华东等多个地区进行传授和推广，并印发了专题经验介绍材料。另外，农场在仔猪红痢病因、疫苗的研制及应用、鸭球虫的发现、奶牛外貌鉴定技术资料等方面处于领先地位，是国内发展的同类资料中最全面的，农场资料曾被全国 80% 的大学、研究所和 60% 的畜牧中等学校选为教材。

图 2-1-6　东北旺农场牛舍

这一时期农场在十分困难的条件下，本着自力更生、因陋就简的原则，先后建立了土霉素厂、造纸厂和工具厂，土霉素厂生产出的灵芝糖浆和灵芝片，曾获得北京市科技三等奖等。造纸厂 1976 年产值达 266.5 万元，利润 41 万元，生产各种纸张 3342.4 吨。工具厂 1978 年生产扳手 63.62 万件，实现产值 183.8 万元，利润 52.2 万元。

（三）第三发展期（1978—1991）

党的十一届三中全会后，农场步入了一个新的发展时期，在新的历史条件下，农场提出了以农业为基础，以工业为支柱，大力发展经济及外贸事业的指导思想。在此期间，随着改革开放，中日友好人民公社的建立，形成了新的对外开放窗口。农村由实行联产承包责任制，逐步向适度规模经营方向发展，农场已发展成为重要的首都副食品生产基地，良种推广繁育基地和科技示范基地。农村经济由过去的单一形式向多种经营方向发展，畜牧业生产实现了自动化。乡镇企业的发展已成为农场经济的重要组成部分。国营企业实行了厂长负责制，集体承包制，生产由过去的计划型逐渐向市场调节转变，技术改造为国营企业注入了新的活力。

1978 年 8 月 12 日，中日两国宣布递交和平友好条约。1978 年 10 月，中日友好人民公社成立，由此开启中日两国人民的友好交往，农场先后派研修生到日本参加学习，中日交流与合作日益频繁、民间友好交往日益广泛。先后建立了中日友好奶牛场、北京田园庄饭店等中外合资企业。

这一时期，农场农业科学化、专业化水平有了较大提高，坚持科学种田，着重培养和推广良种，20 世纪 70 年代就成为我国北方的良种选育及科学研究的基地之一。农场选育的玉米，小麦及蔬菜良种推广到华北、东北及西南的 24 个省市。

1978 年以后，农场加速种植结构的调整，不断改善生产条件，使农场的农业生产和农村经济发展进入了新的历史转折时期。在科技兴农方面有了新的进展。农场成为全国农作物良种推广繁育基地、科技示范基地和首都副食品生产基地，获得"全国首家菜、粮、果绿色食品综合生产基地"和"中国御膳米之乡"称号。中日友好养鸡场、东北旺养鸡场、东北旺唐家岭牛场、中日友好奶牛场、东北旺猪场等养殖业企业调整畜种结构，提高饲养管理水平，逐步实现了自动化生产。

1981 年，农场党委研究制定了"六五"规划（1981—1985 年），明确"农牧并举，多种经营"的指导方针。农场养殖业得到了较快发展，奶牛生产、养鸡生产、养猪生产、养鱼生产都得到了较快发展。农场的工业也初具规模，在农场经济中占有相当的位置。通过改革工业管理体制，整顿企业，技术改造和新产品开发，农场工业取得了令人振奋的成绩。国营工业销售收入 15432 万元，出口创汇 510 多万美元，净利润 1334 万元，上缴税金 807 万元，1990 年固定资产达 2022 万元，职工发展到 1780 人。"七五"时期的前三年是经济高速发展阶段。三年总收入平均递增速度为 21.9%，其中国有企业高达 25%。后两年由于国家宏观政策调整，总收入平均递增 7.5%，其中国有企业为 3.2%。随着农场经济的发展，农村劳动力逐步转移，乡镇企业开始起步。1978 年农场仅有乡镇企业 27 家，到 1990 年发展到 42 家。从产品单一、技术落后、规模小、设备简陋的小企业，发展到建材、机器加工、锻造、纺织、电子、服装、工艺美术、日用化工、建筑五金、木器加工等诸多行业，固定资产达 1071 万元，流动资产达 900 万元，从业人员 1947 人，总产值年达

3479 万元，创利润 269.5 万元。

1986 年，科技人员赵垂达被北京市授予"五一"奖章称号；华洪志于 1985 年被授予北京市劳动模范称号；中日友好养鸡场被评为"全国最佳畜禽养殖企业"。

（四）第四发展期（1992—1998）

进入 90 年代，面对市场变化及地域经济的快速发展，农场原有的经济结构已经不能适应形势发展的需要，面对新形势新问题，农场重点抓优化产品产业结构，加快机制改革步伐，着手进行产权制度改革。此外，大力培育建筑业、商业、物业和仓储业，房地产业初见成效。通过十年的努力，产业结构得到提升，企业质量得到提高，为建立现代企业制度打下了良好的基础。

1992 年，邓小平同志南巡讲话之后，农场以解放思想、更新观念为先导，对经济效益连年亏损的企业，通过"联、引、卖、建"等方法，加速产业和产品结构的调整与优化，进一步转换经营机制，确定"以房地产为重点，采取起动两翼带中间，由南往北推进多种形式开发，整体推进与重点突破相结合"的发展战略。成立安达房地产开发公司、上地装饰服务公司、东北旺建筑公司、东居物业管理中心、东北旺仓储公司、东北旺商贸公司、东北旺加油站、东北旺园艺场等企业。1993 年起，农场开始进行住宅小区开发建设，到 1995 年已完成建筑面积 35.6 万平方米，其中住宅 26.8 万平方米。房地产业的发展，带动了农场第三产业的发展，推进了新农村建设进程。

1992 年，农场加快农业发展与经济结构的调整，不断改善生产条件，农场的农业生产和农村经济发展进入了新的历史时期，成为国内第一个粮、菜、果综合性绿色食品基地。至 1995 年底，农场（乡）有耕地 1.63 万亩（其中农村集体耕地 1.5 万亩），冬小麦 2708 亩，总产 122.3 万公斤，水稻 7313 亩，总产 369.2 万公斤，玉米 1197.8 亩，总产 56.4 万公斤，占全区产量 60%；蔬菜 3135 亩，总产 1830.7 万公斤，果园 2875 亩，总产 127 万公斤，生猪 8169 头，产商品奶 326.5 万公斤，鸡蛋 412.8 万公斤，其中鸡蛋产量居全区之首。

1992 年以后，农场工业进入改革新时期，以解放思想更新观念为先导，以转换经营机制，促使企业走向市场为目标，加大产业调整和资产优化力度，基本消除了企业靠贷款维持亏损性生产和靠亏损性生产维持低水平分配的局面，从而促进了农场国有经济和乡镇企业的稳步发展。农场的国营工业和农村的集体企业，在改革开放政策的指引下，有了突飞猛进的发展。国营企业网架厂、特种金属门窗厂、上地硬质合金工具厂、东北旺工具厂、东北旺造纸厂、东北旺制药厂、长城体育制品厂及乡镇企业都取得良好的经济效益。工业企业产品有药品、食品饮料、五金工具、纸张、建材、服装、体育用品、化妆品、家具、玩具工艺品等 100 多种。1995 年全场（乡）经济总收入 6.5 亿元，其中农村集体总收入 3.01 亿元，房地产开发收入约占全场总收入一半，集体经济纯收入 6253 万元，国营经济利润 1606 万元，农村人均纯收入 3087 元，劳均分配 7855 元，国营经济劳均收入 6012 元。

1992 年 7 月，农场成立房地产开发办公室，房地产业逐步兴起，12 月成立北京市安达房地产开发公司，先后开发建设了东馨园、梅园、竹园、菊园等住宅小区，利用房地产建设积累资金，新建了东北旺医院、马连洼小学、农场办公楼、农场培训中心、老干部活动中心等设施。到 1995 年农场房地产共完成总建筑面积 31 万平方米的开发工作。从 1992 年到 1997 年农场推出房改政策，实行成本价售房，解决农场职工住房 714 套。1997 年以后，农场实行了住房市场化。

这一时期，农场商业、物业管理和仓储业也得到了较快发展。1995 年，农场有商业网点 5 个，经营面积 890 平方米。就业人数 163 人，年利润 21.6 万元。有乡村商业网点 7 个，从业人数 73 人，年利润 17 万元。1993 年以后，农场高速发展住宅小区建设，1994 年成立了东居物业管理中心，1995 年成立了第二物业管理站。1992 年，农场对畜牧业进行调整，畜牧业逐步退出，农场利用其土地资源，根据市场需求发展新兴产业，成立了东北旺仓储公司。

农场利用自然资源、地理优势、土地和劳力及闲置厂房进行广泛招商引资，兴建了北京发喜冰激凌有限公司、北京丘比公司、北京银泰绿色饮品有限公司、北京京台精密铸造有限公司、北京东新广告器具材料有限公司和北京樱花屋餐饮有限公司等多家合资企业。经过产业结构的调整与优化，农场发展成一个"农、林、牧、副、渔、工、商、运、建、服"综合经营的经济实体。同时，农场建立农机、水利等管理机构和社会公共福利事业，建立了农机管理站、农田水利管理站、畜牧兽医管理站、科技站、种苗公司、旅行社、东北旺乡医院、幼儿园、敬老院等。在科技、教育、文化、交通、体育、卫生及社会福利事业上不断发展，地区环境及居住条件明显得到改善。

此阶段农场高度重视人才的培养，职工踊跃报名高考，自 1989 年至 1997 年，孟嘉敏、赵淑卿、张梅岭、楚有名等 4 人被评为高级兽医师，杨志民被评为高级经济师，周宗荼、林速蔚 2 人被评为高级会计师，李春久、姜宫壁、赵垂达、王宏锦、曹金省、卢振国、张文效、金瑶、王靖寰、杨蕴琴、郭居年、翁宏鸿、丰崇舜、曾汝鼎、白洁元、赵庆源、谢安平等 17 人被评为高级农艺师，李家才、刘素梅、秦东英、丁筱珊、岳占仓、马山、周炜等 7 人被评为高级工程师，姜文生、屈洪玉、吕桂荣、张鹗、李元海、李树华等 6 人被评为高级政工师。

（五）第五发展期（1999—2008）

1998 年底，场乡体制改革后，农场成为国有性质的企业，农场以邓小平理论和三个代表重要思想为指导，认真落实党的十五届四中全会和十六大精神，全面推进国企改制。

1998 年场乡体制改革，农村行政村、集体企业及事业单位划归东北旺乡，国有企业划归东北旺农场。场乡体制改革使农场真正成为独立的法人经济实体。农场以产权制度改革为核心，以市场为导向，重点做好体制创新和产业升级，集中精力抓主导产业建设、抓资本运作，抓资产活化，抓融入科技园区的发展（图 2 - 1 - 7）。

图 2 - 1 - 7　农场主要领导研究改制工作

场乡体制改革后，东北旺农场占地 1599.21 亩，共有 34 处土地资产分布在上地信息产业基地、中关村软件园之中。1998 年场乡体制改革后，农场共有职工 3112 人，其中在岗职工 1722 人，农民合同工 690 人，退休人员 700 人；土地确权面积 1559 亩，其中已开发的商业用房共 546 亩归属用房单位及个人，实际剩余面积 1013 亩；资产总额 5.4 亿元，负债 4.1 亿元，净资产 1.3 亿元；下属企业共 29 家，国有企业共 26 家，其中亏损企业 13 家，主要是工业和畜牧业。

1999 年后，农场成为国有性质的经济实体，按照北京市农工商总公司对国企改革的具体要求，农场对下属企业采取重组、租赁、出售、股份合作制、股份制等形式进行改革。

东水出租汽车公司、东北旺加油站、东北旺科技站被集团公司划归专业公司管理；对特种金属门窗厂、电气安装处进行股份合作制改革；对上地仓储公司、上地运输车队、东居物业管理中心、东北旺商贸公司、东北旺园艺场、上地装饰公司、上地伟华汽车修理厂、商贸服务总公司下属市场服务管理中心、北京东上长建物资供销公司等 9 个单位进行重组改制。

2005 年 12 月 31 日，农场召开第七次职代会暨经济工作会，场长作题为"深化产权制度改革，加快实施发展战略，促进农场持续、快速、健康发展"的工作报告，会议审议并通过《东北旺农场发展战略》及《东北旺农场"十一五"规划》。

东北旺农场"十一五"战略规划定位为发挥地处中关村科技园区核心区的区位优势，围绕房地产开发、物业管理、仓储物流三方面，依托科技园区，利用科技园区，以服务和管理巩固现有产业，靠资本和人才拓宽发展空间，创造品牌企业。产业锁定在以下四个方面：房地产业（支柱类）、物业管理（跟进类）、仓储物流（辅助类）及融入科技园区的新兴产业（前景类）。

到 2008 年，农场产权制度改革取得实质性的进展。改制企业转换经营机制迈出了新的步伐，显现了强大的活力和竞争力。国有经济的布局及组织结构得到了优化，形成了以房地产开发、物业管理、仓储物流、合资合作高科技企业全面发展的产业格局，农场的经济实力得到了增加（表 2-1-1、图 2-1-8、图 2-1-9、图 2-1-10）。

截至 2008 年 4 月，东北旺农场所属国有及控股、参股企业有北京市安达房地产开发公司、北京东居物业管理有限公司、北京上地物流有限公司、北京上地东科源农副产品市场有限公司、北京东泰仓储有限公司、北京三元百旺房地产开发有限公司、北京八喜冰激凌有限公司、北京丘比公司、北京三元博雅科技孵化器有限公司、北京迪康医疗设备有限公司、北京吉通轮胎翻修利用有限公司。

表 2-1-1　东北旺农场 2002—2008 年经济指标完成情况

年份	经营收入（万元）	利润（万元）	从业人员人均年收入（元）	同比增长（%）
2002	28089.00	450.00	17211.88	
2003	18410.60	349.00	30469.14	77.02
2004	23461.40	509.10	16457.07	−45.99
2005	26785.50	1246.20	17665.37	7.34
2006	15186.30	1763.80	39955.28	126.18
2007	31713.60	5435.60	34631.73	−13.32
2008	36199.80	5475.50	42557.66	22.87

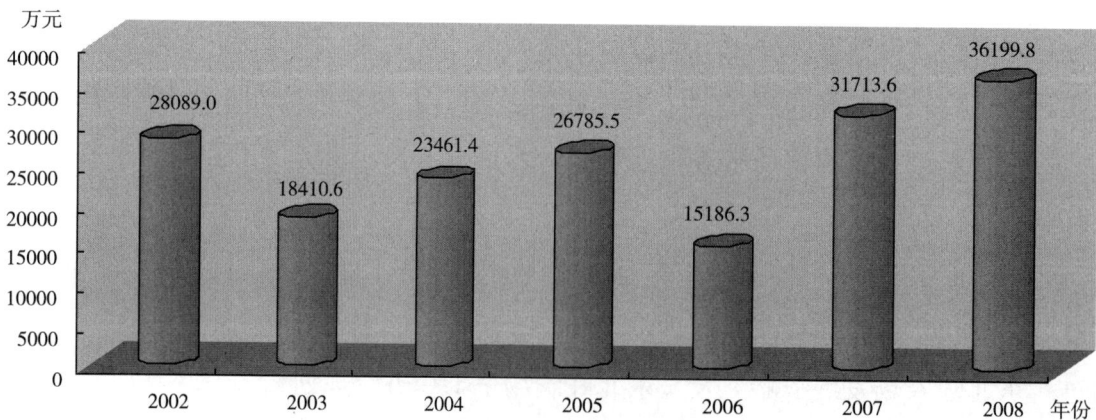

图 2-1-8　东北旺农场 2002—2008 年经营收入比对图

万元

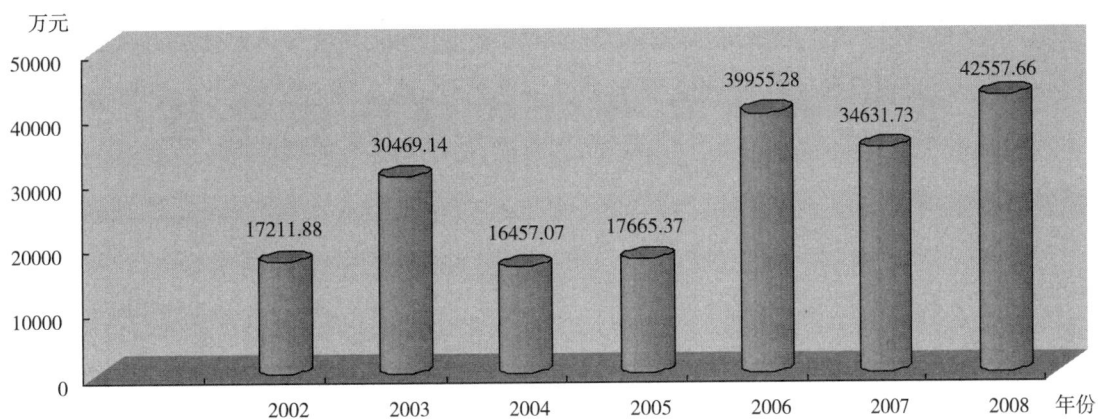

图 2 - 1 - 9　东北旺农场 2002—2008 年从业人均年收入比对图

万元

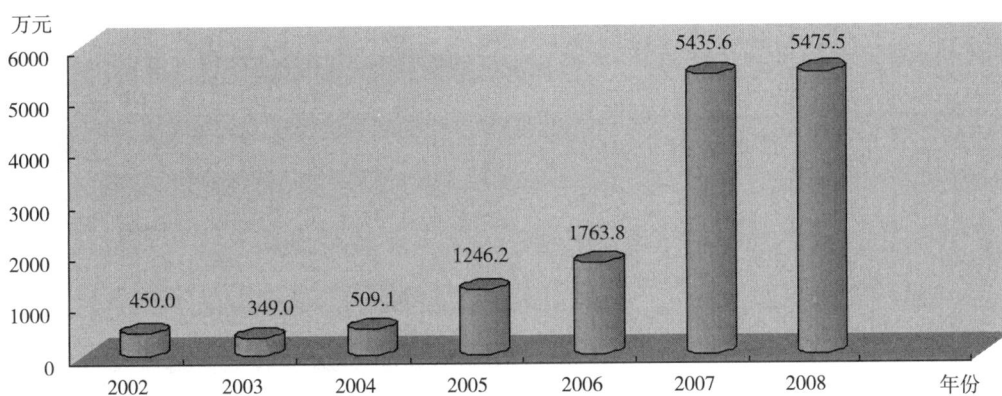

图 2 - 1 - 10　东北旺农场 2002—2008 年利润比对图

第二章 东北旺农场历史沿革

第一节 农大农场成立

1956年1月，在轰轰烈烈的农业社会主义浪潮中，东北旺、西二旗、上地、马连洼、安宁庄5个行政村的7个初级社合并为高级社，即东方农业生产合作社。

1956年春，北农大因试验基地分散、面积太小、地势低洼等原因（图2-2-1），经国务院批准，由海淀区罗道庄迁到马连洼。为了解决学校的教学和实习需要，农大决定建立一个具有相当规模的教学实验农场。7月初，农大对东方农业生产合作社的基本情况进行了调查。认为东北旺地区有大面积平原，适合各种农作物的生长，土壤肥力中等偏上，有较好的生产条件。

图2-2-1 20世纪60年代农村街道及场员住宿情况

马连洼村是北京市基础较好的蔬菜栽培地之一，转为高级社时，东北旺村又发展菜地55亩。因此，从地理位置、栽培历史和土地分布状况等方面看，在东北旺地区建立教学实验农场，既有利于农业生产，又有利于学生就近实习，还有利于科学试验和科技推广工作。

经北京市委批准后，十月下旬由任成润、曹旭、赵文敬、贾德昆、杨宽5名同志组成转场领导小组，先后在罗道庄、昌平分场等地召开筹备会议，研究建场方案。当时的宗旨是国家不花钱买地，土地仍为合作社所有，归集体使用，生产资料按质作价收买，归农场所有。建场后要在生产条件不断改善的基础上，把农场建设成农大师生的教学实习基地、农业生产的科技示范基地和京郊农村的良种繁育基地，并逐步提高当地人民的生活水平。

1956年秋，北农大派出以曹旭为首、由科技干部和农业工人组成的建场筹备组，出机器、出良种、出技术，帮助农民秋收种麦。他们吃住在村里，和当地干部群众一起，全力以赴完成了1300亩小麦的播种任务。10月底出台转场具体办法，11月开始就转场问题在群众中进行了充分的酝酿。对转场目的、方法及优越性进行了广泛的宣传和讨论，解答群众提出的各种问题，群众普遍比较满意。

1956年11月15日，东北旺乡、东方农业生产合作社和北农大三方正式签订了转场协议书。协议书规定：土地由农场统一规划使用，生产资料采取退还股金的形式转为全民所有，凡身体健康、能常年坚持参加生产劳动的社员转为场员，劳动管理上实行计件工资制，原合作社脱产干部转为农场干部，按国家规定任用。

1956年底，农大农场成立大会在位于西二旗村东的4030部队礼堂召开，会议由农场党委书记兼副场长曹旭主持，农大副校长兼农场场长沈其益出席并讲话。农场副书记赵文敬等主要领导及干部群众共千余人参加了会议。会上宣读并通过了转场协议书，会后北京曲艺团演出了精彩的文艺节目。

建场初期条件十分艰苦，农场场部设在东北旺村北经过改建的旧庙里，仅有十几间瓦房作为办公室。农场下设生产组、财务组、总务组、副业组等职能机构。

农场划分为东北旺、西二旗（含安宁庄）、马连洼、上地4个作业站（共17个生产队）和1个机务队。此外，还包括原农大试验农场的昌平分场、卢沟桥分场和西郊农场的圆明园分场，1958年这些分场与农场脱钩。建场初期的规模是5个行政村，802户，有场员790人，11792亩土地，除200亩菜田外其余全是旱田。主要农作物有玉米、谷子、棉花、高粱等。畜牧业以养猪为主，但数量不多。

农垦部拨款82万元，农场利用这笔资金，除退还社员入社时的股金外，其余用于农田基本建设和发展畜牧业。

1958年8月，在"大跃进"浪潮中，农场又吸收了附近人民公社的唐家岭、土井、西北旺、韩家川4个大队，采取不退还股金，全部生产资料直接转为全民所有的方式，使农场规模进一步扩大，土地总面积达22000亩。

1959年，因受资金和生产资料供应的限制，北农大无力经营农场，将农场转交给北京市农垦局。

1961年3月，农大农场正式更名为国营北京市东北旺农场，由市农林局和海淀区双重领导。马连洼农大试验站仍留在农大做教学实习基地。1969年农大迁往河北省涿县时，将农大试验站移交给东北旺农场。

20世纪五六十年代，国家先后对农场投资约600万元。农场领导始终坚持"先生产后生活"的原则，提倡三不盖："不盖办公室，不盖礼堂，不盖宿舍（楼）"，勤俭办企业，将国家投资绝大多数用于农田水利建设，添置必要的生产设施和发展畜牧业。

北京市曾两次拨款建设场部，一次建造了农场第一处职工宿舍，为职工解决生活困难，另一次修建了全场第一条水泥灌渠。

从建场开始，农场就建立了严格的财务制度，资金专款专用，节约每一分钱，为生产和建设服务。作业站干部每人每月只有2～3元的办公费，超支不予报销。

农场领导和机关干部坚持参加生产劳动制度，在生产劳动中掌握第一手材料，发现问题及时解决，做到"三定一顶"，即"定时间，定地点，定任务，顶班劳动"。

第二节　领导体制及组织机构变迁

1957年11月7日，国务院正式批复农大农场成立，隶属农垦部和北农大领导。

1958年初，农场与西北旺乡合并成立万寿山人民公社，同年10月，万寿山人民公社成为永丰人民公社的一个大队，同年，唐家岭、土井、西北旺、韩家川4个行政村并入农场。

1959年底，北农大将农大农场转交北京市农垦局。

1961年3月，东北旺大队脱离永丰公社，东北旺人民公社成立。同期，农大农场正式改名为国营北京市东北旺农场，形成了全民、集体所有制并存的格局，隶属市农林局和海淀区双重领导。

1964年初，国营北京市东北旺农场归属北京市国营农场管理局。

1978年10月7日，经中央批准，东北旺人民公社被命名为中日友好人民公社，并于当年10月23日成立。原温泉公社的冷泉村和永丰公社并入，中日友好人民公社的名称用于外事工作。

1979年2月，永丰公社与中日友好人民公社分开。

1983年3月，农场又被命名为北京市东北旺农工商联合总公司。

1984年1月13日，恢复东北旺乡人民政府建制。国营北京市东北旺农场与东北旺乡人民政府仍保持着全民、集体所有制并存的政企合一格局。

1985年3月，农场成立北京市东北旺农工商公司。

1992年，中日友好人民公社更名为北京市中日友好农场。

1992年9月，北京市东北旺农工商公司更名为北京市上地农工商联合总公司。

1995年3月，北京市上地农工商联合总公司更名为北京市东北旺农工商联合总公司。

1998年8月至12月，根据中共北京市委、市政府关于场乡体制改革的指示精神，对延续41年的场乡合一的管理体制进行改革，改变过去政企合一的管理体制，农场真正成为市场经济中的法人经济实体。

2007年10月22日，东北旺农场领导体制改革和领导班子进行调整，实行董事会制度。东北旺农场领导机构由党委会、董事会、经营班子组成。

2008年4月7日，三元集团京三元集团组字〔2008〕11号文件决定，在北京市东北旺农场现行管理体制下，对东北旺农场和北京市西郊农场进行重组、实行统一管理。

2009年7月21日，首农集团京首农集团组字〔2009〕01号文件决定，东北旺农场不再实行董事会管理体制，实行场长负责制。

2010年11月18日，首农集团党委下发京首农集团组字〔2010〕42号文件，决定将东北旺农场资产整体划转至西郊农场，合并后的西郊农场为首农集团二级单位，实行场长负责制。

2011年1月1日，北京市西郊农场接收北京市东北旺农场全部资产后，正式以北京市西郊农场名义对外开展经营活动。

第三节　农场机关职能部门设置

1998年场乡改革前机关设置：

党委系统：办公室（三办合一，含档案室、打字室），组织部（含老干部活动室），宣传部（含有线电视），纪检，群团办（含工会、团委、文化站）科教科，武装部，共49人。

政府系统：乡财政所、土地科、计生办、民政科、司法科、综治办、环卫科、交通科，共45人。

农场企业系统：农经科、农业科、企管科、三产办、计统科、劳资科、财务科、政研室、外经科、畜牧科、房管科，共97人。

后勤保障部门：总务、司机班、餐厅、门卫保安、电工班，共71人。

社会公益事业和农业科技推广体系：设有卫生院、幼儿园、敬老院、水管站、电管站、蔬菜站、农机站、兽医站、林业站，9个单位共269人。

1998年场乡分家后农场机关设置：

办公室、组织部、宣传部、纪检、工会、科教科、财务科、劳资科、企管科、三产办、政研室、外经科、计统科、畜牧科、房管科共71人。另外行政科53人划归农场。

1998—2005 年，农场机关设置多次变化，至 2006 年，农场机关职能部门设置有办公室、政工部、财务科、劳资科、资产科、农场工会、行政科。

2008 年，东北旺与西郊两个农场重组合并后，机关职能部门合并后场部机构庞大，机关人数多达 82 人，设置有农场办公室、财务预算部、人力资源部、资产管理部、土地管理部、都市农业项目部、监察审计部、工会、公关宣传部。

2010 年 12 月，场部机关进行机构改革，总体思路是压缩部门，理顺职能，调整薪酬，提高效率，对场部机构设置重新归并调整，部分后勤职能转入三元博雅孵化器有限公司，对部室职能重新梳理定位，对部室管理人员重新选聘。场部机构改革后编制 43 人，职能机构设"四部一会二室"，即农场办公室、人力资源部、财务管理与审计部、房地产开发与土地管理部、资产管理部、农场工会、绿色食品办公室。

第四节　农场所属单位设置

1998 年，场乡体制改革前，农场所属企事业单位共计 47 家。其中农场事业单位有 8 家：北京市东北旺企业公司、国营北京市东北旺农场畜牧兽医管理站、国营北京市东北农场幼儿园、北京市海淀区东北旺乡敬老院、国营北京市东北二农场农机管理服务站、国营北京市东北旺农场农田水电管理站、国营北京市东北旺农场科技站、北京市海淀区东北旺乡卫生院。农场农业单位有 7 家：北京市上地园贸技术开发公司、北京市东北旺农场园艺场、北京市上地绿色食品园艺场、国营北京市东北旺农场第二养猪场、国营北京市东北旺农场唐家岭牛场、北京市东北旺农场蛋鸡厂、北京市中日友好鸡场。东北旺农场所属工业企业单位有 16 家：北京丘比食品有限公司、北京发喜冰激凌有限公司、北京市海淀区精新电子技术公司、北京市海淀区华峰电器元件厂、北京市上地稀土水磁场、北京市特种金属门窗厂、北京长城体育制品厂、北京上地硬质合金工具厂、北京市百旺经贸公司、北京市网架厂、北京市上地农工商联合总公司汽车维修站、北京市东北旺工具厂、北京市海淀区京东水泥预制构件厂、北京上地汽车配件厂、北京京台精密铸造有限公司、北京银泰绿色饮品有限公司。东北旺农场所属建筑企业单位有 5 家：北京市东北旺电器安装处、北京市长建东北旺建筑工程公司、北京海东建筑工程部、北京市长建上地建筑工程公司、北京市上地装饰服务公司。东北旺农场所属运输服务企业单位有 11 家：北京东新广告器具材料有限公司、北京市东水出租汽车公司、北京市东日旅行社、北京市海淀区西二旗房地产开发公司、北京市上地仓储公司、北京樱花屋餐饮有限公司、北京市东北旺商贸服务总公司、北京市海淀东北旺种苗公司、北京市海淀区鑫海贸易公司、北京市海淀区东北旺加油站、北京市海淀区上地运输车队。

2007 年，两个农场合并之前，东北旺农场共有企业 14 家。其中纯国有企业 2 家：北京市安达房地产开发公司、北京三元安达建筑有限公司。国有控股企业 6 家：北京东居物业管理有限公司、北京上地物流有限公司、北京上地东科源农副产品市场有限公司、北京三元博雅科技孵化器有限公司、北京迪康医疗器械有限公司、北京昊达房地产开发有限责任公司。中外合资企业 3 家：北京吉通轮胎翻修利用有限公司、北京丘比食品有限公司、北京艾莱发喜食品有限公司。国有投资企业 3 家：北京东泰仓储有限公司、北京三元百旺房地产开发有限责任公司、北京三元梅园乳品发展有限公司。

2008 年，东北旺农场和西郊农场合并后到 2010 年底，东北旺农场所属二级企业共 20 家，三级企业 3 家。二级企业中纯国有企业 7 家：北京市安达房地产开发公司、北京三元安达建筑有限公司、北京市西郊农场劳动服务中心、北京市西郊腾飞房地产开发有限责任公司、北京兴建物业管理中心、北京盛和源工贸有限公司、中以示范农场；国有控股企业 13 家：北京东居物业管理有限公司、北京上地物流有限公司、北京上地东科源农副产品市场有限公司、北京三元博雅科技孵化器有限公司、北京迪康医疗器械有限公司、北京昊达房地产开发有限责任公司、北京长建西郊建筑有限公司、北京市京郊汽车修理有限责任公司、北京三元生物科技发展有限公司、北京三元生物科技发展有限公司、北京三元农业有限公司西郊基地、北京三元农业有限公司种业分公司、北京三元农业有限公司绿色食品分公司。农场所属三级企业 3 家：北京同和开元物业管理有限公司、北京东居物业管理有限公司热力公司、北京昊达房地产开发有限公司。

第三章　东北旺农场农业

第一节　农田水利建设

　　土地是农业的根本，水利是农业的命脉。搞好以水利化为中心的农田基本建设是实现农业四化的基础和前提。1957年，谭震林副总理对农大农场的水利基础建设十分关心，他在听取场长沈其益的有关汇报时说："农大农场的水利基础设施问题要着眼于未来，更要结合农业生产的实际。"他还亲自打电话给当时的水利部副部长钱正英同志，嘱托他委派水利专家参与、指导农场的水利基础建设工作。农场按照国家领导人的指示精神，以《全国农业发展纲要（草案）》为指针，狠抓基础建设，请北京市水利局的两位工程师与生产组的科技干部进行田间水利规划，借鉴苏联集体农庄规划模式和新疆农垦系统的建场经验，因地制宜，绘制农场水利规划蓝图（图2-3-1、图2-3-2）。农场的农田水利化建设工程大体经历了以下五个阶段。

图2-3-1　1958年农大水利系学生参加农场水利建设

图2-3-2　1958年2月，党委书记曹旭（左2）和农大教授叶和才（左3）视察水利工程

　　第一阶段：1957—1958年，建设排水防涝工程。1958年3月，农场党委提出"苦战一个月实现万亩农田水利化"。除农场全民动员外，农大由1500多名师生组成的、场长沈其益任总指挥的"支援农场水利化工程队"，开挖东西走向的排干渠8条，与原来的3条自然排干渠相通，解除了内涝的威胁，同时打井修渠，安装高压线路，削伏脊，填垄沟，扩大了水浇地面积，规划并建立了300亩菜田，增加了小麦种植面积。年底，实现了"当

年受益"的设想，1957年，粮食亩产134公斤，粮食产量和劳均收入都比1956年有较大幅度增长，实现利润11万元，被北京市授予"农业生产先进单位"称号。

第二阶段：1959—1962年，大平大整，建立耕作区。1959年5月，农场领导作出了"在全场范围内开展生产劳动竞赛"的决定，集中人力、畜力和机器，掀起轰轰烈烈的农田基本建设高潮。三年困难时期，虽然国民经济遇到暂时困难，但是农场的干部和群众仍在齐心协力，苦干建家园，勤俭渡难关。

经过平整的土地被划分为66个大田耕作区，每区长500～700米、宽约300米，面积在230亩左右。这样既便于机器耕作又便于人工作业，耕作区内南北向隔50～70米设固定性斗渠，东西向隔30米设临时性毛渠，斗渠、毛渠相间配套，形成网络。

另外，根据农场南高北低的地势，在耕作区南端设灌水支渠，北端设排水支渠，做到旱能浇、涝能排，耕作区四周修建了20余条纵横交错的田间道路网，路面宽6～8米，便于机械运行，保证了田间运输。在农田水利建设中坚持严格的质量检验制度，做到块块有计划，施工有定额，竣工有验收。

农场地处风口，每年冬春季风沙较大，对农作物生长极为不利，建场初期农场领导就十分重视"四旁绿化"，改善生态环境。到1964年年底，全场共栽植各种树木28582株，又在耕作区北端营造防风林带8条，林带宽8～10米，植树8～10行，林带总长1.8万米，以杨树、柳树、松树为主。为了提高树木的成活率和成材率，对所植树木要求不丢、不伤、不死，由专人负责管理，划分责任地段并建立严格的奖惩制度，有效地防止了人为毁坏和牲畜损伤现象。

在大平大整土地的同时，大量生土翻到表层，对作物生长影响很大，为了解决耕作区内生土熟化问题，采取了深耕、勤耕、多耙，有重点地多施有机肥，普施磷肥的办法，迅速提高了生土肥力，基本上做到"生土不减产，当年不赔钱"。

1960年新规划的2400多亩小麦获得大面积丰收，平均亩产达195公斤，在全市以公社为单位名列第一。

第三阶段：1963—1964年，在基本实现水利化的基础上进行大规模的细平细整，以实现标准化、田园化。

1960年以后，由于机井数量有限，部分井出水减少，原有的灌溉设施已不能满足生产力进一步提高的要求，同时针对前两年水利工程中严重的渗漏问题以及由此造成的沼泽化和次生盐渍化，致使农作物大量减产。农场提出灌区的改建和扩建任务，与水利电力研究所合作，开展了渠道防渗的试验研究，决定采取混凝土衬砌的方法，对干渠和接近干渠的部分支渠进行改建，以达到防渗、节水和提高灌溉效果的目的。1964年6月初，东北旺东干渠进行改建扩建。改建的内容是对原有干渠和支渠进行衬砌。此项工程由东北旺农场组织领导，水利水电科学研究院水利所规划设计，市政三公司施工，渠道全部采用混凝土现场浇筑衬砌，干渠衬砌长度6800米。灌区改造后灌溉面积扩大到万亩，亦称"东干万亩灌区"（图2-3-3、图2-3-4）。

图2-3-3 改造后的灌溉渠

图2-3-4 农田灌溉渠采用混凝土浇筑衬砌

农场领导从长远利益出发，克服了原料和资金紧缺的困难，组织青壮劳力修筑水泥灌渠共8公里，修建水利建筑物30余座，并完成部分衬砌工程约4300米，修建公路27公里，初步解决了交通运输问题。

经过几个冬春的艰苦奋战，农场基本上完成了土地规划整理工作，农田成方，林路成网，土地平整，设施配套，具有较强的抗御自然灾害的能力。1963年罕见的大雨，日降雨量达360毫米，而耕作区内却实现了30小时后无积水。在降雨量骤增和病虫害暴发流行的不利条件下，粮食作物总产量仍高于1962年。经过规划整理，全场建成蔬菜区4处，共2000亩；果树区2处，山区、平原各1处，共1700亩，每个耕作区都可进行固定性的田间作业。

第四阶段：1965—1977年，在"农业学大寨"的高潮中，农场大搞农田基本建设，对一些土地不平整的地块进行了复平，是小块变成了大块，更有利于作物生长。

针对东北旺地区的地理特点，农场一直坚持不懈地大搞水利建设。1977年至1978年清理了铁道排干，对八排干进行加宽、清淤，并与永丰乡联合挖了一条数千米的"友谊渠"，对农场水利灌排系统起到了一定的作用（图2-3-5）。

第五阶段：1978—1990年，党的十一届三中全会以后，农场制定重点

图2-3-5 东北旺友谊渠

水利工程计划和任务，严格执行灌排渠道分级管理制度，主、干渠道及附属建筑由农场水电站负责维护和管理，支、斗、毛渠由农村大队和生产队指定专人负责维护和管理。水利设施的建设由基础建设逐步步入较高层次的建设，形成了支、斗、毛渠衬砌，排灌结合的新工艺，由一般的灌溉向节水型农业发展。

1979年1月，东北旺乡成立水电管理站，站长叶振刚。自1979年开始从两个方面着手进行水利设施基础建设。一方面，整治疏挖行洪排水河道，调整排水系统布局，使骨干排水工程配套；另一方面，开展节水工程建设，分期分批将原有土渠改成水泥衬砌的水渠，至1990年支渠衬砌长达1万多米，总投资97.6万元，与之相配套的农业水利设施——电机井也发展到124眼，灌溉面积达19077亩。

农场在旱涝灾害得到基本控制后，地表水供应由"七五"期间的1000万立方米，减少到1990年的160万立方米。积极推广节水和增产的技术措施，先后实施了冷泉果园引水上山一、二、三期，滴灌工程900亩，粮食喷灌工程3100亩。

第二节　农业基地建设

一、教学实习基地建设

在筹建农大农场期间，农大副校长沈其益在向王震同志汇报工作时说：国外的农学院建设目的是培养人才以利于教学和科研，我们建校和建农场的目的也应如此。

农大农场的特殊性主要在于为教学和科研服务，成为农大师生的教学实习基地（图2-3-6）。

图2-3-6　农大土化系同学在农场实习

1957—1958年，农场的主要任务是配合教学，每年都接收大批学生到农场实习。当时以不赔钱为原则，从1959年至20世纪60年代中期，尽管在管理上场校脱钩，但在培养人才方面，农场一直作为北农大的教学实习基地，每年都付出较大的努力，服务于教学，为师生实习提供方便。

学生在四年学习生涯中，要亲自参加三次全过程的生产实践，每周平均有2天的时间到农场参加生产实习，如农作物的管理、病虫害的防治，夏收夏种，蔬菜的播种、育苗和管理过程等。农场还不定期地组织学生结合生产中的问题，对作物进行专题性的田间调查，提供生产情报，进行丰产田的技术分析等。

对较长时间的阶段性实习，则将师生固定编入生产队和班组，由有经验的老农进行辅导，边操作边讲授技术要领。教师则协助生产队长开展技术工作，劳动之余请农场科技干部和经验丰富的老农讲课，使学生增加了感性认识，丰富了理论知识，锻炼了实际能力。建场初期为了适应教学需要，在马连洼建有小面积的兔场、鸡场、羊场、鸭场、种马场，1958年建立了畜牧兽医站，1959年相继建立了果树试验站、农学站、气象站，为学生了解各类知识提供了多种实习场所。

农场按照教学、科研与生产劳动相结合的原则，在搞好学生实习的同时还承担了农大的科研试验任务，农大试验成功的作物新品种、新农药、新经验首先在农场做示范，然后推广到全国各地，如高效、低毒新农药"乐果"的应用。

农场还注意发挥农大各系间的作用，让教师轮流到场认真听取他们的建议和指导，加强了场校联系，及时把先进的科学技术应用到生产领域，并转化成相关的管理经验，在逐渐成熟后面向各地推广。

二、科技示范基地建设

农业的现代化取决于科学技术的运用和发展。农场领导十分重视依靠科技知识，依靠科技干部，提高农场的科技水平。建场开始，农大就抽调科技干部加强对农场科技工作的领导，这些干部不仅有丰富的科学知识，有严格的科学态度，有高度的事业心责任感，尤为可贵的是他们有与当地干部群众同甘共苦的朴实工作作风。

农场坚持科学技术为生产服务的方针，把科学技术作为发展农场经济的靠山，在场领导周围有一个由专业科技干部和经验丰富的专门人才组成的智囊团。在各作业站由科技人员和有经验的当地干部组成领导班子，使科技人员定点参与各作业站的技术管理，给予他们管生产、管技术的较大权力，对他们提出的意见和建议，农场领导都认真听取，积极支持并创造实施条件，在农场内形成了尊重知识、尊重人才、注重科技，推动科技进步的良好风气（图2-3-7）。

图2-3-7　年轻技术人员在农场试验田研究工作

建场当年就开辟了试验田，每年都与农大各系及其他科研单位合作，安排试验项目。在技术上认真贯彻"农业八字宪法"，以熟悉当地自然条件，认真学习和总结当地传统农业技术措施为主。生产条件得到改善后注重研究和摸索高产途径。重点开展增施肥料、合理密植、采用优良品种和逐步改变种植方式的研究。20世纪50年代末开始小麦栽培试验的研究，改变了"畜播大垄麦子"的传统方式，改用24行小垄机播。1960年获得大面积丰收。

图 2-3-8　全国小麦育种专家蔡旭（右3）在农场试验田

全国著名小麦专家蔡旭教授，经常来到农场指导小麦栽培、育种和各个环节试验工作。多年来，蔡旭教授不仅把农场作为小麦培育基地之一，而且还培养了一大批科技人才，相继培育出10个全国驰名的小麦优良品种（图2-3-8）。

1964年，农场从天津学习并推广小弓棚韭菜覆盖技术，为元旦和春节市场增加了细菜品种。

随着生产力水平的提高，农场抽调部分科技人员从事专项业务工作专门负责种子、植保、生产管理和作物生长状况的调查研究工作。

1962年正式建立的试验站（农场科技站前身）成为农场科学试验、科技推广和良种繁育中心。该站拥有土地300亩，设有种子库，化验室和农田机械。1966年以前试验站以良种繁育为主，兼做小麦、玉米、蔬菜的丰产栽培试验，摸索和推广先进技术，为逐年修订技术操作规程提供科学依据，除此之外还承担了植物保护、土壤普查和营养诊断等工作。

试验研究课题来源于生产，"大田出题目，小田做文章"，仅1963年在大田方面就做了小麦、玉米等13种作物、80多个品种、20多个项目的试验，试验成功后，经过示范迅速推广，各生产队普遍建立了以回乡知识青年为骨干的科技小组，开展群众性的科技活动。

粮田生产队建立了丰产方，成立了小麦专业队，每个耕作区有小麦专业组，每个地段有专人负责，可因地制宜地进行田间管理。

1963 年开始以叶龄作为麦田管理的时期标准，确定叶龄与分蘖及幼穗分化的对应关系。1964 年北京市科委在《小麦论文汇编》中推广了这套管理规程，本书共有 4 篇论文，其中 2 篇是本农场的技术总结和操作规程，全市农业科技干部人手一册。

针对丰产小麦易倒伏的特点，农场科技干部创先使用了轧麦技术，使根部茎节短而粗壮，采用搂麦方法断根防倒，喷矮壮素进行生物控制等一整套抗倒伏的科学管理措施。这些经验相继推广到京郊场社和其他省市。

农场还十分重视植保工作，设专职的植保干部，生产队相继建立植保小组。定期进行田间调查，结合当时的气候条件，掌握主要农作物病虫害种类及发生、发展规律，坚持"及早发现，适时防治，以防为主"的方针，采取农药防治、生物防治和人工防治等多种方法，各个环节层层把关，对农业增产起到一定作用。

从 1962 年开始，农场开展了作物生产管理指标的研究，并建立了永久性田间档案。1963 年农场制定了小麦 250 公斤和玉米 300 公斤的生产管理指标，1965 年又制定了小麦 350 公斤的生产管理指标。生产管理指标的制定和实施使农作物产量进一步提高。

1965 年，农场的小麦田间诊断操作规程管理技术和小麦生产在全国农垦科技大会上获奖，农场科技干部的代表宋秉彝同志出席了会议，受到周恩来等党和国家领导人的亲切接见。田间档案是合理利用土地、科学总结生产的依据。农场从 1963 年开始，主要农作物均建立田间技术档案，以大队为单位，每种作物选一个典型耕作区。按照技术操作规程和生育管理指标，结合气象条件做细致的观察和记载，其他耕作区只做主要生育期和管理过程的记载，生育期内经常与典型耕作区为对照，对比管理措施和作物生育状况，以利于田间管理和年终总结。

通过对生产管理指标的研究和建立永久性田间档案，实现了农场田间栽培标准化和栽培管理模式化。果木业在引种、推广方面做了大量工作，如巨峰葡萄，1959 年在果树试验站果品园中扩大繁殖了 1225 株，后逐渐发展到外省市，北起东北三省，南到广东、海南等地果苗的引进大多取于我场。

1964 年，上地果园由北戴河引入瓢梨品种经贮藏后果色黄，果肉细嫩、汁多、味甜，单果重量最高可达 200 克左右，当时成为北京市的稀有优良品种。

在畜牧方面，1958 年成立畜牧兽医站，负责全场畜禽疾病的防治和检疫工作。

1963 年，针对国民经济暂时困难和粮食紧张的状况，农场采用干粉、潮拌料喂猪，改变了"稀汤灌肚"的传统饲养方法，还清了前三年所欠的饲料粮并有了盈余，这种方法的应用比海淀区推广早十余年。

1964 年，农场开始犊牛早期断奶培育试验的研究工作，在全市处于领先地位。

三、良种繁育基地建设

根据《全国农业发展纲要》中关于"国营农场应当成为繁育农作物良种的基地"的精神，农场从建场开始就作为北农大选育良种的繁育示范基地之一，从 1958—1965 年北农大引种的'农大 1 号''农大 3 号''农大 183''农大 311''东方红 3 号'和'农大 7 号''农大 14 号'都首先在农场种植，然后推广到京郊和华北各省市。1963 年引进棉花良种'徐州 1818'。

随着生产条件的不断改善，农场建立了以试验站为中心的良种繁育体系，在选种、制种、引进优良品种、选纯复壮、杂交优势的利用和推广等方面做了大量的工作。保存了上千个小麦原种，建立了三级良种繁育体系，由试验站选育并生产良种，每年指定生产队种植种子田，进行株选穗选，留种后，在全农场大面积种植，除满足本场使用外，还调给其他场社及兄弟省市，每年对外提供良种 50 万～100 万公斤。

经过近十年的统筹规划和辛勤治理，农场面貌发生了翻天覆地的变化。昔日高低不平、七零八落的土地，实现了"沟路林田"成网，道路四通八达，排灌渠系配套，耕作区、排灌渠、道路网、防护林、高压线相间配套，基本上实现了大地园田化。

实行严格的经济核算，以科学技术和"三包一奖"责任制为中心管理制度的贯彻实施，基本上实现了管理科学化、大地田园化、生产机械化、管理科学化，为经济发展打下了坚实的基础，整个农场生产蒸蒸日上，面貌焕然一新，群众的生活水平明显高于邻近社队，每年到农场参观水利建设和学习小麦丰产经验的国内外宾客络绎不绝。

1963 年 11 月 5 日，朱德委员长到农场视察，听取了党委书记曹旭关于农场规划和生产情况的汇报，视察了奶牛场、种马场、水渠及农业生产状况，肯定了农场的发展方向。继朱德委员长来农场视察后，彭德怀同志也来农场视察，对农业发展情况进行了详细的了解。

1964 年 8 月，国家科委主任聂荣臻元帅到农场视察，察看了水渠衬砌、电耕犁等，并把水渠衬砌列入科技项目。

纵观建场初期所走过的路程，东北旺农场在分散的小农经济基础上以协议形式办场，以企业化管理的方法建设农场，以严格的管理制度和比较先进的科学技术发展农场，逐步形成了具有京郊农场特色的科技兴农之路，形成了教学实习基地、科技示范基地和良种繁育基地。

然而，前进的道路是不平坦的。1958 年的所谓"浮夸风"和"瞎指挥风"，也刮到了农大农场。当时在马连洼的农大小麦试验地里，有3亩地被深挖1米，超量投入种、肥，当小麦进入生长期时，由于密不透风，使小麦不能正常生长，因此不得不调鼓风机从四面往里吹风。像这样的事情，还发生了不少。如超越现实能力的大办食堂、大炼钢铁时期，挨家挨户收铁锅等。这样的历史教训要永远铭记。

第三节　农场种植业的发展

东北旺农场位于西山脚下，历来春旱夏涝，灾害较多。土地为轻质土壤，30公分以下有胶泥层和浆石层，透水性差，易受涝。这种土地状况如不改变，要实现水利化、机械化，获得农业的高产和稳产是根本不可能的。因此，改善农场土地状况是农场所面临的首要任务。东北旺农场成立之初是农大农场，建场目的是成为农大师生教学试验基地，主要任务是培养农业人才和利于教学科研，农场按照王震、谭震林副总理的指示，逐渐把农场分别建成了教学试验基地、科技示范基地和良种繁育基地，农场广大干部、职工表现出高度的政治觉悟，发扬了艰苦奋斗、无私奉献的精神，用辛勤的汗水谱写了可歌可泣的创业史。

一、在艰难中发展种植业

1972年，国营农场管理局明确规定，在农场内部实行两种体制并存，农村大队开始实行集体所有、自负盈亏的方针，农场不再给各队下达"三包"的指标。

尽管农场的生产等工作受到"文革"的干扰和冲击，但广大干部职工还是通过各种方式坚持生产，有的单位依然偷偷地沿用"99条"管理办法。在十年期间内，农场各项事业仍得到一定的发展。

农场在进一步搞好农田综合治理的基础上，围绕科学种田狠抓了种植业改革、良种繁育和推广以及作物指标化管理等各项工作，在耕作方法上采取夏播作物移栽、高畦直播等措施。例如，高畦夏玉米比平垅增产30％以上，每亩增产50公斤左右；移栽高粱亩产可达400多公斤；水稻在低洼易涝地块种植，扩大种植面积，提高了粮食产量和经济效益。

育种专家赵垂达带领科技人员，从1967年开始进行玉米自交系的收集和选育工作，他和助手们连续多次赴海南岛进行育种工作，培育了上百个具有各自特点的优良自交系，其中推广面积较大的有'胜利105''京黄113''京黄127''京杂6号'等新组合品种。这些新品种增产效果显著，部分推广到华北各省市，其中'京杂6号'以"产量高、品质好、抗病性强、适应性广"等优点而受到赞誉，被推广到云南、四川、贵州等省。

1970 年，农场作出了《加强科技工作的决定》，调整了试验站领导机构，科技骨干充实到 50 多人，实验土地增加到 260 亩。同时，接受了市里下达的小麦育种任务，专门增设小麦育种组，培育出'芒白 4 号'及经过辐射育种培育的'芒红 19 号'，对'农大 139'小麦进行了推广，另外还培育了抗病直产性强的'京旺 1 号''京旺 2 号''京旺 3 号'。

1972 年春，根据海淀区委的决定，原区属圆明园畜牧场，划归农场，成为农场的畜牧分场。1975 年上半年，由于管理等诸多方面的原因，圆明园分场又划归区直属领导。1972 年上半年，农场井木栓等 6 人被市政府派往也门参加两年援建工作。

1972 年 7 月至 8 月，农场试验站站长曹金生随同中国农业代表团出访阿尔巴尼亚。

1972 年，在蔡旭教授的主持下，农场试验站工作人员参与了三系小麦育种工作，取得了大量的阶段性成果。

因农场所取得的一系列繁育推广科研成果，试验站被推荐出席了 1977 年北京市科技大会，1978 年出席了全国科技大会，赵垂达被评为市"科技先进工作者"。

针对东北旺地区的地理特点，农场一直坚持不懈地大搞水利建设。1977—1978 年，清理了铁道排干，对八排干进行加宽、清淤；与永丰乡联合开掘了一条数千米长的"友谊渠"，对农场水利灌排起到了一定作用。

1978 年拨乱反正后，各生产队逐步恢复了定额计件，狠抓了劳动管理，推行定额管理、"四定一奖"联系产量和评工记分三种形式，使社员们的劳动积极性得到了提高。小麦单产从 1976 年的 242 公斤提高到 256.5 公斤，玉米单产从 63 公斤提高到 227.5 公斤。

二、种植业的稳步发展

党的十一届三中全会以后，通过深入改革，大力调整产业结构，不断改善生产条件，使农场的农业生产和农村经济发展进入了新的历史转折时期。

1978 年，农场加强了以责任制为中心的劳动管理，认真贯彻按劳分配的原则，克服平均主义，根据农场的具体情况，推广了定额管理、"四定一奖"联系产量（定地块、定产量、定人员、定工分、超产奖励）、评工分等三种简明易行的管理制度。当年，粮食播种面积 26151 亩，平均每亩单产 272.5 公斤，总产量达到 7125.1 万公斤。

1979 年 3 月，农场上下狠抓了以"四定一奖"为主要形式的责任制，体现了按劳分配的原则，调动了基层的积极性。

1984 年 7 月，农场制定了《关于农村责任制改革的意见》，提出：农村各业的承包形式，要突出坚持把所有权与经营权分开的原则；对商品菜队采取包干到小组，大田种植业采取人分口粮田，劳力分责任田（即双田制）的责任制形式；果园和林苗一般采取联产承包的形式，责任到人，由大队统一管理；队办企业采取经济包干、超利润分成的办法；企业实行厂长负责制，并采取选聘办法产生。

在实行承包责任制的过程中，农场执行"土地承包户所承包的土地，不能零散，要有利于机械作业，转包土地必须经大队批准。承包者不准买卖出租、荒废土地，更不准破坏原有的水利设施和林木"政策。在经营管理上实行了"五统一"，即：统一计划、统一耕作、统一安排、统一植保、统一筹措生产物资。

1985年1月，根据《关于农场农村责任制改革的意见》，农场下属的34个农村基本核算单位，有21个队，920户，实行了家庭联产承包制，占总数的61.7％；实行专业包干到组的有12个队，220个组；实行定额管理的队有1个。

由于农村承包制的兴起，大批劳动力向第二、第三产业转移。1985年农场农村劳动力7700人。随着种植业机械化水平的提高，乡办企业异军突起，到1990年，农场从事种植业的劳动力只有1800人，占劳动力的25％。

改革的效果是明显的，经济效益和社会效益都较前有所提高。但是，从整体上讲，对农业生产责任制的改革，是处在不断摸索、不断改进的实践过程中，所以，也就不可避免地出现曲折和反复。

农村部分劳动力出现了兼业现象，部分土地承包户不把主要精力放在农业上，使土地弃耕、荒废，耕作粗放，投入减少，有的大块土地被化成零散小块，造成机械作业困难，限制了机械化生产和先进科学技术的应用，部分基层还出现了"以包代管"的现象。

针对农村改革出现的新情况，1985年7月，农场制定了《关于征收浪费土地资源暂行管理办法》，对弃耕口粮田、责任田的承包户，采取征收荒芜土地资源费的管理办法，所收罚款作为大队农业发展基金。

1986年，农场有针对性地制定了一系列的管理办法和政策，如《关于加强劳动力管理办法》《加强农机管理的办法》《以工补农的办法》《干部奖励报酬的办法》，并决定每年从乡镇企业抽出20％～30％的利润补贴农业。

1986—1988年，农场平均每年向农业投资30万元，1989年达到50万元，1990年达到60万元，增强了农业发展后劲。

1987年2月，农场针对农村经营管理中一度出现的"轻积累，重消费"的现象，建立了《农业生产互助基金制度》《农村劳动积累工制度》。3月，农场又制定了《农村大队劳动报酬与奖罚暂行管理办法》《加强对农村劳动力管理的补充规定》《建立建勤工制度》等，形成了双层经营体制。农村集体积累由1979年的51.7万元上升到1987年的120.8

万元，1990 年集体积累达到 553.8 万元。

1987 年 8 月 12 日，农场积极推进种养业由分散兼业经营向适度规模经营转变，并制定了《深化改革，积极推进农业的专业分工和适度规模经营工作的意见》，提出解决两个转化问题，即：加快从自给、半自给生产向大规模商品生产的转化，加快传统农业向现代化农业转化进程，并针对当时的具体情况，把口粮田集中起来，转变为责任田，从而有步骤地推进农业专业化适度规模经营。

1990 年 3 月，为了适应适度规模经营的发展需要，农场在上地村率先成立了农工商合作社，到年底，十个行政村都成立了农工商合作社。

1990 年底，农场有 95% 以上的农村大队实行了适度规模经营。适度规模经营的推广，收到了良好的效果。农民的种粮积极性比过去提高了，农业积累比过去增多了，劳动力的转移比过去加速了，农业机械化的程度提高了，农村经济向专业化、商品化、现代化转化的进程加快了。1990 年粮食生产达到 628.9 万公斤，平均亩产达 512.5 公斤，水果总产量达 233.8 万公斤，牛奶产量达 479.1 万公斤，商品奶达 406.8 万公斤，出售商品猪 71.1 万公斤。

第四节　粮食生产

粮食生产在北京农垦种植业中占据最重要的位置。农场种植的粮食作物种类主要是小麦、水稻和玉米三大类，其他杂粮，如谷子、高粱、薯类、豆类等作物也有种植。

1964 年 10 月 1 日，东北旺农场的大型粮食彩车曾代表首都农民在天安门广场接受党和国家领导人的检阅（图 2-3-9）。

历经八年，农场经济收入和经济效益大幅度提高，1957 年粮食亩产 134 公斤，1965 年达到 388.4 公斤，增长了近 3 倍（计算亩产时水利设施占地未减）。1957 年小麦亩产仅有 70 公斤，1965 年达到 256.5 公斤，相当于建场初的三倍多。

图 2-3-9　1964 年东北旺农场粮食彩车通过天安门广场

1957 年劳均收入 184 元，1965 年达到 347.94 元，每年增加了 20.49 元。1957 年年终总收入 68 万元，1965 年达到 513.35 万元，相当于 1957 年的 7.5 倍。1957 年上缴税金 0.5 万元，1965 年达到 12.6 万元，相当于建场初的 25 倍。

一、小麦种植

20 世纪 60 年代初，农场小麦亩产也就在 100 千克左右，20 世纪 70 年代至 1985 年亩产增加到 300 千克，1970 年，农场接受北京市下达的小麦育种任务，设立小麦育种组，并培育出抗病生产性强的'京旺 1 号''京旺 2 号''京旺 3 号'。1978 年 3 月，东北旺农场科研站完成的"京杂 6 号、京白 10 号、京黄 113 号玉米和芒白 4 号小麦选育"，荣获全国科学大会优秀科技成果奖。1982 年东北旺农场科技站赵垂达等人完成的"推广京杂 6 号玉米良种"项目获国家农业科技推广奖二等奖。1980 年 3 月，全国农垦系统第四次科技工作会议在北京召开，会议评选出 70 项农业科研成果，市农场局总农艺师宋秉彝主持、与东北旺农场合作完成的"北京地区小麦栽培指标化研究"获农垦部科技成果奖一等奖（图 2-3-10）。

图 2-3-10　农场领导视察小麦生产情况

1985 年后，亩产上升到 400 千克，1995 年农场基本实现小麦生产全程机械化，小麦平均亩产达到 442 千克。1962 年，东北旺农场 166.07 公顷小麦平均每公顷产 3562.5 千克（折亩产 475 斤），创北京市小麦单产第一。在 1964 年新中国成立 15 周年游行活动队伍中，东北旺农场小麦粮食生产彩车通过了天安门广场。1965 年 12 月，农垦部召开全国农垦科学技术和高产经验交流会，东北旺农场因小麦高产被农垦部授予"样板农场"称号。1966 年 7 月，市人委在怀柔县召开北京市小麦工作总结大会，会上宣布东北旺农场采用 24 行播种机种植的 376.07 公顷小麦平均每公顷产量 4470 千克（折亩产 596 斤），创全国冬小麦单产最高纪录。

二、水稻种植

20 世纪 60 年代末期，农场水稻亩产一般在 200～330 千克，70 年代初期至 70 年代末期，亩产一般在 330～380 千克，1980 年，东北旺农场水稻引进仿日式盘育秧、机插秧技术取得成功并逐步推广；1981 年 3 月，东北旺农场开始进行水稻工厂化育苗和机械插秧技术试验与示范，随后扩展到西郊、双桥、北郊等农场。

20 世纪 80 年代初期至 80 年代末期，亩产一般在 380～450 千克，90 年代初期至 90 年代中后期，亩产已达到 450～500 千克，到 1995 年农场水稻平均亩产达到 516 千克，比 1985 年增产 39％。

1994 年 1 月，东北旺农场生产的百旺牌京西御膳米被中国消费者基金会认定为"可信产品"。同年，农场的免淘米被中国消费者协会评为"向消费者推荐产品"。

1995 年 3 月下旬，农场获首批百家"中国特色之乡"命名宣传活动组委会授予的"中国御膳米之乡"称号。

三、玉米种植

农场种植的玉米 20 世纪 60 年代中期亩产不足 150 千克，70 年代亩产不足 200 千克，80 年代亩产不足 300 千克，90 年代中期亩产提高至 400 千克。1978 年东北旺农场科研站培育的'京杂 6 号''京白 10 号''京黄 113 号'玉米和'芒白 4 号'小麦，在华北地区得到大面积推广。1989 年 4 月，农场与其他单位合作完成的"夏玉米免耕覆盖精播机械化配套技术与国产第一代精播机的研制"项目，被市政府评为 1988 年度"北京市科学技术进步奖二等奖"。1994 年 4 月，东北旺农场科技站新培育的玉米品种'京黄 127'被市政府授予"北京市农业技术推广奖二等奖"，该玉米新品种次年获得"第二届中国农业博览会金奖"。1995 年 8 月，农业部下发《关于公布全国农垦系统"三百工程"首批试点企业名单的通知》（农垦发〔1995〕10 号），批准东郊农场（小麦、水稻、玉米）、东北旺农场（玉米、小麦）为全国农垦系统良种试点企业。到 1995 年农场种植玉米平均亩产达到 444 千克，比 1985 年增产 51％。从 1958—1965 年，农场与北农大合作，引进畜牧、玉米良种 10 多个，并推广到西南地区。

第五节　农业科技

一、农业新技术体系建立

改革开放以后，农场农业新技术体系的建立，使农场的科研成果进一步转化为生产力，先后建立和形成了小麦精量栽培，夏玉米免耕覆盖，水稻高产省工，工厂化育秧、机插秧，蔬菜的绿色食品生产（无残毒、低残留蔬菜），果树的生草栽培六大种植新技术体系。

在小麦精量栽培体系上，农场从 20 世纪 70 年代开始，把小麦精量播种作为一个主攻点。针对小麦高产过程中的倒伏问题，着重解决了群体过度发展、通风透光不良、土壤肥力与播量、播期、播种尝试栽培措施等问题，根据不同的土壤肥力和播期，确定合理的基本苗数，调整群体分蘖成穗率，使小麦穗大粒多。1975年全场有69.1亩小麦丰产田超过了千斤。

1987年，在农场局和北农大的支持下，农场部分小麦实行微机管理，把丰产田块的气候、土壤、种子、肥料水分等数据，输入电脑，计算出最佳丰产方案。由1987年的部分地块发展到1990年的3200亩，亩产达到401.6公斤，总产量达到128.5万公斤。

建立夏玉米免耕覆盖栽培体系是玉米栽培的一次革命，它的特点是免耕、精量播种、化学除草，比一般常规玉米增产100～200斤，起到了抢时、省工、节能、高产的效果。到1990年，农场1233亩夏玉米全部实现免耕覆盖。

水稻工厂化育秧、机插秧栽培体系的建立，解决了水稻常规育秧、人插秧的问题，1980年引进水稻工厂化育秧技术和水稻机插秧技术，当年栽插288亩，1981年栽插面积达2539亩，并在唐家岭村建立了一座水稻工厂化育秧中心。这种和土育秧方法，以人工控制土、肥、水等条件，出苗整齐，成苗率高达90%以上，培育出健壮的中苗，适于机插，用种量少，省工省田。形成了一整套的水稻工厂化育秧、机械化插秧、机械化收割和化学除草等系列规范过程，1990年，工厂化育秧、机插秧面积发展到6000亩，占水稻面积的60%。

发展蔬菜生产是农场"服务首都，富裕农民"的一个重要任务之一。为了保证首都副食品供应，农场大力发展保护地蔬菜现代化菜田建设，建立并形成了蔬菜的绿色食品生产栽培体系，1980年8月31日，农垦部在人民大会堂云南厅召开绿色食品新闻发布会，农场生产的六种蔬菜（架豆、黄瓜、豇豆、茄子、辣椒、西红柿），荣获首批绿色食品产品证书，并参加了亚运会期间由农垦部举办的首批贴有"绿色食品"标志宣传展销会，北京日报社、科技日报社、中央人民广播电台派记者对此做了相关采访报道。农场大力发展绿色食品生产，1987年8月，在北农大客座教授梁同庭及王政国指导下，率先在全国设立了蔬菜农药残毒田间监测站，对农场所生产的蔬菜进行残毒监测。从8月10日到12月，共提样467件，其中超毒27件，占全体样本5.8%。

1990年8月13日，农业部农垦司在人民大会堂召开绿色食品新闻发布会，公布首批绿色食品名单，东北旺农场三大类20多种蔬菜，获得农业部首批绿色食品证书。同年9月9日，东北旺农场6种蔬菜参加农业部首次举办的绿色食品展销会。

由东北旺农场技术人员杨蕴琴撰写的《东北旺农场"绿色食品"初期产品防治污染的主要技术措施》一文在《中国农垦》杂志上刊登，对蔬菜病虫害防治提出了科学防治的依据，1991年东北旺农场被市科协授予"科普先进单位"称号（图2-3-11）。

1990年年底，农场共建设现代化菜田1121亩，其中塑料大棚155亩，温室131.8亩。

配套机井 14 眼，水泥衬砌垄沟 5600 米，连接过路桥 33 座，安装自来水 162 亩，形成了排灌渠道相通，公路连网的局面。蔬菜覆盖面积由 15% 提高到 25%。1990 年蔬菜播种面积达 6095 亩，亩产达到 2427 公斤，总产量达 1479.3 万公斤，商品菜上市量达 513.9 万公斤。

果树生产的扩大发展是随着改革开放而飞跃起步的。1978 年农场果树面积为

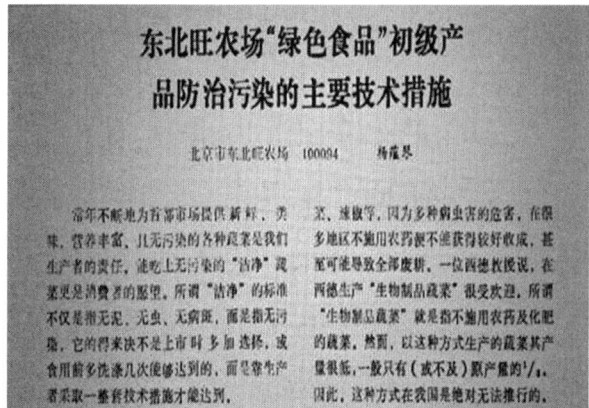

图 2-3-11　在《中国农垦》上刊发文章

2152.9 亩，形成了果树生产的四个重点作业区：韩家川、冷泉、上地、马连洼。推广科学技术，加强果树管理，是农场果品生产迅速发展的一个重要因素。过去，果树大多实行粗放管理，病虫蔓延，产量低，品质差。改革开放后，农场加强了果树生产的组织领导，逐步建立健全了果树科研和技术推广机构，逐步形成了果树生草栽培体系，各果树产区不断扩大技术队伍，实行科学管理，围绕提高果品质量，大力推广了以生草栽培为中心的果树整形修剪技术，狠抓了以地下管理措施为主的科学管理技术，保证了果品产量的迅速提高。疏花疏果加强病虫害防治，综合的配套技术，提高了果品质量，冷泉大队连续获市农场局"金杯奖"。这些措施的实施，对农场水果生产的发展起到促进作用。

1990 年农场果园面积达 3270 亩，水果总产 233.8 万公斤，其中苹果面积 1325 亩，产量达 124.3 万公斤，梨 559 亩，产量 14.3 万公斤，桃面积 1076 亩，产量 90.5 万公斤，葡萄 68 亩，产量 1.5 万公斤。

二、科技支撑

1997 年农场科技人员先后进行了 37 项新技术推广试验，有推广价值的 16 项。东北旺农场 1957 年至 2007 年获奖产品众多（表 2-3-1、表 2-3-2）。

表 2-3-1　东北旺农场 1986—1990 年获局级科技进步奖、燎原奖

序号	项目名称	完成单位及主要完成人员	获奖等级
1	早稻露地盘秧的应用与推广	许林　华洪志　姜官壁	1986 年局级科技进步三等奖
2	野生欧李的驯化栽培及筛选	曾汝鼎	1986 年局级科技进步三等奖
3	犊牛 C 型魏氏梭菌下痢的发现与防治	本场农大兽医学院：赵淑卿　盛戌成　甘孟候　范国雄	1986 年局级科技进步三等奖

（续）

序号	项目名称	完成单位及主要完成人员	获奖等级
4	口服补液盐大畜禽临床上的扩大与推广	本场农大兽医学院： 张梅岑　王清兰　高得仪	1986年局级科技进步三等奖
5	冬小麦薄膜覆盖及一膜多用试验示范	共六单位，本场：杜文山	1987年局级科技进步二等奖
6	麦迪霉素开发	东北旺制药厂：宋爱兰　王秀珍 王德明　樊福玲　叶淑清	1987年局级科技进步二等奖
7	日本蔬菜的引种与利用	科技站：刘和　陈佩德　郝爱民	1987年局级科技进步二等奖
8	冬小麦新品种京旺9号	科技站：许有温　杜文山 崔振会　陈进忠　张学红	1987年局级科技进步三等奖
9	夏玉米免耕覆盖栽培	李春久　妆官壁　王静环 姜包　生许林	1987年局级科技进步三等奖
10	佳粉一号番茄推广	共七个单位，本场：杨德录	1987年局燎原一等奖
11	樱桃的引种与繁育	曾汝鼎	1988年局级科技进步二等奖
12	盘育苗机播秧操作规程	姜官壁　李春久　许林	1988年局级科技进步二等奖
13	开放式鸡舍蛋鸡高产的技术管理经验	楚有名　杜宝和　王惠英	1988年局级科技进步一等奖
14	北京106大白菜推广	闫国海	1988年局燎原一等奖
15	芹菜良种84-01推广	杨德录　闫国海	1988年局燎原一等奖
16	黄粒早熟玉米单交种——京黄127	科技站：赵垂达　李德贵 魏桂兰　谢安平	1989年局级科技进步一等奖
17	开放式鸡舍新型光照方法的试验研究	中日鸡场：楚有名　王惠英 王建国　田清涞	1989年局级科技进步一等奖
18	新型防火复合玻璃	防火门厂：李庐生　韩俊　付为刚	1989年局级科技进步一等奖
19	防火卷帘门全自动控制电路	防火门厂：段充顺	1989年局级科技进步三等奖
20	黄331一早熟特优玉米自交系的培育	科技站：赵垂达　刘俊国	1990年局级科技进步一等奖
21	有感触膜开关面板	精新电子工艺厂：樊宝中　范洪振 申永权　闻庆武　张志	1990年局级科技进步二等奖
22	白莞品种北京新1号推广	共十个单位，本场：闫国海	1990年局燎原科技推广一等奖
23	低农药残留果品生产技术	共七个单位，本场：丰崇舜	1990年局燎原科技推广二等奖
24	夏玉米免耕覆盖推广	李春久　姜官壁　宋湘云	1990年局燎原科技推广二等奖
25	发枝素在苹果幼树上的推广应用	共八个单位，本场：丰崇舜	1990年局燎原科技推广一等奖

表2-3-2　东北旺农场1987—1990年获部级、市级科技进步奖、优秀产品

序号	项目名称	完成单位及主要完成人员	获奖等级
1	呆梅两用扳手梅花扳手	东北旺工具厂	1987年轻工业部优质产品奖
2	适合中国蔬菜产销方式的 农药残毒监测技术	本场：杨蕴琴等五人 农业大学、农科院	1989年部级三等奖
3	供给者菜豆的引种试验和推广应用	中国科学院蔬菜花卉研究所 内蒙古农科院蔬菜花卉研究所 本场科技站芦振国等三人	1989年部级科技进步三等奖
4	北京奶牛持续高产全面高产丰收	共22个单位，本场：孟嘉敏	1989年部级丰收奖

（续）

序号	项目名称	完成单位及主要完成人员	获奖等级
5	市"星火计划"开拓网架产品	优秀个人：张潮生	1987 年市技术开发优秀项目个人三等奖
6	电话索引器	李凤春　郦元志	1989 年市新产品设计三等奖
7	市工业企业优秀个人	刘焕茂	1990 年个人三等奖
8	麦迪霉素	东北旺制药厂	1990 年市优产品
9	早熟黄粉玉米单交种——京黄 127 的选育	科技站：赵垂达　李德贵 魏桂兰　谢安平	1990 年市科技进步三等奖
10	透明防火复合玻璃	东北旺防火门厂 航空航天部六二一研究所	1990 年市科技进步三等奖
11	《蔬菜栽培讲座》系列片拍摄与培训	本场：杨蕴琴　杨德录　闫国海	1990 年市级星火奖项目

第六节　副食品生产基地建设

农场作为"服务首都"的副食品生产基地，在农业机械化和科学种田方面都起到了示范带头作用。农场在规划农田水利基本建设的同时，注意根据市场需求因地制宜地调整产业结构。1960 年根据市委"以粮为纲、农牧结合、多种经营大力发展副食品生产，逐步建成北京市的副食品基地"的指示精神，农场在西二旗、安宁庄大力发展蔬菜生产。1963年在提高质量、增加品种的基础上，提供商品蔬菜达 1100 万公斤。1957 年建成上地果林苗圃，后逐渐以自己繁殖的苗圃发展成上地果园。1958 年又建成了大面积的山坡果园。1959 年在东北旺村南建成果树试验站，作为农大师生的教学实验基地，后逐渐发展成马连洼果园。到 1965 年，这三处果园面积发展到 1210 亩，总产量达 29.7 万公斤。遵照党的以粮为纲全面发展的方针，农场不断调整并建立了合理的产业结构，到 1965年，各行业收入比重分别为种植业占 40.6%，畜牧业占 34.3%，副业占 16.2%，果林业占 6.2%，渔业占 0.8%，逐步发展成为农、林、牧、副、渔五业并举全面发展的综合性农场。

一、水利建设

农场制定重点水利工程计划和任务，严格执行灌排渠道分级管理制度，主、干渠道及附属建筑由农场水电站负责维护和管理，支、斗、毛渠由农村大队和生产队指定专人负责维护和管理。水利设施的建设由基础建设逐步步入较高层次的建设，形成了支、斗、毛渠衬砌，排灌结合的新工艺。由一般的灌溉向节水型农业发展。

农场自 1979 年开始从两个方面着手进行水利设施基础建设。一方面，整治疏挖行洪排水河道，调整排水系统布局，使骨干排水工程配套；另一方面，开展节水工程建设，分期分批将原有土渠改成水泥衬砌的水渠，至 1990 年支渠衬砌长达 1 万多米，总投资 97.6 万元，与之相配套的农业水利设施——电机井也发展到 124 眼，灌溉面积达 19077 亩。

农场在旱涝灾害得到基本控制后，地表水供应由"七五"期间的 1000 万立方米，减少到 1990 年的 160 万立方米。积极推广节水和增产的技术措施，先后实施了冷泉果园引水上山一、二、三期、滴灌工程 900 亩、粮食喷灌工程 3100 亩。

二、土肥建设

自 1979 年末开始，农场充分利用现有畜牧场的粪肥（每年可提供牛、猪、鸡粪 3.6 万吨），通过合理制定肥料价格，根据就近消化原则，统一制定肥料分配方案，建立起以村为单位的积肥造肥专业队。各村组织部分老弱劳力形成独立核算单位，大队对各专业队实行"三定一奖"，即定任务、定时间、定补贴，超额奖励的办法。

由于农场重视土肥建设，通过增施有机肥料，增加绿肥和秸秆还田等有效措施，使土壤肥力不断提高，"七五"期间，经测定，上地大队土壤有机质含量为 1.9g/kg，到 1990 年达到了 2.9g/kg。1988 年，农场又采取了增施磷钾肥的措施，到 1990 年施磷肥 4.5 万公斤，增施钾肥 8.6 万公斤。

三、农机建设

农业的根本出路在于机械化。建场后机务队添置了汽车、拖拉机和各种大中型农机具的品种，数量和使用水平均高于邻近地区。例如，使用推广玉米 24 行播种机和棉花播种机，使出苗整齐均匀，明显优于传统的播种方法；20 世纪 60 年代初采用机器打梗、机器播种、秋播白菜、萝卜取得了较好效果；科技人员还结合农场实际情况进行了部分农机具的改革，建厂初期农场 2/3 的土地，使用机械化平整，开创了京郊农场大规模机械平整土地的先例，到 1960 年初，整个农场耕、耙、播、压全部实现了机械化。

农业机械化建设是改善农业生产条件、提高劳动生产率的重要手段。从 1979 年开始，农场不仅在种植业方面实现了全盘机械化，养殖业和农畜产品也开始向机械化道路迈进（图 2 - 3 - 12）。

1990 年，农场拥有大中型机械 83 台，农业机械总动力已达 1.9 万千瓦，机械使用面积已占耕地总面积的 98％，机插面积达到 4800 亩，机耕面积达到 19422 亩，机械收割面积达 8350 亩。

1980 年，农场由日本引进了水稻插秧机技术，当年机插 288 亩。后又结合农场自身特点，与吉林省延边插秧机厂共同改进了插秧机，大大提高机插的质量和速度。

1979 年，农场和北京农大共同研究玉米免耕覆盖栽培技术，1987 年我国第一代免耕播种机研制成功，当年机械覆盖 30 亩。实验结果表明，免耕覆盖可提早播种 1～2 天，减少机械作业 40％～50％，一般年份增产 15％～20％，每亩净增值可提高 30％。到 1990 年末农场已购入免耕播种机 10 台，配套秸秆粉碎机 10 台，播后喷药机 8 台，青贮收割机 2 台，自 1988 年开始，农场的麦茬玉米全部按免耕覆盖栽培方法进行，1990 年机收面积达到 50％以上（图 2-3-13）。

图 2-3-12　农机工人用拖拉机平整土地

图 2-3-13　机械播种

农场的农机管理由农场农机站负责，十个农工商合作社都下设农机队，管理方式也从原来的行政管理逐步走上以有偿服务为主的方式。

四、良种建设

为了加快良种的推广和专业化生产，农场建立了原种、一级良种、大田繁育三级制度，实行了场级科技育种，基层大队推广繁育，实行了唐家岭、上地一级良种繁育基地，每年向本市及外省供应良种 30 万公斤以上。

小麦品种由北京市作物品种审定委员会在 1985 年和 1986 年先后通过的'京旺 7 号'（推广面积 20 万亩）、'京旺 8 号'（推广面积 10 万亩）、'京旺 9 号'（推广面积 25 万亩）。水稻先后引种旱直播品种'喜丰''中作 180''秋光'以及春稻品种'越富''8215'等。

进入 20 世纪 70 年代后，在生产条件和耕作技术不断改善的情况下，针对中套品种的要求，以全国玉米育种专家赵垂达为首的玉米育种小组，培育出了'京白 10 号'和'京杂 6 号'，在"六五"和"七五"期间，这两个品种的播种面积占北京郊区玉米播种面积的 1/3～1/2。据不完全统计，仅'京杂 6 号'，1978 年到 1987 年在全国累计种植面积达 4500 万亩，增收粮食 15.5 亿公斤。

赵垂达也被选为全国人大代表，并获得北京市劳动模范、全国五一劳动奖章、国家级中青年专家等称号。'京杂 6 号'在 1982 年获国家科委、国家农委的科技推广奖。1990 年后，又先后推广了'京黄 134''127''133'等品种。

从 1979 年农场向日本派出农业研修团开始引进果树优良品种。引进的苹果类新品种有红富士、王林、乔纳金、早富士、夏绿、阳光；桃类有川中岛、初晓；梨类有幸水、丰水、新水、南水；樱桃类有红灯、红艳、红蜜；葡萄类有黑奥林、高尾等。其中，苹果类的红富士到 1990 年全场种植面积达 400 多亩。

农场在巩固和发展蔬菜生产基地的同时，积极推广优良品种，以丰富首都蔬菜市场，力求做到在不同季节有早熟、中熟、晚熟的不同品种。

第七节　发展多种经营

随着生产条件不断改善，1992 年农场的农业生产和农村经济发展进入新的历史时期。农场生产的桃、红星苹果相继获得绿色食品证书。同年 11 月，农场被农业部绿色食品中心命名为全国首家"绿色食品综合生产基地"，富士苹果、御膳米、鸡蛋、八喜冰激凌以及 4 种蔬菜（黄瓜、西红柿、茄子、架豆）被认定为"绿色食品"。同年，果园管道喷药技术推广获农场局"燎原科技推广"一等奖。

1993 年 5 月，全国放开粮食购销价格，取消奶牛饲料粮平价供应政策。北京市为稳定首都乳品市场，实行"扶优、保种、促联、转机"。经市政府批准，农场调整牛奶收购价，一级牛奶每公斤价格上调 1.1 元，每公斤补贴 0.12 元。农场投入资金更新改造危旧牛舍，使牛场的饲养环境和条件有了明显改善。同年五月，放开牛奶购销价格。为保证首都市场鲜奶供应，农场根据市场需求调整畜种结构和群体结构，内挖潜力，强化管理，打破原来的工资界限，实行一线生产工人联产、联质计酬办法，有效地调动了一线饲养人员的积极性，增加经济效益，提高产品质量，企业明显减亏。

随着改革步伐的加快，形成了鲜奶多渠道经营购销的市场格局。奶牛饲料价格及其他费用上涨，使牛奶成本大幅度上升，致使奶牛场严重亏损。因农场地处高科技发展区，不宜建牛场，面对牛场长期亏损的现状，农场积极进行产业结构调整。通过卖牛还债，降低财务费用；通过异地饲养，降低饲养成本；通过资产变现，增加经济效益。

1993年7月，根据党的十四届三中全会精神，农场制定了《加快改革开放步伐促进经济发展的若干规定》，农场对农业及农村经济发展加大了调整力度。

1994年，农场以绿色食品为龙头，从传统农业向"二高、一优"（高产、高效、优质）发展，有计划有步骤地调整种植结构。农场当年发展特菜600亩、特果300亩、优质米5000亩、特色米1000亩、专用粉小麦1300亩、花卉和林木235亩、莲藕200亩，同时引进了宝娜斯网纹瓜、西洋参等一批高附加值的经济作物。1994年，农场生产的"百旺牌"京西御膳米，被中国消费者基金会定为"可信产品"。同年，"苹果适采成熟度淀粉碘测试"推广技术，获"北京市农业技术推广奖"。

1994年3月，为挖掘东北旺第二猪场资源、开发新的项目，农场投资180万元，将东北旺第二猪场搬迁到冷泉村新址，1994年11月竣工投产。该猪场占地24亩，建筑面积5570平方米，有400头成年母猪，年产商品猪6000头。

1995年，农场荣获"中国御膳米之乡"称号；同年，农场（乡）荣获"先进科普乡"称号。

1995年末，农村集体劳均收入7855元，比"七五"末期增长1.9倍，提前跨入了"全国5亿元乡镇"的行列。1997年，农场全面贯彻落实党的十五大精神和中共北京市委14号文件精神，大力发展高效精品农业，推进农业产业化，坚持区域化布局，专业化生产。在确保土地使用性质不变、统一规划布局的前提下，凡是农民能干的都交给农民去经营，确立农民家庭的经营主体和投资主体，积极稳妥地推广家庭联产承包为主的双层经营体制。各村结合实际，采取多种承包形式，尊重多数农民意愿，因地制宜，一村一策。农场加强对家庭联产承包为主的双层经营体制各个环节的管理，并对规模经营的形式、承包费的交纳、承包期等方面都提出了具体指导意见。

同时，改革农业生产管理、项目管理和资金管理模式。对农村不再下达农业生产指标，取消农业生产检查评比，将农业生产管理转向培育典型示范推广、增加信息服务、加强科学技术、组织经营管理培训及农业保险等方面上来。将特菜的生产转向专业户发展，有3个村12户引进蔬菜新品种。家庭养殖发展到86户，主要饲养牛、羊、鸡、狐狸、梅花鹿、荷兰猪等。

20世纪90年代中期，农村商业迅速发展。马连洼村农贸市场、东北旺村农贸市场、西北旺农贸市场和上地农贸市场相继开业。"高效精品农业"取得长足发展，2500亩小麦单产打破纪录达到442公斤，蔬菜上市909万公斤，果品产量20.5万公斤，商品猪2329头，商品蛋123.7万公斤，还发展了稻田养殖300亩，其中稻田养虾27亩、虾蟹混养63亩、养蟹210亩。

1957年至1990年东北旺农场各项产业均得到较好发展（表2-3-3）。

表 2-3-3 东北旺农场 1957—1990 年各项指标表

项目	单位	1957 年	1958 年	1959 年	1960 年	1961 年
一、种植业						
粮食总产量	万公斤					121.90
蔬菜总产量	万公斤					1049.00
水果总产量	万公斤					1.10
二、畜牧业						
成乳牛存栏	头					491
牛奶总产量	万公斤					144.90
蛋鸡存栏	万只					0.60
其中：成母鸡	万只					
鸡蛋总产量	万公斤					
生猪存栏	头					1975
其中：出售商品猪	头					1382
三、成鱼捕捞量	万公斤					
四、经济总收入	万元			206.81	343.52	370.16
五、工业总收入	万元			9.35	38.43	61.33
其中：国营	万元					
制药厂	万元					
工具厂	万元					
造纸厂	万元					
防火门厂	万元					
其他工业	万元					
集体	万元					
六、工业利润	万元					
国营	万元					
集体	万元					

（续）

项目	单位	1962 年	1963 年	1964 年	1965 年	1966 年
一、种植业						
粮食总产量	万公斤	222.20	240.40	309.50	388.40	414.40
蔬菜总产量	万公斤	1643.60	1113.60	790.60	1020.30	641.60
水果总产量	万公斤	3.40	7.60	15.10	20.70	29.70
二、畜牧业						
成乳牛存栏	头	548	485	472	449	318
牛奶总产量	万公斤	177.50	194.70	210.40	189.40	1337.50
蛋鸡总存栏	万只	0.2	0.1		0.7	
其中：成母鸡	万只					
鸡蛋总产量	万公斤					
生猪总存栏	头	2854	3391	4977	4025	4261
其中：出售商品猪	头	1998	2374	3484	2817	2983
三、成鱼捕捞量	万公斤					
四、经济总收入	万元	483.94	456.55	458.43	513.35	492.16
五、工业总收入	万元	83.72	60.27	89.16	121.16	145.39
其中：国营	万元					
制药厂	万元					
工具厂	万元					
造纸厂	万元					
防火门厂	万元					
其他工业	万元					
集体	万元					
六、工业利润	万元					
国营	万元					
集体	万元					

（续）

项目	单位	1967年	1968年	1969年	1970年	1971年
一、种植业						
粮食总产量	万公斤	363.30	475.90	433.20	541.00	575.00
蔬菜总产量	万公斤	578.50	569.00	696.00	838.50	887.50
水果总产量	万公斤	35.90	45.30	65.30	66.70	91.30
二、畜牧业						
成乳牛存栏	头	375	395	447	361	445
牛奶总产量	万公斤	143.10	168.0	194.50	181.00	167.50
蛋鸡存栏	万只			0.5		0.7
其中：成母鸡	万只					
鸡蛋总产量	万公斤					
生猪存栏	头	4907	4700	6027	6621	8198
其中：出售商品猪	头	3239	3290	3978	4370	5411
三、成鱼捕捞量	万公斤					0.3
四、经济总收入	万元	451.59	563.91	573.71	666.54	248.71
五、工业总收入	万元	145.16	180.54	239.44	243.29	261.06
其中：国营	万元			168.00	160.80	203.40
制药厂	万元			13.80	14.90	34.80
工具厂	万元			12.80	25.50	59.00
造纸厂	万元			75.80	92.60	88.90
防火门厂	万元					
其他工业	万元			65.60	27.80	20.70
集体	万元					
六、工业利润	万元			26.20	43.60	49.20
国营	万元					
集体	万元			26.20	43.60	49.20

（续）

项目	单位	1972年	1973年	1974年	1975年	1976年
一、种植业						
粮食总产量	万公斤	510.70	517.30	590.40	626.90	638.70
蔬菜总产量	万公斤	856.60	793.90	871.30	827.90	1043.30
水果总产量	万公斤	114.50	118.40	150.50	149.70	180.70
二、畜牧业						
成乳牛存栏	头	343	341	291	314	348.8
牛奶总产量	万公斤	172.80	152.80	137.90	150.00	155.80
蛋鸡总存栏	万只				0.1	0.6
其中：成母鸡	万只				0.10	1.20
鸡蛋总产量	万公斤	9728	7342	7204	8068	6955
生猪存栏	头	6420	4846	4807	5367	5949
其中：出售商品猪	头					
三、成鱼捕捞量	万公斤	0.40	0.40	0.30	0.60	0.60
四、经济总收入	万元	802.78	840.17	993.92	1159.3	1190.74
五、工业总收入	万元	292.22	341.07	464.53	526.73	584.07
其中：国营	万元	233.50	263.80	379.70	445.20	500.00
制药厂	万元	36.10	54.20	51.40	32.20	59.70
工具厂	万元	75.10	102.20	132.40	156.90	159.50
造纸厂	万元	98.70	87.60	178.40	242.00	266.50
防火门厂	万元					
其他工业	万元	23.60	19.80	17.50	14.10	14.30
集体	万元					
六、工业利润	万元	54.30	68.80	108.00	104.70	113.80
国营	万元	54.30	68.80	108.00	104.70	113.80
集体	万元					

（续）

项目	单位	1977年	1978年	1979年	1980年	1981年
一、种植业						
粮食总产量	万公斤	565.30	712.60	609.90	720.80	702.70
蔬菜总产量	万公斤	1022.40	1452.60	1207.10	1086.30	981.20
水果总产量	万公斤	137.40	217.40	158.00	249.80	203.10
二、畜牧业						
成乳牛存栏	头	427	421	432	452	486
牛奶总产量	万公斤	197.30	206.90	244.50	233.40	267.50
蛋鸡存栏	万只	0.2	0.3	0.3	2.2	1.3
其中：成母鸡	万只			0.2	0.1	1.1
鸡蛋总产量	万公斤	0.80	1.10	1.50	1.10	4.80
生猪存栏	头	7091	8869	7884	7711	6517
其中：出售商品猪	头	6513	7411	7732	7493	6323
三、成鱼捕捞量	万公斤	0.70	0.90	1.00	0.80	0.60
四、经济总收入	万元	1196.70	1545.40	1977.20	2266.30	2604.10
五、工业总收入	万元	601.75	726.50	866.10	1046.80	1346.60
其中：国营	万元	499.30	570.40	724.30	786.00	864.70
制药厂	万元	74.60	117.90	150.30	175.80	217.70
工具厂	万元	173.70	183.80	182.40	143.70	116.90
造纸厂	万元	237.30	218.10	337.90	401.50	450.80
防火门厂	万元					
其他工业	万元	13.70	50.60	53.70	65.00	79.30
集体	万元	117.90	156.10	141.80	260.80	481.90
六、工业利润	万元	117.90	114.30	178.90	1182.00	1182.60
国营	万元	117.90	114.30	178.90	1182.00	1182.60
集体	万元					

（续）

项目	单位	1982 年	1983 年	1984 年	1985 年	1986 年
一、种植业						
粮食总产量	万公斤	714.50	730.90	686.60	547.90	573.50
蔬菜总产量	万公斤	1209.10	1376.90	1400.90	1171.00	992.80
水果总产量	万公斤	209.00	201.20	178.10	214.00	225.60
二、畜牧业						
成乳牛存栏	头	533	545	533	591	623
牛奶总产量	万公斤	292.30	328.20	338.50	339	350.80
蛋鸡存栏	万只	10.7	19.6	21.5	22.10	29.0
其中：成母鸡	万只	6.0	13.5	15.7	16.1	23.3
鸡蛋总产量	万公斤	21.10	163.50	223.20	216.80	434.60
生猪存栏	头	5636	5504	4669	4330	3065
其中：出售商品猪	头	5398	5125	5478	3849	4379
三、成鱼捕捞量	万公斤	1.00	2.60	5.00	7.10	6.20
四、经济总收入	万元	2932.40	4112.30	5332.40	6651.90	7975.10
五、工业总收入	万元	1468.50	1980.30	2047.30	2901.00	2447.50
其中：国营	万元	950.10	1155.60	1254.30	1883.40	2273.20
制药厂	万元	297.60	415.60	311.30	509.90	566.80
工具厂	万元	211.30	313.00	337.20	588.50	669.60
造纸厂	万元	384.60	334.00	491.00	610.00	590.70
防火门厂	万元				45.20	169.90
其他工业	万元	56.60	93.00	114.80	129.80	276.20
集体	万元	518.40	824.70	793.00	1017.60	1174.30
六、工业利润	万元	147.00	143.40	157.20	259.70	234.50
国营	万元	147.00	143.40	157.20	259.70	234.50
集体	万元					

（续）

项目	单位	1987 年	1988 年	1989 年	1990 年
一、种植业					
粮食总产量	万公斤	547.60	529.80	600.30	628.90
蔬菜总产量	万公斤	1157.40	1439.20	1473.00	1479.60
水果总产量	万公斤	232.40	235.80	235.30	233.80
二、畜牧业					
成乳牛存栏	头	727	720	714	719
牛奶总产量	万公斤	402.40	451.70	455.80	479.10
蛋鸡总存栏	万只	32.4	40.5	49.8	45.2
其中：成母鸡	万只	22.7	33.7	36.0	32.3
鸡蛋总产量	万公斤	311.10	391.00	456.10	461.70
生猪存栏	头	2386	2895	5005	7381
其中：出售商品猪	头	3375	3005	4725	7608
三、成鱼捕捞量	万公斤	12.00	16.60	20.20	22.00
四、经济总收入	万元	9270.30	12052.80	13203.70	13936.40
五、工业总收入	万元	3953.60	5141.60	5517.90	5532.80
其中：国营	万元	2893.00	3594.60	3481.90	3188.50
制药厂	万元	1030.60	1334.60	980.60	1020.60
工具厂	万元	755.00	602.60	952.20	895.40
造纸厂	万元	654.00	811.80	664.50	239.20
防火门厂	万元	236.80	399.30	560.70	519.24
其他工业	万元	216.60	446.30	323.90	514.10
集体	万元	1060.90	1547.00	2036.00	2344.30
六、工业利润	万元	624.60	721.70	456.60	29.30
国营	万元	446.50	485.80	289.60	—122.70
集体	万元	178.10	235.90	167.00	93.40

第四章　东北旺农场养殖业

东北旺农场是首都的副食品生产基地之一。畜牧业是农场经济的重要组成部分，1969年，农大畜牧站和圆明园鸭场并入农场。农场对畜牧业给予了积极的扶持，改善了设施，更新了设备，促进了挤奶机械化的发展。1978 年 9 月，农场将原来的畜牧科组建成畜牧分场。1980 年底，农场取消畜牧分场，恢复畜牧科建制。1983 年，农场组建畜牧水产公司。1986 年，农场撤销畜牧水产公司，重建畜牧科，1991 年 3 月，农场组建畜牧委员会，下设生产科、技术科和财务科。

第一节　养猪生产

建厂时农场畜牧业以养牛、养猪为主，昌平和卢沟桥两分厂养猪 644 头（图 2-4-1）。1958 年各大队已开辟肥源，促进农业生产为主要目的。相继建立起不同规模的畜牧饲养场。

到 1962 年全场累计养猪 6572 头，引进优良种猪 2000 头，并改建扩建了猪舍。1960 年 1 月 20 日，中共北京市委、市人委召开北京市农业社会主义先进单位和积极分子代表大会，农大农场被评为北京市养猪先进单位。会上提出了"一人一猪""一亩

图 2-4-1　东北旺农场猪场

一猪"的发展要求，此后农场系统开始建设各种类型的猪场。农场 1964 年开始饲养瘦肉型猪，以适应市场需求。

东北旺农场饲养员于秀英从 1957 年开始，连续 6 年被评为"北京市劳动模范"，1960年 11 月被评为"北京市社会主义建设积极分子"。于秀英同志在猪坊工作期间尽职尽责，不怕脏不怕累，任劳任怨，巾帼不让须眉，哪里需要她，她就出现在哪里，为广大基层一线农业生产人树立了良好的典范（图 2-4-2）。

1969 年，农大畜牧站猪场划归农场，饲养巴克夏猪。这是当时唯一的国营猪场，为 20 世纪 70 年代集体养猪业发展打下了基础。在此期间，农村大队集体养猪业的发展比较稳定，韩家川大队、唐家岭二队、五队曾先后被评为"北京市养猪先进单位"。

农场在畜牧业发展上力求科学化，科学技术的试验、研究和推广都取得了显著成效，多项科技成果被推广到本市及全国各地。

图 2-4-2　养猪能手于秀英

1977 年，农场建立了人工授精站，使公猪饲养量下降了 66%；选育良种个体，顺利地开展了南北杂交，引入瘦肉型种猪，为 20 世纪 80 年代养猪业奠定了基础。农场的人工授精站曾获"北京市先进单位"称号，并获得一万元资金的扩建款。

养猪生产是农场服务首都的一个重要方面。到 1978 年，全场拥有成年母猪 902 头，年末存栏 8869 头，全年出售商品猪 7477 头，达 51.1 万公斤。其中，国营和集体占 70%，社员户占 30%。

1988 年，为响应市政府提出的加快建设菜篮子工程的号召，农场投资 200 万元，建立起一座 200 头规模的养猪场，并对水电站猪场、上地猪场、安宁庄猪场、冷泉猪场进行改建。至此，农场共有国营猪场五个，为"八五"期间稳定地向市场提供生猪打下了坚实的基础。

在引种方面，1988 年，引进了杜洛克、大约克夏、汉普夏、新长白、斯格等瘦肉型猪种，引进了北黑、长花、长风等母猪，并采取了"四阶段流程作业"的新工艺，使仔猪的成活率、产仔率有了较大幅度的提高。到 1990 年全场共有成年母猪 876 头，后备母猪 132 头，种公猪 62 头，年末存栏达 7381 头，出售商品猪 7608 头。

第二节　养牛生产

1966 年以前，奶牛品种以农大 1 号血统为主。1966 年开始饲养北郊农场公牛，1973 年使用北京种牛站公牛。牛的来源主要是 1969 年划归农场的农大畜牧站牛群。1970 年正式关闭了东北旺北牛场，淘汰了全部双兼牛（图 2-4-3）。

犊牛早期断奶培育试验，是农场进行的最早、观察年份最长、资料最全的一项新技术，20世纪70年代曾在全国学术大会上宣读，并在中国奶牛资料上刊出。

奶牛人工直肠把握输精技术是国外先进操作法。在农大教师的指导和帮助下，农场从1966年开始使用。此方法可提高妊娠率10%以上，可进行早期妊娠

图 2-4-3　东北旺农场奶牛场

诊断，节约开支，操作简便。1970年经北京市和北方奶牛协作组的宣传推广，由农场派韩树田等同志赴西北、华北、华东等十多个省市进行传授和推广，并印发了专题经验介绍材料。

另外，农场在仔猪红痢病因、疫苗的研制及应用、鸭球虫的发现、奶牛外貌鉴定技术资料等方面，均处于领先地位，是国内发展的同类资料中最全面的，曾被全国80%的大学、研究所和60%的畜牧中等学校选为教材。

建场初、中期，奶牛生产一直是农场的支柱产业。尤其在党的十一届三中全会后，奶牛生产稳步发展，整体水平有较大幅度的提高。1978年，农场拥有奶牛627头，其中成乳牛420头，年牛奶产量达205.83万公斤。到1990年，奶牛全群数已达到1369头，其中成乳牛719头，总产奶量达到479万公斤，奶牛头数和牛奶产量都成倍增长（图2-4-4）。

图 2-4-4　奶牛场内景

在畜牧生产基础建设上，农场从1976年开始，由南向北启动牛舍逐栋改造工程，到1988年牛舍全部更新改造完毕，累计投资达180万元。

在奶牛品种上，从1973年北京市种公牛站成立后，农场就以"北京黑白花公奶牛"为主体进行品种改良工作，使奶牛的体质、外貌更趋于一致。为了搞好奶牛育种工作，各牛场都建立了编号、登记、泌乳、配种、产犊、测重、饲料消耗、防疫、病志等各项记录，积累了大量的资料和数据，并由专人定期管理，用于指导选种选配工作。

为了培育出高产奶牛，农场十分重视饲料生产。从1978年开始，每头奶牛都有固定饲料地，种植青贮饲料，保证供应不断。1990年，饲料播种面积达4300亩，亩产1698.8

公斤，总产量达 730.5 万公斤。

1985 年，由日本长野县奥地恩机械株式会社汤浅忠夫社长赠送的 35 头黑白花奶牛及相应设备的"中日友好牛场"在东北旺农场正式成立。每头奶牛产奶达 7000 公斤以上，是当时总公司各奶牛场少见的。为采用机械化挤奶、降低奶牛发病率、提高产奶年限、增加牛奶产量起到了示范作用。

1986 年，农场为了加快畜牧生产机械化的步伐，由民主德国引进两台 281 联合收割机，实现了青贮收割、粉碎、运输生产的机械化。1980 年，农场接受了日本欧立温友好商社赠送给南牛场低配管挤奶器，1991 年投入使用（图 2-4-5）。

1988 年，农场从瑞典引进一台挤奶器，同年又相继从日本引进两台挤奶器，在挤奶机械化生产方面，较其他农场先行

图 2-4-5　日本欧立温友好商社向农场赠送挤奶机

一步。挤奶自动化，降低了成本，减轻了劳动强度，提高了奶品质量；同时，也减少了奶牛乳房炎的发生，进一步提高了产量。

第三节　养鸡生产

1978 年以前，农场的养鸡生产只是以生产队小规模散养为主，1980 年，通过简易改建后场猪场，农场建成了第一个肉鸡鸡场——东北旺养鸡场，但因结构不合理、环境差，一直未能扩大生产。

1988 年，东北旺养鸡场对原有设施进行了改建，新建了种鸡孵化场和育成鸡场。1990 年年末存栏 81000 只，年产值达到 342 万元，利润达 24.9 万元，产蛋量达到 87.4 万公斤，商品蛋达到 75 万公斤，1990 年被市政府评为"畜牧先进单位"。

1979 年，日本公明党委员长竹入义胜先生赠送蛋鸡场一座，规模为 12 万只，其中包括饲养机械、设备、雏鸡、饲料加工和疫苗等，价值约 180 万元，在东北旺农场正式建成投产。

这是一座在当时少有的现代化的开放式鸡舍，平均每只鸡年产蛋 16 公斤以上，处于当时国内领先地位，这一纪录在 20 世纪 90 年代初还无人打破，邓颖超、廖承志、楚图南等领导同志都参观过鸡场，它是北京养殖业的一个窗口，为北京市发展大规模和规范化的

饲养蛋鸡场提供了范例。

1982 年 10 月，农场投资 420 万元建成中日养鸡场；10 月 23 日，举行了剪彩仪式。当年获得了每只鸡年产蛋 16.9 公斤的好成绩，每只鸡利润达 10 元。仅用五年的时间，收回了全部投资。

1987 年，鸡场各项指标如蛋料比、产蛋率等，均列全市首位。场长赵明洲荣获"全国畜禽养殖业最佳企业家"称号，并被评为"北京市劳动模范"。中日养鸡场经过九年的建设和不断完善，形成一套完整、有一定先进水平的良种蛋鸡生产体系，包括：种鸡场、孵化场、商品蛋鸡生产和疫病防治（图 2-4-6）。

图 2-4-6　养鸡场内景

1990 年，中日鸡场产值达 754 万元，利润达 102.6 万元，产蛋量为 176.8 万公斤，商品蛋 173 万公斤，年末存栏达 20 万只。到 1990 年底，全农场国营、集体养鸡场年末存栏 45.2 万只，产蛋量达 461.7 万公斤，出售商品蛋 426.3 万公斤。

1994 年 11 月，东北旺农场中日养鸡场的蛋鸡产品被中国绿色食品发展中心认定为"绿色食品"。

1995 年 8 月 4 日，东北旺养鸡场、唐家岭种鸡场、土井养鸡场和马连洼种鸡场合并为东北旺农场养鸡场。

第四节　淡水鱼生产

农场养鱼业是在党的十一届三中全会后迅速发展起来的，1978年，坑塘改造的水面有249.5亩，利用水面有232亩，年产鱼5400公斤，全年商品量达5000公斤（图2-4-7）。

图2-4-7　东北旺养鱼场

1990年，全场共有养殖水面515亩，鱼的种类大大增加。其中国营企业水面有65.4亩，年成鱼捕捞量达20.4万公斤，每亩捕捞量达396.7公斤，全年商品量达20.2万公斤。

改革开放后，农场畜牧业进入了稳定发展时期。农场由建场初期和中期的以养牛、养猪为主，逐渐调整到以养牛、养鸡、养猪、养鱼并举，由传统畜牧生产方式向现代化畜牧生产过渡，由低水平管理生产向高水平管理模式发展，畜牧商品化生产水平不断得到提高，真正发挥了农场副食品生产基地的作用。

在发展畜牧生产方面，农场形成了以下经验：逐渐理顺和加强畜牧业和其他各业之间的有机联系，使畜牧生产更直接地转化为商品化生产；强调资源合理综合利用，立足于建立一个稳定、高效的农业生产体系，使资源利用率逐渐提高；重视和提高畜牧业经营管理水平，用现代的经营管理科学去指导和协调生产的稳定和经营，使人、财、物充分发挥效率；重视畜禽品种和配合饲料的选用。

第五章　东北旺农场工业

第一节　国营工业的起步与发展

1967年，农场在十分困难的条件下，本着"自力更生、因陋就简、土法上马"的原则，先后建成了土霉素厂（后更名为制药厂）、造纸厂等，为农场经济发展起到了促进作用。

一、土霉素厂

1967年4月，为满足以粗制土霉素当猪饲料添加剂的急切需要，在中国医学院抗生素研究所的帮助下，农场投资7000元建立了土霉素厂，生产畜用土霉素（图2-5-1）。当时工厂7个人在一无图纸、二无设备、三无专业技术人员的条件下，压缩开支，用旧铁管做发酵罐，废旧锅炉改建成消毒锅炉，拖拉机引擎改成空气压缩机，一间不足60平方米的牛棚加高屋顶就成了第一间土霉素车间。经过3个多月的摸索、试验，第一批畜用土霉素饲料添加剂于1967年7月1日试制成功，填补了北京市抗生素生产的空白。

由于资金缺乏，工厂一度面临困境。后来在农大技术人员的帮助下试制生产了赤霉素（920），又和医科院药物研究所联营，共同开发了灵芝密环，并制造出灵芝糖浆和灵芝片，曾获得北京市科技三等奖（图2-5-2）。

图2-5-1　东北旺农场土霉素厂

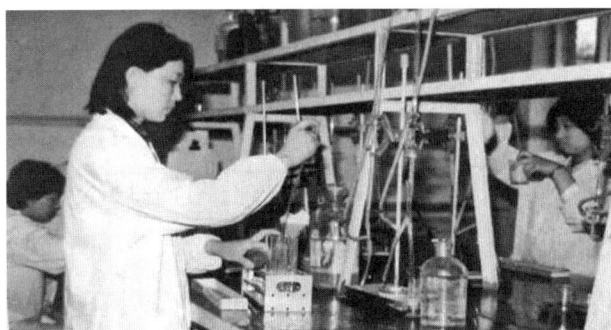

图2-5-2　土霉素厂化验室

1971年，土霉素厂扩大了面积，又增添了设备，增加了人员，实现年利润7.1万元，产品十分畅销。

1973 年，针对市场医用土霉素紧张的状况，在抗生素研究所的帮助下，土霉素厂又大胆试制医用精制土霉素。当时该厂仍属于设备简陋的手工作坊，工作人员克服了重重困难，终于试验成功医用土霉素。经市医药公司测定，质量达到了国家制药标准，从此开始大批量生产，之后配齐了提取设备，还添置了 8 个 7.6 吨的发酵大罐，设备总能力达到 60.8 吨位。

为防止因停电造成的染菌，1977 年实现了双路供电，扩大了配电室、高压机房和锅炉房，为扩大生产能力奠定了良好的基础。

1978 年，该厂共生产医用土霉素碱 1.62 万公斤，实现产值 117.9 万元，利润 50.2 万元。

二、造纸厂

1965 年底，在唐家岭南牛场旧址上，东北旺农场投资七万元筹建造纸厂（图 2-5-3）。

创业人员按照图纸砌成打浆池，改建了厂房，添置了动力设备及附属设施，从北京造纸厂等地找来旧烘缸、旧的打浆机零件和旧滚，从废品回收公司买来旧槽钢和旧角铁，焊接组装成底铁和纸机架子，用木头做芯，绕上旧毛布代替胶辊，上水管道也是用回收公司买来的旧管焊成的。

图 2-5-3　农场造纸厂车间

1967 年 10 月，1 号纸机投入生产。第二年生产低档卫生纸 450 吨，产值 40 多万元，获利润 7 万元。

1969—1971 年，又先后有两辆纸车投入生产。后因市场卫生纸紧缺，市政府轻工处投资 21 万元，区银行免收折旧费 5 万元作为一部分投资。有了资金来源，该厂建起了制浆车间，添置了制浆设备，建起了高压配电室、仓库、宿舍、办公楼。当时的主要品种有"红叶牌"民用卫生纸出口产品"金鱼牌"卫生纸、板纸和包装纸，使北京市卫生纸紧缺的状况得以缓解，有 1/3 的市民使用"红叶牌"卫生纸。

1976 年，产值 266.5 万元，利润 41 万元，生产各种纸张 3342.4 吨。

三、工具厂

工具厂的前身是在"大跃进"高潮中组织起来的西北旺综合加工厂，经过十余年的努力，取得了较快的发展。1969 年，在市二轻局的支持下，该厂开始筹备生产梅花扳手，当时这种产品在北京市还是个空白。由于经济困难，农场投资 3 万元，工具厂又自筹 4 万元，干部、群众自力更生，盖起了 300 平方米的厂房，自制了 160 吨和 300 吨的摩擦压力机，自制了夹板锤，购置了 80 吨和 60 吨冲床（图 2-5-4）。

试制开始时，他们用泥和木头做模具样，然后再做钢模具。当时困难很大，不少人叫它"没法扳手"。但他们不灰心，不气馁，以顽强的毅力和科学的态度，当年就成功地试制出第一支梅花扳手（图 2-5-5）。

图 2-5-4　东北旺工具厂

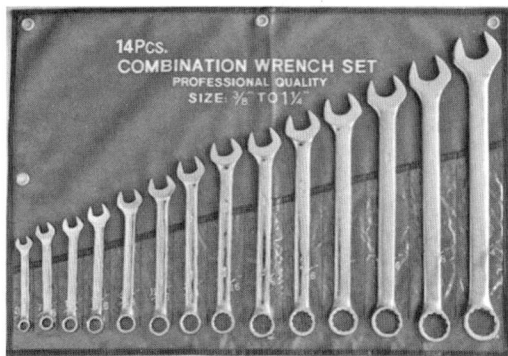

图 2-5-5　工具厂生产的梅花扳手

1970 年正式投产，同时易厂名为"国营北京市东北旺工具厂"。当时生产能力低，品种单一，于是增加了拖拉机配套工具—套筒扳手、拖拉机杠杆。随着生产的不断发展，市农机局拨给工具厂 60 万元技术费。利用这笔款项，工具厂扩大了厂房，增加了设备，建起 18 米跨度的机加工车间，12 米跨度热处理车间，建起两层办公小楼，添置了各类机床和锻造设备，从而扩大了生产能力。

1978 年，生产扳手 63.62 万件，实现产值 183.8 万元，利润 52.2 万元。

随着工作重点的转移，农场党委认真贯彻党的"调整、改革、整顿、提高"的八字方针，加强了经济管理，调整了管理体制，分别成立了工业分场和畜牧分场。

第二节　国营工业体系的建立

1979 年 1 月，农场成立了工业分场，1980 年底，农场撤销工业分场，成立工业科。

1983 年 3 月，农场成立工业公司。1984 年 10 月，农场撤销工业公司，恢复工业科建制，同年 7 月，成立乡镇企业公司。1991 年 3 月，农场组建工业委员会，下设企业管理科、产品开发科、财务科。

20 世纪 60 年代，农场的工业管理体制采用计划经济的模式。党的十一届三中全会后，农场由于确立了"工业是经济支柱"的发展方针，在搞活企业方面进行了大胆的探索，在工业管理体制改革上积累了一定的经验。

一、加强工业企业整顿

为加强正规化建设，农场对所属工业企业在班子建设和规章制度等方面进行整顿，整顿工作大致分两个阶段进行。第一阶段：以普及大庆式企业为主要形式，1978—1979 年，主要是学习大庆基本经验，着重抓基层企业的班子建设，整顿和恢复企业的基础管理工作。第二阶段：以提高经济效益为中心，围绕整顿和建设企业领导班子、整顿和完善经济责任、整顿劳动组织工作、整顿以经济责任制为核心的各项规章制度、整顿财经纪律等五项整顿工作，把企业素质提高到新水平。

从 1983 年下半年开始到 1985 年底，全面完成企业整顿。通过整顿，企业的基础管理工作得到明显加强，产品标准化水平有了显著提高，整顿前仅有 4 种产品采用国际标准，整顿后增加到 12 种。计量工作大大加强，各企业的计量器具配备率由整顿前的 81% 提高到 94%，产品检测率由整顿前的 80% 提高到 91%。由于采用了定额管理，各企业又健全了各种规章制度，通过整顿劳动组织，按定员定额组织生产，劳动生产率得到进一步提高。形成了基础管理工作、岗位责任制、经济责任制相结合的管理体制。基础管理的加强，推动了效益的增长，1985 年全民企业产值达到 2052 万元，比 1982 年的 982 万元提高了 109%，毛利达到 352 万元，比 1982 年的 165 万元提高了 113%。

二、改革工业管理体系

扩大企业经营自主权，减少中间管理层次。农场对下属企业逐步明确了责、权、利的关系。1984 年 8 月，农场开始实行场（厂）长负责制，先后制定下发了《厂（场）长（经理）工作暂行条例》《党支部委员会的职责》《国营基层企业各级职工代表大会工作条例》《关于改革干部管理体制的几点建议》4 个相互配套的管理制度。同年年底，全场国营企业普遍建立起以厂长为中心的决策机构，明确了企业党组织的监督保证作用，加强和改善了职工民主管理，充分调动了职工的积极性。从 1985 年开始，农场对所属国营企业实行层层承包，并同管理责任统一考核，最后发展成为集团承包的方式。

三、国营工业技术改造与升级

1982 年，在工业格局基本形成后，农场不断加快技术改造，带动新产品开发。

东北旺工具厂打破单一的产品结构，向汽车工业发展靠拢，1985 年贷款 200 万元，自筹 50 万元对厂房进行了扩建、改造，当年建成汽车挺杆生产线一条，汽车锻件一吨，模锻锤生产线两条，630 吨和 400 吨摩擦压力生产线各一条，电力增容量达到 800 千伏安。兑现了工具厂当年年初提出的"三个三"目标，即：发展三条生产线，生产三百万件产品，职工达到三百多人（图 2-5-6）。

1985 年，工具厂生产各种扳手 343 万件，比 1984 年同期提高了 88%，获利润 98 万元，产品远销北美、东南亚、东欧等国家，1987 年工具厂的 3 种产品荣获轻工业部"优质产品奖"。

1999 年 10 月 30 日，东北旺农场以 2700 万元总价款将东北旺工具厂全部资产转让给世纪兴业投资有限公司。

北京市网架厂的建立，代表着农场工业拓宽的一个起点。北京网架厂筹建于 1984 年 4 月。面对全国城建发展的需要，农场从外地引进人才，建立了网架厂。1986 年 5 月竣工，当年产值达 140 万元。网架厂先后承接了中原化肥厂的球形网架、约旦王国哈桑体育馆等 50 多个工程（图 2-5-7）。

图 2-5-6　东北旺工具厂生产车间

图 2-5-7　哈桑体育馆的网架

印刷厂筹建于 1979 年初，当时仅有一排 10 间的普通平房和一栋 300 平方米的简易车间。1980 年，印刷厂投资 10 万元购买部分设备，形成了一定的生产规模。

1981 年，印刷厂形成了百余名职工的企业；1983 年，利润达到 9.5 万元；1985 年，印刷厂转卖给武警部队。

制药厂的技术改造在全场各企业中，时间较长，投资最大。1985年，制药厂研制以麦迪霉素为主导的新产品，当年生产364公斤。1986年，生产能力逐渐扩大到4592公斤。到1990年，全厂已形成472吨位的生产能力。从1985年到1990年，累计技改投资2300万元。制药厂为了提高产品质量，以实验、生产、化验3条线为主，使麦迪霉素的质量和产量不断提高。1990年，车间成本降到全国同类药厂最低水平，发酵单位、收率两项技术指标列全国第四位。

1995年12月，东北旺农场将东北旺制药厂出售给华颖集团。

特种金属门窗厂建于1985年2月，同时引进了14名专业技术人员。1985年5月，特种金属门窗厂生产的钢制防火门通过国家相关鉴定，当年创利润13.4万元，1986年完成了防火门产品的系列化生产。

1987年，特种金属门窗厂研制开发了隔音门、卷帘门和设备。1988年，试制成功复合防火卷帘门，填补北京市此项技术的空白，荣获市"优质产品"三等奖。1989年以后，特种门窗厂相继开发了防火玻璃、推拉窗等产品，拥有4个车间3条生产线，年生产能力达1.6万平方米。

1985年，农场投资52万元改造造纸厂设备，当年生产1295吨，滤纸251吨，还开发了油墨生产和电子门铃产品。1986年造纸厂开发生产蛋托盘，共生产5万个，产值达7.5万元。1989年又投产彩色皱纹纸131吨。1990年投资120万元，生产票板纸，并对给水系统进行改造，使全厂水复用率达到60％，吨纸耗水量由165吨降到105吨。

改革开放以来，农场在工业发展方面取得的成绩是令人振奋的。从20世纪50年代的综合加工厂开始发展，到"七五"期间，国营工业销售收入15432万元，出口创汇510多万美元，净利润1334万元，上缴税金807万元，1990年固定资产达到2022万元，职工发展到1780人。"七五"时期的前3年，是经济高速发展阶段，3年总收入平均递增速度为21.9％，其中国营企业高达25％，后两年由于国家宏观政策调整，总收入平均递增7.5％，其中国营企业为3.2％。

1992年以后，农场工业进入改革新时期，以解放思想、更新观念为先导，以转换经营机制，促使企业走向市场为目标，加大产业调整和资产优化力度，基本消除了企业靠贷款维持亏损生产和靠亏损性生产维持低水平分配的局面，从而促进农场国有经济和乡镇企业的稳步发展。

1992年8月，农场经济实体"北京市东北旺农工商公司"更名为"北京市上地农工商联合总公司"。农场相继成立上地工业企业集团、上地综合开发建设总公司。自1993年开始，农场加大"联、引、卖、建"力度，对工业进行大调整，加速产业调整和资产优化。在计划经济时期，对农场经济起主导作用的制药厂和造纸厂，由于产品多年一贯制，缺乏在市场中的竞争力，并且负债过多，历史包袱过重等原因，造成企业连续亏损。制药厂被北大华颖实业公司购买，造纸厂被拍卖给 621 厂。

1996 年，农场对资产管理制度、财务管理制度和分配体制进行改革。其中，资产管理制度改革主要体现在对优势企业"扶优扶强"，把劣势亏损企业的闲置资产和生产要素向优势企业流动，同时变卖连年亏损、扭亏无望的小型企业。

1996 年，为了落实"以按劳分配为主体，体现效益优先兼顾公平"的收入分配原则，农场下发了《关于贯彻执行一九九六年经营承包奖罚条例》，规定了承包奖励具体办法。同年，农场职工实行结构工资制。

新产品开发取得一定成绩。硬质合金工具厂开发出矿山工具刀片、冲击钻片、木工电动工具刀片和拔丝模等四大类 100 多个品种的新产品。特种金属门窗厂研制了木制防火门，并投放市场；该厂研制的钢质复合防火卷帘门，在 1992 年获北京市农工商总公司"科技进步"三等奖。网架厂、特种金属门窗厂狠抓企业管理和产品质量，双双获得 ISO 9001 质量体系认证。

1995 年，按照北京市农工商总公司的统一部署，农场对硬质合金工具厂进行股份合作制改革，成立农场第一个股份合作制企业，也是北京市农工商总公司第一批股份合作制试点企业之一。

1997 年，以党的十五大精神为指导，农场有计划、有步骤地推进国有企业改革。同年十月，农场召开《学习贯彻十五大精神，加快国有集体企业改革步伐》会议，场长李元海作了《深刻领会、全面贯彻十五大精神，以非国有化产权制度改革为突破口，转换企业经营机制，建立现代企业制度》的报告，主要阐述了国有企业、乡镇企业改革的重要性和必要性；同时，结合农场实际，提出了企业改革的基本形式，对改革的方法和步骤作了具体安排。会后，农场成立了改制领导小组，各企业也相继成立了相应组织。

1998 年，场乡体制改革前，农场对经营现状较好的鑫海贸易公司和海东工程部两个单位进行改制。鑫海贸易公司改制后更名为众义和商贸有限公司，该公司筹集职工股本金 30 万元，经营面积由原来的 600 平方米增扩到 1000 平方米，安排了 30 名下岗职工再就业。

第三节　大力发展乡镇企业

随着农场经济的发展，农村劳动力逐步转移，乡镇企业开始起步。1978 年，农场仅有乡镇企业 27 家，到 1990 年发展到 42 家。

从产品单一、技术落后、规模小、设备简陋的小企业，发展到建材、机加工、锻造、纺织、电子、服装、工艺美术、日用化工、建筑五金、木器加工等诸多行业，固定资产达1071万元，流动资金900万元，从业人员1947人，总产值年达3479万元，创利润269.5万元（图2-5-8、图2-5-9、图2-5-10、图2-5-11）。

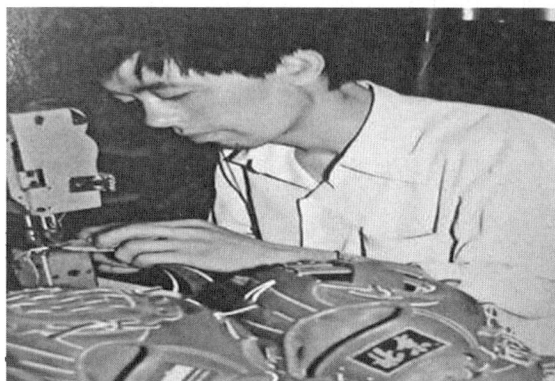

图2-5-8　棒球厂加工棒球手套

图2-5-9　精新电子厂配件装配车间

图2-5-10　安宁庄丝绸厂工作车间

图2-5-11　冷泉玩具厂车间

乡镇企业的发展，是党的十一届三中全会以来实施改革开放政策的结果。农场针对市场结构的变化，对如何搞好乡镇企业，采取了一系列的政策和措施。

1984年7月，农场成立乡镇企业公司，对乡镇企业坚持管理和开发并重的方针，先后对乡镇企业进行了全面整顿，并对经营管理制度进行了改革。

1987年5月6日，下发了《关于加强乡村企业管理的决定》和《促进横向联合的优惠政策》，着重清理了财务，使各项制度进一步完善，同时还确定了安宁庄丝绸厂、西二旗压块厂、西北旺文百厂等一批骨干企业。

在发展乡镇企业的同时，农场积极开展横向联合，增强乡镇工业的竞争能力；到1990年，农场有18家单位与乡镇企业以不同形式进行横向联合，包括来料加工、产销挂钩、双方投资、利润分成、技术服务与转让、补偿贸易等等。通过横向联合，使乡村企业的产品质量提高了，销路畅通了，社员收入水平稳步提高，多余劳动力有了出路，形成

"以工补农"的局面。随着土地适度规模经营的发展扩大，农业机械化水平的提高，越来越多的人脱离农田劳动，而乡镇企业正是安排这些劳动力的主要场所。

"七五"期间，农场有乡镇企业 63 个，比"六五"期间增加 26 个，每年增 28.4％，人员由 1350 人发展到 2360 人。

大力引进人才、提高乡村工业管理与技术素质是乡镇企业发展的必要条件。到 1990 年年底，各乡镇企业共引进技术人员 469 名，新开发项目 48 项，引进资金 925 万元，引进各种设备 297 台件。"七五"期间，出口创汇企业发展到四个，其中西北旺银制摆件厂、冷泉珐琅厂、安宁庄丝绸厂等单位，五年出口创汇总额 265 万美元（图 2-5-12）。

图 2-5-12　冷泉珐琅厂

"七五"期间，农场乡镇企业总产值累计 11.93 万元，五年职工总计为 1.18 万人，劳产率 10108 元，人均年创税 459.13 元，年利税率达 17.1％。共有 21 个自产自销产品、28 个品种，产品标准化覆盖率为 67.9％。

乡镇企业和国有企业同步发展很快，从"七五"到"八五"10 年间，在普遍发展的基础上，上规模、上水平、上档次，建立起一批骨干企业。乡镇企业的发展及骨干企业的形成，是改革的突出成果，成为农村致富不可缺少的产业。

重视人才培训是发展乡镇企业的重要途径。"七五"期间，农场先后对两批 80 人乡办企业厂长、75 名会计人员进行培训，还培训电工、电气焊工、司炉工共 180 人。其他各种人才培训共 460 人。到 1990 年底，乡镇企业拥有各类工程师、经济师、会计师和初级职称人员 140 多人。1991 年以后，乡镇企业不断调整产业结构和产品结构，加大管理机制改革力度，逐步完善承包经营责任制，把亏损企业抵押、承包、租赁给个人经营。

为提高企业管理水平，农场连续几年开展了标准计量、定额管理、规章制度、职工教育、信息管理等基础工作的达标工作。

随着市场经济体制改革的深入，乡镇企业面临着严峻挑战。一方面，扶持产品有市场、经营状况正常的企业；另一方面，对体制不顺、机制不活、产品无市场、经营困难的企业选择租、联、兼、托、股等形式，进行产权制度改革。

1997 年，农场开始用新的财产组织形式发展新的经济合作体，确定了农民个人在乡镇集体经济中的资产权益，采取因企制宜、"一村一策"的方式，尽快盘活呆滞存量资产，使乡镇企业获得新的生机。

第六章　东北旺农场建筑业及房地产业

第一节　建筑业的起步与发展

建场初期，农场在农闲期间，组织人员到城区修路。改革开放后，成立了长城建筑工程公司东北旺分公司，当时有职工 140 人，年产值在 30 万元左右。到 1990 年，职工队伍扩大到 420 人，其中合同工 273 人。中小型施工机具配套齐全，每年施工工程面积在 3 万多平方米，竣工面积 2 万平方米。1990 年产值 432 万元，利润 21 万元，人均创利 1 万多元。

1988 年，建筑公司先后承接了广播电影电视部幼儿园、《工人日报》报社宿舍楼、农场 1 号宿舍楼、冰激凌厂厂房、安宁庄小区宿舍楼等工程项目。《工人日报》报社宿舍楼被评为海淀区"优质工程"，安宁庄小区工程被评为"安全文明工地"。

乡镇企业也相继成立了专业性建筑公司，形成了一支专业化队伍（图 2-6-1）。

图 2-6-1　农场引进大市政管网建设施工现场

第二节　房地产业的早期开发

1992年，在邓小平同志南巡讲话指引下，我国进一步加快对外开放和市场化改革步伐。根据国家土地政策和首都建设总体规划，北京市房地产开发进入快速扩张期。为培育新的经济增长点和适应社会需要，充分利用和发挥农场位于城乡接合部、非耕地较多、近邻高科技园区的区域优势，农场成立了北京通达房地产开发公司第六项目部。

1992年7月，东北旺农场成立房地产开发办公室。1993年6月4日，经市建委批准，东北旺农场成立了北京市海淀区西二旗房地产开发公司（1997年12月22日更名为北京市安达房地产开发公司）。1993年5月，东北旺农场采取"以资代劳，按资分配"的办法，筹集内部资金，加快房地产开发。1993年6月，农场（乡）下发《东北旺乡关于征地补偿费统筹使用的有关规定》，通过房地产开发积累资金，用于新农村改造。1994年底，马连洼一队59户农民搬迁上楼，探索了新农村建设第一步。

1994年，东北旺农场确定了以房地产开发为重点，瞄准城市危改、解困和搬迁的大市场，并且结合解决旧村改造和职工住房问题，实行合作开发与自行开发相结合、房地产开发与工业开发相结合的整体开发策略。

当年，集全场之力，抓住海淀区苏州街拆迁、清华和北大两校蓝旗营教师住宅项目拆迁和海淀危改等机遇，结合农场职工住宅建设，先后开发建设了东馨园、梅园、竹园、菊园等住宅小区（图2-6-2、图2-6-3、图2-6-4）。利用房地产建设积累的资金，农场新建了东北旺医院、马连洼小学、农场办公大楼、农场培训中心、老干部活动中心等设施。

图2-6-2　菊园小区

图2-6-3　东馨园小区

图2-6-4　梅园小区

1995 年，农场开工面积就达 12.4 万平方米，并实现当年全部竣工，实现销售收入 1.85 亿元，占国有经济收入的 59%，占销售总收入 28.5%，实现利润 2230 万元，为国有企业总利润的 138.9%，成为农场建设的经济支柱，为附近地区各企事业单位及城市微改提供商品住宅。

农场先后投入巨资，将自来水、天然气等大市政管网引入东北旺地区，彻底改变了东北旺地区城市基础设施极端薄弱的状况，为农场经济再上新台阶创造了良好的投资环境。1995 年，农场全部完成了安宁西里 26 万平方米的经济适用房建设，创造了良好的经济效益和社会效益，农场建设发展呈现新面貌。

农场房地产业的发展离不开上级领导的支持与关怀。1995 年 12 月，北京市常务副市长张百发到农场视察，在参观了梅园、竹园、菊园和农场宿舍住宅区后说：“你们开发的小区搞得不错，各种设施是相互配套的，很有特色，我没想到城乡接合部有这样好的开发小区。”（图 2-6-5）。随后张百发副市长又参观了农场房地产开发展室，非常认真地观看了西二旗小区的立体设计图和百县商贸中心、当代绿色体育城的设计图，他说：“设计得不错，1996 年开发西二旗小区，要自己干，目前是市场经济，规划设计要考虑长远，你们把城乡接合部搞的有秩序、有特色，各种服务再跟上，很有发展前途”。参加视察的领导还有北京市农场局局长邢春华、副局长包宗业、海淀区副区长许树迎等。同年 12 月，建设部部长侯捷、农业部副部长刘成果到农场视察房地产开发建设情况（图 2-6-6），参观住宅小区和房地产开发展室，并听取了农场领导的工作汇报。侯捷部长肯定农场小区开发搞得不错，功能配套很合理，同时提出，西二旗小区的开发可以搞得高一些，多一些高层住宅。总之要少占耕地，扩大绿地，向高层发展，提高容积率。侯捷部长为东北旺农场题字：“东北兴旺，再创辉煌”，刘成果副部长也为农场题字：“希望之星，当代新城”。

图 2-6-5　北京市副市长张百发视察东北旺农场　　图 2-6-6　建设部部长侯捷视察农场房地产开发工作

场乡体制改革前，首规委通过了《西二旗住宅区控制性详细规划》，农场取得西二

旗住宅区 148 公顷的土地开发权。但是，在 1998 年场乡体制改革后，西二旗住宅区的开发由中关村开发建设有限公司接手。由于以前的大量投资不能收回，农场背上沉重的债务负担。

从 1993 年成立房地产开发公司到 1995 年，农场房地产共完成总建筑面积 31 万平方米的开发工作，仅 1995 年上半年，开工面积就达 12.4 万平方米，而且当年实现竣工。三年内仅房地产开发一项实现销售收入 1.85 亿元，占农场国有经济的 59%；实现利润 2230 万元。在房地产业的带动下，农场的建筑、建材、运输、商贸服务、物业管理等行业协同发展，步入一个高速、高效发展的新阶段。

第三节　房地产业的快速发展

农场经过十几年的努力，通过资本积累，形成一定的经济实力，市场竞争力不断增强，培育出一支专业房地产开发建设的人才队伍，公司整体素质不断提高。截至 2007 年，农场累计开发面积 85 万平方米，完成投资 20 亿元。开发建设工程多次获结构长城杯"市优质工程"等奖项。北京市安达房地产开发公司曾获"北京市金融系统 AA 级信用评价""北京市纳税信誉 A 级企业"和海淀区人民政府授予的"1998 年上缴利税贡献突出企业"荣誉称号。场乡体制改革后，农场自有开发土地不足，在激烈的市场竞争中，公司通过土地招拍挂，凭着实力，取得了开发项目，通过内引外联，确定新的经济增效点，搞好开发土地储备。作为农场的支柱产业，房地产业带动了物业、物流等第三产业协同发展。

20 世纪 90 年代末，房地产业由卖方市场转变为买方市场，面对这种形势，农场坚持以市场为导向，转变经营理念，通过创新机制来适应市场需求的变化，狠抓管理和团队建设，促进公司经济快速高效地发展。加大机制改革力度，实施一系列新举措：以转变观念为先导，提出"以销售为龙头、市场为中心，财务核算为核心，工程质量一票否决"的经营理念，树立市场、竞争、创新、成本、效益的观念，调整公司组织机构，成立研发部，加强和充实前期开发部和经营部的人员配置，打破原有用工和分配机制，实行全员合同制和体现"效率优先"的岗位工资制，建立有效的激励和约束机制，建立成本核算体系和质量控制体系。机制创新出成效，瞄准市场，探索销售新途径。北京市安达房地产开发公司创立与北京大学、清华大学合作开发经济适用房的新模式，解决资金回款慢，困扰公司发展的老大难问题，保证了公司经营活动的正常运行。在 1999 年开工的项目中，有两项获市优质工程，一项获结构长城杯荣誉称号。

1998 年 7 月 3 日，市政府印发了《关于加快经济适用住房建设若干规定（试行）》，规定了新建的经济适用住房采取行政划拨方式供应土地，减半征收 21 项行政事业性收费，出售价格按保本微利原则确定，政府规定指导价，开发利润控制在 3% 以下。如果开发建设商品住房，平均利润率远远高于 3%，加之开发建设经济适用住房是新项目，企业未操作过，对能否控制开发建设成本，能否保证 3% 的利润率等问题，直接关系着是否决定开发建设经济适用住房的问题。

农场认为，作为国有房地产开发企业，在市场经济条件下，不仅追求经济效益的最大化，而且不能忽视社会效益。最后决定将公司开发建设商品房项目转为经济适用住房项目。经北京市经济适用住房建设领导小组审定，安宁西里开发建设作为我市第一批 19 个经济适用住房项目之一。

农场坚持以人为本，从小区规划、方案设计、市政管网到开发进展、物业管理、工程质量等问题，作了精心的安排，并向市政府和社会郑重公开作出了承诺。经过 5 年的开发建设，按期保质完成 26 万平方米的经济适用住房项目，创造了良好经济效益和社会效益，农场的实力进一步增强。

1999 年，在资金紧张，销售压力大的困境下，公司依靠广大员工，通过建立岗位工资分配机制和全员实行聘任合同制的用工制度的改革，极大调动员工的积极性，销售局面打开，销售收入大幅上升。全年销售收入 6868 万元。

2000 年，全年完成投资 9925 万元，开工近 10 万平方米，回款 1.8 亿元。资金紧张得到了缓解，按期归还了银行贷款。

2001 年，安宁西里 4、5、6 号楼竣工交付入住，1、2、3 号楼结构封顶，幼儿园通过竣工验收，与北京大学签订了 14 万平方米销售合同（图 2-6-7）。

图 2-6-7　经济适用住房安宁西里小区开工典礼

图 2-6-8　菊园盛景

2002 年，菊园盛景 A、B、C 栋和安宁西里 1、2 号楼入住，全年共交付住宅近 10 万平方米（图2-6-8）。同年，由农场、安达房地产公司与中关村农林科技发展股份有限公司，共同组建昊达房地产开发公司，参与中关村农林科技园的二级开发工作。

2003年，公司完成马连洼、菊园小区电力改造工程、安宁南小区的发电工程及电表改造工程，出售尾房3720平方米，回款1440万元。

2004年，公司全面落实与北京大学签订的二期合作协议，制定了销售策略和方案，对菊园盛景尾房进行销售，共回收1000万元。同年，公司克服困难，积极为住户办理房产证近400本，解决了历史遗留问题。还与北京科技园建设集团股份有限公司就西二旗开发投资签订有关协议。11月取得清河商住楼项目开工许可证，启动该项目，增强了企业发展的后劲。

2005年2月，公司正式收购"北清家园"（园墅）项目，该项目由于投资方资金问题，使该项目闲置2年，集团公司考虑该项目的开发难度和安达房地产开发公司的整体实力，决定由安达房地产开发公司出资接手此项目，由安达房地产开发公司和安达房地产开发公司控股的昊达房地产开发公司共同完成澳柯玛中嘉房地产开发公司继续项目（图2-6-9）。

图2-6-9　北京澳柯玛中嘉房地产开发公司开发建设园墅项目

公司接手该项目面临重重困难，一些批准文件过期，要重新办理；原有的规划重新调整；项目中有30亩地属于集体土地，需要办理征地手续。为了使该项目短时间回收土地成本，难度很大。面对诸多困难，农场用了3个月时间进行市场定位、调研、咨询策划等工作，确定了开发立足市场，根据区域位置，将此项目建设成一个以别墅为主、环境优美的智能化、人性化的高档生活居住区。

2006年，园墅项目销售房屋85套，实现收入近2亿元，全年上缴税金1169万元，荣获"2006年民生地产企业奖""2006年地产上地区域标杆楼盘奖"。这是公司不断发展，实力不断增强的体现，也是具有开发新的、高难度项目的能力的体现。

同年3月，西二旗小区1.6万平方米的经济适用房按期竣工，至此，经济适用房项目7.2万平方米已经全部竣工。

同年 10 月 31 日，清河金领时代大厦顺利办理了住宅部分的入住手续，该项目对销售模式进行成功创新，有效规避了市场风险，保证了回款进度，加速资金流转（图 2-6-10）。

2006 年，北京市开发项目的土地供应开始完全实行"招拍挂"方式。农场与安达公司面向市场寻找开发项目，经过考察，决定参与昌平区鼓楼东街 69 号地住宅项目的竞投。安达

图 2-6-10　清河金领时代大厦

公司成立了投标工作组，进行市场分析，测算出成本盈亏平衡点、销售价格盈亏平衡点和销售进度盈亏点，农场与公司确定了投标价格。8 月 3 日，该项目开标会在土地整理储备中心昌平分中心如期举行。8 月 24 日，公司以总分第一名的成绩成为该项目的中标单位，实现了农场开发事业的突破和创新，农场房地产业的发展又跨越了一个新台阶。

2007 年 3 月 15 日，农场、南口农场与安达房地产开发公司共同投资，成立"北京三元百旺房地产开发有限责任公司"，注册资金 3000 万元，三家单位各出资 1/3。该公司将集中精力对南口农场的土地资源进行土地一级开发，借此寻求新的经济增长点。

农场突飞猛进的发展，是坚持科学发展，树立和坚持市场经济观念、高速度发展观念、经济效益第一的观念、转换经营机制的结果。正向创造品牌企业，朝着具有一定影响力、竞争力和知名度的专业房地产开发企业的目标迈进。

第四节　农场房改政策实施

农场执行房改政策开始于 1992 年。当时，农场有平房 620 间，可居住住房 369 户，但实际住房已达 400 多户，这些平房大多是 20 世纪 60 年代以前建造的简易房，改善职工住房问题迫在眉睫。农场决定举全场之力，改善职工居住状况。

根据总公司《关于东北旺农场房改实施方案的批复》（〔92〕京农管房改字第 4 号）、海淀区《关于〈东北旺农场职工集资建房办法〉的批复》（海房改办字〔92〕第 18 号），1992 年农场下发《东北旺农场住房制度改革实施方案》，按照国家、企业、个人三者共同负担的总原则，按照"新楼以卖为主，平房以租为主，逐步达到职工住宅楼房化"，进行集资建房，建设了 520 多套新楼住宅，同时有 100 多户职工住进平房。此次集资建房面向所有住平房的正式职工，基本解决了无房户和特困户的住房问题，大大缓解了职工住房的

压力，受到职工们的普遍欢迎。

在 1992 年房改的基础上，1995 年农场进一步贯彻市政府《深化城镇住房制度改革决定的通知》精神，农场职代会讨论通过了《东北旺农场关于 1995 年度对职工售房的具体实施办法》（东场发〔1995〕36 号）。此次售房面对所有 1992 年未购楼房的农场职工（包括离退休职工），共售房 94 套（一至三居室）。

1992 年以来，农场按照北京市房改规定和集团公司职工住房改革要求，以及上述农场房改文件，共解决农场职工住房 714 套（楼房）。1997 年以后，农场实行了住房市场化（图 2 - 6 - 11）。

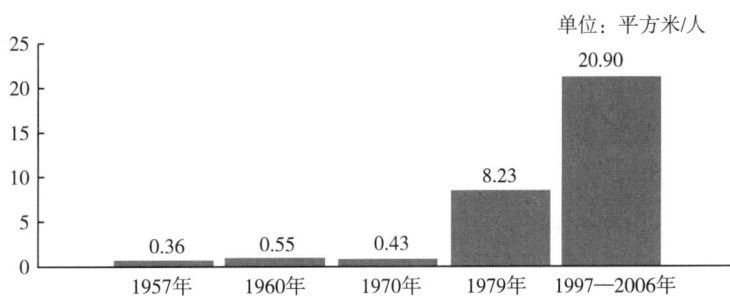

图 2 - 6 - 11　1957—2006 年东北旺农场职工人均住房面积

第七章　东北旺农场物业及仓储业

第一节　物业管理的发展

1993 年以来，农场高速发展住宅小区建设，先后有多个住宅小区建成。1994 年，农场成立东居物业管理中心，负责梅园小区和农场所有平房的管理。1995 年 7 月，又成立第二物业管理站，由东北旺园艺场兼管，主要负责竹园和菊园的物业管理。随着物业管理体制的健全，农场撤销第二物业管理站，将其小区以及平房的物业管理，统交由东居物业管理中心负责。与此同时，农场成立热力供应站，负责所有住宅小区的供暖，经济上单独核算。

一、健全法人治理结构

2002 年 11 月，东居物业管理有限公司改制后，从完善公司法人治理结构入手，建立公司股东大会（权力机构）、董事会（决策机构）、监事会（监督机构）和经理管理层（执行机构）的职权和责任约束及相互制衡的四位一体的领导管理机制。

在机制转换方面，实行公司领导层层聘任制，建立完善的竞争上岗的用人机制。实行公司员工考核制度，做到事事有人管、工作有要求、考核有标准。坚持效率优先、兼顾公平，按贡献参与分配，发挥工资的激励效应。将企业的固定工、临时工统称公司的员工，实现了职工身份的转换。

通过公司法人治理结构的健全和机制转换工作，使公司的管理形成稳定高效的运行系统。增强公司各层经营管理者和员工的责任感及公司主人翁的思想，激发了工作积极性和主动性，提高了服务意识和技能水平。

为了适应市场经济发展要求，创建一流的管理与服务物业管理品牌，公司从完善健全经营管理、质量管理的规章制度入手，达到规范服务管理的目标，修订《员工手册》，制定了财务管理类等 86 项管理制度，编制了各岗位及设备设施操作类 16 项操作指导书，汇编了消防应急处理等 14 项预案。各项规章制度的建立，做到职责权限明确、有章可循。

实现了公司最佳的管理方式、规范的服务管理、提升了公司资质，营造了优美、温馨、安全、舒适、和谐的社区家园。

二、经济效益与社会效益同步增长

公司坚持科学发展观，积极拓展物业管理的发展空间与外延，充分利用土地资源，寻求资产资源效益的最大化的途径，发展符合市场需求的物业管理项目。

2005年，先后投资建设4处仓储项目，成立"北京东居兴业企业管理有限公司"。

2006年，公司与澳柯玛中嘉房地产开发公司共同出资，成立了同和开元物业管理有限公司。同年，承接了小营西路的金领大厦商住楼物业管理。

2007年上半年，公司总资产比始建时4800万元增加857万元，实现公司年年有发展、经济效益的快速增长局面，为公司今后的发展、提高员工收入、改善社区环境和兴建公共福利设施奠定了坚实的物质和经济基础。

社区环境改造主要项目无障碍工程、技防工程、绿化工程及铺路、围栏工程等，共投资474.1万元。

2003年6月，公司开展质量、职业健康安全管理体系的认证工作，2004年通过ISO 9001：2000质量管理体系和GB/T 28001—2001职业健康安全管理体系两项认证。

2006年，公司取得物业管理二级资质。

公司提出，要构建和谐社区，打造物业服务品牌。公司在物业管理、文明小区、绿化、卫生、节水、治安、交通安全等方面，荣获市级荣誉称号9项、荣获区级荣誉称号8项，多次荣获农场、街道荣誉称号，收到社区居委会、居民的表扬信12封。

在2007年9月23日结束的北京第二届（2007年度）魅力社区总决选中，北京东居物业管理有限公司服务管理的海淀区马连洼街道菊园社区荣获第三名。菊园社区是在北京市159个社区参赛队中，经过初赛、复赛晋级入围的，其"残疾人康复站"改善项目得到评委高度评价。在康复站，残疾人不但肢体得到了康复、心灵得到了慰藉，在获得就业培训的同时，还得到了就业岗位，残疾人从心里发出"菊园是我家，我们都爱它"。在菊园魅力社区的创建过程中，从魅力社区活动评选总动员，到路灯、路椅的安装、路面的修整等，东居物业给予了大力支持，这些在电视直播菊园社区代表队的演讲词和社区主任的陈述中多次提到，真是魅力社区总动员，人人参与做贡献。

第二节　物流仓储业的发展

1992 年，农场对畜牧业进行调整。畜牧业逐步退出，农场利用其场地资源，根据市场需求，发展新兴产业。东北旺南牛场将几栋破旧牛棚改建成库房，加高加固了围墙，平整了场地，成立东北旺仓储公司。公司成立后，先后与联想集团、时代公司和万桥物资等客户签订了承租合同。1995 年，根据东北旺区域总体规划，东北旺仓储公司搬迁到唐家岭村南。

一、严格管理制度，改进安全措施

上地物流有限公司成立后，按照现代企业的管理模式和标准，修订 17 项原有的管理制度，建立完善了《北京上地物流有限公司经营管理制度》《北京上地物流有限公司安全管理制度》《北京上地物流有限公司岗位职责》《北京上地物流有限公司月考评标准》及《北京上地物流有限公司大额资金使用相关规定》等。规章制度的建立为公司严格、规范的管理提供了重要依据。为了增加管理透明度，公司推行了"厂务公开、民主管理"制度，对公司基建费用、员工福利费用以及大额资金开支使用等重大事项，通过厂务公开栏向员工公开，实行员工的民主管理，发挥股东的监督作用。

为了确保库区安全，公司先后投资近 50 万元用于安全设备的引进，安装先进的电视监控系统 22 路，外线报警系统和"一键通电子巡更系统"，使用钠灯改装库区照明，对库房进行丝网和护网的安装。除此之外，公司还建立健全消防档案、安全消防管理网络和应急预案、坚持三级防火责任制、成立应急小分队等。由于公司不断改进安全措施，强化了安全保卫工作的科技含量，形成了完善、周密的安全网络，提高了库区安全系数，连续多年未发生治安案件和火灾。2004 年公司被海淀区评为"消防安全先进单位"。

二、拓宽业务市场，经济效益增长

根据市场需求和公司自身发展的需要，公司不断拓宽业务，从传统的、单一的仓储经营模式，逐步向现代科学化的仓储管理、运输管理、包装加工以及物流信息处理等物流综合产业方向发展。

2007 年初，在公司西区改建了近千平方米的防静电生产检测车间，为客户提供了高科技产品生产平台。

公司勇于拓展物流领域多层次的业务市场，建立库房覆盖下的生产车间以及分拣包装车间，为客户降低了成本，实现双赢。公司通过网站等现代化的信息交流方式，不断收集信息拓宽业务市场，提高市场竞争力，实现公司高效高速发展的目标。

随着中关村高科技产业的不断发展，上地软件园和永丰高科技园区相继开发建设。面对庞大的物流市场，公司与海淀区运载管理处，共建海淀区物流基地。自 2004 年始至 2006 年初，公司租用原中日养鸡场场地，兴建库房、物流办公室 43300 平方米，修建道路铺设混凝土路面 23800 多平方米，铺设下水管线 3580 多米，更新安装了消防设施，恢复电力使用。2006 年初，原中日养鸡场场地被航天城征用，为支持国家航天事业的发展，公司领导和员工积极做好搬迁工作，于当年 9 月 27 日，提前 4 天完成了搬迁工作，受到航天城和农场党委的好评。

为了积极配合北区（中日养鸡场）搬迁工作，满足客户需求，在公司内拆除北平房 1000 平方米，新盖了 4500 平方米的库房、办公用房，引进北区中传网，北京迈普机电设备研究所等 5 家公司，使公司年收入增加 85 万元。

2004 年 10 月，公司通过了 ISO 9001 质量管理体系和 OHSAS 18000 安全管理体系资质认证。

公司改制后第 1 年，实现利润 48.6 万元，人均收入 1.92 万元。2004 年至 2006 年，连续 3 年经营收入都以 20％左右速度递增，员工收入以 10％左右速度递增。

第八章　东北旺农场中外合作与交流

第一节　中日友好人民公社成立

1978年8月12日，中日两国宣布缔结和平友好条约。8月20日，全国人大常委会副委员长廖承志召集对日工作有关单位，就缔结条约后进一步开展两国民间友好工作进行了具体安排，并提出："把中日友好推向新的高潮，使友好活动更加丰富多彩，更富有群众性"。9月22日，中国人民对外友好协会将《关于拟建中日友好人民公社的请示》呈报中央。10月6日，中央同意在北京建立"中日友好人民公社"，并决定在邓小平同志10月23日赴日本举行互换中日和平友好条约批准书仪式的当天下午，举行"中日友好人民公社"命名大会（图2-8-1、图2-8-2、图2-8-3）。

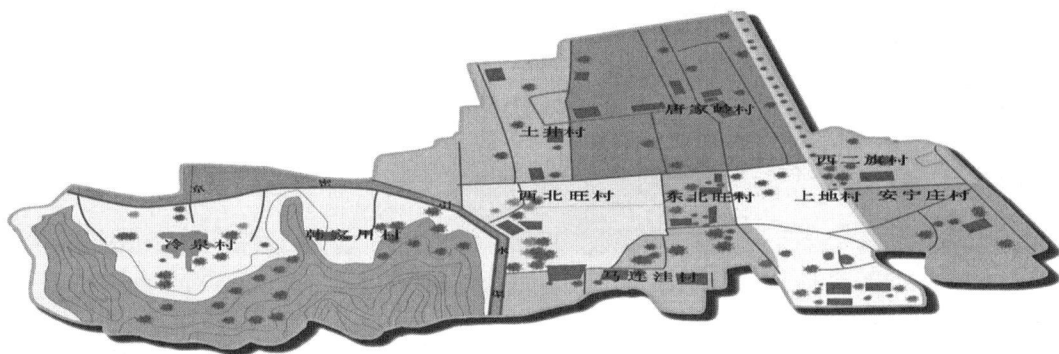

图2-8-1　中日友好人民公社地图

图2-8-2　中日友好人民公社命名大会现场

图2-8-3　参加大会嘉宾合影

　　1978年10月，廖承志为即将成立的中日友好人民公社题写了牌匾和"中日友好，松柏长青"的题词。

　　1978年10月20日，市革委会派市委原农村工作部干部处处长房威任公社主任，市农村工作部生产处副处长刘长明任公社副主任，原公社党委书记屈洪玉任副主任。

　　10月23日下午3时，中日友好人民公社举行命名大会。全国人大常委会副委员长谭震林、国务院副总理陈永贵、日中农业农民交流协会会长八佰板正、中国人民的老朋友西园寺公一等200多人参加了"中日友好人民公社"命名大会，并挥锹栽下了四棵象征中日友谊的杉柏树（图2-8-4）。大会由中日友好协会秘书长孙平化主持，房威、八佰板正在会上祝词：共祝中日两国人民世世代代友好下去！八佰板正在会上提议：邀请中日友好人民公社的青年农民到他老家日本福岛进行农业研修。1979年3月，第一批研修团成员26人赴日研修农业，项目有种植水稻、果树、蔬菜，养牛、养猪、养鸡等。到1995年，共有62批504人赴日研修，提高了技术，增进了友谊。赴日研修，一起劳动，互相交流，共同学习研究农业。

图2-8-4　象征中日友谊的松柏树植树现场

　　中日友好人民公社的建立和成长，一直受到中央领导的关怀。

　　1981年10月，全国人大常委会副委员长廖承志先后到中日奶牛场、中日养鸡场、中日棒球手套厂视察并指导工作。

　　1983年9月9日，全国人大常委会副委员长邓颖超到中日养鸡场视察指导工作，并走访了唐家岭村村民。国家副主席王震对农场的发展也寄予厚望，他先后3次亲临农场视察，并就各阶段的发展给予具体指示。王震作为"老农垦"，对农场的关怀，极大地鼓舞了农场新一代的建设者。

第二节　农业研修活动开展

1979年2月9日，中日友好人民公社与福岛市日中农业技术交流协会在北京签订了《关于农业技术交流要点协议书》，并确定了进修地区为日本福岛市和北海道，进修项目为：饲养奶牛、养鸡、养猪，种植水稻、果树、蔬菜等。

1979年3月8日，以中日友好协会理事、公社革委会副主任刘长明任团长，公社副主任李元海为副团长的一行26人，作为新中国成立以来首批农业研修代表团赴日，进行农业技术交流和友好活动，其中有6名同志赴日本北海道学习奶牛饲养技术。首批赴日研修团于1979年12月10日回国（图2-8-5）。

图2-8-5　首批农业研修代表团赴日进行农业技术交流和友好活动

1980年，日本福岛市民将农场赴日研修团在日有关活动评选为该市十大新闻之一。据统计，自1979年到1990年，农场相继派出31批201人赴日本学习各种农业技术，并引进水稻工厂化育秧技术及大量的优良果树品种和种植技术。

从1979年至1990年，日本各界以团体、个人等不同形式，向农场赠送了各种农机设备和家畜良种，其中有：水稻插秧机、拖拉机、挤奶器、奶牛、种公牛、旦马牛、塑料大棚、农用水泵、佐川急便车、农药、瘦肉型种猪、12万只蛋鸡和一套鸡场机械设备等，并先后派人参与安装调试工作。这些设备和技术的引进，是中日两国人民友好的象征，也大大促进了农场的现代化建设（图2-8-6、图2-8-7）。

农场派往日本的历届研修团成员，与日本农家同吃同住同劳动，朝夕相处亲如一家，因此结下了深厚的友情。这种彼此间的纯真友情是中日友好民间交往深入发展的历史见证。

图 2-8-6 日本向农场赠送种公牛

图 2-8-7 日本向农场赠送插秧机

第三节 发展中的友好事业

中日友好人民公社成立以来，民间友好日趋发展。1979 年 6 月，全国人大常委会副委员长廖承志率领国内 600 多名干部，乘"友好之船"访问日本各地，农场领导屈洪玉、马连洼大队书记张凤明随团前往。农场作为对外开放单位先后接待了来自 60 多个国家和地区 2792 批 44251 名来宾。

农场派出的赴日研修生大部分已成为各个岗位上的骨干，并将所学的知识用于实践。农场大部分中层以上干部曾经赴日本研修过，学到了各种技术和管理经验，使干部队伍整体管理水平提高，促进了农场的经济发展（图 2-8-8）。

图 2-8-8 首批农业研修生赴日剪影

在改革开放过程中，农场不仅大量吸收了日本的先进技术并用于实践，而且通过引进技术，促进民间友好往来，形成了马连洼村、唐家岭村、上地村、工具厂、幼儿园、中日鸡场、中日奶牛场、敬老院等一系列开放单位，并在部分村民户中设立对外开放点，作为外国朋友和各国来宾了解中国改革开放的一个窗口。

在接待各国贵宾中，农场先后接待了哥伦比亚参议会代表团、扎伊尔执政党总书记、巴拉圭共产党中央委员会组织书记、朝鲜金日成高级党校代表团、菲律宾国会代表团等。

农场在民间友好往来过程中，向日本方面提供、交换各种农作物优良品种，并向日本福岛市赠送了两头燕山驴——雄驴名为"京京"、雌驴名为"燕燕"。

1981年10月23日，中日友好人民公社成立三周年之际，农场邀请日本福岛市农户到北京做客（图2-8-9）。

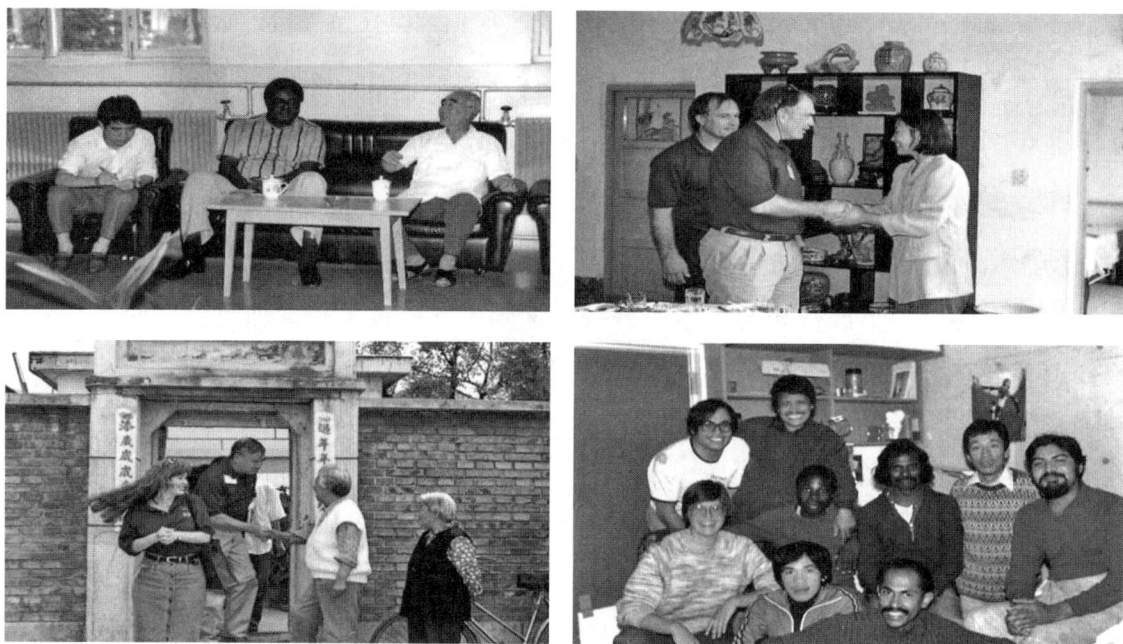

图2-8-9 外国友人到农场参观剪影

1984年9月至12月，日本星火产业株式会社人员在唐家岭村村民、德州扒鸡专业户梁振山家，学习德州扒鸡烹饪制作技术。

1986年6月25日，加拿大著名女作家海伦特里布莱，为撰写全世界三分之一以上的各国普通家庭的生活情况、生产方式，到唐家岭村民刘金诚家生活了三天。

1987年9月16日—11月1日，应农业部农垦局外事处邀请，美国加州大学两名农业研修生到马连洼果园、农机站、中日奶牛场、东北旺大队学习。

1988年，日本福岛市民五雄在北京市海淀区老年大学书法班学习。五雄先生以60多岁的高龄，刻苦钻研中国书法，在居住农场期间，广泛与各界人士交流书法技艺并对农场基层开放点进行了参观、走访。

1988年，为了适应农场对外开放、对外宣传的需要，由农场外事科拍摄了配有中、英、日文解说词的录像片《在希望的田野上》。

1989年2月，中日邦交正常化十周年之际，受福岛市日中农交协会的邀请，农场派出屈洪玉等三人赴日本进行友好交流。

随着民间友好往来的深入发展，日本国会众议院议长木村喹南、副议长冈田春夫、日本公明党委员长竹入义胜、日本国官房长官二阶堂进、日本日中农交协会会长八佰板正、日本防卫厅长官中曾根康弘和被誉为民间大使的西园寺公一先后到农场参观访问，并就中日两国人民友好往来给予了一定的物质帮助和经济支持（图2-8-10）。

图2-8-10　日本福岛市赠送农场两头燕山驴

日本福岛市市民杉内一先生为了表达对中国人民的友好，1981年8月，投资60万日元，制作由廖承志题词的"中日友好人民公社"的铸铜牌匾。

随着中日两国的民间交流和改革开放，农场各项事业得到进一步发展。中日养鸡场的建立，推动了全场养鸡业的发展。由日本欧立温友好商社提供的先进挤奶设备使奶牛实现挤奶机械化，提高了牛奶产量和管理水平。农场率先在全市建立了水稻工厂化育秧中心和机插水稻技术，形成了一整套水稻栽培机插体系。

第四节　中外合资企业的发展

1980年5月6日、7月28日，农场与日本奈良县部落解放同盟联合企业就共同开办棒球手套加工厂在北京经济建设总公司举行了洽谈。1981年10月23日，棒球手套厂开工，这是北京建立较早的三资企业之一。由日本提供设备，农场提供人力，以来料加工的方式进行合作，生产出来的产品返销日本。1983年1月，全国人大常委会副委员长廖承志曾到新开工不久的棒球手套厂视察，并指导工作。他戴上加工出的棒球手套说："涉外经济要进一步打开局面，这是一个良好的开端"。

1982年10月23日，日本公明党委员长竹入义胜赠送给农场12万只蛋鸡，中日友好养鸡场正式投产。这座建筑面积3万平方米，总投资350万元的开放式鸡舍，采用先进的管理技术和方法，连续三年获得北京市畜牧行业的最高奖"金鸡杯"。

1985年3月，日本北海道札幌汤浅牧场主汤浅忠夫，向中日友好奶牛场赠送了34头北海道黑白花奶牛。10月25日，在南牛场举行了创办模范牧场的剪彩仪式，并改名为中日奶牛场，国家领导人王震、农牧渔业部、农垦总局、北京市有关领导参加了剪彩仪式，王震当场挥笔写下"发展奶牛事业，促进中日友好"的题词，廖承志为中日奶牛场题写了牌匾。

农场充分发挥对外开放的窗口作用，利用自然资源、区域优势、土地、劳动力及闲置厂房进行广泛的经济合作，采取多种形式引进资金、技术、设备、产品和项目，发展中外合资企业，推进农场产业结构、产品结构的调整，促进农场经济的快速发展。90年代农场相继成立以下中日合资企业：北京东新广告器具材料有限公司、北京丘比食品有限公司、北京银泰绿色饮品有限公司、北京京台精密铸造有限公司、北京吉通轮胎翻修利用有限公司、北京樱花屋餐饮有限公司。

1995年4月3日，北京田园庄饭店因建设贷款过多、外汇负担过重以及汇率变动等诸多原因，造成饭店经营困难，农场撤销田园庄饭店建制，成立北京市东北旺综合服务公司。1995年7月28日，东北旺农场以4300万元总价将田园庄饭店转让给中国高级律师、高级公证师培训中心。

1990年11月，由农场（持股40%）与日本悬垂幕株式会社（持股40%）、中国对外友好合作服务中心（持股20%）共同出资成立北京东新广告器具材料有限公司，生产各种广告悬垂幕和广告材料，由日方负责将产品全部销往日本。

1993年8月，农场下属企业北京上地金属制品总公司（持股65%）与香港怡明实业有限公司（持股35%）共同出资成立北京京台精密铸造有限公司，主要经营不锈钢精密铸造管配件及阀门。

1993年12月，集团公司、农场与日本东京丸一商事株式会社、日本丘比株式会社4家共同出资成立北京丘比食品有限公司，生产丘比沙拉酱，填补了这一产品在国内的空白。第一期投资420万美元，产品投入市场后反响很好，于是日方又投资200万美元扩大了生产规模。1996年丘比株式会社购买了东京丸一商事株式会社的股份，该公司由此变成了3家公司出资的中日合资企业。

1994 年 7 月，由农场下属企业上地商贸服务总公司（持股 40％）与日本樱花屋商会有限会社（持股 60％）合资成立北京樱花屋餐饮有限公司，项目注册资金 19 万美元。

农场还与日本福岛市中央青果卸壳株式会社合作，先后与云南、黑龙江、吉林、山东等地经营松茸、板栗、蔬菜等出口贸易。

一、田园庄饭店

20 世纪 80 年代初，随着对外开放的需要和首都旅游业的发展，东北旺农场开始走向综合经营，提出由传统的经济领域向新的经济领域开拓，对外活动由友好参观型向经济合作型转变。

1986 年 10 月 23 日，东北旺农场与日本星火产业株式会社合资兴建了田园庄饭店。中共中央总书记胡耀邦为饭店题名"北京田园庄饭店"（图 2 - 8 - 11）。中日友好协会名誉会长王震及市有关领导出席，日中友好协会会长宇都宫德马出席饭店开业剪彩仪式。

图 2 - 8 - 11　1986 年中共中央总书记胡耀邦题词

北京田园庄饭店是地处中关村上地信息产业基地核心地带的一家三星级涉外酒店。与北京著名旅游胜地颐和园、圆明园、百望山国家森林公园遥相呼应，更与清华大学、北京大学、中国农业大学、中央党校等著名学府比邻而居。

饭店注册资金 8000 万元，中日投资比例为 7：3，日方负责投资设备，饭店总投资 2750 万元，建筑面积 12720 平方米，主楼 5 层，具有日本建筑风格的开放式大厅，具有田园风光的特色，共有客房 154 套。床位 316 个和能容纳 400 人用餐的中西餐厅，附设商品部、舞厅等。饭店当年接待 20 多个国家的 10669 名来宾，经营收入达 163 万元，客房出租率达到 61.2％。饭店由中日双方管理人员轮流担任经理，定期召开董事会。

田园庄饭店按四星级饭店的标准设计，装饰风格舒适典雅，温泉、泳池、高尔夫练习场、大中小型会议室等齐全，豪华宴会厅可为举办自助餐会、婚宴庆典提供全面周到的服务。在商务服务方面，商务中心可提供预订火车票、飞机票，并能提供高速宽带网络、收发传真等服务；在餐饮服务方面，饭店聘有高级名厨主持料理，以历史悠久、享誉中外的鲁菜为主，淮扬菜为辅，兼有川粤风味。在娱乐服务方面，娱乐设施齐全，有游泳、桑拿、保龄球、网球、壁球、乒乓球、台球、棋牌、KTV 等娱乐项目。在会议服务方面，国际会议厅造型别致，设施先进，可容纳 350 人开会，备有 4 种语言的同声传译。

田园庄饭店建设是以东北旺农场建筑队为主施工完成的，其基础钢筋就用了数百吨。筹建时期，农场集全场之力配备了优秀的管理人员，选配了高素质的工作人员，员工经过严格的培训才能上岗，农场利用优惠条件分别在友谊、燕京、香山等著名饭店、宾馆招聘管理、厨师、宴会设计、翻译等优秀人才，在饭店经营和声誉中发挥了重要作用。中日友好协会会长孙平华非常重视饭店的建设情况。1986—1989 年，饭店经营红火，接待任务繁重，以接待外宾为主，同时接待国内各种会议和来京旅游人员。饭店每年春节开展联谊活动，各路明星、名人纷至沓来，举办红红火火的舞龙活动。著名京剧演员刘长瑜、歌唱演员刘欢、舞蹈演员杨丽萍等都前来参加联欢。著名的德国神鹰足球队、国际曲棒球队也下榻酒店。国家一级美术师、北京画院院长、北京美术家协会副主席刘春华，中国当代著名作家、编剧、影视制作人琼瑶等都来参加饭店举办的联谊活动（图 2-8-12、图 2-8-13）。

图 2-8-12　著名作家、编剧、影视制作人
琼瑶与人员合影作画

图 2-8-13　油画《毛主席去安源》作者刘春华
在田园庄饭店作画

1988 年，田园庄饭店在北京市旅游局服务系统组织的检查评比中，荣获首届"紫金杯"先进单位，并在"紫金杯"星级饭店评比中，被评为"二星级"饭店。

1995 年 4 月 3 日，北京田园庄饭店因建设贷款过多，外汇负担过重以及汇率变动等诸多原因，造成饭店经营困难，农场决定撤销田园庄饭店建制，成立北京东北旺综合服务公司。

二、北京丘比公司

1998 年以后，北京丘比食品有限公司不断发展，其生产的食品在北京及全国各地均占有很大的市场份额。公司秉承"品质第一"的宗旨，利用日本先进生产设备及精湛的加工技术，选用我国优质的生产原料，生产的沙拉酱、果酱等产品，已深入人心，成为西餐食品的形象品牌。

随着市场的不断拓展，国内大中城市业务量不断扩大，为了满足市场需求，更好地服务消费者，公司扩大了生产规模。2004年1月，公司入住怀柔雁栖工业开发区，新建占地24000平方米的现代化工厂。2005年10月24日正式竣工投产，新厂年生产能力6500吨。北京丘比公司的不断发展，不仅为中国几千年的传统饮食文化增添了新的一页，同时也为人民饮食生活的多样化作出了巨大的贡献，谱写了中日饮食文化交流的新篇章（图2-8-14）。

图2-8-14　北京丘比公司生产车间

图2-8-15　北京丘比公司与雁栖工业开发区举行土地签约仪式

2004年1月9日，由三元集团和日本丘比集团公司共同投资建设的、位于怀柔雁栖工业开发区的公司第二工厂举行土地签约仪式（图2-8-15）。新工厂土地约2.5万平方米，设计生产能力为老厂的3倍，主要生产沙拉酱及果酱之外的新品。

2006年9月通过ISO 9001、HACCP认证，2007年7月，公司开始生产沙拉汁产品，沙拉汁成为沙拉酱、果酱之后公司发展第三支柱。2007年11月通过ISO 14001认证，2008年5月被指定为北京奥运会餐饮供应商，为第29届北京奥运会及残奥会供应沙拉酱产品。2008年11月，公司以"十五年的历程"隆重纪念成立十五周年。2008年12月，公司销售收入突破亿元大关。

2009年4月，公司"沙拉充填班"荣获市总工会颁发的"工人先锋号"荣誉称号。2009年11月，"丘比"品牌荣获"最受消费者喜爱的品牌"。2009年12月，公司利润总额1838万元，是2008年利润的4.5倍，进入高速发展的快车道。

2010年1月，"丘比"商标被中国国家商标注册机关认定为"中国驰名商标"。2010年9月，公司"沙拉充填班"荣获北京市政府颁发的"北京市模范集体"荣誉称号。

2010年9月，公司财务导入 ERP 系统，ERP 是针对物流、财流、信息流集成一体化的企业管理软件。使用该系统后，在全公司范围内应用高度集成的系统，实现了财务、采购、库房、生产、销售、物流等多部门的一体化、透明化。2011年12月，北京丘比公司销售收入达到2亿元。2012年3月，公司"沙拉充填班"荣获北京市妇联等颁发的"三八红旗集体"荣誉称号。2012年5月，沙拉风味酱开始生产，成为公司新的品牌产品。2012年10月，"丘比"荣获"2012年消费者最喜爱、最放心调味品"品牌荣誉称号。2013年3月，公司二期竣工，二期建筑面积7677平方米，配套容纳20万箱成品的新库房以及新食堂，实现了企业新的腾飞。2013年11月，公司以"爱在20年"为主题隆重纪念成立二十周年。2014年11月，通过 FSSC 22000 认证。

2014年12月，公司销售收入突破3亿元，达到3.3亿元，真正实现经济目标上的大跨越、大发展。2015年8月，公司获得安全生产标准化二级企业称号。2015年11月，公司获得中国调味品行业二十年调味酱产业十强品牌企业称号。

1994年6月，丘比沙拉酱开始销售；1996年4月，丘比千岛酱开始销售；1997年5月，丘比草莓酱开始销售；1999年5月，丘比香甜味沙拉酱开始销售；2002年4月，丘比蓝莓酱开始销售；2005年8月，丘比脂肪减半沙拉酱开始销售；2005年8月，丘比低糖度草莓酱开始销售；2005年8月，丘比低糖度蓝莓酱开始销售；2005年11月，丘比沙拉汁开始销售；2005年11月，丘比意大利面酱开始销售；2006年11月，丘比低糖度香橙酱开始销售；2007年3月，丘比低糖度苹果酱开始销售；2008年6月，丘比脂肪减半沙拉酱开始销售；2009年4月，丘比东南亚口味和葱香胡椒口味沙拉汁开始销售；2012年9月，丘比凯撒口味沙拉汁开始销售；2013年1月，丘比芥末口味沙拉汁开始销售；2014年6月，丘比大拌菜口味沙拉汁开始销售；2014年9月，丘比玉米口味沙拉酱、丘比黑胡椒口味沙拉酱开始销售（图2-8-16、图2-8-17）。

图2-8-16　北京丘比公司生产车间

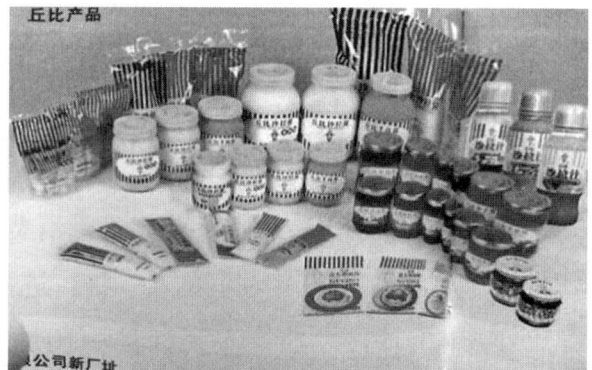

图2-8-17　北京丘比公司生产的产品

三、北京艾莱发喜食品有限公司

1990年4月，农场（30％）与市农工商联合总公司（10％）、美国"中国第一商业公司"（60％）三方合资组建北京艾莱发喜冰激凌有限公司，总投资240万美元，注册资本168万美元。农场以土地使用权、地上物入股。公司生产、销售30个品种的美式冰激凌。1992年，"八喜"冰激凌被农业部认定为"绿色食品"。

公司原生产基地位于正在筹建的中关村软件园内，为支持北京市政府的整体规划，经多方选址，公司将新厂区落户在顺义金马工业区（图2-8-18）。

1999年3月，公司的BUD'S盘橘子露冰激凌、香蕉冰激凌、红豆露冰激凌、饼干冰激凌、椰汁冰激凌、芒果冰激凌，香芋冰激凌，朗姆冰激凌，巧克力冰激凌、低脂咖啡冰激凌、巧克力豆冰激凌、绿茶冰激凌、草莓冰激凌、香草冰激凌14种产品，被中国绿色食品发展中心认定为"绿色食品A级产品"（图2-8-19）。

图2-8-18　北京艾莱发喜食品有限公司

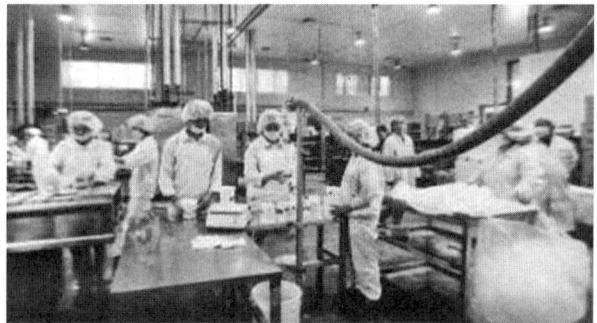

图2-8-19　八喜冰激凌车间

2002年6至8月，公司连续成立沈阳、石家庄、广州、太原、郑州、西安、成都、重庆、济南等九家分公司。6月16日，公司董事会决议决定，因旧厂址被中关村软件园发展有限公司征用，公司将迁往顺义区金马工业区。9月12日，公司正式签约落户顺义区金马工业区，12月开始建设新厂，经过近十个月的紧张施工，新生产基地投入使用。新基地共设有6条生产线，比只有2条生产线的老厂区多了4条，新生产线全部采用世界专业冰激凌设备供应商"海耶"的产品。这些设备使冰激凌的口感得到更大改善，包装也更加丰富，而较高的自动化程度更使产品污染的可能性降低到最低程度（图2-8-20）。

公司新生产基地的建成，生产规模的扩大促使"八喜"开辟更加广阔的市场，销售额直线上升。公司曾获"北京市食品工业销售百强企业"称号。

2008 年 11 月 24 日，公司股东东北旺农工商所持 30％的股份以及相关权益无偿转让给东北旺农场，并签署转让协议。

2012 年 8 月 17 日，公司董事会决议，同意原股东首农集团、西郊农场、京泰农工商、北京爱来宏达商贸有限公司与新股东北京股权投资发展中心二期、北京京国管二期股权投资管理中心签署增资协议。此次共增资 424.2222 万

图 2-8-20　系列八喜产品

美元，其中：北京股权投资发展中心二期增资 360.5889 万美元、北京京国管二期股权投资管理中心增资 63.6333 万美元，增资后，注册资本由 636.3333 万美元增至 1060.5555 万美元。股东及持股比例调整为：首农集团持股 6％，西郊农场持股 18％，京泰农工商持股 21％，北京爱来宏达商贸有限公司持股 15％，北京股权投资发展中心二期持股 34％，北京京国管二期股权投资管理中心持股 6％。

第九章　场乡体制改革

第一节　概　　述

1949—1979年，国营农场的经营管理体制虽然发生过多次变化，但主要是改变隶属关系，并未消除国营农场长期存在的政企不分、缺乏自主权和平均主义等弊端。农场建立的很长时期里，实行的是高度集权的管理体制。其主要特点：一是农场生产由国家主管部门下达指令性计划，盈利上缴国家，亏损由国家财政补贴；二是农场内部实行统一经营、统一核算；三是农场职工的劳动报酬普遍实行由国家规定的等级工资制。1978年以后，对原来的管理体制逐步进行改革。到80年代中期两个农场实行的改革主要有：一是扩大农场的自主权。在完成计划任务的前提下，农场可按照当地条件和社会需要，因地制宜发展生产。二是实行独立核算、自负盈亏。农场盈利用于本场的扩大再生产和其他事业，农场生产资金不足可由银行贷款。三是农场内部实行多种经营形式。在农牧业中，1978年以来先后实行包产到劳、联产计酬和农场统一经营与大包干到户分散经营相结合的体制。

国营农场以场带乡的领导体制形成于1958年，在计划经济体制下，把农场的资金、设备、技术优势和农村的土地、劳力、资源优势融为一体，优势互补，取长补短，实现了生产要素的合理组合，在发展区域经济、优化资源配置、走农业产业化道路等方面显示了生命力，为场乡经济发展起到了推动作用。随着国家经济体制的变化和市场经济的建立，其弊端日趋明显，双层领导体制、各利益主体矛盾、政企合一的矛盾越来越不适应经济发展的需要，改革势在必行。

场乡体制延续了近40年，农场对北京市郊区发展和社会稳定做出了重要贡献，保证了首都农副食品的供应，把郊区的农业现代化提高到一个新的水平。为理顺农场所在地区的领导体制，促进社会和经济发展，经北京市政府批准，城乡体制改革于1998年8月至1999年1月进行。场乡体制改革后，以场带乡的集体经济及户营经济从国营农场分离出去，国营企业及主要合资企业留在了农场，农场机关人员按归属进行了分流。

第二节 场乡体制改革的背景

1998 年，农场党委在北京市场乡体制改革领导小组的领导下，从 8 月中旬开始进行场乡体制改革，11 月底，东北旺农场与东北旺乡政府签订人事机构、土地划分、资产划分协议。

东北旺农场与东北旺乡政府合一的领导体制，形成于 1961 年。当时东北旺大队脱离永丰公社，成立了东北旺人民公社，同期农大农场更名为国营北京市东北旺农场，接受市农林局和海淀区双重领导。1984 年，市政府撤销人民公社，恢复东北旺乡人民政府建制。自 1961 年始至 1998 年场乡体制改革，这种农场与乡政府合一的领导体制，全民与集体两种所有制并存的格局延续近 40 年。

随着国家经济体制的变化和市场约束的加强，场乡合一体制本身的矛盾也日益突出：一是政企不分，基层政权薄弱，社区事业发展缓慢，企业负担重；二是"双管"体制不利于发挥区县的积极性，市农工商联合总公司又不具备政府职能，"双管"实际变成"双不管"，伤害最大的是基层发展的积极性；三是集体经济的权益常常得不到充分体现，产权矛盾较多。为理顺领导体制，促进农场和农村社会与经济的发展，改革场乡体制势在必行。

第三节 场乡体制改革成果

根据北京市场乡体制改革领导小组办公室、市财政局和北京市国有资产管理局《关于场乡体制改革中财政和国有资产的处理办法》（京场乡改办字〔1998〕2 号）和北京市场乡体制改革领导小组办公室、北京市房屋土地管理局《关于场乡体制改革中调整和确认土地权属关系的若干意见》（1998 年 9 月 7 日）规定，经北京市农工商联合总公司与海淀区、农场与乡政府协商同意，就人事机构、资产和土地的划分达成协议。按照农村集体经济划归乡政府管理，国有经济归属市农工商总公司管理的原则，将社会公益事业和农业科技推广体系的 9 家单位、海东工程部、精新电子厂、东北旺建筑公司等 3 家集体企业及 9 个行政村，划归乡政府管理，场属 26 家国有企业划归农场。

场乡体制改革后，农场有职工 3112 人，其中在岗职工 1722 人（农民合同工 690 人），退休人员 700 人（农民合同工 60 人）。划归农场使用的土地共计 44 宗 1559.21 亩，农场净资产 1.3 亿元。

　　通过场乡体制改革，农场的经济格局发生了根本变化，由原来的两种所有制并存、"农林副牧渔、工商运建服"多行业并举的农工商联合体，转变成以房地产业、物业、仓储物流业等第三产业为主的纯国有性质的法人经济实体。场乡体制改革的意义在于：有利于理顺党政关系，集中精力抓好企业改制，推进建立现代企业制度进程；有利于产权清晰，加速产业、产品结构的调整与优化；更利于农场高速高效发展经济。

第十章　农场经营结构调整

第一节　农业发展与结构调整

农业产业结构调整，推动农业经济的发展。1978年，农场加强了以责任制为中心的劳动管理，认真贯彻按劳分配的原则，克服平均主义，根据农场的具体情况，推广了定额管理、"四定一奖"联系产量（定地块、定产量、定人员、定工分、超产奖励）、评工分等简明易行的管理制度。当年，粮食播种面积26151亩，平均亩产272.5公斤，总产量达到7125.1万公斤。1979年3月，农场上下狠抓了以"四定一奖"为主要形式的责任制，体现了按劳分配的原则，调动了基层的积极性。

1984年7月，农场制定了《关于农村责任制改革的意见》，该意见提出：农村各业的承包形式，要突出坚持把所有权与经营权分开的原则；对商品菜队采取包干到小组，大田种植业采取人分口粮田，劳力分责任田（即双田制）的责任制形式；果园和林苗一般采取联产承包的形式，责任到人，由大队统一管理；队办企业采取经济包干、超利润分成的办法；企业实行厂长负责制，并采取选聘办法产生。

在实行承包责任制的过程中，农场执行"土地承包户所承包的土地，不能零散，要有利于机械作业，转包土地必须经大队批准。承包者不准买卖出租、荒废土地，更不准破坏原有的水利设施和林木"的政策。在经营管理上实行了"五统一"，即：统一计划、统一耕作、统一安排、统一植保、统一筹措生产物资。

1985年1月，根据《关于农场农村责任制改革的意见》，农场下属的34个农村基本核算单位，有21个队，920户，实行了家庭联产承包制，占总数的61.7%；实行专业包干到组的有12个队，220个组；实行定额管理的队有1个。

由于农村承包制的兴起，大批劳动力向第二、第三产业转移。1985年农场农村劳动力7700人，随着种植业机械化水平的提高，乡办企业异军突起，到1990年，农场从事种植业的劳动力只有1800人，占劳动力的25%。

改革的效果是明显的，经济效益和社会效益都较前有所提高。但是，从整体上讲，对农业生产责任制的改革，是处在不断摸索、不断改进的实践过程中，所以，也就不可避免地出现曲折和反复。

农村部分劳动力出现了兼业现象，部分土地承包户不把主要精力放在农业上，使土地弃耕、荒废，耕作粗放，投入减少，有的大块土地被化成零散小块，造成机械作业困难，限制了机械化生产和先进科学技术的应用，部分基层还出现了"以包代管"的现象。

针对农村改革出现的新情况，1985年7月，农场制定了《关于征收浪费土地资源暂行管理办法》，对弃耕口粮田、责任田的承包户，采取征收荒芜土地资源费的管理办法，所收罚款作为大队农业发展基金。

1986年，农场有针对性地制定了一系列的管理办法和政策，如《关于加强劳动力管理办法》《加强农机管理的办法》《以工补农的办法》《干部奖励报酬的办法》，并决定每年从乡镇企业抽出20％～30％的利润补贴农业。

1986—1988年，农场平均每年向农业投资30万元，1989年达到50万元，1990年达到60万元，增强了农业发展后劲。

1987年2月，农场针对农村经营管理中一度出现的"轻积累，重消费"的现象，建立了《农业生产互助基金制度》《农村劳动积累工制度》。3月，农场又制定了《农村大队劳动报酬与奖罚暂行管理办法》《加强对农村劳动力管理的补充规定》《建立建勤工制度》等，形成了双层经营体制。农村集体积累由1979年的51.7万元上升到1987年的120.8万元，1990年集体积累达到553.8万元。

农场积极推进种养业由分散兼业经营向适度规模经营转变，出台了《深化改革，积极推进农业的专业分工和适度规模经营工作的意见》。提出解决两个转化问题，即：加快从自给、半自给生产向大规模商品生产的转化，加快传统农业向现代化农业转化进程。并针对当时的具体情况，把口粮田集中起来，转变为责任田，从而有步骤地推进农业专业化适度规模经营。

1990年3月，为了适应适度规模经营的发展需要，农场在上地村率先成立了农工商合作社，到年底，10个行政村都成立了农工商合作社。

1990年底，农场有95％以上的农村大队实行了适度规模经营。适度规模经营的推广，收到了良好的效果。农民的种粮积极性比过去提高了，农业积累比过去增多了，劳动力的转移比过去加速了，农业机械化的程度提高了，农村经济向专业化、商品化、现代化转化的进程加快了。1990年粮食生产达到628.9万公斤，平均亩产达512.5公斤。水果总产量达233.8万公斤，牛奶产量达479.1万公斤，商品奶达406.8万公斤，出售商品猪71.1万公斤。

通过深化改革，大力调整产业结构，不断改善生产条件，农场的农业生产和农村经济发展进入新的历史时期。

1992 年，农场生产的桃、红星苹果相继获得绿色食品证书。同年 11 月，农场被农业部绿色食品中心命名为全国首家"绿色食品综合生产基地"，富士苹果、御膳米、鸡蛋、八喜冰激凌以及 4 种蔬菜（黄瓜、番茄、茄子、架豆）被认定为绿色食品。同年，果园管道喷药技术推广获市农场局"燎原科技推广"一等奖。

1993 年 5 月，全国放开粮食购销价格，取消奶牛饲料粮平价供应政策。北京市为稳定首都乳品市场，实行"扶优、保种、促联、转机"。经市政府批准，农场调整牛奶收购价，一级牛奶每公斤价格上调 1.1 元，每公斤补贴 0.12 元。农场投入资金更新改造危旧牛舍，使牛场的饲养环境和条件有了明显改善。

同年 5 月，放开牛奶购销价格。为保证首都市场鲜奶供应，农场根据市场需求调整畜种结构和群体结构，内挖潜力，强化管理，打破原来的工资界限，实行一线生产工人联产、联质计酬办法，有效地调动了一线饲养人员的积极性，增加经济效益，提高产品质量，企业明显减亏。

随着改革步伐的加快，形成了鲜奶多渠道经营购销的市场格局。奶牛饲料价格及其他费用上涨，使牛奶成本大幅度上升，致使奶牛场严重亏损。因农场地处高科技发展区，不宜建牛场，面对牛场长期亏损的现状，农场积极进行产业结构调整。通过卖牛还债，降低财务费用；通过异地饲养，降低饲养成本；通过资产变现，增加经济效益。

1993 年 7 月，根据党的十四届三中全会精神，农场制定了《加快改革开放步伐促进经济发展的若干规定》，农场对农业及农村经济发展加大了调整力度。

1994 年，农场以绿色食品为龙头，从传统农业向"二高、一优"（高产、高效、优质）发展，有计划有步骤地调整种植结构。农场当年发展特菜 600 亩、特果 300 亩、优质米 5000 亩、特色米 1000 亩、专用粉小麦 1300 亩、花卉和林木 235 亩、莲藕 200 亩，同时引进了宝娜斯网纹瓜、西洋参等一批高附加值的经济作物。1994 年，农场生产的"百旺牌"京西御膳米被中国消费者基金会定为"可信产品"。同年，"苹果适采成熟度淀粉碘测试"推广技术获"北京市农业技术推广奖"。

1994 年 3 月，为活化东北旺第二猪场资源、开发新的项目，农场投资 180 万元，将东北旺第二猪场搬迁到冷泉村新址，1994 年 11 月竣工投产。该猪场占地 24 亩，建筑面积 5570 平方米，有 400 头成年母猪，年产商品猪 6000 头。

1995 年，农场荣获"中国御膳米之乡"称号；同年，农场（乡）荣获"先进科普乡"称号。

1995 年末，农村集体劳均收入 7855 元，比"七五"末期增长 1.9 倍，提前跨入了"全国 5 亿元乡镇"的行列。

1997年，农场全面贯彻落实党的十五大精神和中共北京市委14号文件精神，大力发展高效精品农业，推进农业产业化，坚持区域化布局，专业化生产。在确保土地使用性质不变、统一规划布局的前提下，凡是农民能干的都交给农民去经营，确立农民家庭的经营主体和投资主体，积极稳妥地推广家庭联产承包为主的双层经营体制。各村结合实际，采取多种承包形式，尊重多数农民意愿，因地制宜，一村一策。农场加强对家庭联产承包为主的双层经营体制各个环节的管理，并对规模经营的形式、承包费的交纳、承包期等方面都提出了具体指导意见。

同时，改革农业生产管理、项目管理和资金管理模式。对农村不再下达农业生产指标，取消农业生产检查评比，将农业生产管理转向培育典型示范推广、增加信息服务、加强科学技术、组织经营管理培训及农业保险等方面上来。将特菜的生产转向专业户发展，有3个村12户引进蔬菜新品种。家庭养殖发展到86户，主要饲养牛、羊、鸡、狐狸、梅花鹿、荷兰猪等。1997年农场科技人员先后进行了37项新技术推广试验，有推广价值的16项。

九十年代中期，农村商业迅速发展。马连洼村农贸市场、东北旺村农贸市场、西北旺农贸市场和上地农贸市场相继开业。"高效精品农业"取得长足发展，2500亩小麦单产打破纪录，达到442公斤，蔬菜上市909万公斤，果品产量20.5万公斤，商品猪2329头，商品蛋123.7万公斤，还发展了稻田养殖300亩，其中稻田养虾27亩、虾蟹混养63亩、养蟹210亩。

农场积极开发名特优新品种，继续实施精品高效工程，提高农业组织化程度，利用区位优势向观光、休闲、旅游、生态农业发展。

第二节　工业发展与结构调整

1992年以后，农场工业进入改革新时期，以解放思想、更新观念为先导，以转换经营机制、促使企业走向市场为目标，加大产业调整和资产优化力度，基本消除了企业靠贷款维持亏损生产和靠亏损性生产维持低水平分配的局面，从而促进农场国有经济和乡镇企业的稳步发展。

一、工业调整

1992年8月，农场经济实体"北京市东北旺农工商公司"更名为"北京市上地农工商联合总公司"。农场相继成立上地工业企业集团、上地综合开发建设总公司。自1993年开始，农场加大"联、引、卖、建"力度，对工业进行大调整，加速产业调整和资产优化。在计划经济时期，对农场经济起主导作用的制药厂和造纸厂，由于产品多年一贯制，缺乏在市场中的竞争力，并且负债过多，历史包袱过重等原因，造成企业连续亏损。制药厂被北大华颖实业公司购买，造纸厂被拍卖给 621 厂。

1996 年，农场对资产管理制度、财务管理制度和分配体制进行改革。其中，资产管理制度改革主要体现在对优势企业"扶优扶强"，把劣势亏损企业的闲置资产和生产要素向优势企业流动，同时变卖连年亏损、扭亏无望的小型企业。

1996 年，为了落实"以按劳分配为主体，体现效益优先兼顾公平"的收入分配原则，农场下发了《关于贯彻执行 1996 年经营承包奖罚条例》，规定了承包奖励具体办法。同年，农场职工实行结构工资制。

新产品开发取得一定成绩。硬质合金工具厂开发出矿山工具刀片、冲击钻片、木工电动工具刀片和拔丝模等四大类 100 多个品种的新产品。特种金属门窗厂研制了木制防火门，并投放市场。网架厂、特种金属门窗厂狠抓企业管理和产品质量，双双获得 ISO 9001 质量体系认证。

二、工业改制

1995 年，按照农场局的统一部署，农场对硬质合金工具厂进行股份合作制改革，成立农场第一个股份合作制企业，也是农场局第一批股份合作制试点企业之一。

1997 年，以党的十五大精神为指导，农场有计划、有步骤地推进国有企业改革。同年十月，农场召开《学习贯彻十五大精神，加快国有集体企业改革步伐》会议，场长李元海作了《深刻领会、全面贯彻十五大精神，以非国有化产权制度改革为突破口，转换企业经营机制，建立现代企业制度》的报告。该报告主要阐述了国有企业、乡镇企业改革的重要性和必要性；同时，结合农场实际，提出了企业改革的基本形式，对改革的方法和步骤作了具体安排。会后，农场成立了改制领导小组，各企业也相继成立了相应组织。

1998 年，场乡体制改革前，农场对经营现状较好的鑫海贸易公司和海东工程部两个单位进行改制。鑫海贸易公司改制后更名为众义和商贸有限公司，该公司筹集职工股本金 30 万元，经营面积由原来的 600 平方米增扩到 1000 平方米，安排了 30 名下岗职工再就业。

三、乡镇企业

1991年以后，乡镇企业不断调整产业结构和产品结构，加大管理机制改革力度，逐步完善承包经营责任制，把亏损企业抵押、承包、租赁给个人经营。为提高企业管理水平，农场连续几年开展了标准计量、定额管理、规章制度、职工教育、信息管理等六项基础工作的达标工作。

随着市场经济体制改革的深入，乡镇企业面临着严峻挑战。一方面，扶持产品有市场、经营状况正常的企业；另一方面，对体制不顺、机制不活、产品无市场、经营困难的企业选择租、联、兼、托、股等形式，进行产权制度改革。

1997年，农场开始用新的财产组织形式发展新的经济合作体，确定了农民个人在乡镇集体经济中的资产权益，采取因企制宜、"一村一策"的方式，尽快盘活呆滞存量资产，使乡镇企业获得新的生机。

第三节　经营机制调整与改革

1992年以后，全场认真贯彻落实十四大精神，围绕市场办企业，抓生产，讲团结，真抓、实干、重效益。企业提出的口号是"厂兴，我荣，我富；厂衰，我耻，我穷。"针对干部职工在承受改革的能力上比较脆弱的现象，农场号召全体干部职工要消除保守思想、树立商品观念、增强效益观念和信息观念。

1992年，针对经营管理上"统得过死、取之过盛、以包代管"等问题，农场与各下属单位签订经济承包合同，进行百分考核，并对干部采取七项考核措施。机制改革上，压缩非生产人员，打破"大锅饭"。继续放权，调整管理机制，农场机关转变职能，加强协调，提高效率，搞好服务。政府职能由管理型向服务型转变。同年11月，农场对机关进行改革，通过"撤、并、转、减"，减少机构和开支，撤销农业经济委员会、畜牧工作委员会及果树科，成立绿色食品办公室、畜牧科，对机关科室通过聘任的方法定岗定编。同时，通过《转换企业经营机制暂行办法》。

1992年，资产资源有以下变化：农场撤销北戴河招待所；终止了北戴河鸡场合作项目；参与西客站投资，购买了2000平方米商业用房。同年6月，农场通过上地撤村清产核资报告。上地村2533.36亩土地被上地信息产业基地征用，上地撤村。同年9月，海淀区委党校在农场选址，征地面积30亩。同年10月，建成百旺公司和植物医院，开办东北旺商业街，为百县商贸大厦立项。

1993年，全场进一步解放思想，对市场经济和农场自身的优势有了较深刻的认识。同年2月，农场领导赴上海考察，重点考察了体制改革、兴办三产、机制转变、三高农业和乡镇企业等方面。通过考察活动，学习南方经验，真正解放思想，按经济规律办事，真抓实干，开拓创新，全场上下思想大解放，观念大突破。明确认识到，改革经营机制是企业的中心问题。

1993年，农场以经济建设为中心，大力发展合资合作企业；加强绿色食品生产，农场成立绿色食品总公司，推销大米和"米思奇"；5月，机关科室开始"做三产"；着手工业区的规划、设计和招商；进行企业承包、股份制的试行。农场将"年终特殊奖"授予绿色食品开发和商业街建设。外资企业得到较大发展，农场下发《引进三资企业提取业务费的有关规定》。当年，农场经济全面增长，结构调整取得突破性进展。

1993年，农场党委打破传统的用人观念，提出了新的用人标准。在坚持"德才兼备"的前提下，大胆起用能人，能者上，庸者下，看业绩、看水平、看开拓、看贡献。按照新的用人标准，一年内，农场党委选拔处级干部3名，调整科级领导班子24个，调整干部86人次。其中选拔副科级以上干部40名，免职17名。

1994年，干部职工们认识到，实行股份合作制的优越性主要表现在：产权关系明晰，员工人人关心企业。农场局要求每个农场搞一个股份合作制企业试点，农场决定以上地硬质合金工具厂作为试点企业。具体方式为：场地由企业租赁，农场贷款入股，每股1000元，职工每人一股以上，农场领导5股以上。

1994年，农场三产有较大幅度的发展，二产进一步调整结构，加快企业经营机制转变。因二产涉及农村劳动力的安排和就业，农场对二产仍旧采取"扶持"政策。当年四月，按照《北京市清产核资实施方案》，为摸清家底并做好产权界定，农场下发《东北旺农场清产核资实施方案细则》。

1995年，农场提出"学上海、学北郊、解放思想换脑筋"，经济发展要"上规模、上水平、上等级、上效益"。一产抓副食、良种和畜牧基地建设；二产抓品种、抓骨干，扩大市场占有率；三产抓地盘。同年3月，机关进行机构改革：一是重新定编；二是农场机关办公迁址后，原机关归物业公司管理；三是核定办公费；四是科室搞"三产创收"。当年提出要"服务开发区、学习开发区、利用开发区"。

1996年，农场工业企业职工达1200多人，其中下岗职工达500人。劳动力就业方面，二产、一产向三产转移。同年，对重点工业企业特种金属门窗厂、网架厂进行扶持，抓技术改造，上规模，创水平，抓产品开发。同年，农场共有商业网点391个，其中个体299个。

第四节　农场主导产业结构调整

继九十年代大力进行产业结构调整，在场乡体制改革之后，此项工作更为突出。产业结构调整是国有经济布局调整的需要，是农场定位为国企后发展的需要，是区域经济发展的需要。

农场所处的区位特点决定了产业结构的调整方向。农场地处中关村科技园发展区，紧邻上地信息产业基地，要在高科技园区立足，就必须加快经济结构的调整、实现产业结构的优化、升级，变资源优势为经济优势。不适合在高科技园区发展的传统产业要逐步退出，围绕"为高科技产业服务"的大目标，瞄准市场需要，大力发展以房地产业、第三产业为主导的产业群。

首先是传统养殖业逐步退出。唐家岭牛场转产后整体租赁给软件管理学院；东北旺养鸡场和中日养鸡场合并后，与温树汉集团合作。合作结束后，改由温树汉集团租赁场地。2004年底，农场将此场地交给上地物流有限公司，又经过近一年的改造后投入使用，2006年9月27日，中日养鸡场被国家航天五院占地征用；东北旺养鸡场资产部分也已经活化；猪场由绿都生猪养殖服务有限公司承包经营。

工业企业也在逐步退出。农场对设备陈旧、产品没有市场、产品科技含量低、市场竞争力差的传统工业企业，通过"联、引、卖、建"的方式，进行产业结构调整与优化。长城体育制品厂、汽车配件厂、硬质合金工具厂、京台精密铸造有限公司先后关闭。1999年11月，面对企业贷款包袱过重、财务费用过大的状况，农场将工具厂大院土地使用权有偿转让给世纪兴业投资有限公司，对资产进行盘活。网架厂和硬质合金工具厂搬至中日鸡场种鸡场院内。对农场科技楼、老场部分别采取分散租赁和合作开发等方式来活化资产。

2000年，集团公司提出整体发展思路，将管理方式由原有的以地域经济为主逐步转变为以行业管理（专业公司）为主，集团公司将东北旺加油站并入中石化北京三元燕庆石油有限责任公司；东北旺建筑公司并入三元百环建设公司；东水出租汽车公司并入三元出租汽车公司。

自20世纪90年代中期开始，农场将产业结构的调整和资产资源的活化与优化有机地结合起来。一方面，农场的部分资产形成租赁和转让，为高科技企业服务，促进了地区经济的发展；另一方面，资产重组为企业改革的推进提供了一定资金保障。结构调整后，一部分企业退出来，既要偿还企业停产后银行贷款和利息，又要确保下岗人员基本生活费和各项政策性统筹费用；确保职工解除劳动合同后给付的经济补偿金；确保离退休人员各项政策性福利待遇（住房补助、医疗补充保险、取暖费等）所支出的费用；还要解决关停企业历史遗留的债权债务纠纷，很大程度上依靠资产活化来解决。

农场所处的区位特点决定了经营结构的调整方向，东北旺农场地处中关村科技园发展区，紧邻上地信息产业基地，要在高科技园区立足，就必须加快经济结构的调整、实现产业结构的优化、升级，变资源优势为经济优势。不适合在高科技园区发展的传统产业要逐步退出，围绕"为高科技产业服务"的大目标，瞄准市场需要，大力发展以房地产业、第三产业为主导的产业群。

1996年，场乡体制改革之前，东北旺农场党委书记陈欣成在《中国农垦》发表的《以房地产开发为龙头带动农场经济的发展》一文中，根据农场区位优势和市场环境，就如何尽快振兴农场经济，摆脱困难，对农场的现状进行认真科学分析，认为：目前农场一产已潜力不大，靠二产则既无启动条件，又无近期突破的可能，而靠三产特别是三产中的房地产开发启动，既有市场又有资源，既有可借助的外部资金，又有自身的基础力量，既可发展生产，又可改善生活，既有利于城市改造，又有利于农村经济全面发展。基于以上认识，1992年末农场重新制定了产业发展战略规划。其格局：一产支三产（认真规划现有的土地资源，让地开发）；三产助二产（为二产补充发展资金，改善投资环境，提供生产项目）；一产促二产（加快绿色食品的深加工），二产救二产（通过"联、引、卖、建"四字方针，达到甩包袱、调结构，换机制、上水平的目的）；二产带一产（培植原材料基地，逐步实现农业的精品高效）。经过3年努力，农场实现了"结构大优化、产业大发展、素质大提高、面貌大改观、收入大增加、生活大改善"的目标。到1995年末，全农场总收入比1992年增长了312％。国有企业净利润比1992年增长了15.8倍。国有净资产增长了33.4倍，资产负债率降低23个百分点，职工年人均收入增长了1.5倍，步入了经济发展的快车道。

第十一章　农场经营管理

第一节　资产与财务管理

1999年1月，农场对下属企业的资产进行清查，为活化闲置资产，搞好资产经营打下良好基础。同时，农场大力推进产业升级与优化工作。1999年1月至3月，农场对下属29家企业进行资产清查，摸清了各企业的固定资产、流动资金及债权债务的准确数字，为实现闲置资产的活化和应收货款的收缴打下了基础。接着，农场制定了《东北旺农场关于提取信息中介费的实施办法》和《关于对企业积极回收应收账款、其他应收款的奖励办法》。同期，为加强财务管理力度，实行了场属企业16名主管会计上管制度，清理各企业多余账户，实现了全场计算机联网管理。

1999年9月，为减轻负担，农场对关停并转企业实行了统一管理，合并工具厂、制药厂、唐家岭牛场、中日鸡场、汽配厂，成立关停企业管理中心，将观光园艺场并入园艺场管理。同年，为依法加强劳动管理，农场根据国家相关劳动政策规定，下发了《东北旺农场关于劳动力管理的意见》《东北旺农场关于下岗分流做好再就业工作的意见》。

2001年10月18日，为加强和规范做好在企业改制中劳动管理工作，农场下发《关于改制企业劳动管理工作的有关问题的意见》。

2003年，农场将过去的以管理企业为主转为资产经营为主，其职能：一是以产权制度为核心，深化国有企业改革；二是资产、产权的管理，对国有资产股份、合资企业进行有效监管，对闲置存量资产盘活；三是加强优势企业和优势行业的发展，利用区位优势，开发地产经营；四是妥善处理遗留债务纠纷，做好债权债务的清理工作；五是保持稳定，创造良好的改革和发展环境。

2007年，农场经过几年的经济结构调整与资产优化，实现资源优势为经济优势的目的，为高科技园区提供良好的服务和发展空间创造了较好的外部环境，为推进国企改革和走可持续发展之路奠定了坚实基础，使农场真正形成集房地产开发、物业管理、仓储物流、合资合作、高科技企业孵化器投资、参股等综合性产业为一体的初具现代企业雏形的国有企业。

第二节　土地房屋管理

1998年11月27日，中共北京市委农村工作委员会《关于东北旺农场资产划分协议的批复》生效。场乡体制改革前全场共有土地34893.79亩，改革后划归东北旺农场使用的国有土地共计44宗，共计1559.21亩，经场乡调换后又有划归农场使用的土地7宗，计323.54亩，截止到1999年底，东北旺农场土地总面积1882.75亩。具体情况如下：唐家岭牛场166.53亩；唐家岭牛场宿舍7.1亩；农场职工宿舍1.24亩；长城体育制品厂2.8亩；农场职工宿舍10.45亩东北旺工具厂57.5亩；上通金属结构厂8.34亩；长建东北旺公司2.6亩；特种金属门窗厂27.6亩；艾莱发喜食品有限公司28.5亩；农场职工宿舍5.6亩；东北旺物资站26.10亩；中日鸡场145.8亩；中日鸡场育成场8.7亩；农场职工宿舍3.1亩；农场养鸡场60.3亩；中日鸡场孵化场12.3亩；农场职工宿舍7.3亩；竹园住宅区70.01亩；农场机关敬老院41.83亩；菊园住宅区199.05亩；北京丘比公司68.4亩；东北旺碾米厂14.5亩；农场职工宿舍14.1亩；商贸公司33.20亩；东北旺汽车队14.9亩；东北旺加油站6.0亩；电器安装队1.7亩；中日鸡场育成场39亩；农场职工宿舍5.4亩；仓储公司63.9亩；西二旗一里住宅区29.25亩；社区服务中心20.25亩；梅园住宅区67.28亩；马连洼热力厂23.56亩；供电开闭站2.0亩；东馨园住宅区52亩；东馨园临时锅炉房4.4亩；职工培训中心14.24亩；农场科技大楼23.03亩；西二旗一里100.65亩；百县商贸大厦7.5亩；田园庄饭店周边使用土地30亩；银泰食品有限公司31.2亩。

调换划归农场地块共7宗，323.54亩。其中：吉昌商贸公司28.8亩；安达公司仓库39亩；原二猪场7.54亩；鱼塘12.4亩；东北旺园艺场193.4亩；上地加油站4.4亩；上地综合市场38亩。

第十二章　农场人力资源管理

第一节　用工制度及人员分流

1994 年 7 月 1 日始，东北旺农场全场职工实行结构工资制，同时进行劳动合同制和社会保险改革试点。1995 年 6 月 1 日起，全面实行劳动合同制度。6 月 6 日，农场召开六届二次职代会，审议通过《北京市东北旺农场实行劳动合同制度的实施细则》及《北京市东北旺农场实行劳动合同制度的实施方案》。11 月，开始实施第二次工资制度改革。1996 年 8 月，农场 150 名农民工转为国家正式职工。1997 年 12 月东北旺农场 131 名社员工农转非。

1998 年 6 月，农场转发了国务院《关于切实做好国有企业下岗职工基本生活保障和再就业工作的通知》，通知强调，国有企业出现职工大量下岗的现象，是计划经济条件下实行的就业体制和就业政策在经济转轨过程中的必然反映，也是长期以来重复建设、盲目建设以及企业经营机制深层次矛盾多年积累的结果。要建立起社会主义市场经济体制和现代企业制度，不可避免地要经历这样一个历史过程。

随着市场经济的逐步建立，农场的养殖业和工业依靠向银行贷款起家，显现出人工、资金成本、财务费用过高，资产负债率增大，设备老化、产品单一，缺乏竞争力的困境。"钱少""人多"两大难题长期困扰着农场整体经济的发展。

为摆脱行业亏损，农场坚持"以市场为导向、以资源为依托、以科技为主力、以三产为重点"的产业结构调整方向，坚持有进有退，有所为有所不为，对资不抵贷、转亏无望的企业实行关停并转，对资产进行调整与优化。农场处于国企改革攻坚阶段、产业调整的关键时期，在深化国企改制和产业结构调整的过程中，必然带来劳动力结构的调整，造成部分职工下岗。

农场高度重视并切实解决好下岗职工问题，为顺利推进农场国企改制和产业结构调整打下良好基础。1998 年，农场健全了以党委书记任组长、场长担任副组长的再就业工作领导小组，并指派一名副场长亲自抓再就业工作，领导小组定期召开会议听取汇报、研究再就业工作。

农场与 13 家基层企业签订再就业目标责任书，按相关政策规定在场属 24 家基层企业建立了再就业中心，中心制定了严格管理办法。首先抓再就业基础工作，由于农场地处城乡接合部，临近高科技园区，具有较大的就业空间。认真摸清下岗职工再就业情况，尤其对没有技能、没有就业能力，基本生活又无保证的下岗职工，有针对性给予基本生活保障和再就业指导、安置。同时，对在册不在岗挂靠人员进行清理登记造册。其次，农场及各单位采取多种形式，加强对下岗职工择业观念的教育，转变下岗职工的择业观念，摒弃只有"铁饭碗"才算就业的传统观念；树立临时就业、阶段就业、弹性就业等多种形式都是就业的观念；鼓励下岗职工自主就业。经过大量有效的工作，到 11 月底，通过签订协议保留劳动关系、回岗安置工作、劳务输出及办理离岗休养等多种方式，分流安置下岗职工 404 人。

1999 年 4 月，东北旺农场下发《东北旺农场关于下岗分流做好再就业工作的意见》《东北旺农场关于加强劳动力管理的意见》《关于对农民合同制工人终止、解除劳动合同后有关待遇问题的实施办法》等文件。根据有关劳动政策，针对企业的情况，对全场职工的劳动合同进行审查，进一步理顺劳动关系，审查各类人员劳动合同 1587 份，新签或续签劳动合同 350 份。

1999—2000 年，农场严格按照北京市《关于农民合同制工人终止、解除劳动合同后有关待遇问题的通知》（京劳就发〔1998〕127 号）精神，进行农民合同工的分流工作，妥善解决了农民合同工劳动合同解除后经济补偿问题，共分流了近 700 名社员工。

自 1999 年开始，凡愿意离开农场、自愿解除劳动合同的农场正式职工，均按照劳动部《关于印发〈违反和解除劳动合同的经济补偿办法〉的通知》（劳部发〔1994〕481 号）的规定办理。此办法第五条规定：经与劳动合同当事人协商一致，由用人单位解除劳动合同的，用人单位应根据劳动者在本单位工作年限，每满一年发给相当于一个月工资的经济补偿金，最多不超过 12 个月。工作时间不满一年的按一年的标准发给经济补偿金。第八条规定：劳动合同订立时所依据的客观情况发生重大变化，致使原劳动合同无法履行，经与当事人协商不能就变更劳动合同达成协议，由用人单位解除劳动合同的，用人单位按劳动者在本单位工作的年限，工作时间每满一年发给相当于一个月工资的经济补偿金。事实上，不管企业发生什么样的变化，存在什么样的经济困难，农场的政策都是按照后一条的规定，经与职工协商解除劳动合同的，按照工作年限给予经济补偿。

2001 年，根据北京市劳动局、市财政局关于印发《北京市再就业服务中心管理规定》的通知（京劳就发〔1998〕128 号文）第十一条规定："下岗职工在再就业服务中心二年期满仍未实现再就业的，企业与其解除劳动合同。转入社会失业的，按规定享受失业救济，救济期满仍未就业的，按照规定申请领取城市居民最低生活保障金。"到同年六月，农场顺利完成这项阶段性工作。取消再就业中心，关停企业管理中心的287人都得到妥善安置，其中有70多人参加重组改制，110名不愿意参加改制的职工，自愿与企业解除劳动合同，进入社会就业，其他人员办理了内部退休或正式退休手续。

2001年，农场出台《北京市东北旺农场关于离岗休养制度的管理规定》（东场发〔2001〕6号），明确规定：距法定退休年龄5年以内的，男年满55周岁，女工人45周岁，女干部50周岁均可实行离岗休养。解除了部分年纪较大职工的后顾之忧。

2002年，农场对7家企业（包括关停企业管理中心）进行重组改制（东场发〔2001〕11号），这七家企业是：物业公司、仓储公司、园艺场、装饰公司、大件运输车队、商贸公司、关停企业管理中心。参加改制企业人员近600人，有三条路可供选择：①不参加企业改制，按工作年限给予经济补偿金，进入社会就业；②参加企业改制，与原企业解除劳动合同，经济补偿金作为职工个人股直接转入新企业；③不与原企业解除劳动合同进入新企业的职工，原劳动合同期限继续有效，但新企业应与职工协商变更劳动合同的其他有关内容。这三条道路给予职工充分的选择机会。这些措施都保证了2002年年底七个企业重组改制工作的顺利进行。

2003年，依据国家、北京市有关政策规定，重点处理历史遗留的劳动关系问题，对挂靠人员、在册不在岗人员逐个进行清理，转走长期不在岗或挂靠人员的档案，对工伤职工根据政策规定作了妥善安置。

2004年，继续清理劳资遗留问题，对14份职工档案分门别类进行清理，按照相关政策给予处理。同年年底，网架厂改制遗留人员的工作问题，也得到妥善解决，农场将他们安排到东居物业管理有限公司工作。

场乡体制改革后，农场严格按照政策规定，结合产业结构调整和企业重组转制，妥善做好人员分流工作。为了促改革、促发展、保稳定，农场多方筹措资金，克服种种困难，保证补偿金的到位和分流工作的顺利开展，支付改制分流解除劳动合同补偿金3046.3万元。

至此，农场推进"鼓励兼并、规范破产、下岗分流、减人增效和实施再就业工程"工作基本结束，为农场推进企业改制和经济效益的增长，实现科技兴企创建了外部有利条件。

2008年4月，东北旺农场和西郊农场进行重组后，对农场用工制度进行了统一，完善了劳动合同制管理办法，与职工重新签订了劳动合同，变更了劳动合同主体，规范了企业用工行为，加强了劳动者权益的保护。

第二节　职工保险

为落实《国务院关于企业职工养老保险制度改革的决定》，东北旺农场职工的养老保险自 1992 年 10 月 1 日起，实施企业职工个人缴纳基本养老保险费制度，实行基本养老费用由国家、企业、职工个人三方共同负担，农场固定职工和劳动制工人按本人月工资总额的 2% 按月缴纳。1999 年 6 月，农场农民合同工参加北京市养老保险，养老保险由企业和个人共同缴纳。

根据北京市基本医疗保险规定。2001 年 4 月农场为固定职工和劳动制工人办理了医疗保险手续并缴纳费用。自 2005 年 8 月 1 日起为本市农民工办理了参加医疗保险手续并缴纳费用。

1999 年 6 月农场农民合同工参加北京市失业保险，按劳社办发〔2005〕99 号文件规定，农场自 2005 年 8 月 1 日起为本市农民工办理了工伤保险手续并缴纳费用。按照《北京市企业职工生育保险规定》，自 2005 年 7 月 1 日起，为本市户口的职工按月缴纳生育保险。2012 年 1 月 1 日起，按照关于调整本市职工生育保险政策有关问题的通知要求，为外埠职工办理了生育保险，并按月缴纳生育保险费用。

为提高机关在职职工和退休人员的医疗保障水平，根据《北京市基本医疗保险规定》，结合农场实际，制定了《农场补充医疗保险暂行办法》，自 2004 年 1 月 1 日起施行，至 2012 年 11 月，东北旺农场场部已退休员工的补充医疗保险待遇保留，原则不再新增，自 2013 年 1 月 1 日始，取消农场场部员工（包括内退职工）的补充医疗保险。

东北旺农场职工的住房公积金自 2000 年 11 月 5 日实施，2000 年 11 月至 2004 年 6 月按 5% 交纳；2004 年 7 月至 2005 年 6 月按 8% 交纳；2005 年 7 月至 2006 年 6 月按 10% 交纳，2007 年 7 月起至今按 12% 交纳。

第三节　农场退休人员管理

一、退休人员养老金发放

企业负担阶段（1963 年至 1997 年 7 月），西郊农场对退休人员的管理，按照国务院及北京市相关文件要求计算和调整养老金，由企业负担。

社保基金负担阶段（1997 年 7 月至今），1997 年 7 月 16 日国发〔1997〕26 号文件颁布后，由社会保险基金拨款，由企业代发养老金。2000 年 6 月起养老金由社保机构委托银行代发。

企业退休人员统筹外费用由企业负担，包括企业自定项目和政策规定项目，政策规定项目严格按照国家及北京市政策规定发放。2008—2019 年，西郊农场（不含巨山农场）年平均退休人数为 1965 人，退休人员企业负担总计为 6326.88 万元。

二、退休人员（离岗人员）管理

1984 年 8 月 28 日，东北旺农场建立老干部活动站。1986 年 10 月 25 日西郊农场建立老干部、老职工活动站。

2003 年 3 月，东北旺农场为确保离岗休养人员生活保障，将关停企业及企业重组改制前各企业的离岗休养人员由农场统一管理，成立了离岗休养人员工会，按居住地区划分了 6 个联络组，分别负责同他们的联系和节假日的走访慰问工作，主动帮助他们解决实际困难。农场先后两次对特困、困难职工建档造册，实行专人负责，确保他们的基本生活，对特困、困难家庭中子女考上大学的给予学费补助。农场坚持每年为在岗和离岗休养职工进行身体健康检查。

服务于退休人员的主要工作有：为退休人员办理各项社会保险待遇，包括申请异地就医住院医疗费用直接结算备案、异地就医医疗费用手工报销备案、退休人员未持卡医疗费用手工报销、退休人员丧葬费申领以及涉及退费等情况、退休人员定点医疗机构变更、退休人员个人信息变更采集等。采暖季农场为退休人员报销当年取暖费。

第四节　农场干部管理

1984 年 8 月 10 日，农场党委制定了《关于改革干部管理体制的几点建议》，规定了行政干部管理权限，厂（场）长、经理工作条例、党支部委员会职责和各级职代会工作条例，并开始实行国营企业厂（场）长、经理任期目标责任制。

一、干部任免制度

1989 年 7 月 5 日，东北旺乡党委下发场干字〔89〕第 005 号文，自实行人事体制改革以来，农场在干部管理制度上，按照下管一级的原则，对农场所属企事业单位的正职和因工作需要调动的正副职均采取了任免制，而对于基层企事业单位的多数副职则采取了由厂长组阁的办法自行任免。经过一段时间的实践，在对副职的任免问题上发生了一些混乱现象，不利于对这部分干部的管理。因此，为了完善对副职干部的任免制度，便于对他们的管理、使用、考察和监督，规定凡基层单位原由农场管理的干部范围内的副职以下（含副职）干部的任免，均由本单位在考察的基础上以书面形式提出，交由农场组织干部科审查报主管领导批准后，方可任免，组织干部科予以备案，并发出任免通知。凡未经履行上述任免手续，而由本单位任免的，农场单位及其组织干部科一律不予承认。

1989年，东北旺农场党委对9个基层单位的领导班子进行调整，充实中青年干部，加强了基础领导班子建设。1992年11月，东北旺农场对机关进行改革，对机关科室通过聘任的方法定岗定编。同时，通过《转换企业经营机制暂行办法》。

1993年，农场党委打破传统的用人观念，提出了新的用人标准。

1995年6月6日，国营北京市东北旺农场召开六届二次职代会，审议通过《北京市东北旺农场实行劳动合同制度的实施细则》及《北京市东北旺农场实行劳动合同制度的实施方案》，自此全面实行劳动合同制度。

2003年，东北旺农场从完善公司法人治理结构入手，规范公司股东会、董事会、监事会和经营管理者的职权，实行公司领导层聘任制，建立比较完善的分配、激励、约束机制。所属各公司强化考核制度、完善用人机制，实行竞争上岗及岗位工资等各项管理制度。

2007年10月22日，北京市东北旺农场领导体制改革和领导班子进行调整，实行董事会制度。东北旺农场领导机构由党委会、董事会、经营班子组成。由董事会聘任总经理。

二、干部考核奖惩机制

1958年初，按照"各尽所能，按劳分配"的原则，在原农大农场计件工资制和原东方社劳动定额管理的基础上，农场建立了"三包一奖定额计件工资制"，经过几年的不断补充、修改和完善，到1965年逐渐发展为一套完整的经营管理办法，简称"99条"，这套经营管理方法是以定额计件工资制、三包一奖生产责任制与技术操作规程相结合的管理体制，农场根据生产队"三包"指标的完成情况，向生产队发放工资，职工和场员直至党委书记，均以每月工资的 80％作为作业工资，每月预支；工资的 20％作为产量工资，待年终根据"三包"指标完成情况进行奖罚，每超产 10％，增发产量工资的 50％；减产10％，减发产量工资的 20％。

1981 年初，国营北京市东北旺农场党委制定并下发《关于农村大队干部实行岗位责任制奖励办法》。1984 年 8 月 10 日，东北旺农场党委制定了《关于改革干部管理体制的几点建议》，规定了厂（场）长、经理工作条例、党支部委员会职责和各级职代会工作条例，并开始实行国营企业厂（场）长、经理任期目标责任制。

1992 年，针对经营管理上"统得过死、取之过盛、以包代管"等问题，东北旺农场与各下属单位签订经济承包合同，进行百分考核，并对干部采取七项考核措施。

2007 年，北京市东北旺农场职代会审议通过《东北旺农场奖励办法》。

第五节　农场老干部管理

截至 2019 年 12 月，农场有离休干部 3 名，平均年龄已近 90 岁。有场级退休老干部25 名。

图 2-12-1　农场领导看望老干部

全面贯彻执行《北京市离退休干部工作领导责任制》《关于全面做好新形势下离退休干部工作的意见》有关规定，切实落实好老干部政治待遇和生活待遇，进一步加强老干部思想政治建设和党组织建设，做好老干部服务管理工作。

农场党委成立了老干部工作领导小组，党委书记任组长，党委副书记分管老干部工作，每名领导班子成员都确定了老干部联系人，组织、劳动人事、财务、办公室等有关部门负责同志参加，老干部具体工作部门设在政工部。老干部工作领导小组每年专门召开专题会议，研究老干部工作的重点、难点、老干部政策的落实及工作安排。每年春节前由农场主要领导向老干部汇报工作，征求老干部意见和建议。根据老干部的实际情况，坚持领导带队采取多种方式看望走访慰问老干部（图 2 - 12 - 1）。

第十三章　农场党组织

第一节　党组织建设

1972 年 9 月，东北旺农场分别成立了实验站党总支部，畜牧大队圆明园分场党支部，土霉素厂党支部。1981 年 3 月，东北旺农场先后成立物资站党支部、卫生院党支部、冰棍厂党支部和棒球手套厂党支部。1989 年，国营北京市东北旺农场党委对 9 个基层单位的领导班子进行调整，充实中青年干部，加强基层领导班子建设。1989 年，进行了基层党支部的改选和基层班子建设，上半年全乡 32 个支部进行了换届选举，5 个单位新建了党支部，全乡党支部总数由 1988 年的 38 个发展到 1989 年的 43 个。调整了科技站、水电站、马连洼村、造纸厂、网架厂、基建公司、田园庄饭店、南牛场和北牛场等 9 个单位的领导班子。解决了部分基层班子的软、散问题，增强了基层班子的活力和战斗力。1998 年 12 月 7 日，场乡体制改革后，张鹗任北京市东北旺农场党委委员、书记；李元海任党委委员、副书记、场长；赵福山任党委委员、副书记、纪委书记、副场长；姜文生任党委委员、工会主席；刘焕茂任党委委员、副场长。

场乡体制改革后，东北旺农场党委按照党的十五届四中全会提出的总体要求，注重加强党建工作，充分发挥企业党组织在国企改制中的政治核心作用，坚持对农场国企改制工作的政治领导，参与企业改制、资产运作、发展战略的全过程，采取党委扩大会等形式，对改制中出现的重大问题及时作出相应的决定，保证党的路线方针政策在企业的贯彻落实；创建了党管干部与用市场化选聘经营者机制相结合的新思路，通过多种培训形式提高党员干部思想理论和管理水平，安排 11 家场属企业的书记和经理到北京农垦干部管理学院参加工商管理课程的培训学习，达到持证上岗任职标准。通过培训增强了创新能力及科学判断形势、驾驭市场经济、应对复杂局面和化解矛盾的能力。

国企改制不仅要变革传统的企业体制，还要变革人们的思维方式和行为方式，农场党委把观念创新贯穿于国企改制的全过程，采取专家、学者到场专题讲课，召开研讨会等形式，进一步解放思想、更新观念，实现思想统一，齐心协力推进企业改革与发展。

2005 年 2 月 23 日，三元集团党委会研究决定，艾莱发喜公司"艾莱发喜公司"隶属关系变更为集团公司二级企业，党组织关系隶属集团公司机关党委。

2006 年 9 月，农场党委实施党员目标管理考核办法，把党员目标管理与争优创先、绩效考核、企业管理紧密结合起来，加强党员教育管理，深入开展创先进党支部、争当优秀党员等活动，在企业改革、发展稳定中充分发挥党员先锋模范作用，建立完善企业党的工作机制，健全民主、科学决策程序，充分发挥群团组织作用，探索现代企业制度下"厂务公开、民主管理"的新途径。

2007 年，农场党委提出加强自身组织建设，抓好党建和思想政治工作，加强政治理论学习，搞好党员目标管理，开展"创和谐企业，建四好班子"活动，使"四好"班子创建活动成为实施企业发展战略的有效支撑和保障。

第二节　党的会议

1962 年 4 月 18 日，东北旺农场召开第一次党员代表大会。

1963 年 5 月，农场召开第二次党员代表大会。

1965 年 6 月 11 日，农场召开第三次党员代表大会。

1970 年春，农场在第四次党员代表大会上作出《加强科技工作的决定》，开始了小麦、玉米的良种选育工作。

1975 年 4 月，农场召开第五次党员代表大会。

1980 年 8 月，农场召开第六次党员代表大会。

1984 年 12 月 25 日，农场召开第七次党员代表大会。

1987 年 9 月 10 日，农场召开第八次党员代表大会。

1990 年 12 月 28 日，中共东北旺乡委员会在乡机关大会议室召开了第九次党员代表大会，全乡 105 名正式党员代表出席了大会。会议听取并讨论通过党委书记屈洪玉做的《加强党的建设，深化改革，振奋精神，团结起来为振兴东北旺而努力奋斗》工作报告和纪委书记吕桂荣做的纪委工作报告，选举出中共东北旺乡第九届委员会、中共东北旺乡纪律检查委员会和出席海淀区第六次党代会的代表。

1993 年 12 月 6 日，农场召开第十次党员代表大会，党委书记作报告，题为"坚持党的领导，继续解放思想，更新观念，加大改革力度，为东北旺乡（场）提前实现小康团结奋斗"。

1996 年 12 月 18 日至 19 日，召开中国共产党东北旺农场（乡）第十一次党员代表大会，大会审议通过党委书记张鹗所作的题为"认清形势，解放思想，团结一致，为提前实现'九五'规划而努力奋斗"的工作报告，审议通过杨小田所作的纪委工作报告，大会选举产生了场（乡）第十一届党委和纪委委员会。

第三节　农场宣传及内刊

1984年10月，为庆祝新中国成立35周年，由中央电视台专题部负责，为东北旺等农场摄制纪录片。1988年，东北旺农场为适应对外开放、对外宣传的需要，由农场外事科拍摄了配有中、英、日文解说词的录像片《在希望的田野上》。2007年在东北旺农场创业50周年际，在场党委的领导下，东北旺农场组成以赵福山为主编、郭君君为副主编的写作组，利用较短时间完成了《北京市东北旺农场创业五十周年》的编写，记载了1957至2007年农场的发展历史（图2-13-1）。

图2-13-1　《北京市东北旺农场创业五十周年》一书

图2-13-2　《东北旺农场史》一书

1991年11月，为纪念中日邦交正常化20周年和建场35周年，东北旺农场成立场史编委会，由屈洪玉任总编，李树华、武占山任主编，祝虹、叶瑞香、黄金钟、贾力、李学军任编委，在3个多月的时间里，编写了反映东北旺农场34周年历史进程的《东北旺农场史》（图2-13-2）。此书共4章23节，记载了1957年至1990年农场发生的大事和发展历程。记述了东北旺农场以农业为基础，以工业为支柱，多种经营协调发展，和中日民间友好为主线，贯穿整个农场的发展历程。记述了以艰苦创业、实事求是的精神，再现了早期创业者和现今创业者的奋斗业绩，记述了农场走过的曲折道路。此书得到了中日友协、北京市外事办公室、中国照片档案馆、北京市档案馆、海淀区档案馆、北农大档案室、市农场局和各兄弟农场的大力帮助。

2007年9月，在东北旺农场成立50周年和中日友好人民公社成立29周年之际，在农场党委领导下，成立《北京市东北旺农场创业五十周年》编委会，并成立了领导小组、审定组、编辑组。邀请了张鹗、李树华、杨小田、刘焕茂、林速蔚、李春久、姜宫壁为顾问，聘请了李鹏为执行编辑。在主编赵福山、副主编郭君君、史料撰稿姜文生的努力下，经过较短时间和各方面的工作，圆满完成了编写任务。

此书记载了东北旺农场1957年1月至2007年9月的光辉发展历程。此书共分艰苦创业、曲折征程、改革开放、加快调整、科学发展5个章节，记述了农场50周年发生的大事和历程，记述了中日人民的友好往来和中日合资企业的发展历史，记述了农场的历史沿革、政企合一的发展历史和国企改革的发展历程。此书整体结构完整、文章段落清晰、文字语句通畅，达到了以史为鉴、以史育人的目的。

第四节 农场工会

西郊农场于1958年5月3日召开第一次工会会员代表大会，截止到2017年共召开了13次工会会员代表大会，选举出9名工会主席。工会组织始终健全，工作稳健推进。进入21世纪以后，农场的工会工作在集团工会的领导下，加强企业民主管理、构建和谐企业、维护职工合法权益、为职工提供优质服务、与时俱进、创造性地开展工作，为西郊农场两个文明建设和职工队伍建设做出了重要贡献（表2-13-1）。

表2-13-1 农场历届职代会

届次	召开时间	会议内容
三届	1990年10月	场长作题为"坚持党的领导，全心全意依靠工人阶级为农场精神文明和物质文明建设作出更大的贡献"工作报告
六届六次	2000年9月	场长作题为"抓住机遇，深化改革，积极推进现代化企业制度的建立"工作报告
六届七次	2001年7月	场长作题为"统一思想，坚定信心，积极推进产权制度改革，促进农场经济的新发展"工作报告
六届八次	2003年7月	场长作题为"全面贯彻'三个代表'重要思想，坚定信心，加快发展，确保全年各项任务顺利完成"工作报告
六届九次	2003年12月	场长作题为"认真贯彻落实十六届三中全会精神，深化改革，加快发展，全面提高农场经济整体质量"工作报告
六届十次	2004年8月	场长作题为"深化改革，加快发展，力争圆满完成全年各项目标任务"工作报告
六届十一次	2005年1月	场长作题为"深化改革，加快发展，全面建立现代企业制度"工作报告
七届一次	2005年12月	场长作题为"深化产权制度改革，加快实施发展战略，促进农场持续、快速、健康发展"工作报告

（续）

届次	召开时间	会议内容
七届二次	2006 年 7 月	场长作题为"落实科学发展观，加快改革发展步伐，确保全年目标任务圆满完成，努力实现'十一五'良好开局"工作报告
七届三次	2006 年 12 月	场长作题为"总结经验，发扬成绩，再接再厉，为实现'十一五'目标而努力奋斗"工作报告
七届五次	2007 年 6 月	场长作题为"开拓创新，构建和谐，确保圆满完成全年目标任务"工作报告
八届三次	2010 年 1 月	场长作题为"统一思想、真抓实干、加快发展，促进农场各项工作再上新台阶"工作报告
八届四次	2010 年 12 月	场长作题为"凝心聚力、开拓进取，提升整体经济质量，促进各项工作再上新台阶"工作报告

第十四章　社会事业发展

20世纪90年代，农场提出"团结、务实、开拓、高效"的场乡精神，提出要建设"美丽、安康、幸福的东北旺乐园"，各项社会事业取得长足发展。

第一节　交通运输与乡村公路的发展

建场初期，农场仅有3辆汽车。由于农场场部与各村之间是乡间土路，交通不便，制约了生产的发展。在1960年至1963年大规模平整土地时，先修通了东北旺村至唐家岭村的公路。改革开放后，由于交通运输业的不断发展和集体积累的不断增加，乡村公路也得到了发展。1981年，马连洼村率先铺了水泥路。截止1990年底，全场共修路57100米，使原来"晴天一身灰，雨天一身泥"的现象得到了改观。

在发展公路的同时，农场各企业、各农工商合作社汽车拥有量也在不断增加，到1990年底，农场共有各种汽车326辆。中日奶牛场、中日养鸡场等单位相继配备了送奶、冷藏等专用车辆，牛场的送奶车和鸡场的专用车，为首都市场提供服务。

农场的交通安全由农场交通科负责。每年举办由各单位司机参加的交通安全培训班，从而保证了交通事故逐年下降。

1996年9月，由马连洼开往安定门的328路公交车，在马连洼车站举行通车剪彩仪式。

1996年12月，农场修建了从中国农业大学到冷泉村的公路，长达7300米，同时将路面由原6米，拓宽到16米，新修了乔庄路桥、拓宽了屯店路桥。同年，农场水管站成立东水出租汽车公司，拥有39辆运营车辆。

1997年11月，为方便西二旗小区居民的出行，农场将365路、392路延长到西二旗。

第二节　科委、科协的建立

农场遵循党的十一届三中全会的路线，认真贯彻执行"经济必须依靠科学进步，科学技术必须面向经济建设"的方针，认真落实知识分子政策，进行了一系列有利于农场科学技术发展的建设，激发了广大科技人员的积极性，使科技工作重新走上阔步发展的道路。

1982年，农场建立了科学技术委员会，形成了农场、大队、生产队三级科技管理体系。同年，成立了科教科，负责全场科技工作的组织和协调。还制定了农场《科技工作条例》《科学技术成果奖励办法》《招聘科技人员，促进人才合理流动的若干规定》等文件。

1986年3月5日，农场建立了科学技术协会，是农场科技工作者的群众团体，下设粮、果、菜、牧、工、医、财会、水利、基建、农机等十一个学会，有会员280多人。到1990年底，农场拥有各类专业人才280人，其中高级职称18人，中级职称67人，初级职称195人。农业方面的占16%，畜牧方面占11%，工业方面占26%。这些科技人员在各自的岗位，为农场经济发展做出了贡献，尤其是科研成果的推广与应用，使农场的科技示范作用日益显露出来。1982年，农场科技站玉米育种专家赵垂达等培育出的"京杂6号"，荣获国家农委、国家科委"农业科技推广"一等奖。

1987年，东北旺工具厂生产的呆梅两用扳手、呆扳手、梅花扳手获轻工业部"优质产品奖"。

1989年，由农场与北农大、中国农科院共同合作的"适合中国蔬菜产销方式的农药残毒监测技术"获农业部"科技进步"三等奖。

1989年，由农场与中国农科院蔬菜花卉研究所、内蒙古农科院共同合作的"'供给者'菜豆的引种试验和推广应用"课题获农业部"科技进步"三等奖。

1989年，农场高级畜牧师孟嘉敏与22个单位合作的"北京奶牛业持续畜产全面丰收"项目，获农业部"丰收奖"。

1986—1990年，农场共获市级"科技进步奖"8个，局级"科技进步奖"24个，场级"成果奖"83个。这一时期科技成果的数量、质量和推广应用，是建场以来前所未有的。

1987年，农场成立了职工技术协会。四年内共动员职工技术攻关120余个，形成效益50多万元，发展会员30多名。

1982年，农场先后引进各类人才162名，对农场的经济发展起到了促进作用，尤其对国营企业实行技术改造，合理利用资源和发展新产品，提高经济效益发挥了巨大作用。

第三节　教育事业的发展

一、职工教育

1981年2月，中央发布了《关于加强职工教育工作的决定》后，农场于1982年开办了职工学校。短短十年，职工学校培养了来自农场各基层的人员近 5000 人次，形成了能接受各种专业技能的职工教育体系。

随着第三产业在农场的兴起和不断扩大，农场对职工教育的认识有了较大的提高，逐渐明确了职工教育在两个文明建设中的地位和作用。

1981 年，农场成立了教育科，统管职工教育，并根据农场的特点建立一整套完整的制度。办学形式也更加多样化，从过去单一的严格把关，发展到完全开放的教育形式，满足了广大群众多样化的学习要求。在企业发展壮大的形势下，职工学校把培养农场各企业骨干作为重点，由上岗后培训逐渐发展为岗前培训。

农场职工子女的就学，建场初期由海淀区教育局所办的学校负责。1965 年归农场管理，1977 年下半年又划归区管。1989 年 7 月，根据教改的需要，农场又接管了所在地的 11 所小学并实行校长负责制，多年来培养了近万名学生。

1992 年起，农场进入了以学历教育为基础，以岗位培训、继续教育为重点的发展时期，坚持"一个重点、两个突破、五个结合"的原则，搞好干部、职工教育工作，即：以岗位培训为重点，突破单一的学历教育，突破传统的办学方式，教育内容与本单位经济工作相结合，党政干部政治、业务教育与学历教育相结合，政治教育与业务、岗位培训相结合，自办培训、教育与走出去参加培训相结合，脱产学习与业余学习相结合。经过多层次、多形式的教育培训，提高了干部职工的综合素质。

1991—1993 年，农场注重对干部的培训和对职工的教育工作。科级以上干部参加区、局各类培训 97 人次，参加农场各类培训 228 人次。培养各类专业人才 187 人，参加短期培训 517 人次。干部、职工的学历教育，为优化干部和职工的文化结构起到促进作用。

1994 年，中共北京市委党校东北旺分部成立，有 102 人参加为期三年的走读经管大专班的学习。后有部分职工参加中共北京市委党校海淀区党校分部的为期三年的走读企管大专班的学习。学业期满均取得大专毕业证书。

1995 年，农场有 5 名科级以上的干部参加了中共北京市委党校北京市农工商联合总公司职工大学分部，为期三年的走读行政管理大本班的学习，学业期满取得行政管理大本毕业证书。农场职工学校担负着干部和职工的各类培训教育工作，曾开办中等技术专业班，有近 50 人参加了学习，学业期满取得结业证书。

农场重视教育工作，不断改善教学环境、提高教学质量。1994 年 9 月，新建的马连洼小学标准化教学楼投入使用，这所建筑面积 6000 平方米的标准化教学楼是农场和区教育局共同出资 700 万元建成的。新建的小学校还有冷泉小学和西二旗小学。

1994 年 12 月，东北旺老干部活动中心投入使用，内设健身房、棋牌室、乒乓球室及卡拉 OK 厅。同年，农场成立了退休职工秧歌队，并组织了秧歌比赛。

1996 年 5 月，农场组队参加市农工商联合总公司举办的第七套广播体操比赛，荣获团体第一名。同年六月，在新建的农场办公大楼前，举行了"东北旺农场第七套广播体操比赛"，有 18 家场属企业组队参赛。

1996 年以来，农场多次组队代表总公司参加北京市举办的各项比赛活动，其中有：参加北京市财会人员运动会入场式；参加北京市第一届全民健身节第八套广播体操比赛，荣获第一名；参加市总工会举办的太极球健身操（舞）比赛，荣获二套第一名。

1997 年 6 月，农场举办了"迎香港回归夏日文化广场"活动，活动设有香港知识问答、猜谜语、秧歌比赛及全民体质测试等项目，有 600 多人参加此项活动。同年 6 月 30 日，韩家川村民族吹打乐队参加了在天安门广场举办的北京市人民喜迎香港回归联欢晚会。1997 年，东北旺农场荣获"北京市体育先进乡"称号。

二、幼教事业

为了解决农场职工的后顾之忧，为国家建设和培养后备人才，农场把幼教事业作为一项基础工作来抓。

1957 年，创办农大农场幼儿园。农场幼儿园多次被市政府评为"先进单位"。1978—1990 年，农场从事幼教工作的专业人员共 28 人，平均每年接收 150 名幼儿。幼儿园教育内容包括幼儿品德、文明行为的培养、幼儿体育和游戏、幼儿语言、美工、计算、音乐等，使孩子们在德、智、体、美、劳等方面全面发展。从 1984 年到 1989 年，平均每年投资幼儿教育 6 万元，1990 年投资 9 万元。平均每年幼儿园接待各国参观来宾 10 余次。各村也建立了托儿所、幼儿园。

1997 年 4 月，农场成立 2 所少年军校。一所由西二旗小学与空军大院管理处联合建立，另一所由冷泉小学与 87193 部队联合建立。同年 8 月，农场与驻乡部队共同召开了"庆八一"国防知识竞赛大会。东北旺农场（乡）连续多年获区"双拥模范乡"称号。

第四节　卫生、文化事业的发展

党的十一届三中全会后，农场的卫生、文化事业相继得到发展。

一、卫生事业

1978—1990 年，农场累计向卫生院投资 41.93 万元，用于基础建设和医疗设备的购置，形成 11 科、150 张病床位、73 人的一支医疗卫生队伍。

农场卫生院认真贯彻"预防为主"的方针，为除害灭病，改善农场卫生状况，提高职工健康水平作出了贡献。1990 年，将原来在各大队建立起来的"六·二六"医疗室全部恢复起来，并投资翻建了房屋，配备了医疗器械和人员。为了提高乡村防病的能力，形成了"诊室承包，小病不出村"的预防为主的策略。

农场卫生院还与中国人民解放军三〇九医院实行了军民共建，共同建立了康复医疗中心，专门治疗下肢截瘫，全国各地的千余名患者在这里得到良好的治疗。

1989 年 6 月，农场投资 30 万元在西北旺村东建立了敬老院，院内设有健身室、浴室、食堂、卧室，老人们实行集中供养。1990 年 12 月，敬老院被市政府授予"一级敬老院"。

1988 年，农场基本实现了全场自来水管道化，减少了疾病的传染。

二、文化事业

在二十世纪五六十年代，农场就很重视群众文化活动。当时成立的评剧团曾参加市文艺调演活动，演出的曲目有《夺印》《刘巧儿》等。到二十世纪七十年代，农场成立了文化站，主管职工的文化体育等工作，并建有图书室，室存各种期刊、图书 10 万多册，阅览室拥有 30 多个座位。

1990 年，农场投资 30 多万元，建立了农场文化站和露天蓝球场，并投资恢复了电影放映队，在各村巡回放映。

文化中心下设书法、美术、盆景、写作、舞蹈、象棋等协会，吸引和培养了大批文艺骨干。1990 年 8 月，在全场范围内举办了"迪斯科大奖赛"，成为当时轰动全场的新闻。

多年来，文化中心被市、区评为"群众文化体育先进单位"。

第十五章　和谐企业建设

场乡体制改革后，农场国企改制和经济发展进入了关键时期，企业产权关系、职工劳动关系、利益关系发生了变革，一些亟待解决的深层次矛盾和问题相对集中地暴露出来。面对新情况、新问题，农场党委按照党的十五届四中全会提出的"加强企业领导班子建设，发挥企业党组织的政治核心作用，坚持全心全意依靠工人阶级的方针，把发挥党的政治优势同运用市场机制结合起来，调动各方面的积极性，形成合力，确保国有企业改革和发展任务的顺利完成"的总体要求。将企业改制与党建融为一体，同步进行，适应企业新变化，研究改制新问题，形成决策新思路，探索有效新办法，开创了党建新局面。

第一节　加强党组织建设

2001年，根据中共中央《关于在县级以上党政领导班子、领导干部中深入开展"讲学习、讲政治、讲正气"为主要内容的党性党风教育的意见》要求，按照集团公司党委部署，农场开展"三讲"学习教育活动，具体步骤和方法是：思想发动、学习提高，自我剖析、听取意见，交流思想、开展批评，认真整改、巩固成果。通过以邓小平理论和江泽民"三个代表"重要思想为指导的"三讲"学习教育活动的开展，农场领导班子及成员的整体素质、精神面貌有了新的变化；党群关系、干群关系有了新的改善；企业党组织凝聚力、战斗力有了新的提高；加快农场国企改制有了新的进展。

2005年7月，根据集团公司党委安排，农场从8月9日开始至11月9日3个月时间，开展保持共产党员先进性教育活动，全场有8个党支部169名党员参加此次活动。通过此项教育活动，广大党员普遍受到了一次深刻的以"三个代表"重要思想为主要内容的政治理论教育，党的意识和党员意识进一步增强，党群关系进一步密切，党组织的凝聚力、战斗力、创造力得到提高，促进了农场各项工作的顺利开展。

2006年9月，农场党委实施党员目标管理考核办法，把党员目标管理与争优创先、绩效考核、企业管理紧密结合起来，加强党员教育管理，深入开展创先进党支部、争当优秀党员等活动，在企业改革、发展稳定中充分发挥党员先锋模范作用，建立完善企业党的工作机制，健全民主、科学决策程序，充分发挥群团组织作用，探索现代企业制度下"厂务公开、民主管理"的新途径。

2007年，农场党委提出加强自身组织建设，抓好党建和思想政治工作，加强政治理论学习，搞好党员目标管理，开展"创和谐企业，建四好班子"活动，使"四好"班子创建活动成为实施企业发展战略的有效支撑和保障。

第二节　加强企业民主管理，搞好厂务公开工作

2001年，农场党委在全场各企业中，进一步推进"厂务公开、民主管理"工作，并将此项制度拓展到农场。农场成立了"厂务公开、民主管理"工作领导小组，制定并下发了《东北旺农场推行"厂务公开、民主管理"制度的实施办法》。场属各单位结合本企业的情况，采取公开栏、建议箱或通过职工（代表）会、座谈会等多种形式，将企业经营重大决策、大额开支项目、职工"三险"上缴情况及干部和职工的收入予以公布。这是依靠职工办企业，职工参与企业管理的新形式，为构建和谐企业打下良好基础。

2003年7月，农场召开六届八次职代会，这次会议依照《北京市企业民主管理及职工代表大会（暂行）办法》的规定，是农场职代会和农场会员代表大会剥离后召开的会议，会议立足实际，严格按照规定的会议形式，得到集团公司工会的肯定。年底，改制企业、国有企业完成集体合同续签工作。

2004年，农场两次到改制企业调研，通过走访、个别谈话、下发调查问卷、召开座谈会等形式，总结推行"厂务公开、民主管理"制度的基本经验和着手解决"老三会与新三会"职责与相互关系的协调，为建立改制企业规范的民主管理制度、探索工作新思路及方法提供了有力依据。

第三节　安全制度建设

农场树立"以人为本"的安全理念，加强安全管理，多年来未出现较大安全事故。从农场到各公司不断完善各项管理制度，建立了一整套安全制度及其考评体系。国有、控股、合资企业在安全管理方面都有较健全的责任制，从组织的建立到签订安全责任书及建立各项规章制度、执行操作规程等方面都比较规范。

2004年，农场统一编写《东北旺农场安全管理制度汇编》，并在全场范围内推行，取得良好效果。每年年初，农场与下属企业签订安全考核责任书，与各承租单位签订消防安

全承诺书、租赁房屋安全协议书。日常工作做到常抓不懈，定期召开例会，每月安排专职安全员集中检查。每年六月开展"安全生产月"活动，积极开展宣传教育和安全生产专项检查验收工作，进一步贯彻落实安全生产法等相关法规，完善各项安全制度，提高全体职工的安全生产和防范意识，堵塞漏洞。安全工作做到日常化、制度化、科学化，日常安全工作常抓不懈，遇重大节日、汛期，都提前进行周密安排和部署。

为确保安全，农场机关安装了监控系统，聘请专业保安，提高了安全系数。房地产开发公司和建筑公司做到规范管理，坚决将事故消灭在萌芽状态；物业管理有限公司聘请专业保安，为小区住户安装"楼宇非可视对讲系统"。上地物流有限公司安装"一键通"电子巡更系统和电视监控系统。

第四节　优秀企业文化

培育企业文化，构建和谐企业，有利于国企改制和产业结构调整顺利推进，有利于增强企业核心竞争力，为企业增添生机和活力，有利于促进农场经济持续、健康和谐发展。

农场《简报》（后改名为《场报》），主要宣传党的方针政策和农场重大事项，报道国企改制的成功经验，宣传在改革、发展和稳定中出现的先进事迹和先进经验。通过组织职工参加"北京十佳影响力"评选活动、参加纪念北京农垦成立50周年系列教育活动，使企业文化建设深入民心，增强企业的凝聚力和职工积极向上的精神，培育职工爱岗敬业的思想理念，成为企业经济发展的重要动力。

2004年6月26日，农场组队参加集团公司举办的"三元杯"职工合唱比赛，获得第一名。

同年10月，农场组队参加北京市第六届职工艺术节闭幕式演出。

2006年，农场、物业管理有限公司、上地物流有限公司网站相继开通，为企业内外之间搭建了良好信息沟通桥梁。网站的开通是传统经营模式向电子商务化发展的进步，是向社会宣传产品（服务）树立公司形象的手段，是打造企业品牌文化的窗口。通过网站宣传公司的企业文化理念、创业理念等系列企业文化内容。

上地物流有限公司在全国物流企业中，是唯一一家可以以2008年北京奥运会赞助商身份进行网络宣传的企业。

2007年，在建场五十周年之际，按照集团公司《二○○七年政治工作意见》要求，农场开展了"人人忠诚三元"主题教育活动，弘扬农垦精神，总结农场五十年在社会发展的不同历史阶段中发挥的作用及取得的成绩，开发、挖掘企业文化精神，促进农场各项事业的健康、和谐、稳定发展，从年初开始着手进行资料的广泛收集和整理工作，进行纪录片的拍摄和纪念画册的印制。

农场及各企业都充分利用网络，做好对外宣传和内部沟通和交流，把企业文化渗透到生产经营各个环节，促进企业文化与经营管理的深度融合。倡导"党员忠诚于誓言""员工忠诚于岗位""班子忠诚于事业""人人忠诚于三元"的价值观，引导广大干部职工为实现经济持续快速和谐发展而奋斗。

附　　录

附录一　西郊农场相关情况

附表 1　西郊农场 2008—2018 年经济指标数据

年份	总资产（万元）	总负债（万元）	所有者权益（万元）	总收入（万元）	利润总额（万元）
2008 年	126773	101319	25454	57677	3539
2009 年	172655	141515	31140	52028	7295
2010 年	231785	197142	34643	63461	11081
2011 年	257651	214779	42873	75943	11366
2012 年	366778	303765	63013	105917	15506
2013 年	452088	372212	79876	118703	19955
2014 年	592621	497652	94969	119500	19492
2015 年	468317	355216	113101	332761	18186
2016 年	448813	298394	150419	151896	48811
2017 年	569991	412603	157388	131366	20907
2018 年	859697	684657	175040	156629	24183

截止日期：2018 年 12 月 31 日。

附表 2　西郊农场 1988—2008 年经济指标数据

年份	总资产（万元）	总负债（万元）	所有者权益（万元）	总收入（万元）	利润总额（万元）
1988 年				3628	252
1989 年	5689			4211	229
1990 年	6854			5198	218
1991 年	9066	2738		6328	245
2002 年	16930	12415	4515	3535	17
2003 年	11551	6521	5030	3999	14
2004 年	13731	8910	4821	6064	81
2005 年	16613	10738	5875	9921	−54
2006 年	16254	13002	3252	15523	310
2007 年	17689	15168	2521	23377	−187
2008 年	18555	17802	754	21043	−1736

截止日期：2008 年 12 月 31 日。

附表 3 西郊农场 1949—2018 年领导任免一览表

年份	任职文件	任职时间	姓名	职务	免职文件	免职时间	姓名	职务
1949		12 月	赵彪	党支部书记、场长				
1954		12 月	肖英	党总支书记、党委书记		12 月	赵彪	党支部书记、场长
			师容通	副场长				
1955		1 月	赵海泉	副场长				
		11 月	袁平书	场长		1 月	师容通	副场长
1956		12 月	时之瑶	副场长		11 月	赵海泉	副场长
1957		3 月	马哮	场长		3 月	袁平书	场长
						12 月	时之瑶	副场长
1959		7 月	高凤歧	党总支书记、永丰公社第二书记		2 月	肖英	党总支书记、党委书记
1960		3 月	胡定淮	党总支书记		3 月	高凤歧	党总支书记、永丰公社第二书记
			曹德章	大队长			马哮	场长
1961		5 月	马哮	场长（主任）		4 月	胡定淮	党总支书记
			李旭明	党委书记			曹德章	大队长
		9 月	肖英 王哲夫	党委副书记				
			石长玺	副主任				
			苏淑敏 胡定淮	副主任、副场长				
1962						11 月	王哲夫	党委副书记
1963		12 月	柳少栋	党委书记		12 月	李旭明	党委书记
							肖英	党委副书记
1964			张紫萍	副主任		10 月	马哮	场长（主任）
		10 月	王凤池	代场长				
1966		7 月	石长玺	政治处副处长		5 月	柳少栋	党委书记
							王凤池	代场长
						6 月	胡定淮	副主任、副场长
						7 月	张紫萍	副主任
1967		12 月	邵干坤 邓宝荣	革委会副主任				
1969		9 月	柳少栋	党委书记、革委会主任		9 月	邵干坤	革委会副主任
			王志	革委会副主任		12 月	石长玺	政治处副处长
1970		1 月	邓宝荣	党委副书记				
			石长玺	党委副书记				
1972						12 月	王志	革委会副主任
1973		1 月	白亮明	党委副书记、副主任		9 月	柳少栋	党委书记、革委会主任
		9 月	曾富	党委书记、革委会主任				
		11 月	陈志增	党委副书记				

（续）

年份	任职文件	任职时间	姓名	职务	免职文件	免职时间	姓名	职务
1974		2月	刘强 张晏	副场长、副主任				
			何振丰	副主任				
1975		5月	刘强	党委副书记				
1976		5月	陈志增	党委书记、革委会主任			白亮明	党委副书记、副主任
		6月	何振丰	副书记		5月	曾富	党委书记、革委会主任
							陈志增	党委副书记
1977						5月	石长玺	副主任、党委副书记
						12月	何振丰	党委副书记、副主任
1979		9月	苏淑敏	党委副书记				
1980		5月	刘诗宝	副场长		8月	陈志增	党委书记、革委会主任
		8月	刘伦祥	党委书记、场长		9月	邓宝荣 刘强	党委副书记
1981		4月	崔献荣	党委副书记		11月	邓宝荣	革委会副主任
		11月	李勤 朱宏 王彤信	副场长				
			杨顺澄	副场长、工会主席				
1983		1月	刘诗宝	党委书记、场长		1月	刘伦祥	党委书记、场长
							刘诗宝	副场长
						12月	李勤	副场长
1984		1月	刘诗宝	党委书记		1月	刘诗宝	党委书记、场长
			蔡维迁	党委副书记、场长			苏淑敏	副主任、副场长
			危善国	副场长			刘强	副场长、副主任
		10月	朱宏	党委副书记		11月	崔献荣	党委副书记
1985		2月	王梦春	副场长				
1986		6月	朱宏	工会主席		8月	杨顺澄	副场长、工会主席
						12月	张晏	副场长、副主任
1987		5月	危善国	副场长		6月	朱宏	副场长
		9月	毕振勇	党委副书记		10月	苏淑敏	党委副书记
		10月	康志茂	工会主席			朱宏	工会主席
1988		5月	关铁城	副场长				
		10月	薛广文	副场长				
1990		5月	唐玉宝	党委副书记、纪委书记				
		10月13日	赵桂栋	党委副书记、场长		10月13日	蔡维迁	党委副书记、场长
1992		3月25日	师厚超	总畜牧师		8月	王彤信	副场长
		11月9日	王彤信	总会计师		12月	赵桂栋	党委副书记、场长

（续）

年份	任职文件	任职时间	姓名	职务	免职文件	免职时间	姓名	职务
1993		1月9日	李凤元	党委副书记、场长		11月	王梦春	副场长
		1月	尹跃进	常务副场长				
		11月	崔自江 刘双贵 鲁长华	副场长				
		11月20日	王梦春	总农艺师				
1994						1月	朱宏	党委副书记
						8月	尹跃进	常务副场长
1995	海淀区委组织部和市农工商总公司党委决定	8月31日	李凤元 刘双贵	党委书记 场长	海淀区委组织部和市农工商总公司党委决定	8月31日	刘诗宝	党委书记
1996		9月25日	白洁元	场长		9月25日	刘双贵	场长
			刘双贵	常务副场长				
	第十一次党代会	12月2日	蔡士学	纪委书记				
1997		12月10日	李凤元	场长				
			许树坡	常务副场长				
1998	京农场组字〔1998〕第64号文	12月7日	李杰锋	党委书记				
			李山	党委副书记、场长				
			孙毅	党委副书记、纪委书记				
			关铁成 崔自江	副场长				
			康志茂	党委委员、工会主席				
			王胜才	党委委员				
1999		8月27日	孙毅	党委书记、常务副场长		3月24日	李杰锋	党委书记
			付鹏	党委副书记、纪委书记		8月27日	孙毅	党委副书记、纪委书记
							崔自江	副场长
							康志茂	党委委员、工会主席
2000	第九次职工（会员）代表大会	2月23日	付鹏	工会主席				
2001	北京三元集团总公司通知	8月	张满	副场长	北京三元集团总公司通知	7月	付鹏	党委副书记、纪委书记、工会主席

（续）

年份	任职文件	任职时间	姓名	职务	免职文件	免职时间	姓名	职务
2002	京农场组字〔2002〕第11号文	3月11日	吴树森	党委副书记、纪委书记				
	第九届四次工会委员会增补	3月	吴树森	工会主席				
2003	京三元集团组字〔2003〕第35号、36号文	11月6日	孙毅	纪委书记	京三元集团组字〔2003〕第35号、36号文	11月6日	吴树森	党委副书记、纪委书记
			王洪斌	党委委员、副场长				
			杨淑凤	党委委员、工会主席				
2004	京三元集团组字〔2004〕31号文	6月15日	朱兴华	副场长				
2005					京三元集团组字〔2005〕18号文	12月28日	王胜才	党委委员
2007					京三元集团组字〔2007〕25号文	8月10日	张满	党委委员、副场长
2008	京三元集团组字〔2008〕11号文	4月7日	贾先保	董事长、党委书记	京三元集团组字〔2008〕11号文	4月7日	孙毅 赵福山 赵立香	
			周秀生	党委副书记、场长				
			郭君君	党委副书记、纪委书记				
			杨淑凤	党委委员、工会主席				
			李仲元	党委委员				
			乔振林 王洪斌 赵为民	副场长				
			付以彬	总农艺师				
	京三元集团组字〔2008〕26号文	7月15日	朱兴华	副场长				

（续）

年份	任职文件	任职时间	姓名	职务	免职文件	免职时间	姓名	职务
2009	京首农集团组字〔2009〕01 号文	7 月 21 日	贾全乐	党委书记	京首农集团组字〔2009〕01 号文	7 月 21 日	贾先保	党委书记
			马建梅	党委副书记、场长			周秀生	党委副书记
			周秀生	副场长			赵为民	副场长
			王洪斌	党委委员				
2010	京首农集团组字〔2010〕42 号文	11 月 18 日	贾全乐	党委书记	京首农集团组字〔2010〕17 号文	3 月 17 日	周秀生	党委委员、副场长
			马建梅	党委副书记、场长				
			郭君君	党委副书记、纪委书记				
			杨淑凤	党委委员、工会主席				
			王洪斌	党委委员、副场长				
			李仲元	党委委员				
			乔振林	副场长				
			付以彬	总农艺师				
2011					京首农集团组字〔2011〕13 号文	2 月 14 日	付以彬	总农艺师
2012	京首农集团组字〔2012〕07 号文	3 月 2 日	管建国	党委副书记、场长	京首农集团组字〔2012〕07 号文	3 月 2 日	马建梅	党委副书记、场长
	京首农集团组字〔2012〕24 号文	7 月 11 日	苗金环	总会计师	京首农集团组字〔2012〕30 号文	10 月 16 日	贾全乐	党委书记
	京首农集团组字〔2012〕30 号文	10 月 16 日	孔凡	党委书记				
2014	京首农集团组字〔2014〕04 号文	2 月 10 日	杨淑凤	党委副书记、纪委书记	京首农集团组字〔2014〕04 号文	2 月 10 日	郭君君	党委副书记、纪委书记
	京首农集团组字〔2014〕22 号文	10 月 13 日	王少君	党委委员				

（续）

年份	任职文件	任职时间	姓名	职务	免职文件	免职时间	姓名	职务
2016	京首农集团组字〔2016〕6号文	3月11日	王昭亮	党委委员、副场长				
2017	京首农集团组字〔2017〕40号文	12月11日	管建国	党委副书记、执行董事、经理				
			孔凡	党委书记				
			杨淑凤	党委副书记、纪委书记、工会主席、监事				
			王昭亮 王洪斌	党委委员、副经理				
			苗金环	党委委员、总会计师				
			王少君	党委委员				
2018			孔凡	党委书记				
			管建国	党委副书记、总经理				
			杨淑凤	党委副书记、纪委书记、工会主席				
			王昭亮	党委委员、副经理				
			王洪斌	党委委员、副经理				
			苗金环	党委委员、总会计师				
			王少君	党委委员				
			张英楠	经理助理				
			万伟	经理助理				

附表4　1963—2003年领导视察农场简况表

时间	姓名	时任职务	到访和视察的内容
1963年11月5日	朱德	全国人大常委会委员长	朱德到农场视察工作，听取了党委书记曹旭同志关于农场规划和生产情况的汇报，视察了奶牛场、种马场、水渠及农业生产状况，肯定了农场的发展方向
	彭德怀		继朱德来农场视察后，彭德怀也来农场视察，对农业发展情况进行了详细的了解

（续）

时间	姓名	时任职务	到访和视察的内容
1978 年 10 月 23 日	谭震林 陈永贵	谭震林时任 人大常委会副委员长 陈永贵时任 国务院副总理	经中央批准，中日友好人民公社成立。谭震林、陈永贵、日中农业农民交流协会会长八佰板正等 200 多人参加了"中日友好人民公社"命名大会
1982 年 10 月 23 日	王震	中央政治局委员	王震、中国人民对外友好协会会长王炳南、市长焦若愚、以日本公明党委员长竹入义胜为首的公明党访华团，及日本国驻华公使渡边幸治等二百多宾客参加了中日养鸡场正式投产的剪彩仪式
1983 年 1 月	廖承志	全国人大常委会 副委员长	廖承志曾到新开工不久的棒球手套厂视察，并指导工作。他戴上加工出的棒球手套说："涉外经济要进一步打开局面，这是一个良好的开端"。1981 年 10 月 23 日，棒球手套厂开工，这是北京建立较早的三资企业之一
1986 年 10 月 23 日	王震	国家副主席	在中日友好人民公社命名八周年之际，中日合资的"北京田园庄饭店"举行竣工剪彩仪式，总书记胡耀邦为饭店题名。王震等为饭店开业剪彩。王震对农场的发展也寄予厚望，他先后三次亲临农场视察，并就各阶段的发展给予具体指示。王震作为"老农垦"，对农场的关怀，极大地鼓舞了农场新一代的建设者
1981 年 10 月	廖承志	全国人大常委会 副委员长	廖承志先后到中日奶牛场、中日养鸡场、中日棒球手套厂视察并指导工作，并再次为中日友好农场题词"春华秋实，花果满园"
1983 年 9 月 9 日	邓颖超	全国人大常委会 副委员长	邓颖超来农场视察工作
1993 年 8 月 30 日	阿沛·阿旺晋美	全国人大常务 委员会副委员长	阿沛·阿旺晋美等委员到西郊农场视察
1993 年 6 月 11 日	布赫	全国人大常委会 副委员长	布赫视察巨山农场供应基地
1995 年 7 月 24 日	邹家华	全国人大常委会 副委员长、国务院 副总理	邹家华视察巨山农场供应基地
1996 年 7 月	陈慕华	全国人大常委会 副委员长、国务院 副总理	陈慕华视察巨山农场供应基地
2003 年 8 月	李锡铭	全国人大常委会 原副委员长、北京市 委书记	李锡铭视察巨山农场

附表 5　外国友人参观访问农场简况表

时间	姓名	时任职务	到访和视察的内容
1995 年 3 月 26 日	竹入义胜	日本公明党前委员	竹入义胜家族访华团一行 12 人在中日友协会长孙平化的陪同下来我厂参观访问
2018 年 7 月 3 日	乌利塞斯·吉拉特	古巴政治局委员、工人中央工会总书记	古巴共产党政治局委员、国务院委员会成员、工人中央工会总书记乌利塞斯·吉拉特一行在中国农林水利气象工会农业部部长王秀生、首农食品集团工会主席郑立明、副主席聂志芳等领导的陪同下到西郊农场有限公司所属"首农庄园"进行参观学习交流。西郊农场有限公司党委书记孔凡、工会主席杨淑凤等一行陪同

附表 6　农场荣誉简表

1. 1952—2019 年农场所获荣誉列表

序号	获奖名称	发证单位	发证年份	形式
1	爱国丰产奖	农业部	1952	奖金锦旗
2	北京市养猪先进单位	北京市委，市人委	1960	奖牌
3	全国最佳畜禽养殖企业	农业部	1985	奖牌
4	犊牛流行性腹泻病源及治疗研究工作授予三等科学技术成果奖	北京市人民政府	1988	证书
5	科普先进单位	北京市科协	1991	证书
6	交通安全先进地区	北京市海淀区交通安全委员会	1990	奖杯
7	迎亚运一百天交通安全宣传先进奖	北京市海淀区交通安全委员会	1990	奖杯
8	1990 年度北京市红十字工作标兵单位	北京市红十字会	1991	奖牌
9	交通安全优秀地区	北京市海淀区交通安全委员会	1992	奖杯
10	绿色食品综合生产基地	农业部绿色食品中心	1992	证书
11	1992 年查处违法建设先进单位	北京市城市规划管理局	1993	证书
12	北京市交通安全先进街道乡镇	北京市交通安全委员会 北京市公安交通管理局	1993	奖杯
13	1993 年信访和人民建议征集工作先进单位	中共北京市海淀区委员会 北京市海淀区人民政府	1994	证书
14	海淀区侨务工作先进单位	北京市海淀区人民政府	1994	证书
15	1995 年海淀区老干部工作先进单位	中共海淀区委组织部 中共海淀区委老干部局	1995	

（续）

序号	获奖名称	发证单位	发证年份	形式
16	1995 年度妇女工作中成绩突出，被评为先进单位	北京市海淀区妇联	1996	证书
17	1995 年度妇女工作中，成绩突出，被评为先进单位	北京市海淀区妇联	1996	证书
18	在《海淀区地名录》修订工作中成绩卓著被评为先进单位	海淀区人民政府	1996	证书
19	1995 年度北京市妇联系统基层妇女组织先进单位	北京市妇女联合会 北京市人事局	1996	证书
20	1996 年度档案工作先进单位	海淀区档案局	1997	证书
21	1996 年度海淀区文明单位	海淀区精神文明建设委员会	1997	证书
22	1998 年度信息工作先进单位	共青团海淀委员会	1999	证书
23	海淀区第一次全国经济普查先进集体	北京市海淀第一次全国经济普查领导小组	2005	奖牌
24	迎奥运、讲文明、树新风—争做首都文明职工活动优秀集体	北京市总工会	2007	奖牌
25	北京市和谐劳动关系单位	北京市劳动和社会关系保障局 北京市总工会 北京企业联合会 北京市企业家协会	2008	证书
26	奥运应急无偿献血志愿者队伍建设荣誉证书	北京市公民献血委员会	2008	证书
27	2009 年度北京市人口和计划生育工作光荣册		2009	证书
28	在 2006—2009 年度北京市残联就业保障金审核征缴工作中被评为诚信单位	北京市人民政府残疾人工作委员会	2010	证书
29	2010 年度首都绿化美化先进集体积极分子光荣册	北京市人民政府首都绿化委员会	2010	证书
30	首都劳动奖状	北京市总工会	2011	证书
31	全国农林水利系统模范职工之家	全国农林水利系统	2011	证书
32	北京市"安康杯"竞赛活动优胜单位	北京市总工会	2011	奖牌
33	海淀区 2012 年度交通安全先进单位	海淀区交通安全委员会	2012	证书
34	北京市第二十七届企业管理现代化创新成果二等奖	北京市企业管理现代化创新成果评审委员会	2012	证书
35	全国模范职工之家	全国总工会	2013	奖牌
36	全国"安康杯"竞赛活动优胜单位	北京市总工会	2014	奖牌
37	北京市 2016 年度市级交通安全先进单位	北京市交通安全委员会	2016	奖牌
38	北京市五四红旗团支部	共青团北京市委员会 北京市人力资源和社会保障局	2017	奖牌
39	首都文明单位		2018	奖牌
40	北京市"安康杯"竞赛优秀组织单位称号	北京市总工会	2019	奖牌

2. 2009—2020 年农场各企业工会所获荣誉列表

序号	单位名称	获奖时间	荣誉名称
1	北京丘比食品有限公司	2009	北京市总工会工人先锋号
2	北京丘比食品有限公司	2010	北京市模范集体
3	北京丘比食品有限公司	2012	北京市三八红旗集体
4	北京丘比食品有限公司	2016	北京市三八红旗集体
5	北京丘比食品有限公司	2018	中华全国总工会工人先锋号
6	北京三元农业有限公司	2019	北京市"安康杯"竞赛优胜单位
7	北京丘比食品有限公司	2020	全国五一巾帼标兵岗

附表 7 西郊农场（1956—2015 年）全国、市级、部级劳动模范名录

序号	姓名	荣誉称号	授予时间	所属农场
1	张万义	全国先进生产者	1956 年 4 月	原西郊农场
2	安福海	全国农业水利先进生产者	1956 年 4 月	原西郊农场
3	吕振君	北京市农业劳动模范	1956 年 3 月	原西郊农场
4	肖文兰	北京市农业劳动模范	1956 年 3 月	原西郊农场
5	张忠臣	北京市农业劳动模范	1957 年 3 月	原西郊农场
6	时之瑶	北京市农业劳动模范	1957 年 3 月	原西郊农场
7	安国瑞	北京市农业劳动模范	1957 年 3 月	原西郊农场
8	孙秀有	北京市农业劳动模范	1957 年 3 月	原西郊农场
9	赵文玉	北京市农业劳动模范	1957 年 3 月	原西郊农场
10	李顺义	北京市农业劳动模范	1957 年 3 月	原西郊农场
11	安福海	北京市农业劳动模范	1957 年 3 月	原西郊农场
12	何永良	北京市劳动模范	1958 年 2 月	原西郊农场
13	郭树元	北京市劳动模范	1958 年 2 月	原西郊农场
14	张忠诚	北京市劳动模范	1958 年 2 月	原西郊农场
15	闫振昆	北京市劳动模范	1958 年 2 月	原西郊农场
16	于秀英	北京市劳动模范	1958 年 2 月	原东北旺农场
17	于秀英	北京市农业社会主义建设积极分子	1960 年 1 月	原东北旺农场
18	刘福堂	北京市农业劳动模范	1963 年 4 月	原东北旺农场
19	刘树本	北京市农业劳动模范	1963 年 4 月	原西郊农场
20	郭均沛	北京市劳动模范	1963 年 4 月	原东北旺农场
21	倪寿庚	北京市劳动模范	1963 年	原巨山农场
22	乐虹	北京市劳动模范	1984 年 4 月	原西郊农场
23	徐智慧	北京市劳动模范	1984 年 4 月	原西郊农场
24	赵文玉	北京市劳动模范	1984 年 4 月	原东北旺农场
25	赵垂达	北京市劳动模范	1984 年 4 月	原东北旺农场
26	赵垂达	全国五一劳动奖章	1985 年 5 月	原东北旺农场

（续）

序号	姓名	荣誉称号	授予时间	所属农场
27	华洪志	北京市劳动模范	1985 年 2 月	原东北旺农场
28	范秀荣	北京市劳动模范	1989 年 4 月	原东北旺农场
29	陈欣成	北京市劳动模范	1995 年 4 月	原东北旺农场
30	陈建兴	北京市劳动模范	1995 年 4 月	原东北旺农场
31	赵万清	北京市劳动模范	1995 年 4 月	原东北旺农场
32	王学军	北京市劳动模范	2000 年 4 月	西郊农场
33	李乃光	北京市劳动模范	2000 年	原巨山农场
34	崔 伟	首都劳动奖章	2014 年 4 月	西郊农场
35	张永明	北京市劳动模范	2015 年	原巨山农场

附录二　东北旺农场相关情况

附表 8　东北旺农场主要经济指标表

年份	总资产（万元）	总负债（万元）	所有者权益（万元）	总收入（万元）	利润总额（万元）
1960 年					10
1965 年					39
1970 年					32
1975 年					74
1980 年					217
1985 年					418
1990 年					108
1997 年					391
1998 年	54428	41175	13253	25151	
1999 年	61560	47026	14624	13613	
2000 年	66014	50661	15353		
2001 年	69191	53567	15624	30848	
2002 年	68578	54412	14166	24985	
2003 年	56140	38956	17184	18396	
2004 年	53384	36763	16621	23461	
2005 年	52786	34741	18045	23736	
2006 年	90016	74890	15127	15378	571
2007 年	90634	69921	20713	15186	
2008 年	108001	82500	25501	36200	1240

截止日期：2008 年 12 月 31 日。

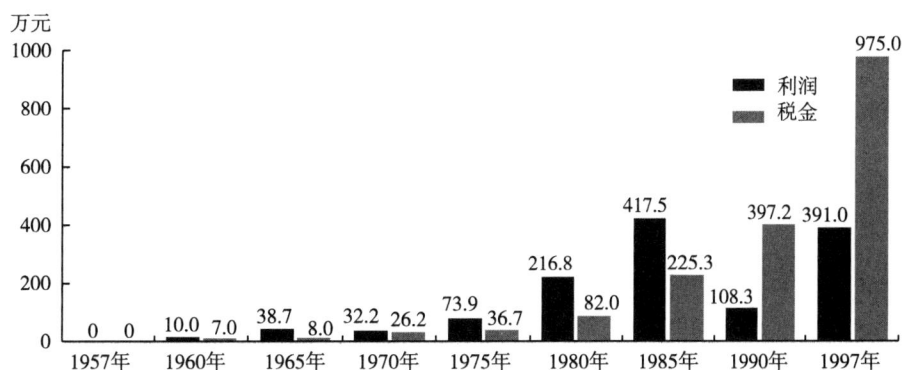

附图 1　1957—1997 年东北旺农场利润、税金示意图

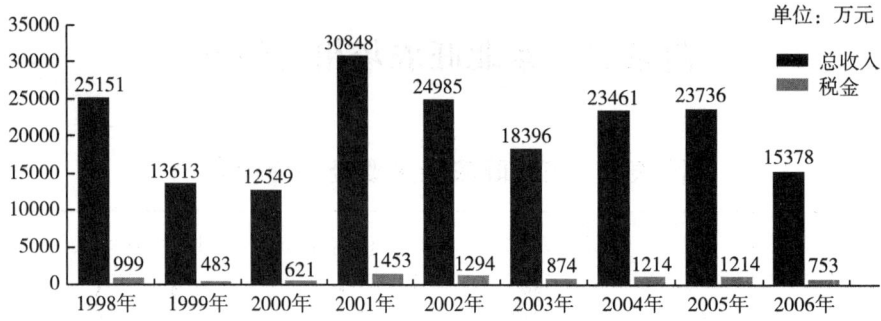

附图 2　1998—2006 年东北旺农场总收入、税金示意图

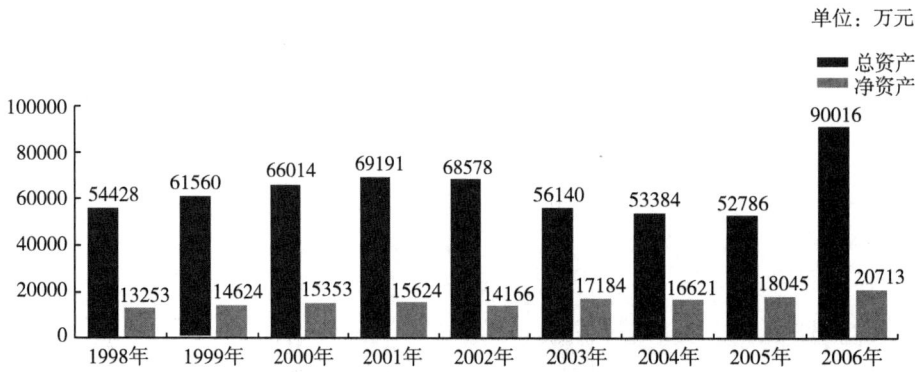

附图 3　1998—2006 年东北旺农场总资产、净资产示意图

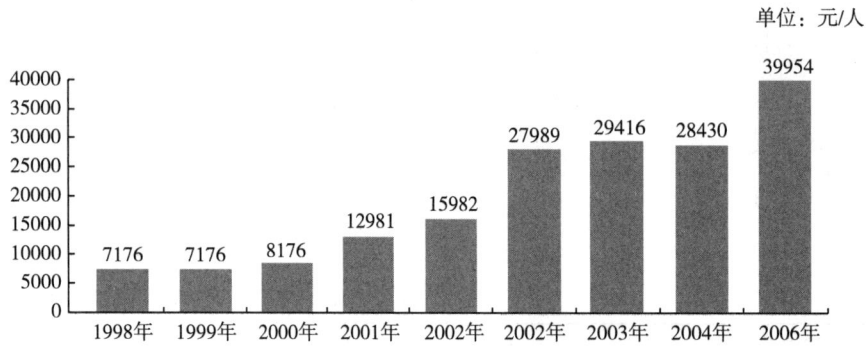

附图 4　1998—2006 年东北旺农场人均收入示意图

附录三　单位全称与简称对照表

全称	简称
全国人民代表大会	全国人大
中国人民政治协商会议	全国政协
国家科学技术委员会	国家科委
中国人民解放军国防科学技术工业委员会	国防科委
农业部中国绿色食品发展中心	中国绿色食品发展中心
中华全国总工会	全国总工会
苏维埃社会主义共和国联盟	苏联
中国共产党北京市委员会	中共北京市委或市委
北京市人民政府	市政府
北京市人民委员会	市人委
北京市人民代表大会	市人大
中国人民政治协商会议北京市委员会	市政协
中国共产党北京市顾问委员会	中共北京市顾委
北京市人民政府郊区工作委员会	市郊委
北京市人民政府农村工作委员会	市农委
北京市革命委员会	市革委会
北京市人民政府农林办公室	市农办
北京市农林局	市农林局
北京市农林水利局	市农林水利局
北京市农垦局	市农垦局
北京市农业局	市农业局
北京市工商行政管理局	市工商局
北京市城市规划管理局	市规划局
北京市粮食局	市粮食局
北京市财政局	市财政局
北京市质量技术监督局	市质监局
北京市人力资源和社会保障局	市人力社保局
北京市供销合作总社	市供销总社
北京市计划委员会	市计委
北京市对外经济贸易委员会	市外经贸委
北京市科学技术委员会	市科委
北京市科学技术协会	市科协
首都规划建设委员会	首规委
北京市国有资产监督管理委员会	市国资委

（续）

全称	简称
北京市总工会	市总工会
北京市海淀区住房和城乡建设委员会	海淀区住建委
北京市海淀区教育委员会	海淀教委
中国农业科学院	中国农科院
中国农业大学	中国农大
北京市农业科学院	市农科院
北京农业大学	北农大
北京市国营农场管理局	市农场局
北京三元集团有限责任公司	三元集团
北京首都农业集团有限公司	首农集团
北京首农食品集团有限公司	首农食品集团
公私合营北郊畜牧场	北郊畜牧场
公私合营东郊畜牧场	东郊畜牧场
国营北京市彰化农场	彰化农场
国营农大农场	农大农场
国营北京市东北旺农场、北京市东北旺农场	东北旺农场
国营北京市南郊农场、北京市南郊农场	南郊农场
国营北京市双桥农场	双桥农场
国营北京市香山农场	香山农场
国营北京市东郊农场	东郊农场
国营北京市北郊农场	北郊农场
国营北京市南口农场、北京市南口农场	南口农场
国营北京市西山农场	西山农场
国营北京市长阳农场	长阳农场
国营北京市永乐店农场	永乐店农场
北京市巨山农场	巨山农场
国营北京市东风农场	东风农场
国营北京市西郊农场、北京市西郊农场、北京市西郊农场有限公司	西郊农场
北京市东风农工商公司	东风农工商
北京市双桥农工商公司	双桥农工商
北京市东北旺农工商联合总公司	东北旺农工商
北京长城农工商奶牛研究所	奶牛研究所
北京奶牛中心	奶牛中心
中荷农业部-北京畜牧培训示范中心	中荷畜牧培训中心
北京三元绿荷奶牛养殖中心	三元绿荷中心
北京首农畜牧发展有限公司	首农畜牧公司

（续）

全称	简称
北京中育种猪有限责任公司	中育种猪公司
香港京泰农工商有限公司	京泰农工商
香港京泰百鑫有限公司	京泰百鑫
北京三元建设集团有限公司、北京三元建设有限公司	三元建设
北京国有资本经营管理中心	国管中心
北京三元出租汽车有限公司	三元出租车公司
北京三元梅园乳品发展有限公司	三元梅园
北京首农信息产业投资有限公司	首农信息公司
北京首农食品经营中心	首农食品中心
北京发喜冰激凌有限公司	发喜冰激凌公司
北京艾莱发喜食品有限公司	艾莱发喜公司
北京丘比公司食品有限公司	北京丘比公司
北京市安达房地产开发有限公司	安达房地产公司
北京三元嘉业房地产开发有限公司	三元嘉业公司
北京三元安达建筑有限公司	安达建筑公司
北京三元长城建筑有限责任公司	长城建筑公司
北京东居物业管理中心	东居物业管理中心
北京东居物业管理有限公司	东居物业公司
北京兴建物业管理中心	兴建物业管理中心
北京兴建物业管理中心有限公司	兴建物业公司
北京上地物流有限公司	上地物流公司
北京上地伟业科技服务有限公司	上地伟业公司
北京三元博雅科技孵化器有限公司	三元博雅公司
北京三元农业有限公司	三元农业公司
北京双塔绿谷农业有限公司	双塔绿谷公司
北京长建西郊建筑有限公司	长建西郊建筑公司
深圳华威实业公司	华威公司
北京澳柯玛中嘉房地产开发有限公司	澳柯玛中嘉公司
北京悦居盛景房地产开发有限公司	悦居盛景公司
北京西郊悦居房地产开发有限责任公司	西郊悦居公司
北京三元百旺房地产开发有限责任公司	三元百旺公司
北京市西郊腾飞房地产开发有限责任公司	西郊腾飞公司

西

郊

北京西郊农场志

BEIJING XIJIAO NONGCHANGZHI

后记

《北京西郊农场志》是一部有关西郊农场、东北旺农场两个集团二级单位历史的重要文献，有很强的资料性。农场领导非常重视和支持这部志书，视为农场精神文明建设的组成部分，也是农场文化自信的重要体现。志书的出版不仅可以更好地继承和发扬中华民族优秀的传统文化，更有助于加强农场的企业文化建设，有助于加快农场的发展和壮大。

2018年11月，西郊农场按照北京首农食品集团有限公司志书编纂工作的有关要求，决定开展农场修志工作，并成立了西郊农场修志工作委员会，下设办公室，并聘请潘云起同志承担《北京西郊农场志》编写第一执笔人。在《北京西郊农场志》编写过程中，采访了多位农垦战线上老领导和老职工，得到了他们的大力支持和帮助。

为达到史实准确，场部各部室及所属各企业编写人员，阅读摘抄了大量档案资料，查阅了大量的历史书籍，力求志书资料的准确、完整。在此对他们的无私奉献和精心指导表示感谢！

《北京西郊农场志》力求全面反映农场69年的历史，特别是对改革开放以后的历史，做了较为翔实的记述。同时，产业篇是场志的重头戏，其篇幅大于其他章节。农场体制改革、农场战略规划与实施及产业转型升级发展是农场发展的基本特征，因此，场志设置专门章节，对农场的这些特征进行了重点介绍。

《北京西郊农场志》从 2019 年起，编写人员先后提供了编写内容框架、志书的草稿、初稿、送审稿、终审稿、终稿。本志经过农场修志办全体人员反复讨论和修改，基本得到了肯定和认可。编写人员深知，本志肯定存在的遗漏和错误，敬请不吝赐教，待以后有机会予以修正。

《北京西郊农场志》是集体智慧的成果，编写过程中，集团公司范为常、茅为立等史志办的同志们多次来农场亲自指导，逐字逐句认真审核，对场志工作给予了高度关注。农场退休老领导蔡维迁、王彤信、关铁成、师厚超等同志在编写过程中提供了大量的资料，也给予了大量的指导和帮助，《北京西郊农场志》凝聚了大家的心血，在此衷心地感谢为志书做出贡献的所有人。

曾经在农场担任过领导职务，现任首农食品集团有限公司党委副书记、董事、总经理的马建梅同志，应我们邀请，在百忙之中欣然为本书命笔作序，我们在此也向以马总为代表的农场老领导对农场改革发展的关切与支持表示诚挚谢意！

西郊农场 69 年的发展，能有现在的规模和成就，离不开中国共产党在各个时期政策和经济方针的指引，离不开集团公司和农场领导各届班子强有力的正确领导，离不开老一辈农垦职工的艰苦创业和奉献精神，离不开领军人物和先进人物的模范作用。《北京西郊农场志》编纂委员会决定将建场以来对农场做出特殊贡献的人物逐一记录，并汇集部分征文以单行本印发，紧扣西郊农场共享繁荣的主题。由于历史久远，档案资料欠缺，时间限制，若记载不全，敬请谅解！

《北京西郊农场志》记述了农场建设者们艰苦创业的历程，及其在发展中的主要经验教训，旨在以史为鉴，以史育人，供后来者参考。

北京西郊农场志编纂委员会

2021 年 4 月

中国农垦农场志丛